# Petits tracas et gros soucis de 8 à 12 ans

W0110750

Christine Brunet
Anne-Cécile Sarfati

# Petits tracas et gros soucis de 8 à 12 ans

## quoi dire, quoi faire

ÉDITIONS FRANCE LOISIRS

Édition du Club France Loisirs,
avec l'autorisation des Éditions Albin Michel

Éditions France Loisirs,
123, boulevard de Grenelle, Paris.
www.franceloisirs.com

Le Code de la propriété intellectuelle n'autorisant, aux termes des paragraphes 2 et 3 de l'article L.122-5, d'une part, que les « copies ou reproductions strictement réservées à l'usage privé du copiste et non destinées à une utilisation collective » et, d'autre part, sous réserve du nom de l'auteur et de la source, que les « analyses et les courtes citations justifiées par le caractère critique, polémique, pédagogique, scientifique ou d'information », toute représentation ou reproduction intégrale ou partielle, faite sans le consentement de l'auteur ou de ses ayants droit ou ayants cause, est illicite (article L. 122-4). Cette représentation ou reproduction, par quelque procédé que ce soit, constituerait donc une contrefaçon sanctionnée par les articles L. 335-2 et suivants du Code de la propriété intellectuelle.

© Éditions Albin Michel, 2004
ISBN: 978-2-298-00247-8

*À Théophile, Adrien, Camille,*
*Madeleine, Martin, Édouard,*
*Octave, Eliott, Joséphine, Capucine.*

*À Charles, Marc et Tom.*

# Sommaire


Avant-propos ........ 11

I Autorité, discipline, limite ........ 17

II Principes d'éducation, argent de poche, vêtements ........ 53

III Hygiène, nourriture, sommeil, santé, complexes ........ 87

IV École, collège ........ 129

V Copains, vie sociale ........ 183

VI Indépendance, autonomie, sens du danger ........ 209

VII Sports, loisirs, télévision, jeux vidéo, Internet ........ 237

VIII Vie de famille, frères et sœurs, grands-parents ........ 263

IX Divorce, famille recomposée ........ 287

X Sexualité, nudité, amour ........ 351

XI Questions délicates ou graves
(secrets de famille, chômage, mort, maladie…) ........ 369

Bibliographie ........ 404

Remerciements ........ 409

# Avant-propos

« Les parents d'aujourd'hui ont des doutes », écrivions-nous en 1998, en introduction à la première édition de *Petits tracas et gros soucis de 1 à 7 ans*. Le temps a passé, leurs enfants ont grandi. Mais leurs incertitudes demeurent. Entre le modèle soixante-huitard, hérité du fameux « il est interdit d'interdire », et le modèle autoritaire, trop visiblement anachronique, ils cherchent encore un juste milieu, un choix d'éducation qui évite les pièges du laxisme comme de la répression, qui laisse à l'enfant sa place sans lui donner tous les droits. À cette interrogation essentielle, formulée dès les premières années, s'ajoutent désormais toutes celles que fait surgir la transformation, sous leurs yeux perplexes, de leurs bambins attendrissants en petits jeunes gens si visiblement pressés de pousser la porte de l'âge adulte.

Entre 8 et 12 ans, ils ne sont plus vraiment des enfants, et pas encore des adolescents. Devant ces fillettes qui réclament des jupes en vinyle ou ces garçons qui choisissent un jean à sa marque plutôt qu'à sa coupe, comment un père ou une mère doivent-ils réagir ? Certes, les parents sentent bien qu'il ne suffit pas que leurs fils et leurs filles aillent à leurs premières boums et qu'ils mettent du gel dans leurs cheveux pour qu'ils entrent comme par magie dans la puberté – et, à vrai dire, ils ne sont pas pressés de les voir franchir cette étape. Mais ils sont sensibles au discours ambiant selon lequel « il n'y a plus d'enfant », comme si l'enfance raccourcissait de siècle en siècle… Ils mesurent aussi à quel point le monde a changé en une génération : le marketing et la publicité sont aujourd'hui d'autant plus puissants que la télévision est omniprésente dans la vie quotidienne, exposant les plus jeunes à la confrontation inattendue et brutale avec la violence et la pornographie. En dehors des écrans, le nombre de divorces ne cesse d'augmenter, entraînant une transformation progressive de la cellule familiale ; le chômage sécrète une instabilité professionnelle qui est une forme d'insécurité sociale. Privés de repères fixes, les enfants en réclament toujours plus, tantôt en singeant les plus grands, tantôt en redevenant de « gros bébés ». Comment cette ambivalence ne désarçonnerait-elle pas ?

Cette période de la vie de l'enfant entre 8 et 12 ans, les psychanalystes l'appellent la « phase de latence », pour signifier que la sexualité y est comme en sommeil. Après les premières années durant lesquelles le petit garçon ou la petite fille doit intégrer le respect de la loi et surmonter son complexe d'Œdipe, celle-ci est, en théorie, relativement paisible, sans crise : un calme apparent avant la tempête de l'adolescence, qui bouleversera l'enfant et tourmentera ses parents. Entre 8 et 12 ans, l'enfant développe une grande pudeur, découvre la peur du ridicule. Il accède au raisonnement, au discernement et commence à se sentir capable de critiquer ses parents, de sortir d'une dépendance totale à leur égard. L'envie lui vient, peu à peu, de les mettre à distance. C'est donc pour lui une période d'élaboration mentale, d'enrichissement intellectuel : il passe d'une pensée intuitive à la pensée conceptuelle ; il apprend à entrer dans la culture, dans le monde des grands – et cela prend du temps.

Parallèlement, il tisse les liens d'attachement avec les autres, adultes et copains, qui vont étayer sa vie, l'aider à constituer ses propres repères, lui permettre de consolider sa confiance en lui, d'affiner ses goûts, de développer sa personnalité propre. Sorti de la toute-puissance infantile, il ne croit plus aux grands mythes de l'enfance (le Père Noël, la petite souris...) ; on peut désormais solliciter son raisonnement. Car il commence à savoir se forger un jugement personnel sans s'installer encore dans le défi systématique ou le refus de la communication. À condition qu'interdits et limites aient été bien transmis avant, c'est vraiment à cet âge qu'on éduque son enfant : qu'on lui transmet ce qu'on attend de lui en particulier et de la vie en général.

C'est un moment décisif, pour lui comme pour les parents. Ce livre est fait pour les aider. Ni manifeste théorique ni compilation de recettes, il se propose comme un outil pratique et concret, capable d'offrir des réponses aux petits tracas comme aux gros soucis de la vie ordinaire avec un enfant. Nombre de parents sont réticents à l'idée de recourir au psy parce qu'ils redoutent, sans forcément se l'avouer, que l'intervention extérieure d'un spécialiste ne confère à une difficulté qu'ils pensent passagère un caractère de gravité, une solennité excessive. Mais s'ils refusent la consultation, ils sont demandeurs de conseils. À l'inverse des ouvrages généraux qui traitent d'une question particulière dans tous ses aspects sans forcément permettre de déduire une pratique personnelle qui réponde aux problèmes du moment, *Petits tracas et gros soucis* en aborde une multitude, classées par chapitres. Indépendants les uns des autres, ceux-ci peuvent être lus dans n'importe quel ordre, consultés au gré des difficultés rencontrées, dans l'esprit d'un petit dictionnaire pratique de psychologie enfantine, qui ne laisse de côté aucune des interrogations qui saisissent parents et enfants, pas même les plus délicates : « Et s'il tombait sur des images pornos ? » « Il est victime de violences dans la cour de récréation... » « Vous divorcez, comment lui dire ? » « Son grand-père est mort, comment lui annoncer ? »...

S'il se donne pour but de répondre à ce besoin d'assistance, l'ambition de cet ouvrage n'est pas d'imposer des solutions préconçues ni d'assener des dogmes. Aucune méthode psychologique ne saurait éluder les particularités de chaque situation, l'unicité de chaque relation entre un parent et son enfant, l'originalité de chaque personnalité, toutes les différences qui font qu'un discours identique peut produire des effets différents sur des enfants qui paraissent *a priori* confrontés aux mêmes tourments. Aussi les mille et une idées qui sont ici avancées, quoique fondées sur l'expérience et maintes fois éprouvées, gagneront-elles à être nuancées en fonction de l'environnement et des personnes. Qu'on ne prenne donc pas la présentation de ces conseils – « Ne dites pas... », « Faites... », « Montrez... » – pour l'expression d'une volonté de faire la leçon aux parents ; il ne saurait y avoir de solution idéale, de remède miracle, pas plus qu'il n'y a de parents parfaits. Le ton que nous employons est celui de la conviction, alerte et précis, propre à raffermir la confiance en soi d'un père ou d'une mère saisi par le doute, parce que subitement confronté à une situation imprévue, inédite.

En aucune façon, ce livre ne doit assaillir ni culpabiliser le lecteur. Son objectif, au contraire, est de communiquer un état d'esprit, d'inviter à un certain empirisme dans l'éducation de l'enfant. Pour permettre à chaque parent de trouver lui-même *sa* réponse, *sa* manière de dire, *sa* manière de faire.

Écrit à l'intention des deux parents, ce livre est, pour des raisons de lisibilité, rédigé en s'adressant à la mère. Il est écrit au féminin, pour éviter d'avoir à écrire systématiquement « Moi ton père, moi ta mère, je me suis énervé(e) », ce qui aurait brouillé le texte. Mais tous les chapitres peuvent, bien sûr, être lus par le père, à qui il est souvent demandé d'avoir une parole de père, d'occuper sa place de père.

Entre 8 et 12 ans, l'enfant accède pas à pas à l'autonomie. C'est l'âge des « premières fois » : le premier trajet en métro tout seul, la première boum, la première sortie des parents sans baby-sitter... C'est, pour l'enfant, une période d'initiation et, pour ses parents, une période d'apprentissage, durant laquelle ils doivent progressivement renoncer à tout contrôler, apprendre à lui faire confiance. Entre l'enfance, où le parent exerce une emprise totale, et l'adolescence, où tout paraît lui échapper – parfois avec fracas –, s'étend cette étape délicate sur le chemin de la maturité, cet entre-deux où le parent accepte de desserrer l'étreinte, de lâcher la bride en accompagnant son enfant : on lui verse de l'argent de poche, mais sans pour autant lui confier un budget pour acheter ses propres vêtements ; on le laisse prendre le bus dans son quartier, mais pas le train pour traverser la France.

La conciliation de ces aspirations contradictoires ne se réussit pas sans effort. La résistance des parents, involontaire ou non, rencontre l'attirance croissante des petits pour le monde des grands. Leur sensibilité de plus en plus précoce aux modes, leur fascination pour les moyens de communication les plus modernes et la crudité de leur langage sont autant de symptômes – s'ils prononcent déjà les pires grossièretés avec naturel, c'est davantage pour interroger les adultes que pour les provoquer. Conscients de cette perméabilité, les mages du marketing ont fait de cette tranche d'âge une cible privilégiée. Les 8-12 ans sont devenus des consommateurs à part entière, des « prescripteurs » qui supplient leurs parents d'acheter jeux électroniques, vêtements de marque ou téléphones portables. Les médias les assaillent d'informations et de visions de tous ordres, qu'il est impossible aux parents de contrôler entièrement – et même partiellement, selon les familles. Face aux tentations et aux menaces, l'interdit ne peut suffire s'il ne s'appuie pas sur une éducation fondée sur la prévention.

Dans une société de plus en plus marquée par le chômage et le divorce, l'enfant est devenu le seul ciment durable de la famille. Pour ses parents, il représente souvent l'enjeu d'une réussite par procuration, comme une sorte de valeur refuge sur laquelle on miserait dans une période incertaine. Quand le monde va mal, on n'a pas le droit de « rater » ses enfants. Mais pour atteindre ce but, certains se trompent de moyens : ils leur imposent une trop forte pression scolaire (ah ! les cours particuliers dès le primaire !), les gavent d'activités extrascolaires (piano, arts plastiques et judo...), les gâtent plus que de raison en satisfaisant le moindre de leurs désirs matériels (vite, le dernier modèle de Playstation !) – qu'ils fassent tout, qu'ils sachent tout et qu'ils aient tout.

Or, même s'ils réclament de pouvoir sortir seuls à tout juste 8 ans et se donnent des airs d'adolescents, ils sont encore bien jeunes pour être confrontés à une concurrence permanente. Parler comme on le fait désormais de « préadolescence », c'est d'abord signifier qu'ils n'y sont pas encore entrés. Au-delà des évolutions sociales et culturelles, ce passage exige que soient accomplies en eux certaines transformations physiques dont l'heure n'est pas encore venue (n'en déplaise aux fabricants de télé-réalité, le premier rapport sexuel en France reste fixé à l'âge de 17 ans). Trop de pression sur leurs épaules, trop d'esprit de compétition dans leurs activités malmène leur confiance en eux, suscite la « peur des contrôles », l'« angoisse de redoubler »... Ils ressentent encore le besoin de jouer, seuls et à plusieurs. À cet âge se développe la relation avec les copains, qui favorise la mise à distance des parents, l'échange des petits secrets, l'éclosion de coups de cœur, l'émergence d'une vie intime. Pour les parents, cela implique de consentir à « ne pas voir », à ne pas écouter leurs apartés, à respecter la part grandissante de leur vie privée, à observer à leur égard une discrétion qui ne soit pas qu'apparente. Le tout sans faire d'eux trop vite les jeunes gens et jeunes filles responsables qu'ils ne peuvent encore être. C'est-à-dire en les aidant à progresser, mais aussi à patienter.

Comme celui qui l'a précédé, ce livre est conçu pour être accessible et utile à tous les parents. Il est le fruit d'une confrontation : celle du savoir d'une psychologue-psychothérapeute avec la curiosité d'une journaliste. Notre première tentative, en 1998, était une gageure : rédiger un tel guide de sorte qu'il soit assez simple pour être efficace et en même temps assez rigoureux pour être incontestable comportait une part de risque. Ajoutée à l'accueil des lecteurs, la reconnaissance de nombreux spécialistes nous a réjouies, confortées, et donné l'envie de poursuivre. *Petits tracas et gros soucis* est aussi l'échange de deux expériences, celle d'une grand-mère et d'une mère d'enfants entre 8 et 12 ans, que nous regardons grandir en nous disant que les élever est une aventure exaltante et difficile, mais qui invite à l'optimisme. Parce qu'il y a toujours une solution.

C.B. et A.-C.S.

# I.

# AUTORITÉ, DISCIPLINE, LIMITES

# 1

# Vous n'arrivez pas à lui dire non

*Il ne cesse d'essayer d'enfreindre vos modestes instructions (arrêter sa gameboy, faire ses devoirs, se coucher à l'heure...). Vous avez l'impression de céder un peu trop souvent.*

## Ne pas savoir dire non, qu'est-ce que ça cache ?

Différents sentiments du parent :
– la culpabilité : il voit déjà tellement peu son enfant, il ne va pas, en plus, le torturer ;
– le doute : par réaction à sa propre éducation – probablement trop stricte et rigide –, il s'interroge constamment sur le bien-fondé du « non » (ou de l'ordre) qu'il « impose » à son enfant ;
– la fatigue : il n'a pas le courage de se lancer dans une épreuve de force qu'il n'est pas sûr de pouvoir tenir ;
– le manque de temps : il n'a pas le temps de tergiverser deux heures le soir au moment des devoirs et préfère se charger de l'exercice de maths à la place de son enfant ;
– le laisser-aller, fréquent chez le parent qui a lui-même reçu une éducation trop laxiste.

## Pourquoi faut-il apprendre à dire non ?

**☐ Pour permettre à votre enfant de se construire, de se structurer et de devenir, plus tard, un être responsable, indépendant et autonome**

La frustration est une expérience indispensable au développement psychologique et affectif de l'enfant qui doit apprendre à renoncer à la satisfaction immédiate de tous ses désirs. Dans notre société, qui donne l'illusion qu'on peut tout obtenir tout de suite, il est indispensable d'apprendre à l'enfant à attendre. Contrairement à ce que vous pouvez penser, la frustration n'implique pas forcément l'humiliation (voir chapitres 3 *Vous lui avez donné une claque, vous en êtes malade* et 2 *Faut-il encore le punir ?*). Selon la théorie psychanalytique, le père représente la loi, pose les limites et la mère les rappelle. Le père crée un espace nécessaire entre la mère et l'enfant. Il ne s'agit pas de perpétuer les inégalités homme-femme, mais de reconnaître que le père permet à l'enfant de se séparer de sa mère. Ce rôle de « tiers séparateur » peut être exercé par d'autres personnes, le beau-père notamment, mais aussi l'école, la colonie ou, même, le travail des parents, qui permettent à l'enfant de comprendre que l'on vit dans une société régie par des lois.

□ Parce que contrairement à ce que l'on croit, dire non à un enfant le rassure

Les limites reçues sécurisent bien plus qu'elles ne briment. Garder le cap qu'on s'était fixé avant la crise, ne pas céder devant sa colère, est le premier moyen de lui donner des repères. Au contraire, un enfant qui sent que ses colères (claquer la porte, proférer des injures…) lui permettent d'atteindre son but, finit par être angoissé de l'absence de limite posée à sa toute-puissance. Comprendre ses besoins n'est pas synonyme de céder et de laisser faire.

□ Pour ne pas tomber dans le piège du parent-copain

Être un parent-copain, c'est considérer son enfant comme un égal, un ami du même âge que soi, c'est-à-dire comme un être achevé. C'est se mettre au même niveau que son enfant, s'amuser de le voir insoumis. Cela revient à méconnaître les étapes psychologiques du développement de l'enfant. Celui-ci a besoin d'un parent solide, qui reste toujours à sa place de parent, un parent adulte auquel il pourra s'identifier et sur lequel il pourra s'appuyer, le cas échéant. Avec son père, ne tolérez pas qu'il vous appelle autrement que par « papa » et « maman », même s'il est en colère. Et évitez d'enregistrer un message commun aux enfants et aux parents sur votre répondeur. Ces petites choses, apparemment anodines, ne laissent pas chacun à sa place.

□ Pour éviter les difficultés futures

Accéder à tous les désirs de votre enfant, c'est l'élever dans un monde illusoire où il croit qu'il peut tout faire. Le principe d'éducation « il est interdit d'interdire » empêche l'enfant de faire l'épreuve de la réalité et le rend incapable de supporter les interdits et les frustrations. À l'adolescence, l'enfant qui, plus jeune, a manqué d'autorité parentale peut être tenté de la rechercher de n'importe quelle manière (voire par des comportements asociaux) et auprès d'autres personnes que ses parents (du professeur au juge en passant par le policier…). Grandir, c'est renoncer momentanément à quelque chose pour réaliser quelque chose de mieux plus tard.

☐ **Pour cesser de vous compliquer l'existence**

Abdiquer en permanence finit par rendre esclave. À terme, on finit toujours – plus ou moins consciemment – par en vouloir à celui qui nous tyrannise.

## Comment apprendre à dire non ?

– Distinguez bien, dans votre esprit, les interdits sociaux absolus (coucher avec ses parents, voler, blesser autrui, se faire du mal à soi…) et les règles de vie propres à chaque famille (regarder la télévision, se servir du téléphone, avoir un portable ou pas, prendre son repas et se coucher à telle heure…).

– Restez inflexible sur les interdits sociaux. Rappelez-les souvent et pas seulement au moment des crises. À l'âge des enfants concernés par ce livre, vous pouvez toujours faire suivre les interdits de la formule : « C'est comme ça », mais ajoutez l'explication suivante : « Tu sais très bien que, dans la vie en société, il y a pour chacun d'entre nous, enfants, mais aussi adultes, des règles à respecter. Ces règles ne sont pas contre toi, mais dans l'intérêt de tous. » Variante : « Tu dois parce que tu dois, c'est un devoir, ce n'est pas moi qui te le dis, c'est la loi. (…) La loi est inconditionnelle, universelle, sans argumentation, sans justification, la loi est catégorique[1]. »

– Pour les règles en vigueur dans votre famille, n'édictez que celles sur lesquelles vous êtes sûre de tenir sur la durée. Faites-les évoluer en fonction de l'âge, de la personnalité et des besoins de votre enfant et de votre famille. Vous doutez sur des points précis ? N'hésitez pas à prendre en considération l'avis d'autres parents (d'enfants du même âge) auxquels vous faites confiance. Même si c'est vous qui décidez.

– À cet âge, il est nécessaire d'expliquer davantage les limites et les interdits, mais une fois que c'est fait, inutile de revenir indéfiniment dessus, cela ne peut qu'en différer l'application. Il insiste, alors qu'il a parfaitement compris vos raisons ? Ne rentrez pas dans son piège. Répétez : « Je te l'ai déjà dit, tu m'as entendue, je ne discute plus de ça avec toi », une formule qui permet de couper court aux négociations qui n'en finissent pas.

– Lorsque vous vous adressez à votre enfant pour faire respecter un interdit ou une limite, efforcez-vous de capter, puis de soutenir fixement son regard. Apprenez à le tancer vertement. Plus l'enfant est habitué à être regardé droit dans les yeux au moment critique, plus il est enclin à obéir. L'autorité passe par le regard autant que par le changement de ton (voir chapitre 4 *Vous n'arrivez pas à vous faire obéir sans crier*).

1. Philippe Julien, *Tu quitteras ton père et ta mère*, Aubier, 2000.

## Les colères de votre enfant vous épuisent ?

– Apprenez à distinguer le vrai chagrin (voir chapitre 5 *Il veut partir de la maison*) du simple caprice (vous venez de lui refuser un esquimau en sortant de table). Soyez compréhensive face au premier. Restez de marbre face au second.
– Ayez suffisamment confiance en vous pour affronter seule la rébellion de votre enfant, sans faire appel (autrement que dans vos paroles)…
• à votre conjoint qui – à ce moment précis – n'a aucune légitimité pour régler le conflit qui vous oppose, vous, à votre enfant,
• ou à un tiers, comme le responsable du magasin au supermarché ou l'agent de police dans la rue…
C'est à vous, parent, de transmettre la loi. Croyez en vous : vous êtes parfaitement capable d'exercer seule votre autorité de parent. Il suffit de considérer que votre décision est juste et que vous montrer inflexible ne vous transforme pas pour autant en parent psychorigide et sadique.
– Assumez de laisser bouder ou tempêter votre enfant dans sa chambre, le temps qu'il se calme. Ou de passer pour une mère indigne si vous êtes amenée à le punir (voir chapitre 2 *Faut-il encore le punir ?*) en présence de tiers.
– Les mots clés : « Je comprends très bien que tu ne sois pas d'accord avec moi, mais ce que tu fais là est inacceptable. »
Il vous traite de « mère injuste ». Répondez calmement : « C'est peut-être ce que tu penses maintenant, mais je te l'ai déjà dit, changer de famille, c'est interdit, c'est impossible. » Il vous répond, le plus sérieusement du monde, qu'il va prévenir la DDASS ? Rétorquez : « Ah oui ? Et ce serait un motif suffisant d'après toi ? » Et ajoutez une explication sur la DDASS[1], « un organisme pour des enfants en grande difficulté, qui ont perdu leurs parents ou dont les parents ont été déchargés de leurs responsabilités éducatives, des situations qui ne te concernent pas ».
Vous entendez qu'une insulte lui échappe dans sa barbe ? Rétorquez : « Pardon ?! J'avais cru entendre… Tu sais que je ne tolère pas que tu me parles sur ce ton, encore moins que tu m'injuries. »
N'hésitez pas, aussi, à faire référence à votre propre enfance : « Moi aussi quand j'étais jeune, je me souviens que mes parents… » Votre enfant se rendra compte que ses parents aussi ont été enfants, puis adolescents, qu'eux aussi ont eu à connaître des frustrations et des désillusions. Il se sentira moins seul. Cela fera diversion et permettra de dédramatiser.
– Le drame persiste ? Pour couper court à la polémique, dites : « Écoute. N'insiste pas, c'est comme ça. Aujourd'hui je ne discute plus de ça avec toi. C'est la règle, c'est tout. »

1. Direction départementale des actions sanitaires et sociales.

– Une fois la crise surmontée (ou s'il ne se calme pas), revenez vers votre enfant et dites-lui : « Je me suis énervée à cause de ta crise » (et non « à cause de toi » ou « parce que tu es méchant », formules trop culpabilisantes), mais on se calme. Tu le sais, tu n'es pas parfait, nous, tes parents, ne sommes pas parfaits, mais tu peux compter sur nous quoi qu'il arrive. » Cela vous permettra de dépasser la rancune et de garder une bonne communication parent-enfant. C'est toujours à vous de revenir vers lui. Vous estimez qu'à son âge, s'il a passé les bornes, c'est à lui de revenir ? C'est inexact. Bouder dans votre coin – par tristesse ou par conviction de votre bon droit de parent – peut donner à l'enfant le sentiment de prendre le pouvoir, car cela revient à vous placer au même niveau que lui. Le laisser puni et dépité pendant des heures développe sa révolte et son sentiment d'exclusion. Au contraire, si vous savez revenir vers lui après qu'il vous a insultée, par exemple, vous lui montrez votre capacité à contenir son agressivité et lui témoignez par là votre autorité. Cela ne vous empêche pas de reparler à froid de l'incident. Dites : « J'ai été très choquée que tu me parles ainsi, il n'est pas question que cela recommence, ni que tu utilises un tel vocabulaire avec quiconque. Ça te soulage peut-être sur le moment, tu te sens capable d'avoir osé parler comme ça à un adulte, mais au fond, quand tu t'entends prononcer de telles paroles, tu ne peux pas te sentir bien. C'est dégradant pour soi de s'exprimer de cette manière. Je te demande de réfléchir : on ne peut pas être heureux quand on a honte de soi. » (Voir chapitre 12 *Il parle n'importe comment.*)

Déculpabilisez : **c'est en ne cédant pas que vous jouez votre rôle de parent et en assumez la responsabilité.**

## Pour en savoir plus

**Dès 8 ans**

*Lili se fait toujours gronder*, Dominique de Saint Mars et Serge Bloch, Calligram.
*Jérémy est maltraité*, Dominique de Saint Mars et Serge Bloch, Calligram.
*Le Bien et le Mal*, Brigitte Labbé et Michel Puech, Les goûters philo, Milan.
*Les Petits et les Grands*, Brigitte Labbé et Michel Puech, Les goûters philo, Milan.
*Les Chefs et les Autres*, Brigitte Labbé et Michel Puech, Les goûters philo, Milan.

**Dès 10-11 ans**

*Comprends mieux tes parents*, Fabienne Azema, Les Essentiels Milan Junior Société.
*Pourquoi toujours obéir ?* Roger Teboul, coll. Brins de psycho, éd. Louis Audibert.
*Les parents, pour quoi faire ?* Jacques Miermont, coll. Brins de psycho, éd. Louis Audibert.

**Pour les parents**

*L'Enfant, chef de la famille,* Daniel Marcelli, Albin Michel, 2003.
*De l'enfant roi à l'enfant tyran*, Didier Pleux, Odile Jacob, 2002.
*Y a-t-il encore un père à la maison ?*, Jacques Arènes, Fleurus, 1997.
*Parents efficaces au quotidien*, Thomas Gordon, Marabout, 1996.
*Mon enfant s'oppose*, Gisèle George, Odile Jacob, 2001.
*Affirmez-vous*, Frédéric Fanget, Odile Jacob, 2000.
*Oser, Thérapie de la confiance en soi*, Frédéric Fanget, Odile Jacob, 2003.
*Savoir s'affirmer*, Charly Cungi, Retz, 2001.
*Savoir gérer son stress*, Charly Cungi, Retz, 2001.
*L'amour ne suffit pas*, Claude Halmos, Odile Jacob, 2006.
*Parents, osez dire non*, Dr Patrick Delaroche, Albin Michel.

# 2

# Faut-il encore le punir ?

*Lorsqu'il était petit, vous trouviez les punitions d'un autre âge. Maintenant qu'il a grandi, vous vous demandez – à contrecœur – si, tout compte fait, ce ne serait pas nécessaire…*

## Que reprochez-vous à la punition ?

Inconsciemment, vous craignez peut-être que la punition n'aboutisse à la perte de l'affection de votre enfant. Vous êtes angoissée à l'idée de ne pas être un bon parent. Surtout si vous avez des reproches à faire aux vôtres…

## À quoi sert la punition ?

☐ **La punition est le complément nécessaire de l'interdiction**

Elle rend l'interdiction crédible. C'est parce que la punition existe que l'enfant croit en l'interdit édicté par son parent et apprend à le respecter. Parfois, les mots seuls, sans contrepartie répressive, ne suffisent pas à interdire. La punition permet de comprendre qu'il y a des règles et qu'en cas de non-respect de celles-ci, il existe des sanctions. C'est la base de l'apprentissage de la vie en société.

☐ **La punition évite au parent de crier ou de se mettre en colère**

Il est préférable pour l'enfant de recevoir une sanction qui le libère de la culpabilité de la faute commise plutôt que de subir les cris ou la colère qui le culpabilisent (voir chapitre 4 *Vous n'arrivez pas à vous faire obéir sans crier*).

☐ **Donnée à bon escient, la punition n'est pas traumatisante**

Au contraire, bien souvent, elle soulage l'enfant. Il vaut mieux recevoir une

punition, l'accepter et la comprendre que de risquer de perdre l'affection et l'estime de ses parents. Or tout enfant, lorsqu'il enfreint la règle, se sent menacé de perdre l'affection de son parent.
De plus, la punition soulage l'enfant de la culpabilité qu'il ressent après avoir commis une faute. Réparer sa bêtise permet non seulement de « payer » sa dette à autrui, mais aussi de restaurer sa propre estime.

## Dans quels cas punir ?

Apprenez à distinguer le non-respect d'un pacte passé entre votre enfant et vous, ainsi que la violation des règles de vie en société et la déception que vous pouvez ressentir devant la non-conformité de votre enfant à l'enfant idéal que vous aviez souhaité…

## Comment punir ?

Toute punition n'est pas bonne. Il y en a même davantage de mauvaises que d'acceptables. La punition doit remplir tant de conditions et éviter de tomber dans tant de pièges éducatifs qu'il existe finalement très peu de bonnes punitions.

☐ La punition doit être :
– *proportionnelle à la bêtise commise* (petite punition pour petite bêtise, punition plus importante pour grosse bêtise) et *variable en fonction de l'âge de l'enfant* (à bêtise égale, sanction différente selon que l'enfant est plus ou moins grand) ;
– *réalisable*. Inutile de menacer votre enfant de le laisser sur le bord de la route, vous savez bien que vous êtes incapable de mettre votre menace à exécution et que cela vaut beaucoup mieux d'ailleurs. Vous l'avez déjà fait et êtes revenue le chercher quelque temps après ? Ce genre d'« abandon punitif » est une menace très grave pour votre enfant et va altérer sa confiance en vous, en l'adulte en général. Cela crée une insécurité majeure et un sentiment de dénuement chez l'enfant, une défiance vis-à-vis de l'adulte, toujours difficile, ensuite, à restaurer. Ne le refaites pas : vous risquez l'escalade dans la violence (voir chapitre 6 *Il vous a tellement énervée que vous l'avez planté là*).
– *déconnectée…*
• … des besoins vitaux de l'enfant, comme la nourriture ou le sommeil. Pas de « privé de dessert ! » ou de « va te coucher immédiatement ! » d'un autre temps… Le yaourt du soir est aussi important que son plat de spaghettis. Et il ne sert à rien de laisser penser à votre enfant que dormir est une punition et le dessert une récompense, ce qui donne une valeur affective au sucré…

• … de son statut d'enfant grandissant. Priver votre enfant d'argent de poche, c'est cesser de le reconnaître comme un grand, capable d'assumer des responsabilités (voir chapitre 15 *Il veut toujours plus d'argent de poche* et *Petits tracas et gros soucis de 1 à 7 ans*, Albin Michel, 2006, chapitre 62 *L'argent de poche, mode d'emploi*). La punition ne doit pas contribuer à faire régresser l'enfant. Elle n'a pas pour but de le dégoûter de grandir. En supprimant l'argent de poche, c'est souvent à cela que l'on aboutit. En revanche, l'argent de poche peut servir à réparer une bêtise (participer au rachat du pull déchiré, de l'anorak perdu…).

• … du travail scolaire de l'enfant. Ainsi, obliger l'enfant à faire des lignes d'écriture revient à assimiler l'apprentissage des connaissances à une punition. Cela n'aide pas l'enfant à prendre ses responsabilités d'élève, ni à travailler avec bonheur et optimisme.

• … des tâches ménagères quotidiennes (débarrasser, faire son lit…). Il est normal qu'un enfant aide dans la maison. Inutile de lui mettre dans la tête que mettre le couvert est une sanction (voir chapitre 61, *Il ne fait rien dans la maison*). En revanche, une tâche exceptionnelle à accomplir (laver la voiture, nettoyer les vitres, cirer les chaussures de la famille, ranger le garage…) peut être une mesure de réparation très efficace (voir plus bas).

• … des plaisirs essentiels de tous les enfants. Ainsi, priver l'enfant de cadeaux d'anniversaire, l'empêcher d'assister aux fêtes de Noël ou d'aller aux goûters d'amis, ou encore lui supprimer ses vacances… sont des sanctions trop graves et trop cruelles. Même s'il commet des fautes, l'enfant a besoin d'être reconnu, gratifié et fêté. Les Noël, les anniversaires, les vacances sont des projets très attendus pour lui et sa famille. Ces événements lui permettent de nourrir sa rêverie intérieure et de se créer quantité de souvenirs. Rappelez-vous les vôtres.

Quelle que soit la gravité de sa bêtise, lui interdire ces plaisirs, reconnus à tous les enfants du monde (ou en tout cas du monde dans lequel il vit…), est donc une sanction trop forte. L'enfant sera tenté d'y répondre par de l'agressivité, de l'hostilité et de la colère. Le parent aboutirait au résultat inverse à celui visé par toute punition : apaiser les tensions. Ces punitions trop violentes font perdre à l'enfant, non seulement sa confiance (en l'adulte et en lui-même), mais aussi sa gaieté : **l'enfant a besoin de joie de vivre pour grandir**. Vous avez déjà – en le prévenant – puni votre enfant d'une fête de famille très attendue et cela « a marché » ? Restez vigilante : l'enfant veut vous faire croire qu'il n'est pas réellement touché, qu'il s'en « fiche complètement », mais il souffre sûrement intérieurement et se sent isolé, indigne d'être aimé. Ou bien il est prêt à accepter tout acte d'autoritarisme sur le mode de la soumission, ce qui est tout autant problématique ;

– *non violente et jamais humiliante*. Pas question, donc, de lui jeter par surprise un verre d'eau à la figure ou de le précipiter sous une douche froide, ni

de le gifler ou de lui botter les fesses froidement, toutes sanctions qui laissent l'enfant complètement humilié et pantelant... ;
– *simple, surtout pas compliquée*. Plus on fait preuve d'inventivité dans la recherche de la punition, de mise en scène dans son exécution, plus on adopte un comportement sadique. Inutile de déployer des trésors d'imagination ;
– *toujours entourée d'explications*. La phrase clé : « Je t'ai expliqué ce que j'attendais de toi. Je comptais sur toi. Tu n'as pas respecté notre pacte. Je te punis pour ce que tu as fait » – et non « Tu es méchant, nul, odieux » ou toute autre formule qui introduit un jugement de valeur sur l'enfant et contribue à entamer sa propre estime. De plus, **ce n'est pas pour être « gentil », mais pour assumer ses propres responsabilités que l'enfant doit accepter les limites et les règles.**

☐ **Exemples de punitions acceptables**

– Obliger l'enfant à présenter ses excuses et à le faire tout seul, quand il s'agit d'un tiers. Plus on enseigne à l'enfant à respecter les autres, plus il apprend à se respecter lui-même et moins il est nécessaire de recourir à la punition.
– Isoler l'enfant dans sa chambre ou dans la vôtre (sans la télé allumée). En lui disant : « Tu n'as pas respecté notre pacte (ou j'apprends que tu as fait une bêtise). Va réfléchir, nous en reparlerons ensemble après. »
– Le priver, pour quelques jours, de télévision, de cassettes vidéo, de gameboy ou d'ordinateur.
– Lui donner le journal auquel il est abonné plus tard que d'habitude.
– Lui supprimer les petites gâteries quotidiennes dont vous le gratifiez d'habitude : les images de foot, le copain qui vient jouer à la sortie de l'école, la copine qui vient dormir (mais pas le goûter d'anniversaire auquel il était invité), la sortie au parc d'attractions qui était prévue avec sa grand-mère avant (mais qu'il pourra effectuer une autre fois).
– Lui permettre de réparer sa faute. C'est un principe éducatif très simple : l'enfant qui a fait une bêtise doit la réparer à sa manière. Il peut recoller le vase cassé, nettoyer le mur sali ou effectuer une « tâche d'intérêt familial » – à lui d'avoir une idée. Dites : « Tu n'as pas respecté ton contrat (variante : tu as désobéi), alors tu vas faire quelque chose pour compenser. » « Un enfant qui imagine des solutions pour racheter ses erreurs a vraiment le sentiment d'exister, d'être responsable et autonome », affirme Maryse Vaillant, psychologue clinicienne et ex-chargée de mission à la Protection judiciaire de la jeunesse.

## À l'avenir

Ne perdez pas de vue que même à l'âge des enfants concernés par ce livre, il est toujours utile de répéter les interdits et les limites. Les règles ne sont jamais posées une fois pour toutes, il faut les énoncer à nouveau, sur le même mode, mais aussi sur des modes différents selon l'âge de l'enfant, en fonction de sa maturité. Le moyen le plus sûr d'éviter les bêtises et les punitions : anticipez les moments critiques, énoncez à l'avance les interdits et expliquez vos attentes, en fonction des événements prévus. Exemple ? « Le week-end prochain, nous sommes invités avec toi chez des amis. Je compte sur toi pour te comporter poliment et discrètement, mais aussi pour proposer ton aide. »

## Pour en savoir plus

**Pour les enfants**

- Voir bibliographie du chapitre précédent.

**Pour les parents**

*Pour une nouvelle autorité des parents*, Sophie Guillou, Les Essentiels Milan, Du côté des parents, 1999.

*La Réparation*, Maryse Vaillant, Gallimard, 1999.

- Voir la bibliographie du chapitre 1 *Vous n'arrivez pas à lui dire non.*

# 3

# Vous lui avez donné une claque, vous en êtes malade

*Elle ne cessait de vous provoquer. Et la gifle est partie… Depuis, la culpabilité vous ronge.*

## L'idée même de lever la main sur votre enfant vous rend malade, pourquoi ?

– Cela vous renvoie à ces coups d'un autre temps (la « raclée », la « cognée », la « tannée »…) qui signifient que l'adulte est maître sur l'enfant, que le parent est toujours dans son bon droit, qu'il faut « casser » la volonté de l'enfant et que plus le « dressage » commence tôt, plus il est efficace. Une telle éducation, baptisée « pédagogie noire » par la psychanalyste Alice Miller[1], repose sur ce postulat : les parents ont tous les droits parce qu'ils sont les parents ; les enfants, eux, ne méritent aucun respect, ils n'ont que des devoirs. Dans les familles où l'on pratiquait ce type d'éducation (pas seulement au XIXe siècle…), les enfants étaient considérés comme des « chiots à dresser » ou bien des êtres humains, mais de statut inférieur : s'ils ouvraient la bouche, ils étaient rabaissés ou prenaient une « trempe ». C'était « pour leur bien », ça soulageait leurs parents…
– Si vous avez subi ce genre d'éducation, vous faites sûrement un rejet, vous avez peur et honte de répéter l'histoire.
– Vous êtes sensibilisée par le débat, grandissant en Europe, sur l'opportunité ou non d'interdire, par la loi, aux parents de lever la main sur leurs enfants. La plupart des associations de protection de l'enfance bannissent la claque et la fessée, considérées comme une violence physique, qui développerait la violence chez l'enfant, notamment à l'adolescence. Des lois bannis-

1. *C'est pour ton bien*, Aubier, 1984.

sant les châtiments corporels ont d'ailleurs été votées dans certains pays d'Europe. Cependant, une chose est de taper son enfant régulièrement, dans un but éducatif, une autre est d'avoir, exceptionnellement, un geste de débordement dans un moment d'exaspération.

## Lui donner une claque, est-ce un signe de sadisme ? Un frein à sa créativité ?

La gifle signe un échec dans la communication entre l'enfant et son parent. Le parent n'a pas, en amont, signifié assez clairement les limites et les interdits à son enfant. Portée au visage, elle est vexante, humiliante.
Mais, en pratique, la claque qui échappe au parent dans un moment d'exaspération, si elle n'est pas souhaitable, ne renvoie pas forcément à la « pédagogie noire » décrite ci-dessus. Pour certains pédopsychiatres, des paroles sont parfois plus destructrices qu'une tape, partie au moment où l'enfant passe les bornes. La violence envers un enfant peut aussi être verbale (cris, harcèlement) ou marquée par l'indifférence, voire le mutisme, tout aussi toxique. Sur un pré-adolescent, qui se sent déjà mal à l'aise, se croit « nul », ce type de violence psychique peut aussi « casser » l'enfant.

## Donner une claque sert-il à quelque chose ?

Non. Toutefois, la tape dit « stop » à l'acte ou à la parole inacceptable, intolérable et à l'exaspération. C'est un moyen contestable de rappeler une limite à l'enfant, de mettre fin à sa toute-puissance. Quand le pré-adolescent va trop loin et qu'on n'a plus la force de faire preuve d'autorité de façon adéquate, on se sent un mauvais parent, incapable de contenir l'agressivité de l'enfant. Une claque n'est vraiment pas une solution, mais elle est préférable à des paroles mortifères ou à l'indifférence organisée sur un mode sadique, comme supprimer toute parole pendant plusieurs jours. De telles méthodes, qui cherchent à stimuler l'enfant et à le sortir de sa torpeur, produisent l'effet inverse : sensibiliser l'enfant à l'échec, développer sa vulnérabilité, son sentiment d'être incompris et de ne pouvoir formuler aucune demande.

## Dans quels cas une claque n'est pas une catastrophe ?

– Il vous a insultée, est allé trop loin dans l'insolence.
– Il a enfreint un interdit très grave : voler, sécher les cours, fumer une cigarette…
– Vous êtes à bout de nerfs, hors de vous, déçue, vous sentez que vous êtes sur le point de déverser sur votre enfant un flot de paroles violentes et humiliantes. Une tape, qui arrêtera net la crise, est préférable à la poursuite du

conflit sur le ton de l'exaspération. Mais attention à ne pas en faire un mode éducatif.
– Il vient de se mettre en danger ou de blesser son frère. Vous avez eu très peur. Dans ce cas, la gifle rappelle l'interdit de se mettre en danger, de se nuire à soi, de faire mal et de mettre autrui en danger.

## À quel moment une tape n'est pas forcément un drame ?

Au moment de l'énervement maximum. Et non, le soir, en rentrant du bureau, en apprenant qu'il a insulté la baby-sitter… Cette situation a beau être grave, mériter des remontrances conduisant aux excuses de l'enfant, voire une mise à l'écart dans sa chambre, elle ne peut conduire à une claque : en l'espèce, vous n'êtes ni témoin ni acteur.
Inutile aussi de promettre une gifle à votre enfant : « Une fois à la maison, tu en auras une… » La tape différée s'apparente à un châtiment, donné sur un mode sadique.

## Vous lui donnez une gifle, il lève la main sur vous ?

– Pas d'escalade de la violence. Saisissez sa main immédiatement et fermement. Rétorquez : « C'est inadmissible, inacceptable. Il est interdit de taper ses parents. » Expliquez-lui : « Je t'ai donné cette tape à cause de ce que tu as fait/dit maintenant » (et non parce que tu es « nul », « atroce »). Ainsi, vous introduisez un peu de distance entre son acte inacceptable et sa personne et vous relativisez dans le temps : ce n'est pas lui tout entier qui est mauvais et il ne l'est pas pour toujours. C'est très important pour permettre à votre enfant de dominer sa rancœur et de conserver le sentiment d'estime de soi dont il a besoin pour se construire et grandir.
– Isolez-le un moment dans sa chambre. Ou bien il en ressortira de lui-même quelques minutes plus tard, calmé et soulagé. Ou bien il ne parviendra pas, tout seul, à retrouver sa tranquillité et à surmonter sa rancune. Dans ce cas, il est indispensable que vous alliez vers lui, non pour le consoler, mais pour exiger ses excuses, lui signifier la fin de la crise et l'assurer de votre affection. De votre côté, excusez-vous : « Excuse-moi. Je me suis emportée car tu as dépassé les bornes. Ce que tu as dit/fait tout à l'heure m'a mise hors de moi. C'est fini maintenant. On se calme. Tu sais que tu es mon fils (ma fille) quoi qu'il arrive. »

### Pour en savoir plus

**Pour les enfants**

- Voir la bibliographie des chapitres précédents.

# 4

# Vous n'arrivez pas à vous faire obéir sans crier

*C'est devenu systématique : vous demandez une fois, deux fois, qu'il mette le couvert ou prenne sa douche et… il ne se passe rien ! Alors, la troisième fois, vous hurlez.*

## Pourquoi criez-vous ?

Pour l'une et/ou l'autre des raisons suivantes :
– Quand vous donnez un ordre à votre enfant, il ne l'exécute pas immédiatement. Il attend au contraire que vous sortiez de vos gonds pour réagir (souvent avec un sourire en coin). Il vous nargue et vous exaspère.
– Vous êtes persuadée que vous ne pouvez pas exercer votre autorité autrement. Peut-être avez-vous, vous-même, été élevée de cette façon ? Vous avez beau en avoir souffert, vous reproduisez ce modèle.
– Vous traversez une période difficile dans votre travail ou dans votre vie personnelle.
– Vos cris expriment peut-être quelque chose de plus profond. Vous criez pour appeler (inconsciemment) votre conjoint qui n'est pas souvent là, n'assume rien dans la maison et rentre après la bataille des devoirs, de la télévision et du téléphone… En criant, vous exprimez le sentiment d'injustice et de solitude que vous ressentez.

## Est-ce grave pour l'enfant ?

Dédramatisez : les parents qui crient trop ne sont pas forcément des monstres (furies, mégères…) qui fabriquent des enfants sans avenir.
Cela étant, voilà ce que peut ressentir votre enfant lorsque vous hurlez :

– Il est exaspéré et ne le supporte pas. C'est ce qu'il signifie s'il se met à crier encore plus fort.
– Il se sent coupable de vous mettre dans cet état-là et a honte de vous voir ainsi.
À force de vous entendre vous adresser à lui en criant, l'enfant développe de la résistance passive : vous lui demandez de faire une chose, il vous répond oui et, dix minutes plus tard, il ne s'est rien passé. Quand on donne une consigne de façon agressive, l'enfant ne retient que le ton – qui dévalorise – et non le contenu du message. Ses relations avec autrui risquent de ne passer que par des rapports de force. À terme, parent et enfant finissent par perdre tout plaisir à être ensemble. Et c'est ainsi que, certains jours, vous éprouvez peut-être l'envie de prendre le large… (voir chapitre 6 *Il vous a tellement énervée que vous l'avez planté là*).

## Comment vous faire respecter et obéir sans crier ?

– Prenez confiance en vous. Cessez de vous interroger sur le bien-fondé des services que vous demandez et des instructions que vous donnez à votre enfant. Il est normal et indispensable que ce dernier fasse l'apprentissage d'un certain nombre de règles. C'est votre rôle de parent de l'aider à les acquérir et à les respecter. Tenez-vous à votre décision initiale. Évitez de tergiverser. Relisez, au besoin, les premiers chapitres de ce livre.
– Vous avez l'impression de répéter sans cesse les mêmes choses ? C'est normal, c'est le propre de toute éducation de répéter les interdits et les limites. Les règles ne sont pas édictées une fois pour toutes. Il faut les énoncer à nouveau, sur le même mode et sur des modes différents, selon l'âge et la maturité de l'enfant. Faites-vous une raison et gardez patience. Il y a de grandes chances pour que vous ayez à ré-énoncer certaines règles de vie en communauté jusqu'à son départ de la maison…
– Évitez, lorsqu'il n'obéit pas tout de suite, de le culpabiliser en lui lançant sèchement : « Bien entendu, tu n'as pas fait ce que je t'ai demandé. » Ne lui dites pas non plus qu'il est « nul » et toute autre méchanceté que vous regretteriez ensuite. Si vous êtes pressée, plutôt que de hurler votre rage, donnez-lui une chance : « Je te donne dix minutes pour le faire, après cela, tu es puni. » C'est souvent très efficace. Mais si vous avez le temps et la patience, cessez toute activité et prenez un journal ostensiblement, jusqu'à ce qu'il obtempère. Votre réaction inattendue de passivité le fera réagir et vaudra beaucoup mieux que de le secouer en actes et en paroles.
– Apprenez à votre enfant, le plus tôt possible, à repérer qu'il a dépassé les bornes ou qu'il est sur le point de le faire. Prenez l'habitude de capter, puis de soutenir fixement son regard. Plus l'enfant est habitué à être regardé droit dans les yeux, plus il comprend d'un simple regard qu'il doit cesser ou obéir.

Vous pouvez aussi, si vous êtes de bonne humeur, faire un peu d'autodérision sur votre propension à hurler avec excès. Exemple ? « Je sens que je vais bientôt me transformer en mégère hystérique… »

– D'une manière générale, cherchez à élaborer avec votre enfant des stratégies plus incitatives. Encouragez-le davantage et donnez-lui plus de temps pour sortir de l'activité qui l'occupe. Au lieu de le matraquer d'ordres péremptoires (« Prends ta douche », « Range ton bureau… »), lancés d'un bout à l'autre de l'appartement, frappez à sa porte, captez son regard et énoncez fermement, mais calmement, l'emploi du temps : « Écoute, il va bientôt être l'heure de dîner, j'aimerais que tu sois prêt à venir m'aider. Je comprends que ça te dérange, mais je compte sur toi. » Pensez à le féliciter et à le remercier dès que vos demandes sont suivies d'effet, même si le résultat n'est pas parfait.

– Pas convaincue par cette méthode ? Certes, elle ne produira pas d'effets immédiats, mais plus vous agirez sur ce mode, moins vous serez, à terme, obligée de crier. C'est en anticipant sur ce que vous attendez de votre enfant, en le valorisant, en le remerciant de se prendre en charge et de vous rendre service, que vous lui permettrez d'obéir sans pousser les adultes à hurler. Ainsi, vous ne vous sentirez plus accablée et dévaluée comme monstre rugissant, mais apaisée et valorisée comme parent.

## Pour en savoir plus

**Dès 8 ans**

*Lili se fait toujours gronder*, Dominique de Saint Mars et Serge Bloch, Calligram.
*Lili est désordre*, Dominique de Saint Mars et Serge Bloch, Calligram.
*Max est dans la lune*, Dominique de Saint Mars et Serge Bloch, Calligram.

**Pour les parents**

*Comment se faire obéir sans crier*, Marabout.

◪ Voir bibliographie du chapitre précédent.

# 5

# Il veut partir de la maison

*Elle en a « marre ». « Marre de cette maison », « marre de cette famille ». Et elle explose : « J'en ai assez, j'm'en vais… » Faut-il en rire ou en pleurer ?*

## Pourquoi votre enfant dit-il ou fait-il cela ?

– Il est dans un grand désarroi, il a un immense chagrin, il est persuadé qu'il a perdu votre affection et votre amour. Il pense qu'il n'a pas d'autre issue. Les raisons peuvent être majeures (divorce, décès, grosses disputes…) ou plus banales (arrivée d'un petit frère, problème à l'école…).
– Il est désemparé devant une modification récente de votre comportement éducatif. Par exemple : vous vous montrez plus ferme que d'habitude, vous cédez moins souvent.

## Prenez la situation très au sérieux

– Quelles que soient ses raisons, la situation mérite d'être prise très au sérieux. Car si elle est destinée à vous faire du mal, elle lui en fait surtout à lui. Or, **se faire du mal à soi doit être énoncé comme un interdit**, au même titre que les interdits de l'inceste, du vol ou de la violence. Au fur et à mesure que l'enfant grandit, il faut les répéter. Un enfant qui menace de s'en aller (ou de se perdre, ce qui revient au même) est en souffrance et lance un appel au secours.
– Ne vous moquez pas. Cela reviendrait à banaliser le problème de votre enfant et à nier son désespoir.
– Vous le connaissez bien ? Vous ne le pensez pas capable de mettre sa menace à exécution ? Vous considérez qu'il vous manipule pour obtenir un deuxième CD ? Peut-être, mais vous ne pouvez savoir ce qui se passe

réellement dans sa tête. Interdisez-vous de le mettre à l'épreuve ou de le laisser faire son sac, de prendre la porte et de partir chez un copain. Ne jouez pas non plus l'indifférence en faisant semblant de ne pas voir… Laisser croire à votre enfant qu'il est incapable de mettre sa menace à exécution est le meilleur moyen de l'amener à vous répondre par le défi. Et de l'inciter à se lancer dans une escalade qui le conduira à se mettre, un jour, véritablement en danger. Les faits divers impliquant des enfants témoignent du manque de considération qu'ont certains adultes pour les désarrois d'enfant.

## Comment réagir ?

☐ Il dit qu'il va partir…

– Ne lui dites pas d'emblée que cela vous rendrait triste et qu'il n'a pas le droit de rendre tout le monde malheureux. La première des choses à faire est d'exprimer à votre enfant qu'il va se nuire à lui-même, que c'est interdit et que vous l'en empêcherez toujours.

– Qu'il le dise tout haut ou tout bas, cessez immédiatement l'activité qui vous occupe. Montrez à votre enfant que l'instant est grave, que ce qu'il vient de dire est très sérieux. Soyez très ferme : « Tu es mon fils (ma fille), je ne te laisserai pas partir de la maison, ni te mettre en danger. C'est ma responsabilité de parent de t'empêcher de faire n'importe quoi. » Ensuite, cherchez à renouer le dialogue.

– Interrogez-le et soyez compréhensive : « Tu es en colère, tu as de la peine. Nous allons en parler avec ton père et chercher une solution. » Vous devez lui montrer que, dans les moments difficiles, il peut compter sur vous deux. Rassurez-le sur l'amour que vous lui portez – « Nous t'aimons, même si tu es malheureux » – et sur la confiance qu'il doit trouver auprès de vous : « Je te rappelle que tu peux toujours nous en parler et nous demander de l'aide. » Il vous rétorque : « Mais vous n'êtes jamais là et quand on veut vous parler vous n'écoutez pas ! » Faites votre *mea culpa* : « C'est parfois vrai, tu as raison et je m'en excuse. Mais comment pourrait-on faire pour ne plus en arriver là ? » Cherchez ensemble un moyen pour permettre à votre enfant de tirer la sonnette d'alarme avant qu'il ne soit trop tard. Quelques formules qui ont fait leur preuve dans d'autres familles : glisser un mot sous la porte de votre chambre, coller un post-it sur la glace de la salle de bain, instituer un tête-à-tête avec l'un des deux parents régulièrement et éventuellement en dehors de la maison, au café ou au restaurant, par exemple. En revanche, ne vous laissez pas tenter par une solution prônée dans beaucoup de journaux familiaux, à savoir le rendez-vous collectif familial où tout le monde raconte les problèmes qu'il a rencontrés pendant la semaine. Ce genre de « thérapie de groupe » aux relents soixante-huitards ne respecte pas suffisamment l'intimité de chacun.

☐ Il le fait, devant vous

Retenez-le immédiatement. Signifiez-lui qu'il est interdit de s'en aller, que vous l'empêcherez toujours de le faire. Rappelez-lui que vous êtes responsable de lui et que, jusqu'à ce qu'il soit adulte, il n'a pas le choix : il habite avec vous. Ensuite, cherchez à renouer le dialogue (voir plus haut).

☒ Il est parti en votre absence

C'est une fugue, même si vous le retrouvez chez un copain. Dès que vous l'apprenez, dites-lui : « Quelque chose de très grave a dû se passer pour que tu partes sans prévenir. Je suis contente qu'il ne soit rien arrivé de grave. » Nommez la « fugue » avec lui : « Ce que tu as fait est une fugue, c'est très grave, tu t'es mis en danger, sans forcément te rendre compte de toutes les conséquences que cela aurait pu avoir. » Votre enfant n'a pas forcément fait le lien entre sa petite escapade chez son copain et les fugues dont il entend parler aux actualités et qui entraînent la disparition de gens qu'on ne retrouve jamais. Ajoutez le plus fermement possible : « Ce que tu as fait est inacceptable. Je t'empêcherai toujours de te mettre en danger. »

## Le lendemain (et, à nouveau, quelques jours après)

☐ Revenez, en différé, sur l'incident

Reparlez avec lui du sens de cette fugue et de ce qu'il imaginait qu'il y trouverait comme bénéfice. S'il a vraiment voulu fuguer, dites : « Tu voulais peut-être nous faire comprendre quelque chose de plus compliqué dans ta vie, en ce moment, nous lancer un appel, sans t'en rendre vraiment compte. » Envisagez avec lui les conséquences de ce genre de geste : perte de confiance entre lui et vous, insécurité pour lui, sentiment d'exclusion... Ajoutez : « Nous ne te l'avons peut-être pas suffisamment dit, mais il est très important que tu nous parles de tes soucis et que tu saches que tu peux toujours compter sur nous. Il faut que tu réalises que ce que tu as fait, ce n'était pas seulement pour nous inquiéter, c'était parce que tu n'as pas pu nous dire quelque chose, parce que tu pensais que nous ne pouvions pas te comprendre. Maintenant tu sais que ce n'est plus le cas. »

☐ Il profite de votre angoisse pour faire du chantage ?

Quelques semaines plus tard, alors que vous lui refusez le téléphone portable de ses rêves, il hurle : « J'en ai vraiment assez de cette maison ! Je vais partir ! » En se comportant ainsi, votre enfant cherche à tester vos limites. Il exerce bel et bien une sorte de chantage sur vous. Il se sert de votre peur pour vous manipuler. Calmez-vous. Votre enfant n'est certainement pas dans le même désarroi que celui évoqué plus haut. Plus vous serez angoissée, plus vous serez prête à céder à ce chantage, plus votre enfant en profitera. Ne lui lancez pas de défi. Mais restez très ferme. Rappelez l'interdit : « Je t'empêcherai toujours de te mettre en danger en quittant la maison comme ça », et la limite : « Je ne t'achèterai pas ce portable. » Votre enfant comprendra que sa menace n'a pas de prise sur vous. Il en sera sécurisé et pourra assumer la frustration que vous lui imposez.

## À l'avenir

Restez vigilante à maintenir le contact avec votre enfant. Vous éviterez qu'il ne se mette dans des situations difficiles pour vous faire réagir.
Si cela se reproduit, s'il ne retrouve pas sa sérénité, n'hésitez pas à consulter un psy (voir chapitre 93 *Dans quel cas consulter un psy et comment ça se passe ?*).

### Pour en savoir plus

**Dès 8 ans**

*Respecte-moi !, Civilité et incivilité*, Autrement junior, série Société.
*Les parents de Max et Lili se disputent*, Dominique de Saint-Mars et Serge Bloch, Calligram.

Voir aussi la bibliographie du chapitre 1.

# 6

# Il vous a tellement énervée que vous l'avez planté là

*De retour du bureau, vous étiez déjà harassée. Devant cette pré-ado affalée devant la télé alors que vous hurlez depuis dix minutes pour qu'elle vienne à table, vous n'en pouvez plus. Excédée, vous craquez, attrapez votre manteau et claquez la porte...*

## Est-ce grave ?

Oui. Claquer la porte en laissant l'enfant seul est un comportement agressif, voire sadique et donc déstabilisant pour lui. Tout enfant attend de son parent qu'il lui donne des limites à ne pas dépasser. Mais l'enfant cherche toujours à repousser ces limites, le plus loin possible. Devant un parent qui claque la porte, l'enfant se sent abandonné : son parent – symbole de protection, de sécurité – n'a pas trouvé la force de lui résister. Il éprouve une véritable culpabilité d'avoir mis son parent dans un état pareil.

## Vous le faites. Comment limiter les dégâts ?

– Revenez vers votre enfant. Dites-lui : « Écoute. Je te présente mes excuses, j'étais très énervée, hors de moi, j'ai craqué. J'avais besoin de me calmer. Il n'était pas dans mon intention de te faire peur, ni de t'affoler. » Faites une mise au point : « Je te l'ai déjà dit : tu es mon fils (ma fille), je reste ta mère, quoi qu'il arrive. Je vais retrouver mon calme. » Ajoutez : « Je voudrais compter sur toi pour obéir, est-ce que je peux vraiment ? »
– Signifiez à votre enfant qu'il a dépassé les bornes. Ne lui dites pas : « Tu es nul, insupportable, un vrai petit c..., tu es ch..., tu ne fais jamais rien, comme d'habitude, évidemment, je m'en doutais... », toutes ces formules culpabilisantes, qui donnent à l'enfant le sentiment d'être totalement incapable et

laissent peu de chance d'évoluer. Cela lui fait perdre son sentiment d'estime de soi, indispensable à son épanouissement. Préférez donc une formule plus objective comme : « Ton attitude est inacceptable, inadmissible. »
– Isolez-vous. Dites : « J'ai besoin de calme, je ne veux surtout pas reproduire ce qui s'est passé la dernière fois, tu te souviens ? »
– Trouvez une activité qui vous apaise : allongez-vous, lisez un journal, prenez une douche... Mais ne cédez pas à la tentation de couper toute communication avec votre enfant en bouchant vos oreilles avec des boules Quies ou un Walkman. C'est trop cruel et déstabilisant pour lui.
– Une fois l'exaspération passée, revenez vers lui avec affection et fermeté. Rappelez que vous comptez sur lui pour prendre ses responsabilités dans la maison et assumer un certain nombre de tâches (voir chapitre 61 *Il ne fait rien dans la maison*).

## À l'avenir

– Demandez à son père de manifester son autorité expressément.
– Ne vous découragez pas et renoncez à l'enfant parfait que vous aviez imaginé dans vos rêves...
– Trouvez le moyen de prendre du temps pour vous. Ou bien partez en week-end ou en vacances avec votre conjoint. Cela vous fera du bien et votre enfant ne s'en portera pas plus mal. Cela vaut beaucoup mieux pour lui que de vous voir craquer à tout bout de champ.

### Pour en savoir plus

- Voir la bibliographie des chapitres 1 et 4.

# 7

# Il ment sans arrêt

*Le miroir cassé dans l'ascenseur alors que la gardienne l'a vu : ce n'est pas lui. Cette odeur de cigarette qui empeste dans sa chambre : ce n'est pas lui. Et ces mauvaises notes, là, sur son carnet, ce n'est pas lui peut-être ?*

## Pourquoi ment-il ?

À partir de 7 ans environ, il fait très bien la différence entre l'imaginaire et le réel, le plausible et l'insensé. Il sait donc parfaitement faire la distinction entre mensonge et vérité. S'il ment, c'est pour l'une et/ou l'autre des raisons suivantes :

– Il a fait une bêtise, il a peur de se faire gronder et se sent « nul ». Exemples : il a cassé le vase de votre grand-mère, il est rentré en retard de l'école malgré vos recommandations, il a « oublié » de faire signer son carnet de (mauvaises) notes… Il se sent coupable et n'a pas le courage de le reconnaître, alors il dissimule la vérité. Il veut faire punir un autre enfant à sa place, plus ou moins consciemment.

– Votre relation avec lui repose sur un rapport de force. Vous êtes trop « dans le contrôle » : dans un souci – louable – de protection, vous voulez avoir la mainmise sur ses activités, « tout savoir » de son emploi du temps, de ses réflexions, de ses amitiés. Il se sent épié, soupçonné. Or, dès l'âge de 8 ans, votre enfant a besoin de plus d'autonomie. Mentir est alors un moyen de vous montrer son désir d'indépendance. Inconsciemment, il s'assure que certaines choses de sa vie vous échappent.

– Peut-être parlez-vous parfois à sa place ? Votre enfant, lui, traduit que sa parole n'a pour vous aucune valeur. Quand la parole de l'autre est refusée ou bafouée, il n'y a pas de place pour l'altérité. Une telle attitude peut inciter votre enfant à mentir.

– Vous l'avez installé, sans vous en rendre compte, dans la « toute-puissance » en lui laissant croire que tout est possible, tout de suite, en le laissant peut-être gagner à tous les jeux, comme lorsqu'il était petit.
– Vous exercez trop de pression scolaire, il a peur de vous décevoir : mentir est un moyen de défense, pour faire bonne figure.
– Vous tenez rarement vos promesses : pour lui, vous mentez. Il fait comme vous.
– Il vous sent fragile ou se sent écrasé par ce que vous attendez de lui. Il vous ment par peur de vous décevoir, comme pour vous protéger de la déception, en quelque sorte.
– Il sent que vous ne lui dites pas toute la vérité sur un problème grave pour lui (par exemple : divorce en préparation, mort d'un proche...). Il est tenu à l'écart sous de mauvais prétextes (« L'enfant ne sent rien », « Il n'a pas le droit de savoir », « Il est trop petit pour comprendre »...) ou pour de fausses bonnes raisons (« Il faut le protéger »). Or, être persuadé de ne rien savoir engendre culpabilité et insécurité. Le mensonge permet alors de lutter contre des angoisses ou de chercher des réponses à des questions jamais posées ou mal posées. S'arranger avec la vérité, fuir dans l'imaginaire, le protège de la honte, de l'humiliation (voir chapitre 87 *Vous avez un secret de famille*).

## Distinguez le mensonge de la mythomanie

– S'il affabule de façon passagère – il raconte que sa grand-mère est morte, que ses parents vont divorcer alors qu'il n'en est rien... –, c'est parce qu'en ce moment, il manque de confiance en lui et a besoin de se mettre en avant. Autre explication possible : l'une de ces difficultés frappe l'un de ses copains auquel il s'identifie. Il redoute que cela lui arrive, alors il anticipe le malheur.
– S'il affabule de façon permanente, c'est sans doute pour se réfugier dans un monde irréel, pour attirer l'attention sur lui. Certains enfants sont de vrais mythomanes, ils racontent n'importe quoi, inventent des tas d'histoires auxquelles ils ont l'air de croire dur comme fer. C'est souvent parce qu'ils souffrent d'un manque de sécurité intérieure et d'une culpabilité qui les empêchent de dire les choses « pour de vrai » et en face. Ces enfants n'ont vraiment pas confiance en eux. En racontant des histoires, ils cherchent à attirer l'attention des autres et à combler leur sentiment de faiblesse. Cela peut devenir un cercle vicieux : l'enfant échafaude un scénario car il n'a pas confiance en lui, puis il se sent coupable d'avoir menti, donc, il ne peut s'empêcher d'inventer de nouvelles fables pour masquer son dernier mensonge. Et ainsi de suite... Ce comportement dissimulateur, certes assez rare, mérite d'être pris très au sérieux. Dans ce cas, n'hésitez pas à consulter un psychothérapeute pour enfants. Ce professionnel vous aidera à décrypter les raisons du manque de confiance en soi qui conduit votre enfant à adopter une telle attitude. Et

vous conseillera sur la manière dont il convient de réagir avec lui, en particulier (voir chapitre 93 *Dans quel cas consulter un psy et comment ça se passe ?*).

## Faut-il réagir au simple mensonge ?

Oui. Dès que vous avez un doute sur l'honnêteté de votre enfant, il est important de le lui signifier. Ainsi, vous ne le laisserez pas s'installer dans le mensonge permanent et vous conserverez une crédibilité à ses yeux. Si vous ne le remettez pas sur le chemin de la vérité, il risque de se sentir coupable et d'avoir le sentiment que vous ne faites pas attention à lui et n'exercez aucune autorité. En revanche, si vous réagissez, vous lui permettez de se libérer de la culpabilité qu'il ressent forcément – plus ou moins consciemment – d'avoir menti. Il est important qu'entre votre enfant et vous, il existe une confiance réciproque. Mais faites la part des choses entre le mensonge délibéré et le fait de raconter des bobards.

## Vous le prenez en flagrant délit, comment réagir ?

– N'en faites pas un drame, ne le prenez pas comme une attaque contre vous.
– Ne le traitez pas de « menteur », de « magouilleur » et autres qualificatifs hostiles. Ce n'est pas parce qu'il a menti une ou deux fois qu'il mérite les sarcasmes et les railleries, encore moins qu'on lui colle une telle étiquette. Cela risque au contraire de l'installer dans ce comportement.
– Ne vous braquez pas immédiatement. Laissez-lui la possibilité de s'expliquer. Dites simplement : « Tu ne me dis pas la vérité. Je t'ai vu (entendu, je me suis rendu compte). Cela s'appelle un mensonge. »
– Rappelez la règle : « Il est absolument indispensable de dire la vérité pour maintenir la confiance. »
– Offrez-lui une issue sur le mode : « faute avouée = faute à moitié pardonnée ». Dites : « Quand on reconnaît ses erreurs, on redevient plus content de soi. C'est la preuve que l'on prend ses responsabilités. »
– Il s'enferre, jure qu'il n'a pas menti ? N'insistez pas, vous risqueriez de le bloquer. Dites simplement : « Écoute. Moi je sais ce qui s'est passé. Ce que tu me racontes n'est pas la vérité. On en reparlera. » Proposez-lui, éventuellement, de vous écrire la vérité sur un petit mot et de le déposer dans votre chambre. C'est parfois moins humiliant que d'avouer droit dans les yeux.
– Il finit par avouer ? Félicitez-le d'avoir pu dire la vérité. Dites : « J'apprécie ta franchise. Je te pardonne. Je suis fière que tu assumes ainsi tes responsabilités. Tu peux être content de toi. »
– Il vous supplie de ne pas en parler à son père ? Tout dépend de la gravité du mensonge en question. S'il a juste tiré les cheveux de sa sœur ou cassé un

bibelot, assurez-le que le conflit est réglé avec vous et qu'on en reste là. Il est important que les enfants qui grandissent sachent qu'ils peuvent confier certaines choses à un parent et non à l'autre. Mais s'il a volé un CD à la Fnac (voir chapitre 8 *Il a volé un CD dans un magasin*) ou falsifié ses notes (voir chapitre 31 *Son bulletin n'est pas bon*), c'est impossible. Dans ce cas, dites-lui : « Je comprends que ce soit difficile pour toi, mais il n'est pas question que ton père reste en dehors de cette affaire. C'est trop grave. Je veux bien rester avec toi pendant que tu lui raconteras et je t'aiderai pour lui expliquer. » En revanche, s'il préfère parler seul à son père, respectez sa volonté.
– Rien à faire, il vous jure que ce n'est pas lui. Certains mensonges resteront inavoués. Surveillez que cela ne devienne pas systématique. Si sa bêtise revient à rompre un pacte avec vous (ex. : il est rentré de l'école plus tard qu'à l'heure autorisée), donnez-lui une mesure de réparation plutôt qu'une punition en tant que telle (voir chapitre 2 *Faut-il encore le punir ?*). S'il a avoué sa faute, soyez plus indulgente.

## Vous n'êtes pas sûre qu'il vous mente, comment réagir ?

Contentez-vous de rappeler la loi, c'est tout. Si cependant vous avez de forts soupçons, faites-lui comprendre que ce genre de doutes peut affaiblir la relation de confiance qui existe entre vous. Mais acceptez aussi qu'il conserve une part de jardin secret. Il doit rester persuadé qu'on ne lui vole pas son intimité.

## Un peu plus tard

Reparlez avec votre enfant du mensonge en général. Faites un point sur la parole donnée, la confiance à établir avec les autres pour la vie en société. Il vous rétorque : « Mais, toi aussi, tu mens parfois. » Expliquez-lui qu'en effet, il existe de « bons » mensonges, des mensonges pour faciliter la vie en société, que l'on fait « par politesse, pour ne pas blesser les gens » (voir chapitre *9 Il ne dit jamais bonjour, merci, s'il vous plaît*). Précisez : « Ainsi, quand tu ne veux pas aller à un anniversaire, au lieu de répondre que tu n'aimes pas le camarade qui t'invite, tu fais un petit mensonge et tu dis que tu n'es pas libre. De même, quand tu reçois quelque chose qui ne te plaît pas, tu dois dire : “Merci, je suis très touché”. » Expliquez qu'il existe aussi des mensonges protecteurs que l'on fait pour se protéger soi-même quand on est au chômage ou qu'on apprend qu'on est très malade et qu'on n'a pas envie de raconter sa vie à tout le monde. Mais soyez ferme : « Que les choses soient bien claires : entre parents et enfants il n'y a pas de mensonges. Personne n'a le droit de te demander de mentir à tes parents. »

### Pour en savoir plus

**Dès 8 ans**

*Max raconte des « bobards »*, Dominique de Saint Mars et Serge Bloch, Calligram.

*Max a triché*, Dominique de Saint Mars et Serge Bloch, Calligram.

*Pour de vrai et pour de faux*, Brigitte Labbé et Michel Puech, Les goûters philo, Milan.

**Pour les parents**

*Le Mensonge*, Danielle Dalloz, Bayard, 2000.

# 8

# Il a volé un CD dans un magasin

*Lorsque les responsables du magasin vous ont appelée, votre sang n'a fait qu'un tour...*

## Pourquoi a-t-il fait ça ?

Pour l'une et/ou l'autre des raisons suivantes :
– Il sait que son acte est répréhensible mais espère ne pas se faire prendre. Il est excité à l'idée de faire quelque chose d'interdit, il veut éprouver un grand frisson, vaincre sa peur, se prouver qu'il est grand. Il commence à avoir envie de tester la parole de l'adulte et son pouvoir de tout savoir et de tout contrôler. Il découvre qu'il peut réaliser des choses que vous ignorez.
– Il obéit à un besoin naissant de s'affranchir des interdits édictés par vous. Il agit et se dit : « On verra bien ! »
– Il s'est fait entraîner par un ou plusieurs autres enfants plus filous ou plus âgés, plus manipulateurs que lui. Il a agi par une sorte de contagion du défi sur le mode : « T'es pas cap ! »
– Il est tenté par tout ce qu'il voit. Ses désirs grandissent avec lui. Il veut appartenir à son groupe de pairs en possédant les mêmes objets qu'eux. Il est sollicité par la société de consommation et la publicité qui font le maximum pour exciter son envie.

## Gardez votre calme sans banaliser

– Prenez l'incident au sérieux sans pour autant en faire un drame absolu. Ce type de vol est assez classique, de nombreux pré-ados en commettent, un jour ou l'autre.

– Évitez de plaquer votre réaction sur celle de vos parents, si vous-même avez connu un événement analogue pendant votre enfance.
– Dédramatisez : ce n'est pas parce qu'il a volé une fois un CD à la Fnac qu'il entre dans la délinquance, ni qu'il est passible tout de suite de la maison de correction.
– Faites-vous, si possible, accompagner de son père pour aller le chercher toute affaire cessante. Il doit réaliser que ce qu'il a fait est très sérieux et que cela peut avoir des conséquences graves.

☐ **Dans les bureaux du magasin**

– Ne déversez pas d'emblée sur lui votre colère et votre déception. Il se sent déjà assez humilié et inquiet de ce qui va se passer pour que vous n'en rajoutiez pas devant tout le monde. Une réaction démesurée risque de le traumatiser et de lui ôter la capacité de prendre des risques, voire même de simples initiatives.
– Laissez la personne de la sécurité vous relater les faits devant votre enfant en restant le plus neutre possible. Évitez de prendre parti, ni contre lui, en le traitant de « petit voyou », ni pour lui, en l'abreuvant de « pauvre chéri » ! Vis-à-vis du magasin, expliquez que vous vous sentez extrêmement responsable de ce qui s'est passé et que vous êtes prête à aider votre enfant à réparer sa faute.

☐ **À la maison**

– Isolez-vous avec lui dans une pièce. Demandez-lui s'il a quelque chose à ajouter. Interrogez-le : « Est-ce que tu as compris pourquoi tu as fait ça ? » Proposez-lui de vous raconter ce qui s'est réellement passé et qu'il n'osait peut-être pas vous dire devant les responsables du magasin.
– Rappelez la loi : « C'est un acte grave. Nous, tes parents, sommes responsables de toi. Peut-être qu'on ne t'avait pas assez expliqué les conséquences d'un tel acte. »
– Évoquez votre soulagement et celui qui doit être le sien que cet incident ait été démasqué et qu'il puisse être sanctionné.
– Il vous supplie de ne pas en parler à son père ? Ne cédez pas. Voler dans un magasin est une infraction à la loi. Or, **le père joue un rôle fondamental dans la transmission de la loi à son enfant**. Selon la théorie psychanalytique, le père pose les interdits et les limites et la mère les rappelle. Dans une famille recomposée, le beau-père réagit comme un père. Il crée un espace nécessaire entre la mère et l'enfant. Bien sûr, la société a évolué. Il est indispensable que les deux parents, qui exercent ensemble l'autorité, soient au courant.
– Interrogez-le : « Qu'est-ce que tu pourrais faire pour compenser le tort que tu as fait et nous prouver que tu es capable de prendre tes responsabilités ? » Trouvez avec lui une « punition-réparation » qui, non seulement réparera le

préjudice subi, mais aussi restaurera le sentiment d'estime de soi de votre enfant (voir chapitre 2 *Faut-il encore le punir ?*). Dans un cas comme celui-là, cela vaut vraiment la peine de se creuser les méninges pour trouver une sanction qui marque le coup. S'il a volé un CD, vous pouvez lui demander d'acheter un CD avec son argent de poche pour le donner à une association d'enfants en difficulté, par exemple. Et puis, comme vous êtes responsable de votre enfant et que vous voulez l'aider à réparer, vous pouvez peut-être financer ce CD à moitié et l'emmener le donner à une association. Si cela vous apparaît trop compliqué, vous pouvez aussi décider avec lui d'une « mesure d'intérêt familial » (laver la voiture, ranger le grenier...) qu'il pourrait prendre en charge. Pour l'enfant, sa famille, c'est la société. Si à la suite de cette incartade, il se sent rejeté, il aura des doutes sur les capacités de l'ensemble de la société à lui donner une place.

□ Quelques jours plus tard

– Attendez d'être calmée pour revenir sur ce qui s'est passé. Parlez de ce qui arrive aux récidivistes. Profitez de l'occasion pour parler de la citoyenneté à votre enfant. Expliquez-lui que tagger la porte des voisins ou mettre du chewing-gum dans les horodateurs, c'est contraire aux règles de vie en société. Lisez avec lui des petits livres d'éducation à la citoyenneté (voir notre liste).
– Si votre fille est proche de la puberté et qu'elle a volé du maquillage ou des petits bijoux fantaisie, elle a sans doute agi par crainte (et désir en même temps), plus ou moins consciente, de grandir. Dans ce cas, il est important que vous ayez une conversation avec elle autour de la féminité et des transformations du corps qu'elle est en train de vivre (voir chapitre 85 *Son corps va se transformer, comment lui en parler ?*). Expliquez-lui que la féminité est davantage une affaire d'intimité que d'apparence. Essayez de lui faire comprendre que l'on devient une femme de l'intérieur, que cela peut être long, que ça peut ne pas se voir : ça ne se prend pas à l'autre, ça ne s'achète pas.

## Et s'il récidive ?

– C'est préoccupant. Il cherche sans doute, plus ou moins consciemment à se faire prendre, à attirer votre attention et à vous causer du tort. Dans ce cas, il est souhaitable de consulter un psychothérapeute pour comprendre les raisons plus profondes qui conduisent votre enfant à agir ainsi (voir chapitre 93 *Dans quel cas consulter un psy et comment ça se passe ?*).
– Assurez-vous néanmoins que votre enfant n'est pas soumis à un chantage ou harcèlement d'un meneur de bande, d'une « caillera » (« racaille » en verlan, terme à la mode pour dire voyou), qui lui lance des défis sur le mode : « Même pas cap ! » (voir chapitres 35 *Il est victime de violences dans la cour de récréation*, et 36 *Lui apprendre à se protéger du racket*).

## Et s'il a juste vu un copain voler ?

C'est le moment ou jamais d'expliquer à votre enfant comment fonctionne la société. Avant, il est un peu jeune pour comprendre le pourquoi du comment ; après, il sera trop aux prises avec ses pulsions d'autonomie pour vous entendre vraiment. Entre 8 et 12 ans, vous pouvez vraiment transmettre une éthique de citoyen à votre enfant.

Félicitez-le de vous en avoir parlé, demandez-lui ce qu'il a ressenti : a-t-il eu peur ? A-t-il eu envie de le faire ? S'est-il senti lâche de ne pas l'avoir fait ? Expliquez-lui que le vrai courage, ce n'est pas de voler et se croire au-dessus des lois, supérieur aux autres, mais plutôt de résister devant toutes les tentations qui s'offrent à soi, d'apprendre à patienter quand on désire une chose, de savoir attendre (voir chapitre 14 *Il est accro aux marques*).

### POUR EN SAVOIR PLUS

**Dès 8 ans**

*Max et Lili ont volé des bonbons*, Dominique de Saint Mars et Serge Bloch, Calligram.

*Le Bien et le Mal*, Brigitte Labbé et Michel Puech, Les goûters philo, Milan.

*Le Travail et l'Argent*, Brigitte Labbé et Michel Puech, Les goûters philo, Milan.

**Dès 9-10 ans**

*Mon copain a volé, l'interdiction du vol*, Autrement Junior Société.

*Respecte-moi !, Civilité et incivilité*, Autrement junior, série Société.

**Pour les parents**

*Pour une nouvelle autorité des parents*, Sophie Guillou, Les Essentiels Milan, 1999.

*La Réparation*, Maryse Vaillant, Gallimard, 1999.

# II.

# PRINCIPES D'ÉDUCATION, ARGENT DE POCHE, VÊTEMENTS

# 9

# Il ne dit jamais bonjour, merci, s'il te plaît

*À l'entendre lancer « Salut » à la cantonade et hurler « Le sel ! » à son frère, il y a des jours où vous vous demandez où elle a été élevée…*

## Pourquoi une telle désinvolture ?

☐ S'il a moins de 10-11 ans

– Vous ne lui avez peut-être pas suffisamment appris la politesse lorsqu'il était petit. Vous pensiez qu'il n'était pas nécessaire de l'embêter avec ça et, aujourd'hui, son incorrection vous saute aux yeux.
– Vous lui avez enseigné les bonnes manières, mais depuis vous n'avez pas estimé utile de les répéter.
– Vous-même n'y pensez pas systématiquement. Interrogez-vous : dites-vous toujours bonjour quand vous entrez dans un magasin et au revoir quand vous en sortez ?

☐ S'il a plus de 10-11 ans

Si vous n'avez cessé de lui seriner les règles de politesse, il commence peut-être, par ce biais, à s'opposer à vous et à s'identifier à ses pairs. À cet âge, par mimétisme avec les copains, l'enfant adopte une attitude plus désinvolte avec les conventions, il préfère dire « Salut ! » à la cantonade plutôt que « Bonjour madame ». C'est l'adolescence qui se prépare. Autre explication possible : il développe une pudeur excessive ou se replie sur lui-même, ce qui se traduit par une « peur des autres », une timidité maladive.

## Comment réagir ?

☐ Sur le moment

– Ne lui collez pas une étiquette de « mal élevé », sur le dos, vous risquez de l'installer dans ce statut.
– Calmez-vous. Même si la politesse est très importante pour vous, ne tirez pas de conclusions hâtives. Ce n'est pas parce que, aujourd'hui, il ne respecte pas les codes sociaux qu'il est promis à un avenir d'adulte mal élevé. Il n'est jamais trop tard pour corriger la trajectoire. Si vous interrogiez les parents de ses copains, vous seriez sans doute surprise de la description que l'on ferait de votre enfant. C'est connu : chez les autres, les enfants se tiennent toujours beaucoup mieux que chez eux.
– S'il a moins de 10-11 ans : invitez-le à dire au revoir quand vous quittez un lieu ou quand quelqu'un quitte la maison. Dites : « Venez, les enfants, il est temps de dire au revoir. » En général, cela suffit.
– S'il a plus de 10-11 ans : évitez absolument de lui faire une réflexion devant tout le monde : c'est inutile et humiliant. Vous risquez de lui faire honte (voir chapitre 42 *Il a honte de vous*) et de l'inciter à développer une colère qui ne sera pas constructive.

☐ Quand vous êtes seule avec lui

N'hésitez pas à lui faire une remarque en évitant le ton de l'exaspération. Rappelez à votre enfant l'importance de ces règles, qui ne sont pas établies pour l'embêter, mais pour vivre en société. Expliquez-lui qu'elles ne sont pas seulement destinées à faire plaisir aux adultes, mais qu'elles peuvent aussi lui rendre service à lui : les règles de politesse sont des codes pour faire sa place dans la société, elles permettent aussi d'entrer en communication avec les autres. Dites-lui : « Quand tu dis bonjour à quelqu'un en lui serrant la main et en le regardant dans les yeux, tu lui montres que tu lui accordes une certaine attention et que tu le respectes. » Expliquez-lui que c'est absolument nécessaire quand on devient adulte pour demander un renseignement, chercher un travail, établir et conserver des relations amicales… Ajoutez : « C'est le préambule indispensable à toute relation. »
Profitez-en pour expliquer comment on se dit bonjour dans d'autres pays. Ainsi, il comprendra que la politesse est universelle, même si chaque société a ses codes et ses bonnes manières.

## À l'avenir

– Veillez à montrer l'exemple, dans les magasins bien sûr, mais aussi en famille, entre vous. N'hésitez pas à lui faire remarquer discrètement une personne qui se comporte particulièrement mal dans un magasin.

– Dans les situations qui vous tiennent à cœur (invitations chez des amis, communion de la cousine) :

• N'hésitez pas à répéter plusieurs jours à l'avance que vous comptez sur lui pour dire bonjour, merci, s'il te plaît.

• Apprenez-lui à exprimer un sentiment de reconnaissance et de plaisir, si c'est le cas. Ainsi s'il a passé un bon moment, qu'il s'autorise à dire : « J'ai passé un très bon après-midi », s'il a reçu un cadeau : « Ce cadeau me fait très plaisir. » Il vous rétorque : « Je n'oserai jamais ! » ? Certains enfants sont plus réservés que d'autres. Expliquez-lui qu'il est très important d'apprendre à exprimer ses émotions, que l'on est plus heureux et plus content de soi quand on sait le faire. Et entraînez-le à la maison avec des petits jeux de rôle.

• Enseignez-lui à masquer un certain déplaisir. S'il s'est ennuyé, il n'a plus l'âge de la spontanéité absolue. S'il a reçu un cadeau qui ne lui plaît pas, qu'il remercie quand même. Il vous répond : « Pourtant, tu dis toujours qu'il faut dire la vérité » ? Répondez : « Oui bien sûr, mais il existe des situations où cela peut être grossier, où il est important de respecter la sensibilité de l'autre. C'est ce qu'on appelle un "mensonge social". Mais à nous tes parents, en dehors de ces situations, tu peux nous parler librement, car nous sommes entre nous. » (Voir chapitre 7 *Il ment sans arrêt*.)

– Donnez-lui les règles de politesse au téléphone. Apprenez-lui à se présenter spontanément quand il appelle, mais aussi quand il répond. Et enseignez-lui la présence d'esprit qui consiste à dire que vous êtes occupée et non « aux toilettes »...

– Continuez à lui expliquer que la politesse est importante pour vous. C'est à cette période, lorsque l'enfant est encore relativement prêt à vous écouter, que vous pouvez lui transmettre vos propres valeurs. Avant, c'est trop tôt, et après, il vous écoutera moins.

## Pour en savoir plus

**Dès 8 ans**

*Lili est malpolie*, Dominique de Saint Mars et Serge Bloch, Calligram.

**Pour les parents**

*La Peur des autres*, Christophe André et Patrick Légeron, Poches Odile Jacob, 2003.

*La Force des émotions*, François Lelord et Christophe André, Odile Jacob, 2001.

# 10

# Il n'est pas à prendre avec des pincettes

*Rien, vous ne pouvez vraiment rien lui dire, sinon elle démarre au quart de tour ! Quand elle ne se met pas à bouder pendant deux heures...*

## Pourquoi votre enfant n'est-il pas à prendre avec des pincettes ?

☐ Quel que soit son âge

– Il ressent une trop grande pression de son entourage sur les résultats scolaires. Après le CP, les notes commencent à compter beaucoup. En sixième, *a fortiori*. Cette attitude peut traduire sa peur de redoubler (voir les chapitres de la partie IV *École, collège*). Ou bien il est déstabilisé par le fait que sa petite sœur étudie plus volontiers que lui, ou l'inverse. Dans les deux cas, cela peut générer agressivité et/ou susceptibilité.
– Il traverse une période difficile. Un événement récent plus ou moins grave de la vie quotidienne (divorce, décès du grand-père, déménagement...) a eu plus d'impact sur lui qu'il ne l'a montré. Ou bien il est victime de violences à l'école ou au collège (voir chapitre 35).
– Il a un grand frère ou une grande sœur en pleine crise d'adolescence et cela l'inquiète. Si grandir, cela signifie s'étriper tout le temps avec ses parents, claquer les portes et être insolent en permanence avec les profs, cela peut le rendre anxieux.

☐ S'il a moins de 10-11 ans

Cela peut arriver de façon épisodique. Elle s'est fâchée avec sa copine, il s'est fait punir en classe... Comme pour tout le monde, les événements désagréables du quotidien peuvent réactiver des angoisses et justifier que l'enfant ressente un mal-être.

### □ S'il a plus de 10-11 ans

L'agressivité, l'insolence ou, au contraire, l'hyper-susceptibilité, voire le repli sur soi, peuvent devenir plus fréquents, en raison de l'adolescence qui approche. À cette période, l'enfant peut déjà entrer dans une période de mutations qui durera plusieurs années avant qu'il ne devienne adulte. Ce genre de comportement est parfois plus voyant chez les filles, du fait de transformations physiologiques plus précoces (voir chapitre 85 *Son corps va se transformer, comment lui en parler ?*). Mais les garçons ne sont pas épargnés. À cet âge, l'enfant commence à ressentir un malaise, sans en être conscient. En voyant ses camarades des classes au-dessus de lui, il est inquiet de son changement à venir. Il est également préoccupé par l'image de lui-même qu'il va donner. C'est un âge où l'enfant est très soucieux de son apparence et de celle de ses parents (voir chapitres 42 *Il a honte de vous* et 13 *Il a un look pas possible*). Il a un sentiment un peu flou de ce qui l'attend, il ne sait pas exactement ce qui va se passer, mais il sent bien que, sous peu, il va faire l'expérience de la métamorphose.

## Comment réagir ?

– Évitez de lui coller une étiquette sur le dos en répétant sans cesse à son propos qu'il est « désagréable », « n'a aucun humour », qu'elle est une « vraie pimbêche »... Ne parlez pas de ce qu'il vous fait subir, à vos amis, devant lui.
– Évitez aussi les prédictions angoissantes du genre : « Bonjour l'adolescence qui se profile, ça promet ! »
– Essayez d'en savoir un peu plus pour repérer s'il s'agit d'un problème conjoncturel, comme des difficultés avec un copain ou des mauvaises notes.
– Si ce n'est qu'un sentiment vague de malaise, laissez filer, c'est un moment inévitable. La bonne distance : maintenir le contact avec vous et son père, sans s'acharner à le faire sortir de sa coquille. Proposez-lui, de temps en temps : « Est-ce qu'il y a un problème ? Est-ce que tu voudrais me parler de quelque chose ? Tu sais que tu peux compter sur moi... » Avec son père, soyez plus présents en ce moment. Offrez-lui une bonne écoute, de la considération, montrez votre compréhension. Au besoin, utilisez la technique dite de « l'écoute active » employée par les psychothérapeutes comportementalistes avec leurs patients. Marche à suivre :

- Regardez-le dans les yeux.
- Évitez de lui poser des questions fermées qui impliquent une réponse par oui ou par non (ex : « Tu t'es disputé avec ta copine ? »).
- Préférez les questions ouvertes, qui commencent par « qu'est-ce que », « pourquoi » ou « comment » et appellent une réponse détaillée (ex : « Qu'est-ce qui s'est passé dans la cour de récréation ? » « Comment en es-tu venue à te disputer avec Samantha ? »).

• Accordez de l'importance à ce qui le tracasse, même si ce qu'il vous raconte vous semble mineur.
• Tenez compte de la période qu'il traverse : votre enfant est plus fragile et la moindre blague peut être vécue comme une agression.
• S'il marmonne une phrase ou deux, saisissez l'occasion pour amorcer le dialogue. Le bon truc : reformulez ce que vient de dire l'enfant en intégrant les sentiments (tristesse, colère…) qu'il semble éprouver (ex. : si elle a l'air triste en parlant de sa dispute avec Samantha, dites-lui : « J'ai l'impression que cette dispute avec Samantha te rend triste »).
• Ne vous éloignez pas du sujet de la conversation en moralisant ou en généralisant avec des formules du genre : « Tu te mets toujours avec des chipies ! », dites-lui plutôt : « Cela doit être difficile ce que tu vis en ce moment. »
• Malgré vos tentatives de dialogue, il reste mutique ? Sans projeter votre angoisse, parlez de vous au même âge ou d'un cas similaire dans votre entourage. L'enfant réalisera qu'il n'est pas seul à vivre ce qu'il vit et cela le poussera peut-être à se confier.
– Gardez patience, même si vous êtes exaspérés, votre conjoint et vous. Si vraiment la situation devient intenable, n'excluez pas d'aller en parler avec un professionnel, sans votre enfant. Il suffit parfois de deux ou trois séances pour faire le point sur ce qui se joue, en ce moment, entre votre enfant et vous, et être réassurés dans votre rôle de parents. En revanche, ne conduisez pas systématiquement votre enfant chez un psy dès qu'il est agressif ou susceptible. À moins que son mal-être ne retentisse sur ses résultats scolaires, son comportement alimentaire, son sommeil ou ses relations amicales (voir chapitre 93 *Dans quel cas consulter un psy et comment ça se passe ?*).

## Pour en savoir plus

**Dès 8 ans**

*Le Rire et les Larmes*, Brigitte Labbé et Michel Puech, Les goûters philo, Milan.

**Dès 11-12 ans**

*Vous vous sentez seul, Pourquoi ? Comment vous en sortir*, Pascale Perrier et Klaas Verplancke, Éditions de La Martinière Jeunesse.

**Pour les parents**

*Affirmez-vous*, Frédéric Fanget, Odile Jacob, 2000.
*Savoir gérer son stress*, Charly Cungi, Retz, 2001.
*Savoir s'affirmer*, Charly Cungi, Retz, 2001.

# 11

# Il dit qu'il vous déteste

*C'est sorti comme ça, sans préavis. Il est en avance sur l'adolescence ou quoi ?*

## Pourquoi dit-il ça ?

– Il traverse une phase de colère. Il est en désaccord avec vous parce que vous venez de lui imposer une frustration ou parce qu'il vient de récolter une mauvaise note.
– Il a peur que vous ne le détestiez, alors il dit qu'il vous déteste. Ce genre de phrase est souvent lié à un désarroi affectif.
– Il sent qu'il a absolument besoin de se détacher de vous ou de son père. Peut-être ne mettez-vous pas suffisamment de distance physique entre lui et vous, vous faites-vous trop de câlins. Du coup, il est tenté, plus ou moins consciemment, de multiplier les épreuves de force pour trouver son autonomie et se sentir devenir un individu à part entière. Ce processus de séparation passe par certaines colères, ce n'est pas anormal.

## Comment réagir ?

– Interrogez-vous sur les causes extérieures possibles de cette violence qui émerge : un chagrin d'amour qu'il cherche à masquer, une humiliation qu'il a subie…
– Ne répondez jamais à son niveau sur le mode : « Moi aussi je te déteste et, d'ailleurs, la porte est grande ouverte, si tu veux partir… » Cette forme de régression vous empêche de jouer le rôle de « contenant » de ses débordements. C'est une violence insupportable pour l'enfant, qui anéantit sa sécurité intérieure. Dites plutôt : « Oui, en ce moment très précis, je comprends

que tu puisses ressentir cela et on pourra en reparler, mais en attendant, va te calmer dans ta chambre. »

– Prenez conscience qu'entre 8 et 12 ans, la relation parents-enfant doit évoluer. Il ne supporte plus d'être dans la même proximité qu'auparavant. Vous trouvez au contraire qu'il recherche les câlins et les caresses ? Peut-être est-ce vous qui suscitez cela – plus ou moins consciemment. Sans doute éprouvez-vous des difficultés à vous séparer – symboliquement – de cet enfant. D'où une certaine violence dans vos relations. **C'est au parent d'autoriser l'enfant à se séparer**. C'est absolument indispensable de faire évoluer votre relation vers plus d'indépendance, sans pour autant que votre enfant se sente abandonné. Arrêtez de lui dire « je t'aime » pour un oui ou pour un non. Espacez aussi vos « mon chéri », « mon lapin » et toutes ces formules qui le maintiennent dans votre giron. Dites-lui que, plus il va grandir, plus il va avoir besoin de se détacher de ses parents, sans risquer de perdre leur amour. Expliquez-lui qu'un nouvel équilibre relationnel va s'installer au fil des années, où chacun doit trouver sa place. Montrez-lui que vous avez confiance en lui, que vous le sentez capable, plus tard, d'affronter les plaisirs et les dangers d'une vie d'adulte. De son côté, votre enfant doit percevoir que vous pourrez vivre avec l'idée qu'il vous échappe et devienne autonome dans ses choix et ses responsabilités, que vous accepterez également la séparation, tout en restant un recours affectif. Alors, ce ne sera pas une séparation, au sens ultime de celle-ci, mais plutôt l'élaboration d'une nouvelle dynamique familiale. L'amour sera toujours là, mais partagé avec d'autres pôles d'intérêts affectifs de l'adolescent, puis de l'adulte. Une telle séparation vous semble insupportable ? Allez en parler à un professionnel, il vous aidera à comprendre ce qui, en vous, résiste à cette idée (voir chapitre 93 *Dans quel cas consulter un psy et comment ça se passe ?*).

## Pour en savoir plus

**Dès 8-9 ans**

*Comment survivre en famille*, Catherine Mathelin et Bernadette Costa, Albin Michel Jeunesse.

**Dès 9-10 ans**

*Respecte-moi !, Civilité et incivilité*, Autrement junior, série Société.

# 12

# Il parle n'importe comment

*Non seulement il aligne les grossièretés à la chaîne, mais de plus en plus, il ponctue ses phrases de mots et d'expressions incompréhensibles pour vous : « Quel narvalo, çui-là ! », « Il s'est pris un van ! », « C'est un boss en maths », « C'est trop d'la balle »… Bientôt, il vous faudra un interprète !*

## Décryptez de quoi il s'agit

En effet, une chose est de lancer un juron sous le coup de l'émotion, une autre d'insulter autrui et une autre encore de parler le langage métissé des pré-ados d'aujourd'hui.

## S'il s'agit de grossièretés sorties sous le coup de l'émotion

– Faites votre autocritique. Si vous êtes la première à jurer parce que vous avez oublié vos clés, ne vous étonnez pas que votre enfant fasse de même. La cour de récréation n'est pas la seule responsable de l'agrandissement de la collection de gros mots de votre progéniture…
– Comprenez pourquoi, en ce moment, il « crache » plus de gros mots qu'habituellement. À son âge, il a besoin de se défouler et de se sentir exister et grandir. Il cherche aussi à vous provoquer et à connaître la limite subtile qui sépare l'impertinence (tolérée) de l'insolence (interdite). C'est courant, même si cela vous fait honte et vous renvoie une image de parent dévalorisée et imparfaite.
Mais ne banalisez pas. Dites-lui de s'excuser et passez à autre chose.
– Il rétorque : « Mais toi aussi, tu dis des gros mots ? » Ne pensez pas vous en sortir par une pirouette du style : « Je sais ce que je fais. » Au contraire, reconnaissez vos torts : « Oui c'est vrai, ta remarque est pertinente. Je ne suis pas

parfaite, mais en tant que parent, mon devoir est de t'apprendre ce qui est tolérable et ce qui est inadmissible. Dans la bouche d'un enfant, les grossièretés sont encore plus choquantes. » Si cela se reproduit, présentez vos excuses. Et n'excluez pas d'instituer un système de gage en famille : à chaque gros mot, 20 centimes dans la boîte.

## S'il s'agit d'insultes ou de gestes obscènes

– Soyez très ferme : c'est inacceptable, chez vous comme ailleurs. Faites-lui comprendre que la colère ne justifie jamais de traiter les autres avec grossièreté. Expliquez que les mots peuvent faire aussi mal que les coups et que si la colère n'est pas forcément répréhensible, la façon de l'exprimer a des limites. Cela sera évidemment plus difficile, si, en voiture, vous avez l'habitude d'insulter les autres automobilistes devant votre enfant…
– S'ils s'insultent entre frères et sœurs devant vous : intervenez systématiquement pour mettre un terme à cette violence verbale, mais soyez consciente que ce genre d'insultes dans la fratrie a plus à voir avec la bagarre qu'avec un réel manque de respect. En revanche, si vous n'êtes pas avec eux et que vous les entendez s'insulter dans une autre pièce, ne vous sentez pas obligée d'intervenir systématiquement (voir chapitre 63 *Ils se battent sans arrêt*). Mais, si vous êtes le témoin direct de ces dérapages, rappelez que c'est intolérable et n'hésitez pas à les punir collectivement. Ils vous rétorquent : « Mais c'est pour s'amuser » ? Restez ferme : de votre point de vue, ils sont sortis des limites du jeu.
– S'il insulte un adulte : c'est très grave. Cela justifie des excuses immédiates et un isolement dans sa chambre, voire une punition (voir chapitres 1 *Vous n'arrivez pas à lui dire non* et 2 *Faut-il encore le punir ?*). Si c'est vous qu'il a insultée, dites : « J'ai été très choquée que tu me parles comme ça, il n'est pas question que cela recommence, ni que tu utilises un tel vocabulaire avec quiconque. Ça te soulage peut-être sur le moment, tu te sens capable d'avoir osé parler comme ça à un adulte, mais au fond, quand tu t'entends prononcer de telles paroles, tu ne peux pas te sentir bien, car c'est dégradant pour soi de s'exprimer comme ça. Je te demande d'y réfléchir. » Si vous savez revenir vers lui après qu'il vous a insultée, par exemple, vous lui montrez votre capacité à contenir son agressivité et lui témoignez par là votre autorité. Cela ne vous empêche pas de reparler à froid de l'incident. Expliquez-lui, que dans la société, chacun est responsable de ses actes et de ses paroles. Précisez que les insultes sont tellement inadmissibles que, dans certains cas, elles sont passibles de poursuites. Ainsi, si un élève prononce une insulte envers un professeur, il peut être traduit devant le conseil de discipline et risque l'exclusion de son établissement. Enfin, quiconque insulte un enseignant, un policier ou un juge risque d'être condamné à une amende.

Ajoutez : « Je tiens à t'expliquer ça, car, pour le moment, c'est moi qui suis responsable de toi. »

## S'il s'agit du langage métissé d'aujourd'hui

☐ Dédramatisez

Les cités n'ont pas le monopole de ce langage mélangé d'argot et de verlan, saupoudré d'arabe et d'anglais et assaisonné de mots tziganes. En banlieue, dans la rue, les jeunes inventent ce langage crypté, fait de nouveaux mots et d'expressions chocs, pour ne pas se faire comprendre de la police et des adultes. Celui-ci se transmet dans les écoles de toutes les villes de France, où se côtoient les enfants de toutes origines. Encore plus depuis que les « cailleras » – verlan de racailles ou voyous – sont à la mode dans les quartiers bourgeois. Les enfants copient les expressions de leurs copains beurs de la troisième génération qui ont beaucoup de bagou. Cela existait déjà à votre génération. Souvenez-vous de l'expression arabe *« Naël din mok »* (« que la religion de ta mère soit maudite ») devenue depuis un classique. Quand vous étiez adolescents, vous et vos copains français, la répétiez déjà en vous demandant qui pouvait bien être cette fameuse Nadine Mouque ! « Quant aux mots en *ave*, comme "chourave", "pourave" ou "poucave" (qui signifie *balance)*, ils proviennent de l'argot gitan, explique Boris Séguin, professeur de français au collège Jean-Jaurès de Pantin, en Seine-Saint-Denis (93), qui fait régulièrement travailler ses élèves sur ce vocabulaire. Sans oublier ceux empruntés au *slang*, l'argot américain. À Marseille, certains mots proviennent du provençal ou de l'italien. C'est une vraie mosaïque de mots qui ont en commun un rythme, une efficacité certaine. Ils sonnent et résonnent comme des notes de musique. » Il faut ajouter à cela les barbarismes savoureux – « momosexuel », « clitouriste »... – et les expressions hautes en couleur – « enroué du zizi », « givré du slip », contenu dans Titeuf, la BD culte des 8-10 ans (voir chapitre 33 *Il est fâché avec le français*). Enfin, certains films, comme *Brice de Nice*, produisent aussi leurs expressions, par exemple « cassé ! ».

☐ Vous trouvez que c'est un appauvrissement de la langue ?

Au contraire, d'après certains linguistes, il s'agirait plutôt d'un enrichissement. Ils estiment, en effet, que c'est toute la différence entre une langue morte comme le latin et le grec et une langue vivante, évolutive, comme le français. « La France est une société pluriculturelle, la langue s'enrichit de mots venant de ces différentes cultures, poursuit Boris Seguin. Chaque cité participe à cette création. Et c'est la musique, comme le rap, qui fait le lien. » Ainsi, les mots deviennent les témoins d'une époque. Enfin, parler ainsi n'est pas pire que d'abréger systématiquement tous les mots comme de nombreux adultes le font souvent : appart, petit-déj, monop...

### ☐ Comprenez l'utilité de ce langage codé

– Pour votre enfant, c'est un moyen d'échanger des propos avec ses copains au téléphone devant vous, sans risquer d'être compris de vous et des adultes en général : professeurs, surveillants, etc. Cela explique d'ailleurs pourquoi ce langage est en perpétuelle évolution : afin de pouvoir toujours rester crypté.
– Cela permet d'aborder en toute discrétion des thèmes tabous : sexe, argent... Cela a toujours existé, même si l'argot d'aujourd'hui n'est plus le même. Souvenez-vous : de votre temps, on disait déjà les keufs et les meufs...
– C'est un moyen d'affirmer son appartenance à un groupe.

### ☐ Sur le moment, comment réagir ?

– Prenez la chose avec humour et sans mépris, un peu comme un jeu. Laissez-vous éduquer par votre enfant : tant qu'il n'est pas encore vraiment dans l'adolescence, il sera ravi de vous apprendre la signification de certains mots.
– Rappelez-lui les limites de l'utilisation de ce langage : avec ses copains à la récréation d'accord, avec vous à la maison, pourquoi pas, mais avec la maîtresse, chez votre grand-tante ou au restaurant, pas question. Dites : « Nous vivons dans une société avec un certain nombre de codes qui sont à respecter quoi qu'il arrive. Nous, tes parents, sommes là pour te les enseigner et te les rappeler le moment venu » (voir chapitre *9 Il ne dit jamais bonjour, merci, s'il vous plaît*).
– Ne paniquez pas : d'après Boris Seguin, si pour certains enfants en grande difficulté, ce langage est devenu le seul mode d'expression, la plupart manient très bien les différents champs lexicaux. Ils peuvent s'exprimer entre eux dans un sabir incompréhensible et parler très correctement avec leurs professeurs et les parents de leurs amis.
– Veillez tout de même de très près à ce que votre enfant ne développe pas un machisme et un antisémitisme et/ou racisme précoces en utilisant ce « parler caillera ». En effet, d'après certains enseignants, cette façon de s'exprimer rendrait la discrimination quasi naturelle en faisant entrer les insultes antisémites, racistes et sexistes dans le langage des jeunes. Soyez vigilante et, au moindre dérapage, ne laissez pas passer.

## Pour en savoir plus

**Pour les enfants**

*Le Moki manké*, Jean-Louis Chiflet et Nathalie Kristy, éd. Mots et compagnie.

*L'Imagier des insultes et des caresses*, Henri Cueco, Seuil Jeunesse.

*Garçons et filles : tous égaux ?*, Magali Clausener-Petit, Les Essentiels Milan Junior Société.

**Pour les parents**

*Les Céfrans parlent aux Français*, Boris Séguin et Frédéric Teillard, Calmann-Lévy, 1998.

*Comment tu tchatches !*, Jean-Pierre Goudailler, Maisonneuve et Larose, 2001.

# 13

# Il a un look pas possible

*Oubliés beaux pulls et jolies petites robes ! Désormais, il ne jure que par les survêtements en polaire et elle vous supplie de lui offrir d'atroces mini-jupes en vinyle…*

## Pourquoi tous ces changements ?

– Il cherche à affirmer sa personnalité propre, différente de la vôtre. Il entre dans un âge où il commence à s'opposer pour se réaliser. Si vous préférez les pantalons de velours aux joggings en nylon, il a compris comment faire…
– Il a besoin d'être reconnu et accepté par ses pairs. C'est indispensable pour lui. Dans la cour de récréation, si le leader s'entiche d'un vêtement particulier ou décide de porter ses jeans très bas sur les fesses, le slip (boxer-short) à l'air[1], de se coiffer en pétard avec du gel ou de ne plus lacer ses baskets, tous les autres suivent… « À cet âge, les enfants sont dans un schéma où on s'habille tous de la même façon pour appartenir à une tribu. Cette appartenance au groupe est vitale pour l'enfant, sous peine de se retrouver marginalisé, voire de devenir le bouc émissaire », assure Armelle Le Bigot-Macaux, directrice fondatrice d'ABC+, un institut d'étude spécialisé sur le public des 0-25 ans. « Ceux qui sont habillés ringards, on ne joue pas avec eux », résume aimablement Victor, 12 ans… « Pour plaire aux filles, il faut s'habiller mode, sinon, on n'a aucune chance », renchérit Charles, 11 ans.
– Il est victime de la publicité et du marketing qui créent le besoin en habillant gratuitement les idoles du moment, des stars du football aux « lolistars », en passant par les participants aux émissions de télé-réalité (voir chapitres 55 *Il est accro à la télévision* et 59 *Sa radio, sa musique, vous horripile*).

1. Comme les repris de justice américains qui sortent de la fouille sans ceinture ni lacets.

Les spécialistes l'affirment : pour cette tranche d'âge, les ventes de style BCBG baissent d'année en année, au profit du « streetwear », qui présente l'avantage d'être très confortable. « Pour certains produits phares comme les jeans et les baskets, la marque est utilisée comme un signe d'appartenance et de reconnaissance, poursuit Armelle Le Bigot-Macaux. Pour les garçons surtout, elle est déterminante et non substituable. Les filles, elles, sont plus attirées par le style que par les marques » (voir chapitre suivant). En effet, la vogue des Britney Spears, Lorie et autre Alizée, a lancé le « look sexy » ou « lolita » pour les filles, dès 10 ans… Soutien-gorge ampliforme, mini-strings, lignes de maquillage pour pré-adolescentes… les industries textile et cosmétique ne savent plus quoi inventer pour vendre. Armelle Le Bigot-Macaux parle d'« une anticipation forcenée, symptomatique de l'évolution du regard porté sur les enfants dans notre société ».

– Il tente de se rassurer à un âge où son corps va bientôt se transformer. Vouloir se maquiller, pour les filles, correspond à une recherche de séduction, à un désir de s'approprier un peu de leur féminité. Porter des pantalons XXL, pour les garçons, traduit, outre le désir de porter les vêtements de leur père, un souhait de mettre à distance le regard des autres, de cacher, derrière l'ampleur, leur corps bientôt en mutation, de « se fondre dans la masse », résume Armelle Le Bigot-Macaux.

## Comment réagir ?

– Dédramatisez. Ne vous offusquez pas. L'adolescence se prépare. C'est une affaire de temps. Vous êtes rentrée dans cette période inévitable pour tous les parents, qui voient leurs enfants grandir et leur échapper.

– Ne vous braquez pas. Si vous prenez systématiquement le contre-pied de ce qu'il veut porter, vous vous exposez à une opposition de plus en plus forte, doublée d'un sentiment d'injustice de votre enfant. Si au contraire, il se soumet totalement à votre volonté de se conformer à une certaine image (l'image idéale que vous aviez), vous l'entraînez à réagir sur le mode du renoncement qui peut conduire au repli sur soi et à la naissance d'un sentiment de différence par rapport à ses pairs. Comprenez que, dans son esprit, c'est « sa » façon de s'habiller qui est normale et celle que vous souhaitez qui ne l'est pas.

– Refrénez, le plus possible, les commentaires désobligeants et ironiques. Plus vous diaboliserez son accoutrement, plus il sera tenté de le rechercher (au besoin en allant de plus en plus loin dans la provocation). Plus vous exigerez qu'il subisse votre norme, plus il se sentira « anormal ». Il vaut mieux transiger, trouver des compromis maintenant, que de laisser se développer une révolte, qui se traduira par un look insupportable pour vous, dès qu'il pourra se permettre de passer outre votre veto.

– Avec son père, dites-lui : « Nous voyons bien que tu as envie de t'habiller comme tu l'entends, que tu choisis des vêtements qui ne nous plaisent pas forcément, mais nous avons confiance en toi et ça nous fait plaisir que tu te sentes bien dans tes affaires. Sache quand même qu'il y aura des exceptions et que nous exigerons une tenue différente dans certains cas. »
– Si elle est attirée par le look sexy. Cette précocité vestimentaire, dont elle ne perçoit pas forcément la connotation sexuelle, n'est pas en rapport avec sa maturité affective et psychologique. Même si cela vous amuse, ne prenez pas votre fille pour votre clone. « Les professionnels du marketing déguisent les petites filles en lolitas pour plaire à leurs mamans. Ils surfent sur le syndrome "mon enfant, mon reflet" », affirme Armelle Le Bigot-Macaux. Trouvez un juste milieu entre vos valeurs personnelles et les usages en vigueur dans son groupe de pairs. Exemple ? Vous pouvez céder pour une mini-jupe, mais pas en vinyle, et avec des collants opaques… Puis, ramenez-la à son statut d'enfant, pour lui permettre de mûrir à son propre rythme. Dites-lui affectueusement : « Je comprends très bien que cela t'amuse de t'habiller comme ça, mais ne te méprends pas : les apparences sont trompeuses. S'habiller comme une adolescente ne te permet pas de te transformer par magie en une fille de 15 ans ! Tu ne ressentiras pas la même chose dans ton corps et dans ta tête. Même si tu peux jouer à la jeune fille, il y a des étapes inévitables pour le devenir. » Prévenez-la aussi que ce genre de look peut susciter une apparence sexy, attirer sur elle des regards dont, en fait, elle ne veut surtout pas (voir chapitre 85 *Son corps va se transformer, comment lui en parler ?*).

## Le cas particulier des cérémonies et fêtes

À l'exception des boums où il ira bien sûr habillé comme il veut, vous pouvez exiger que, dans les fêtes familiales, il porte une tenue correcte, même si ça le « gonfle énormément » ou qu'il « trouve ça nul ». Marche à suivre :
– Préparez la sortie à l'avance. Dites-lui que, ce jour-là, vous exigerez qu'il s'habille selon votre choix. Il proteste ? Rappelez-lui sa parole : « Je te laisse t'habiller comme tu veux, mais il y a des exceptions et je compte sur toi. » Puis, anticipez avec lui le plaisir de cette fête. Dites-lui pourquoi elle aura lieu, qui il y aura, comment elle se déroulera et ce que vous attendez de lui.
– Cherchez une tenue qui vous convienne à tous les deux. Il trouve « nul » tout ce que vous lui proposez ? À bout d'arguments, choisissez la tenue la plus neutre et discrète possible et dites-lui : « Je comprends que tu ne sois pas d'accord, mais, ton père et moi, nous exigeons que tu ne sois pas habillé comme tous les jours quand tu vas en classe. C'est la règle dans certaines occasions. »

– Rappelez-lui une expérience similaire que vous avez pu vivre enfant. Ainsi, il réalisera que vous aussi avez été enfant et avez dû vous plier à des obligations.
– N'en rajoutez pas dans le registre : « De mon temps, c'était pire ! », « Tu en verras d'autres, mon garçon ! »... L'enfant vit dans l'instant présent, il essaie de grandir en prenant ses responsabilités, inutile de lui faire peur en lui peignant un avenir chargé de contraintes.
– Le jour J, il refuse de mettre « ce pantalon de bourge » ? Ne cédez pas à la tentation de renoncer à l'emmener. C'est une punition trop forte qui peut lui donner le sentiment soit d'être exclu s'il se réjouissait d'aller à cette fête, soit de prendre le pouvoir s'il n'avait pas vraiment envie de s'y rendre. Demandez plutôt, si possible, à son père de vous prêter main-forte en prononçant une parole d'autorité qui engage l'action, du type : « Maintenant ça suffit. Tu mets cette tenue et puis c'est tout ! » Si vous êtes en retard, qu'il l'attrape par la peau du dos avec ses vêtements et l'installe fermement dans la voiture.

## Elle veut se maquiller, se faire percer les oreilles...

– Ne pratiquez pas l'ironie et ne la rabaissez pas sur le mode « Tu n'y penses pas, ma pauvre fille ! », c'est humiliant et, à cet âge-là, chaque enfant est très susceptible (voir chapitre 10 *Il n'est pas à prendre avec des pincettes*). Si elle a 12 ans, elle ne joue plus vraiment à la dame comme elle le faisait petite fille, mais explore les atours de la féminité.
– Interrogez-vous sur ce que vous ressentez face à cette demande. Chaque parent confronté à ce genre de revendication est ébranlé, il éprouve un doux mélange de fierté et de crainte de voir son enfant grandir, puis de devenir adulte. Plus ou moins consciemment, chaque parent, dans ce cas, ressent une crainte de vieillir qui peut déclencher de l'hostilité et de la jalousie : du père, car sa fille va être regardée par d'autres hommes, et de la mère, pour laquelle cette époque de la féminité naissante est révolue. Le réaliser permet déjà de prendre de la distance.
– Proposez-lui de pratiquer tous les essais et les expériences qu'elle veut à la maison. Offrez-lui une trousse de maquillage, mettez la salle de bain à sa disposition pendant tout un après-midi. En ce qui concerne les oreilles percées, offrez-lui ces petits strass autocollants qui font le même effet. Mais restez ferme : « Je comprends très bien que tu aies envie de te maquiller, d'essayer des chaussures de femmes et de mettre des boucles d'oreille, mais on est bien d'accord : ton père et moi n'acceptons pas que tu le fasses en dehors de la maison. »
– Acceptez le percement des oreilles, mais comme une étape : pour ses 15 ans ou pour son bac, quand elle aura vraiment l'air d'une jeune fille.

Il est bon d'avoir des signes de franchissement d'étape, comme rites d'initiation.
– Dans les temps qui suivent sa demande, rappelez-lui : « Devenir une femme, ce n'est pas qu'une question d'apparence, c'est aussi une évolution intérieure. Se maquiller n'efface pas toutes les étapes de maturation. C'est long avant de devenir vraiment une femme. »
–Vous la retrouvez maquillée pour aller au collège ? C'est normal qu'elle essaie, mais vous devez lui poser une limite. Ne faites pas comme si vous n'aviez rien vu. Énoncez à nouveau fermement les règles et exigez qu'elle se démaquille pour partir en classe. N'en faites pas toute une histoire devant son père le soir. Acceptez du brillant sur les lèvres vers 11-12 ans. Offrez-lui plutôt des produits de soin (crème hydratante, lait pour le corps, déodorant…) et de l'eau de toilette. Cela lui permettra d'habiter sa féminité naissante d'une façon plus intérieure.
– Il sort en tee-shirt par –15 ° et arbore un gros sweat en pleine canicule ? Tentez un peu d'humour : « Tu es sûr que tu ne t'es pas trompé de saison ? » Puis, restez ferme : « Je comprends que tu veuilles à tout prix être à la mode, mais il n'est pas question que tu te rendes malade. »

### Pour en savoir plus

**Dès 8 ans**

*Lili veut choisir ses habits*, Dominique de Saint Mars et Serge Bloch, Calligram.

**Dès 10-11 ans**

*Comment survivre en famille*, Bernadette Costa et Catherine Mathelin, Albin Michel Jeunesse.

*L'Être et l'Apparence*, Brigitte Labbé et Michel Puech, Les goûters philo, Milan.

# 14

# Il est accro aux marques

*Diesel, Adidas, Nike… Inutile d'insister : sans estampille, « c'est nul ! ». Il vous prend pour des milliardaires ou quoi ?*

## Il en veut toujours plus, pourquoi ?

– À cet âge, l'enfant veut encore tout posséder. C'est normal et même le signe d'une bonne santé psychologique et d'un certain dynamisme. Un enfant qui ne réclamerait jamais rien devrait davantage vous préoccuper.
– Il entre dans un âge où il commence à développer une pensée autonome, où il apprend beaucoup de choses en dehors de votre contrôle. Cela suscite forcément du désir et alimente sa volonté de tout acquérir.
– Il est sensible aux sollicitations perpétuelles dont il est l'objet de la part du marketing et de la publicité : les phénomènes, Star Academy, Harry Potter, Titeuf, chacun dans leur genre, en sont l'illustration.
– Il est en pleine mutation physique et psychologique, ce qui crée de l'insécurité et fait naître chez lui le désir de se forger une identité, des repères, d'appartenir à un clan et surtout de ne pas en être exclu (voir chapitre précédent).
– Il est influencé par l'inconscient collectif des parents qui souhaitent avoir un enfant à la mode, qui ne soit pas exclu du groupe. Ainsi, il y a quelques années, de nombreux parents, réfractaires aux Pokemon, ont fini par en offrir à leurs enfants, de peur qu'ils ne soient marginalisés dans la cour de récréation. De même pour certains vêtements.

## Pourquoi ne faut-il pas céder à toutes ses demandes ?

– Éduquer un enfant, c'est l'aider à renoncer à la satisfaction immédiate de

tous ses désirs, c'est lui donner des limites et des repères. Cela passe forcément par des renoncements, des frustrations, des privations.
– Vous avez vos propres limites, financières bien sûr, mais également morales. Pour certains parents, voir un enfant de 10 ans avec un jean à 80 euros sur le dos (prix justifié uniquement par une simple étiquette de 4 cm arborant une marque…) est insupportable, pour d'autres, cela pose moins de problème. Chaque famille a le droit d'avoir ses propres valeurs éducatives, même s'il y aura souvent un cheminement entre l'aîné et le petit dernier. L'essentiel est de rester cohérent avec votre conjoint et avec vous-même. Et de respecter au mieux le rythme et l'évolution de chacun de vos enfants.

## Comment résister ?

– N'imaginez pas qu'à partir de 8 ans, sous prétexte que vous répétez les mêmes choses depuis des années, votre enfant est prêt à renoncer à la satisfaction immédiate de tous ses désirs. Le fait qu'il continue à vous solliciter, alors qu'il se doute que vous allez dire non, est fréquent et plutôt bon signe. Qu'il ose demander est signe de vitalité. Certes, c'est plus difficile à gérer au quotidien, mais c'est moins problématique qu'un enfant qui n'exprimerait jamais aucun désir.
– Cependant, votre rôle de parent est de continuer à énoncer vos limites et à donner des réponses négatives quand vous l'avez décidé. Certes, c'est beaucoup plus difficile et usant que de toujours céder, mais c'est absolument indispensable. Quand on cède trop, non seulement on s'en veut en tant que parent et l'estime de soi baisse, mais on en veut surtout à l'enfant, ce « tyran, cet enfant-roi qui nous gâche la vie », ce qui est insécurisant pour l'enfant et laisse de l'amertume chez le parent (voir chapitre 1 *Vous n'arrivez pas à lui dire non*).
– Interrogez-vous cependant sur le bien-fondé de votre refus de céder. Si votre fille vous réclame la troisième paire de bottes de l'année, vous avez sans doute raison (voir paragraphe suivant). Mais si votre fils vous supplie de lui offrir des cartes de jeu qu'il est le seul de sa classe à ne pas posséder, réfléchissez aux conséquences de votre refus. Si cela revient à l'isoler de ses copains, votre résistance est peut-être excessive. Vous devez accepter que votre enfant appartienne à un monde différent du vôtre. Il est en train d'acquérir ses repères propres et ceux-ci passent par des phénomènes de mode, comme vous, à son âge. Souvenez-vous… Certes, ceux-ci sont amplifiés (voire créés de toutes pièces, souvent) par les géants du marketing et cela peut heurter vos principes, mais ils permettent aussi à l'enfant de vous faire découvrir une partie de son univers. Et pour certains timides, suivre les modes aide à lever des inhibitions, en raison des contacts avec d'autres enfants que cela implique.

– S'il vous réclame un énième vêtement de marque, gardez confiance en vous et restez ferme. Assurez-vous auparavant que vous êtes sur la même longueur d'onde que votre conjoint. Apprenez à répondre à ses multiples arguments, comme :

• *« Tous mes copains en ont ! »* Dites : « Peut-être, mais tu es déjà équipé pour la saison, on verra pour la suivante. Je comprends que tu aies changé de goût, mais tu n'as pas besoin de ce jean. Tu n'as qu'à économiser et l'acheter avec ton argent de poche. » Il rétorque que vous ne lui en donnez pas suffisamment ? Reportez-vous au chapitre 15 *Il demande toujours plus d'argent de poche*. Il peut aussi attendre ses étrennes de Noël.

• *« Je l'ai vu dans la pub ! »* Dites : « Écoute : ni ton père ni moi ne pouvons acheter tout ce qu'on voit à la télévision et dans les magazines. » Profitez-en pour lui rappeler que la publicité, c'est de la fiction et qu'elle ne dit pas toujours la vérité (voir chapitre 55 *Il est accro à la télévision*).

• *« J'm'en fiche. Papa, lui, va accepter ! »* Dites : « Ton père est tout à fait d'accord avec moi. » En cas de divorce, si vous vous entendez bien avec votre ex-conjoint, arrangez-vous avec lui, sinon reportez-vous au chapitre 73 *Gérer les différences d'éducation entre son père et vous*.

• *« Je vais demander à Grand-mère, elle, elle voudra bien ! »* Dites : « Débrouille-toi avec elle. Si elle veut bien te l'offrir pour ton anniversaire ou Noël, pourquoi pas ? » Mais si vous trouvez que votre enfant exagère, n'hésitez pas à passer un coup de fil, avant, à sa grand-mère pour lui dire ce que vous en pensez. Cependant, n'oubliez pas que c'est aussi le rôle des grands-parents de permettre des choses interdites chez vous, dans certaines limites (voir chapitre 65 *Ses grands-parents lui passent tout*).

## Il proteste : « C'est injuste, dans cette famille, on dit toujours non ! »

Gardez le cap, sans toutefois le blâmer complètement pour sa colère. Et apprenez davantage à expliquer vos refus. À cet âge, l'enfant ne se contente plus d'un « C'est comme ça et pas autrement », il a besoin d'arguments solides pour admettre vos décisions. Vous pouvez aussi lui répondre : « Mon rôle, c'est de t'aider à grandir, à devenir un adulte responsable qui saura faire des choix. Si je dis oui à tout ce que tu me demandes, je ne remplis pas mon rôle. Tant que tu es un enfant, ton père et moi sommes responsables de toi, c'est donc nous qui pour l'instant faisons des choix pour toi. Tu trouves peut-être cela injuste, mais c'est comme ça. Dans la vie, même quand on est adulte, il faut savoir attendre pour obtenir certaines choses. » Et n'hésitez pas à lui citer l'exemple d'un objet ou d'un voyage dont vous rêvez sans pouvoir vous l'offrir pour le moment.

## À l'avenir

– Planifiez à l'avance les virées shopping en définissant précisément ce que vous devez trouver et en fixant vos limites.
– Suggérez-lui d'adopter une position active sur son destin et ses choix. Par exemple, s'il tient absolument à posséder cette paire de Puma, qu'il réfléchisse à rendre un service exceptionnel pour obtenir une récompense et une participation à cet achat.
– Encouragez-le, dès maintenant, à gagner un peu d'argent par lui-même pour le préparer à le faire à l'adolescence. Dès l'âge de 12 ans, il peut parfaitement faire un peu de baby-sitting de jour ou sortir le chien de la voisine.
– Martelez que, si c'est agréable de faire des courses, il est important aussi d'avoir d'autres moments à partager ensemble, sur un mode différent d'échange, sans avoir besoin d'acquérir toujours plus (voir chapitre 63 *Faut-il dîner avec lui tous les soirs ?*).

### POUR EN SAVOIR PLUS

**Dès 8 ans**

*Max et Lili veulent tout tout de suite*, Dominique de Saint Mars et Serge Bloch, Calligram.
*L'Être et l'Apparence*, Brigitte Labbé et Michel Puech, Les goûters philo, Milan.
*Le Travail et l'Argent*, Brigitte Labbé et Michel Puech, Les goûters philo, Milan.

**Dès 10-11 ans**

*C'est trop cher, pourquoi la pauvreté*, Autrement Junior, Série Société.
*Pays riches, pays pauvres, Pourquoi tant d'inégalités ?* Frédéric Bernard, Les Essentiels Milan Junior Société.

**Pour les parents**

*La récré expliquée aux parents,* Julie Delalande, éd. Louis Audibert.
*Mon enfant et la consommation*, René Blind et Michaël Pool, Jouvence Éditions, 2001.
*Le Culte de l'urgence*, Nicole Aubert, Flammarion, 2002.

# 15

# Il veut toujours plus d'argent de poche

*À peine a-t-elle touché sa semaine qu'elle réclame à nouveau de l'argent. Bientôt, elle vous demandera un virement sur un compte bancaire…*

## Petit rappel à propos de l'argent de poche

C'est un don gratuit des parents pour montrer à l'enfant qu'on reconnaît qu'il grandit. Destiné à l'utile, mais aussi au futile, les parents n'ont pas à en contrôler l'utilisation. Sauf, bien sûr, si l'enfant achète des objets interdits pour son âge (comme un pistolet à billes très puissant, par exemple). Ou si vous apprenez qu'il s'en sert pour « acheter » une faveur d'un copain, ou s'il est victime d'un chantage (voir plus bas).

## Pourquoi demande-t-il toujours plus d'argent ?

Pour l'une et/ou l'autre des raisons suivantes :
– Il a envie de tout acheter.
– Il est trop dépensier.
– Ce que vous lui donnez n'est pas suffisamment adapté à son âge et à ses besoins.
– Il a perdu ses économies sans oser vous le dire.
– Il fait l'objet d'un racket.

## Comment réagir ?

☐ Il a envie de tout acheter et/ou est trop dépensier

Dites-lui : « Je comprends que tu aurais du plaisir à t'acheter telle ou telle chose, mais pour le moment, ce n'est pas possible ». Et reportez-vous au chapitre 14 *Il est accro aux marques*.

**☐ Il fait peut-être l'objet d'un racket**

Reportez-vous au chapitre 36 *Lui apprendre à se protéger du racket.*

**☐ Il a perdu ses économies et n'ose pas vous le dire**

Approchez-vous de lui, regardez-le dans les yeux et tendez-lui une perche : « Est-ce que par hasard tu aurais perdu ton porte-monnaie ? C'est important que tu puisses m'en parler. J'ai besoin de savoir si tu dépenses trop ou si tu as perdu tes économies, ce qui serait embêtant, mais pas si grave. » S'il vous avoue qu'il ne les retrouve plus, dédramatisez : « Ça peut arriver à tout le monde » et repartez sur de nouvelles bases en reconstituant (« pour cette fois ») un fonds de trésorerie minimum…

Si ce n'est pas la première fois qu'il perd son porte-monnaie, essayez de trouver une solution : qu'il le range au même endroit et, durant quelque temps, qu'il vous dise lorsqu'il le prend. Cette précaution peut le rassurer un moment et l'aider à prendre ses responsabilités, mais sachez qu'elle ne doit pas durer trop longtemps : à partir de 8 ans, en principe, l'enfant doit pouvoir gérer son argent de poche comme il l'entend sans que vous exerciez un contrôle total. D'ailleurs, vous n'avez pas à commenter ses achats, même s'ils vous affligent. Si vraiment il s'apprête à effectuer une dépense stupide, demandez-lui s'il veut votre avis. Mais gardez en tête que **le but premier de l'argent de poche est précisément de l'aider à se responsabiliser dans un domaine sur lequel vous n'exercez pas votre pouvoir**. Il doit se sentir autorisé à ne pas demander : Maman, est-ce que je peux acheter une « couille de mammouth » ? – expression charmante qui désigne une énorme boule à sucer qui se transforme en chewing-gum… Le tout, bien sûr, dans des limites raisonnables (voir chapitre 21 *Il n'aime que la « junk food »*).

**☐ Vous ne lui donnez pas assez d'argent par rapport à son âge et ses besoins**

– Quand donner ?

Tant qu'il n'a pas 11-12 ans, préférez une fois par semaine et non par mois. Cette périodicité offre une maîtrise du temps plus accessible pour lui. Et puis, ça lui fait plaisir de recevoir plus souvent. À 12 ans, vous pourrez passer à la quinzaine ou au mois, mais pas avant.

– Combien donner ?

Tout dépend de vos moyens et de vos valeurs et de ce que vous prévoyez d'inclure dans cette enveloppe. Chaque année, vous pouvez augmenter progressivement la somme en augmentant son champ de responsabilités. Ainsi, vers 12 ans, vous pouvez englober les fournitures scolaires ou le cadeau de fête des pères. Mais avant 15 ans environ, vous ne pourrez pas inclure dans son budget à la fois les vêtements et les séances de cinéma.

Sur la somme à donner, les enfants de 8-12 ans touchent en moyenne 10,3 euros par mois et les enfants de 11-12 ans, 12 euros par mois[1]. Pour trouver votre chiffre à vous, demandez aussi aux parents des amis de votre enfant combien ils donnent et ce qu'ils incluent dans cette enveloppe.

☐ **Vous donnez beaucoup moins d'argent que tout le monde ?**

– Interrogez-vous sur les raisons plus ou moins conscientes qui peuvent vous pousser à agir ainsi. Souvent, le parent résiste à donner de l'argent à son enfant parce qu'il refuse de le voir grandir, parce qu'il cherche à maintenir un certain contrôle sur lui et nourrit l'illusion qu'il peut répondre à tous les désirs de son enfant. Si vous pensez être dans ce cas, réfléchissez, parlez-en avec votre conjoint : n'est-ce pas le moment de faire évoluer vos convictions, d'autoriser votre enfant à grandir, sans pour autant tomber dans le laxisme ?

– L'idée de faire de votre enfant un « sale gosse pourri par le fric » vous révulse ? Dédramatisez. Le modèle parental joue tout de même énormément. Si vous-même avez des relations normales avec l'argent, si vous élevez votre enfant dans le respect des autres et de leur travail, il n'y a aucune raison pour qu'il y ait un trop grand décalage entre votre enfant et vous. Et si dérapage il y a du côté de votre enfant, il n'est jamais trop tard pour revoir le contrat entre vous et lui donner de nouvelles limites. Il vit entouré de camarades qui ont trop ? Restez ferme : « Je comprends très bien que tu trouves ça injuste, que tu aurais envie de plus d'argent de poche, mais nous, tes parents, considérons que nous sommes justes en te donnant cette somme. » N'hésitez pas à expliquer à votre enfant les raisons qui font que certains parents donnent trop d'argent à leurs enfants : « Il s'agit souvent de parents peu disponibles, qui se sentent coupables de ne pas s'occuper assez de leurs enfants et pensent ainsi se racheter. » Puis, profitez-en pour glisser un couplet sur les différences de train de vie : « La société est ainsi faite : tu trouveras toujours des gens qui ont plus et d'autres qui ont moins, des gens qui dépensent leur argent comme ci, d'autres comme ça. Chacun dépense son argent selon ses choix, ses priorités. Ainsi, certains passent leurs vacances en randonnée, d'autres dans les îles lointaines, c'est une question de goût, mais aussi de moyens. » Faites référence à des exemples précis autour de vous de personnes qui ont plus ou moins de revenus. Expliquez à votre enfant que l'on ne vit pas tous de la même manière, mais que ce n'est pas le plus important. Dites : « On ne mesure pas la valeur des gens au contenu de leur porte-monnaie. Ce qui est important, dans la vie, c'est l'amitié qu'on a pour untel ou untel. Or la valeur de quelqu'un et l'amitié qu'on a pour lui n'ont rien à voir avec l'argent qu'il possède. »

1. Étude Consojunior 2006, Institut TNS Media.

### ☐ Il pique dans votre porte-monnaie ?

Vous l'avez peut-être habitué à se servir lui-même ou à garder la monnaie du pain. Il pense que vous ne vous en apercevrez pas. Ne bondissez pas, mais ne jouez pas non plus l'indifférence. Rappelez les règles : « Il est hors de question que tu t'appropries quelque chose qui ne t'appartient pas. C'est du vol. Il en est de l'argent comme d'autres choses. Tu aurais pu faire accuser quelqu'un d'autre à ta place, sans t'en rendre compte. » Puis, donnez-lui une punition (voir chapitre 2 *Faut-il encore le punir ?*). Et si, avant cette mésaventure, il n'avait pas encore d'argent de poche, c'est peut-être le moment de lui confier cette responsabilité. Pas immédiatement après (il ne faut pas exagérer, quand même), mais assez rapidement néanmoins.

## POUR EN SAVOIR PLUS

**Dès 8 ans**

*Lili veut de l'argent de poche*, Dominique de Saint Mars et Serge Bloch, Calligram.

◩ Voir bibliographie du chapitre précédent.

# 16

# Il se sert dans votre placard

*Votre sweat à capuche déplié, votre treillis rangé sale… Aucun doute, une petite souris est venue farfouiller dans votre commode…*

## Pourquoi « emprunte »-t-il vos affaires ?

Pour l'une et ou l'autre des raisons suivantes :
– Il approche de l'adolescence, il a envie de grandir et veut montrer à ses copains qu'il a des vêtements à la mode. Dans la cour de récréation, l'obsession du look est primordiale. « Ceux qui sont habillés ringards, on ne joue pas avec eux », résume aimablement, Victor, 12 ans (voir chapitres 13 *Il a un look pas possible* et 14 *Il est accro aux marques*).
– Il appartient à une génération où, de plus en plus, le look s'uniformise, parents et enfants portent les mêmes vêtements : les marques comme Gap, Comptoir des Cotonniers ou Petit Bateau en sont l'illustration.
– « Emprunter » vos affaires sans vous en parler avant traduit aussi un désir de franchir les limites et les interdits. Il se lance un défi : « Est-ce qu'elle va s'en apercevoir ? »

## Comment réagir ?

– Dédramatisez. Prendre un pull dans la penderie de sa mère ou de son père s'est toujours fait. Souvenez-vous…
– Rassurez-vous, cela ne durera pas : à l'adolescence, il ne voudra sans doute plus être habillé comme vous et voudra ses affaires à lui.
– Réagissez avec un peu d'humour, mais restez ferme sur la marche à suivre. Dites : « Je comprends très bien que tu aies envie d'emprunter mes affaires,

mais je tiens à être au courant avant et j'exige dorénavant que tu me préviennes car je pourrais en avoir besoin. »
– Malgré sa parole, vous retrouvez votre pull avec une grosse tache ? Évitez de l'attaquer bille en tête. Interrogez-le : « Qu'est-ce que c'est que cette tache ? » Cela lui permettra de s'expliquer. Il nie ? Reportez-vous au chapitre 7 *Il ment sans arrêt*. Il avoue ? Rappelez-lui votre pacte : « Tu m'avais donné ta parole, tu ne l'as pas respectée. Je te répète que je veux bien te prêter mes affaires, mais à condition que tu me demandes l'autorisation avant. » Il doit comprendre que respecter ses obligations est indispensable pour maintenir la confiance. Puis, si vous êtes vraiment en colère, n'excluez pas de le punir en lui demandant de réparer sa bêtise (voir chapitre 2 *Faut-il encore le punir ?*). Pourquoi ne pas décider qu'il participe aux frais de pressing avec son argent de poche ?

## Pour en savoir plus

**Pour les parents**

*Murmures sur l'essentiel, Conseils de vie d'une mère à ses enfants*, Anne Bacus, Anne Carrière, 1998.

# 17

# Il veut un téléphone portable

*Déjà, l'année dernière, il en avait exprimé le souhait et vous aviez esquivé. Mais, pour Noël prochain, vous doutez de pouvoir y échapper.*

## Pourquoi veut-il absolument un portable ?

– Pour faire comme les adultes et de plus en plus d'enfants de son âge. Aujourd'hui, 20 % des enfants de 8-12 ans possèdent un téléphone portable. Quant aux plus grands, les 13-19 ans, ils sont 82 % à détenir un mobile[1] ! Les chiffres ne cessent de progresser, puisqu'en 2000, ces derniers n'étaient que 19 %. Or entre 8 et 12 ans, appartenir à la tribu est fondamental, en être exclu est vécu comme quelque chose de monstrueux.
– De plus, joindre ses copains à tout moment, sans déranger ses parents – puisque le vibreur supprime le bruit – est assez fascinant. Il y a un côté toute-puissance magique. Le psychanalyste Serge Tisseron parle quant à lui de « doudou de l'adolescent », sorte d'objet transitionnel qui permet à l'enfant de garder le contact avec ses parents, ses copains et son enfance :
• ses parents : le mobile est une étape vers l'indépendance tout en permettant aux parents de joindre tout le temps leur enfant ;
• ses copains : le portable favorise le phénomène de bande et le besoin d'être toujours au courant de tout ;
• son enfance : le portable a un côté ludique, le pré-ado peut changer la couleur de l'écran ou du boîtier, ainsi que la sonnerie, comme il jouait, avant, à la poupée ou aux voitures.

1. Étude Consojunior 2006, Institut TNS Media.

## Pourquoi cette demande vous met-elle si mal à l'aise ?

– Vous pensez au prix que cela coûte : l'achat de l'appareil, l'abonnement…
– Vous appartenez à une génération qui a vu naître le portable pour les adultes. Plus ou moins consciemment, vous estimez que cette innovation est trop récente pour être accessible aux enfants. En outre, l'idée que les enfants singent sans cesse les adultes est peut-être contraire à vos principes. L'image de ces pré-ados, le portable vissé à l'oreille, vous choque. Vous craignez aussi que votre enfant n'attire la convoitise de racketteurs (voir chapitre 36 *Lui apprendre à se protéger du racket*). Enfin, avec le portable, il ne vous sera plus possible de « tester » à la voix les fréquentations de votre enfant…
– En même temps, vous voyez bien que le portable est devenu un vrai phénomène de société, non seulement pour les adultes, mais aussi pour les adolescents et bientôt pour les pré-adolescents, comme votre enfant. Vous ne souhaitez pas que votre enfant se retrouve le seul, dans sa bande de copains, à ne pas posséder un mobile. Et vous êtes sensible à l'argument qui consiste à dire qu'à cet âge-là, avoir un portable est sécurisant. Pour l'enfant, mais aussi pour vous, puisque vous pouvez le joindre à tout moment.

## Devant un tel dilemme, quelle décision adopter ?

– En primaire, compte tenu des horaires réguliers de l'école, cette demande n'a pas à être satisfaite. Vous vous dites que, malgré tout, il pourrait en avoir besoin ? Interrogez-vous : en cas d'imprévu, quelle consigne lui avez-vous donnée ? Votre enfant a-t-il toujours un peu d'argent sur lui et une carte pour téléphoner d'une cabine ? Est-il prévenu qu'il peut demander de l'aide à des commerçants du quartier ? Assurez-vous qu'il puisse en demander éventuellement chez un commerçant que vous connaissez bien plutôt qu'au café, où traînent peut-être des gens bizarres. Dans un quartier qu'il connaît moins, incitez-le à demander de l'aide à la pharmacie, endroit relativement sûr partout.
– Au collège, l'enfant est déjà bien autonome. Le portable peut alors être un signe d'indépendance supplémentaire. De plus, cela peut lui apprendre à mieux gérer ses conversations téléphoniques avec ses amis. Si vous lui offrez un forfait « spécial enfants », avec des numéros restreints, vous aurez plus de facilités à exiger qu'il respecte votre ligne de téléphone à la maison. Dans ce cas, restez très ferme sur un certain nombre de règles : interdiction absolue de l'apporter au collège (la plupart des établissements interdisent le portable), attention à ne pas l'exhiber dans la rue sous peine de se faire repérer par des racketteurs potentiels, obligation de l'éteindre, le soir après une certaine heure, pas question qu'il dépasse son forfait mensuel, devoir absolu de s'en servir pour prévenir de son retard. S'il ne respecte pas ce contrat,

prévoyez à l'avance la sanction : suppression du téléphone pendant quelques jours, par exemple.
Entre 8 et 12 ans, l'enfant doit trouver ses propres repères, au prix de quelques risques. Il doit acquérir son autonomie et maîtriser son emploi du temps sans pouvoir sonner son parent au moindre problème. Quant à vous, vous devez apprendre à renoncer à ce « cordon ombilical virtuel ». Ce n'est pas rendre service à votre enfant que de le maintenir sous votre contrôle permanent. Certains enfants, d'ailleurs, ne s'y trompent pas : on en connaît qui ont préféré renoncer au portable que de « subir » les appels angoissés répétés de leur mère…

## Quelques conseils généraux

– Évitez qu'il emporte son mobile durant les moments clés où il apprend l'autonomie et notamment les premières fois où il prend le métro ou le bus, ou se rend à pied chez l'orthodontiste, à quelques centaines de mètres de la maison. Faites en sorte que ce portable n'entrave pas l'acquisition de son autonomie.
– En cas de divorce conflictuel, le mobile peut s'avérer utile pour joindre votre enfant directement, sans passer par votre ex-conjoint ou sa nouvelle compagne.
– Gardez en tête que le portable est un instrument qui, au départ, n'est pas du tout indispensable, mais qui le devient à partir du moment où on le possède. Il est alors très difficile de revenir en arrière. Comme la machine à laver… Mais consolez-vous en vous disant que toute nouvelle acquisition entraîne des renoncements et de nouvelles responsabilités.

### POUR EN SAVOIR PLUS

**Pour les parents**

*Génération téléphone*, Brigitte Cadéac et Didier Lauru, Albin Michel, 2002.
*Votre enfant et le téléphone mobile, Guide à l'usage des parents*, Éditions Autrement, disponible gratuitement sur www.afom.fr.

# 18

# Il veut un chien, pas vous

*Vous vivez dans un appartement et avez bien assez d'une profession et d'une famille pour vous occuper. Votre enfant, lui, ne poursuit qu'un rêve : obtenir un berger allemand à Noël.*

## Explorez son désir

– Pour un enfant, un chien est le compagnon rêvé pour jouer, mais aussi pour parler et s'épancher. Un attachement très fort peut en résulter. « L'animal a une fonction apaisante, tranquillisante, écrit le psychiatre et éthologue Boris Cyrulnik. L'attachement à l'animal est d'autant plus fort que ce lien entre l'enfant et l'animal est plus facile, moins ambivalent, car les animaux ne jugent pas, n'interdisent pas, plus responsabilisant car les animaux ne peuvent pas vivre sans nous[1]. » De plus, l'animal peut jouer un rôle positif dans le développement de l'enfant. Il permet de comprendre des notions éducatives délicates : en étant amené à punir son compagnon, alors qu'il l'aime encore, l'enfant comprend que punition ne veut pas dire rejet définitif ou désamour. Votre enfant a peut-être découvert cela – sans le formaliser – au contact de l'animal d'un ami.
– Mais ce désir peut aussi masquer un vide. Surtout si l'enfant est souvent seul à la maison. Demandez-lui : « Il y a quelque chose qui ne va pas dans ta vie ? Tu te sens un peu seul en rentrant de l'école ? » Si vous avez touché juste, essayez de combler le manque affectif autrement – en étant peut-être plus présente, en recrutant une baby-sitter tendre et gaie, en appelant une grand-mère à la rescousse certains soirs, en le faisant garder avec un voisin de son âge…

## Refusez sans le braquer

– Exprimez franchement votre point de vue. Les crottes, les poils, la bave

1. Dans la préface de *Les Animaux dans la vie des enfants*, Gaïl Melson, Payot.

vous hérissent? Entre maison-travail-enfants, vous jonglez déjà dans un emploi du temps serré? Dites-le-lui.

– Ne soyez pas dupe de ses promesses de s'occuper du chien lui-même. De toute façon, si vous cédez, c'est vous, parent, qui serez responsable de cet animal. Il est trop lourd pour un enfant d'assumer les contraintes quotidiennes qu'implique un animal (l'éduquer, le nourrir, le sortir, le conduire chez le vétérinaire...). Sauf à faire peser sur lui une trop grande responsabilité qui finira par le rendre anxieux et malheureux.

– Décrivez-lui tristement le point de vue du chien. Quand il sera en classe, son chien restera tout seul. Comme vous vivez dans un appartement, il manquera d'espace et souffrira... N'hésitez pas à en rajouter un peu sur le registre : « Un chien, c'est fait pour vivre en plein air, pour courir. »

– Il insiste? Restez ferme : « Je comprends très bien que tu trouves cela injuste, mais c'est comme ça. » Et relancez la balle dans son camp : « Quand tu seras grand, tu seras libre de prendre un chien dans ta maison. »

– Il vous dit : « Mais Paul (son copain d'école), il en a un »? Répondez : « Écoute, ses parents font comme ils veulent. Ils ont un autre point de vue que le mien et celui de ton père. Je comprends que tu trouves cela injuste, mais c'est comme ça. » Il vous traite d'égoïste? Rétorquez gentiment : « Je ne suis pas une mère parfaite, ni une mère idéale et je ne peux pas répondre à cette demande. Avoir un chien me dérangerait trop et je sais que je n'aurais pas la patience requise. Tu m'en voudrais aussi... »

– Envisagez, si vous le souhaitez, des solutions de substitution :

• Il dort souvent chez sa grand-mère qui, elle, a une maison et un jardin? Peut-être pourrait-elle se dévouer?

• Chez vous, un autre animal plus discret (chat, hamster, cochon d'Inde, lapin nain, poissons rouges, oiseaux...) pourrait peut-être faire l'affaire?

• Rien de tout cela ne vous emballe ou n'est possible? Organisez-vous pour que votre enfant soit invité plus souvent dans des familles où il y a un chien. Ainsi, il comprendra que chaque famille a ses propres règles.

### POUR EN SAVOIR PLUS

**Dès 8 ans**

*Lili veut un petit chat*, Dominique de Saint Mars et Serge Bloch, Calligram.

**Dès 10-11 ans**

*On a trouvé un chien – les droits des animaux*, Autrement Junior Société.

**Pour les parents**

*Les animaux dans la vie des enfants*, Gaïl Melson (préface de Boris Cyrulnik), Payot, 2002.

# III.

# HYGIÈNE, NOURRITURE, SOMMEIL SANTÉ, COMPLEXES

# 19

# Il déteste se laver

*En entrant dans sa chambre, vous êtes saisie : ce ne sont quand même pas ses pieds, qui dégagent cette odeur ! Eh bien, si...*

## Pourquoi déteste-t-il se laver ?

Pour l'une et/ou l'autre des raisons suivantes :
– Il trouve que c'est une perte de temps. Et il est sincèrement persuadé qu'il va le faire plus tard.
– Se laver le dérange dans ses activités. Et enfiler son pyjama propre alors qu'il sort de deux heures de sport ne le gêne pas plus que ça...
– Il résiste, plus ou moins consciemment, à votre pression sur cette question.

## Est-ce si grave que ça ?

– Ce n'est pas « grave » au sens médical du terme. D'ailleurs, certains dermatologues mettent en garde contre l'attitude inverse, celle de « l'hygiénisme forcené », qui consiste à récurer l'enfant dans tous les coins. En effet, une telle façon de procéder favorise parfois une sécheresse excessive de la peau.
– Cela étant, dès l'âge de 8 ans, il est important que l'enfant s'investisse dans son corps et s'approprie un rythme régulier pour son hygiène et sa santé. D'autant plus qu'à cet âge, les enfants sont très actifs physiquement, ils font beaucoup de sport, ne tiennent pas en place, montent et descendent les escaliers en courant. Ce besoin de se dépenser fait qu'ils transpirent beaucoup. Par ailleurs, c'est un âge où le port des baskets en continu, de plus en plus fréquent, n'arrange pas les choses. Résultat : il leur arrive de sentir mauvais.

## Que pouvez-vous exiger de lui ?

– Sans inspecter le corps de votre enfant, demandez-lui tout de même qu'il se lave les parties intimes, les aisselles et les pieds avec du savon ou un gel, lorsqu'il prend sa douche, chaque jour. Vérifiez également qu'il se sèche correctement, notamment entre les orteils, siège possible de mycoses. De même, demandez-lui incidemment s'il a pensé à faire son shampooing et à se couper les ongles. Si vous avez une fille, à vous de le lui expliquer. Si c'est un garçon, demandez plutôt à son père de s'en occuper. À l'âge des enfants concernés par ce livre, cet apprentissage a déjà dû être fait, mais si ce n'est pas le cas, il n'est jamais trop tard pour commencer. Enfin, même si vous avez déjà évoqué ces règles avec lui, n'hésitez pas à les rappeler de temps en temps. Mais respectez son besoin d'intimité (voir chapitre 84 *Il ne veut plus se montrer nu*).
– Incitez-le à vous informer sans gêne (vous ou son père) d'une éventuelle lésion qui pourrait apparaître sur son corps, y compris sur les parties intimes.
– Il résiste ? Expliquez-lui que laisser simplement couler la douche n'est pas suffisant. Mais au lieu de mettre l'accent uniquement sur l'aspect hygiénique de la toilette, parlez-lui aussi de sensations corporelles agréables, de l'importance qu'il y a à se sentir bien dans son corps.
– Faites-lui comprendre l'inadéquation qu'il y a à vouloir être coquet en apparence (gel sur les cheveux pour les garçons, petit vernis à ongles pour les filles) tout en manquant d'hygiène. Profitez-en pour lui expliquer que l'expérience de la féminité et de la virilité passe surtout par le bien-être intérieur et que celui-ci est renforcé par le regard des autres. Dites-lui : « Si tu te présentes aux autres en ayant l'air douteux et peu soigné, tu seras moins apprécié. » Et retrouvez dans votre expérience passée le cas de gens qui n'ont pas eu la chance d'avoir des parents qui leur ont appris cela et s'en trouvaient pénalisés. Vous pouvez peut-être aussi, le cas échéant, retrouver une situation où vous-même vous êtes sentie en difficulté pour négligence.
– Autorisez-le à casser son rythme le week-end ou en vacances, en le laissant, par exemple, prendre sa douche le matin et non le soir, s'il est fatigué, voire en passant carrément sur la douche un jour, s'il se baigne toute la journée.

## Il sent mauvais ?

– Ne laissez pas passer. Dites-lui : « Tu n'as pas respecté notre pacte. » Le lendemain matin, faites-le se lever dix minutes plus tôt pour qu'il passe sous la douche. Répétez-lui qu'il est hors de question pour vous de supporter de mauvaises odeurs. Mais expliquez-lui qu'il est normal de suer quand on fait du sport. Et s'il sent la transpiration, ce qui peut arriver dès 8-9 ans, offrez-lui un déodorant et de l'eau de toilette (et ce, même si c'est un garçon), des

attentions qui lui montreront que vous voyez qu'il change, qu'il devient grand. Plus tôt le réflexe est pris, mieux c'est. Pour les garçons, certains produits sont totalement inodores. Enfin, s'il sue excessivement et qu'aucun déodorant n'arrive à neutraliser les odeurs, consultez un dermatologue, car ce problème est souvent dû aux changements hormonaux de l'adolescence qui s'annonce.
– Dites-lui aussi que cela a des incidences sur ses relations avec les autres en classe, au sport, dans les boums : des enfants sont capables de dire dans son dos : « Il pue trop », et risquent de le mettre à l'écart.
– Évitez quand même de l'humilier en lâchant devant tout le monde : « C'est une infection ! Tu es répugnant, tu me dégoûtes. » Mais que cela ne vous empêche pas de faire un peu d'humour, de préférence seul à seul…

## POUR EN SAVOIR PLUS

**Dès 8 ans**

*Max ne veut pas se laver*, Dominique de Saint Mars et Serge Bloch, Calligram.

## 20

# Il ne veut plus prendre de petit-déjeuner

*Depuis quelques jours, elle part pour l'école le ventre vide. Pas moyen de lui faire avaler quoi que ce soit. En bonne mère coupable, convaincue de l'importance de ce « repas indispensable pour bien démarrer la journée », ce manque d'appétit vous navre*[1]*...*

### Pourquoi ce refus soudain ?

Pour l'une et/ou l'autre des raisons suivantes :
– Il s'est réveillé trop tard et trouve que ce repas est une perte de temps.
– Il prend le car pour aller à l'école et a peur d'avoir mal au cœur.
– Il est stressé par l'école et il ne peut rien avaler.
– Il n'a tout simplement pas faim.
– Il arrive le matin, dans une cuisine non rangée, qui contient les reliefs de la veille, où rien n'est préparé pour entamer le petit-déjeuner avec plaisir. Il se sent dégoûté.
– Il ne vous voit jamais vous mettre à table pour le petit-déjeuner, il vous sent stressée.
– Il a « la flemme » de beurrer ses tartines.
– Il considère qu'il a « passé l'âge » du lait au chocolat et réclame du café ou du thé, ce qui vous semble prématuré.

### S'il ne prend rien, est-ce grave ?

C'est problématique. Tous les nutritionnistes l'affirment : il faut alimenter le

---

1. Chapitre réalisé avec l'aimable collaboration de Dominique-Adèle Cassuto, pédiatre-nutritionniste.

moteur le matin ; le petit-déjeuner doit correspondre à 15 à 20 % de l'apport calorique total de l'enfant (et non plus 25 %, comme on l'avait dit à un moment donné). Par ailleurs, un enfant qui a de l'appétit le matin, ouvre son appétit pour d'autres choses, notamment les acquisitions scolaires. Prendre un petit-déjeuner le rend disponible pour recevoir d'autres nourritures.

## Comment réagir ?

Mettez-vous dans la tête que le petit-déjeuner est une étape très importante de la journée, un moment convivial et agréable, où l'on est moins fatigué que le soir (après une journée de travail) et donc plus disponible aux autres. Changez votre façon de procéder.

– Préparez, au besoin la veille avec vos enfants, la table du petit-déjeuner, en ayant pris soin de secouer la nappe, de ranger le dîner et d'essuyer la table.

– Avancez votre heure de réveil d'une demi-heure, afin d'avoir fait votre toilette et d'être déjà habillée au moment de passer à table avec lui.

– Prévoyez des nourritures variées : jus de fruits frais ou fruit frais (kiwi ou autre), fromage. Si vous proposez des céréales, évitez le pain et inversement, mais s'il réclame les deux, ne vous braquez pas, diminuez plutôt les quantités. S'il prend des tartines, évitez le mélange : beurre et confiture, mais optez pour l'un ou l'autre. Si vous sentez que c'est important pour lui, vous pouvez, malgré son âge, lui préparer ses tartines. Enfin, proposez-lui du jambon et un œuf, mais uniquement les jours où vous savez que son déjeuner sera léger.

– Il réclame du café ou du thé ? Ne l'excluez pas par principe, à condition que ce soit très léger et allongé de lait. Ou pensez à la vieille Ricoré de nos grand-mères. S'il préfère le thé ou le café pur, proposez-lui un yaourt ou du fromage en plus. Il sera fier d'être considéré comme un grand. Et si ce n'était qu'une question de frime, il reviendra vite à son bon vieux bol de chocolat…

– Il n'y a rien à faire ? Il ne veut rien avaler ? Prévoyez une collation dans son cartable qu'il avalera à la récréation : pomme ou compote en tube, mini-fromage, morceau de pain et mini-brick de lait ou tout simplement du pain avec du chocolat ou avec une pâte de fruit.

# 21

# Il n'aime que la « junk-food »

*Hamburger, frites, crème glacée et bonbons, le tout arrosé de Coca. À côté de son menu rêvé, vos légumes ne récoltent que des « Beurk » écœurés. Êtes-vous en train de fabriquer un futur obèse*[1] *?*

## Pourquoi n'aime-t-il que ça ?

Pour l'une et/ou l'autre des raisons suivantes :
– Toutes les études sur l'alimentation montrent que l'enfant a une préférence pour les produits sucrés et gras. En effet, le goût du sucré est inné. Quant au goût pour le gras, s'il n'est pas inné, il s'acquiert très tôt. En revanche, le goût amer n'est pas spontané, il s'éduque. Cela explique peut-être pourquoi 50 % des enfants – toutes catégories confondues, donc pas seulement ceux en surpoids – déclarent ne pas aimer les légumes.
– Il continue à vivre sur le modèle de l'enfant petit, qui aime manger tout le temps la même chose : cela le sécurise, fait partie de ses repères, il refuse d'innover. Il n'arrive pas à sortir de la période classique de « néophobie » alimentaire, qui frappe beaucoup d'enfants entre 2 et 7 ans et qui consiste à se bloquer sur certains aliments que, pourtant, il aimait bien auparavant.
– Il fait partie de ces enfants auxquels on n'a appris à manger que des aliments mous (pâtes, pommes de terre…) et qui sont désarçonnés dès que ça croque ou résiste sous la dent, comme les crudités ou la bonne viande, par exemple.
– Vous faites peut-être une fixation sur son comportement alimentaire et votre enfant résiste, voire vous provoque plus ou moins consciemment.

1. Chapitre réalisé avec l'aimable collaboration de Dominique-Adèle Cassuto, pédiatre-nutritionniste.

– Il a de l'argent de poche et ne trouve rien d'autre à s'offrir que des ours en guimauve et des frites en gélatine. À cette période où il grandit et se dirige vers l'adolescence, manger des bonbons le maintient en contact avec son enfance qui s'échappe.
– Il est victime de tout un système : « l'américanisation » de notre société, la publicité qui vante les mérites de produits souvent gras et sucrés, le marketing qui prétend faire avaler des légumes aux enfants en les enrobant dans des beignets et autres sauces grasses, l'avènement du « street-food » (nourriture en portion) ou « finger-food » que l'on peut consommer partout, debout et sans couverts. Cette alimentation régressive a un côté fonctionnel et ludique qui plaît aux enfants. Et puis, elle permet au pré-ado de s'intégrer dans son groupe de pairs.
– Vous n'avez pas le temps de cuisiner ou n'avez jamais appris à le faire et vous vous contentez du « prêt-à-manger industriel » du supermarché. Du coup, c'est toute votre famille qui se nourrit mal, vous y compris. Vous n'êtes pas la seule : les experts du comportement alimentaire s'interrogent sur ce qu'ils appellent une « perte de savoir-faire culinaire » chez les femmes de 20-35 ans[1].
– Il a 11-12 ans et commence à être « travaillé » par l'adolescence. Il sent qu'il devient autre et se réfugie dans le grignotage. Si vous-même avez tendance à vous venger de vos soucis sur la tablette de chocolat, il vous imite peut-être, plus ou moins consciemment.

## Est-ce grave ?

Restez vigilante. Consommer de façon excessive du sucre et du gras, à l'exclusion d'autres aliments plus sains, conduit forcément à des déséquilibres nutritionnels, voire à un surpoids. Ces quinze dernières années, le nombre d'enfants obèses a doublé. Aujourd'hui, plus d'un enfant sur dix entre 6 et 12 ans est concerné par l'obésité[2]. Et 16 % des enfants français souffrent de surpoids. Des chiffres à méditer…
Cependant, ne diabolisez pas ce type de nourriture. Plus vous le ferez, plus votre enfant sera tenté de s'en procurer en cachette, ce qui, à son âge, est de plus en plus à sa portée.

## Comment réagir ?

– Élargissez son panel alimentaire en l'incitant à goûter des plats que vous ou son père aimiez beaucoup lorsque vous étiez enfant. Proposez-lui des nou-

1. *Le Monde*, 29 janvier 2003.
2. Selon l'expertise collective de l'Inserm, « Obésité, dépistage et prévention chez l'enfant », éd. Inserm, 2000.

veautés cuites ou crues sous différentes formes. Et proposez-lui de la viande blanche, si la viande rouge le dégoûte.
– Ne remplissez pas trop les placards et dites-lui que quand c'est fini, c'est fini jusqu'au prochain marché.
– Ne l'obligez pas à finir son assiette quand il dit qu'il n'a plus faim, même si vous avez l'impression de gaspiller. Ne lui proposez jamais de se resservir. L'idéal est de mettre sur la table uniquement ce qui doit être consommé, comme au restaurant.
– Faites en sorte qu'il ne mange qu'aux repas. Veillez à rendre ce moment agréable, un lieu d'échange où l'on parle et où l'on prend son temps et non un lieu de règlement de comptes où l'on n'aborde que les notes obtenues en classe… (voir chapitre 64 *Faut-il dîner avec lui tous les soirs ?*). Les enfants en surpoids ont tendance, en effet, à manger trop vite en avalant de grosses bouchées. Cela peut sembler idiot, mais il faut rappeler à l'enfant que le repas est un moment où l'on est assis à table avec plusieurs personnes et où l'on se nourrit avec un couteau et une fourchette. C'est pourquoi il est préférable que l'enfant invite un copain, le jour où il est seul à déjeuner (voir chapitre 47 *Il ne veut plus rester à la cantine*).
– N'achetez plus ni bonbons, ni sodas, ni biscuits, ni pâte à tartiner : votre enfant a suffisamment d'occasions (mini-boum, fêtes d'anniversaires, Noël, Halloween…) d'en consommer pour en rajouter. Privilégiez l'eau à table. Réservez le jus de fruit au petit-déjeuner et au goûter et les autres boissons sucrées (sodas, sirop…) aux moments de fête. Vous pouvez, éventuellement, le laisser craquer pour un Coca light, de temps en temps. Sensibilisez-le à ce qu'on appelle « l'effet cacahuète » mis en lumière par les médecins spécialistes des addictions[1] : on y goûte machinalement, puis on continue, il est alors très difficile d'arrêter et de mettre fin à cette sensation agréable. On n'a plus faim, mais on continue de façon compulsive. En outre, cette explication le sensibilisera aux autres dépendances. (voir chapitres 25 *Il a fumé sa première cigarette* et 26 *Lui parler – utilement – de la drogue et de l'alcool*). Mais inutile de trop le stresser.
– S'il adore les pâtes et le riz, vous pouvez lui servir un plat de féculents tous les jours, voire à tous les repas si c'est un garçon, à condition de les préparer avec un peu de légumes. Proposez alors des légumes à l'apéritif ou en entrée, cela passe souvent mieux, avant le plat dont on raffole. Pensez aussi aux céréales, sous forme de semoule (couscous, polenta…), mais aussi au boulgour ou au blé pré-cuit (comme Ebly), qui font le même effet. Ainsi qu'aux légumes secs qui peuvent l'étonner agréablement.
– Banalisez les hamburgers, les pizzas et les frites, en les proposant vous-même spontanément, quitte à les inscrire dans un rituel. En effet, plus vous les

1. Voir *Papa, Maman, c'est quoi être accro ?*, Dr Jean-Claude Matysiak, Alias, etc.

rendrez exceptionnels, plus vous renforcerez leur caractère attractif. Mais veillez à ne pas dépasser une à deux fois par semaine. Choisissez des frites épaisses, que vous essuierez dans du papier absorbant, plutôt que des fines, plus caloriques. Le soir et le lendemain de ce type de nourriture, faites attention à la composition des repas. L'équilibre alimentaire se mesure sur la semaine et non de jour en jour.
– Variez les yaourts, préférez-les plutôt nature dans lesquels vous rajouterez du sucre en poudre ou du miel. Ces sucres naturels seront toujours plus sains que tous ces additifs ajoutés dans les yaourts dits « aux fruits ». Essayez de l'initier aux fromages pour adultes, car ceux pour enfants sont moins riches en calcium.
– Proscrivez le grignotage en dehors des heures de repas. S'il « meurt de faim » avant de passer à table, évitez les cacahuètes et autres biscuits salés. Transigez éventuellement sur un radis, un bâton de carotte ou un surimi. Bourrée de protéines de poissons, cette préparation est recommandée par certains spécialistes. Mais évitez le pot de mayonnaise à côté...
– Supprimez, si ce n'est déjà fait, la collation de 10 heures dans son cartable (sauf s'il ne prend pas de petit-déjeuner, voir chapitre précédent). Les médecins contestent de plus en plus le fameux « coup de barre » de fin de matinée.
– Préférez qu'il goûte à heure fixe – entre 16 heures et 17 heures –, sans que cela s'éternise pour éviter le grignotage jusqu'au dîner. Au menu, les spécialistes sont formels : il n'y a rien de mieux que du pain (de campagne pour les faire mâcher, ou autre, à l'exclusion du pain de mie, trop gras) avec du chocolat. Les viennoiseries (pain au chocolat, croissant...) doivent rester des gâteries exceptionnelles parce qu'elles contiennent un maximum de gras et de sucre. Quant aux biscuits du supermarché, méfiez-vous : ils sont aussi très gras et contiennent quantité d'additifs.
– Faites votre autocritique : si vous détestez les haricots verts, inutile d'en faire l'éloge ; de même, si vous grignotez toute la journée, inutile de fustiger cette attitude...

## Il achète des sucreries avec son argent de poche ?

C'est son droit, à condition de ne pas en abuser. Une fois par semaine, dans des proportions raisonnables, est un maximum. Il vous rétorque : « Tu m'avais dit que je pouvais faire ce que je veux avec mon argent ! » Répondez : « C'est vrai, sauf si tu dépasses les limites du raisonnable en ce qui concerne ta santé. Je comprends très bien que tu sois contrarié, mais je t'empêcherai toujours d'agir contre ton intérêt. » Ajoutez que, s'il se raisonne pour mieux utiliser son argent de poche, il aura une récompense : un livre, une séance de cinéma, une sortie... Ainsi vous l'aiderez à mûrir. Bien sûr, cette éducation sera plus difficile si, depuis son plus jeune âge, vous lui répétez : « Si tu es sage tu auras un bonbon »...

## Il revient de la boulangerie avec un énorme paquet de bonbons ?

Restez ferme : « Je considère que c'est pour une semaine. » Et incitez-le à en distribuer à ses copains à l'école ou dans l'immeuble. Mais si c'est une « tonne » de bonbons qu'il rapporte, prenez le paquet et dites-lui qu'il devra demander quand il voudra y piocher. Précisez : « Cela nuirait à ton équilibre que tu te gaves de tous ces bonbons. Si je ne faisais pas ainsi, je serais aussi irresponsable que si je te laissais acheter et te servir d'un pistolet à plomb. » Ajoutez une phrase sur la confiance : « Je te remercie de m'en avoir parlé, mais tu sais bien que ce n'est pas bon pour toi et qu'il n'est pas question que tu recommences. »

### Pour en savoir plus

**Dès 8 ans**

*Lili n'aime que les frites*, Dominique de Saint Mars et Serge Bloch, Calligram.

*Marlène grignote tout le temps*, Dominique de Saint Mars et Serge Bloch, Calligram.

**Dès 11-12 ans**

*Sais-tu vraiment ce que tu manges ?* Nadia Benlakhel, Les Essentiels Milan Junior Société.

**Pour les parents**

*C'est trop bon !, La forme en 200 recettes*, Dr Dominique-Adèle Cassuto et Élisabeth Lesne, Hachette, 2003.

# 22

# Vous le trouvez trop gros

*Ces poignées d'amour, ce ventre rebondi… Depuis quelque temps, vous trouvez votre enfant rondouillard. Sachant qu'en quinze ans, le nombre d'enfants obèses a doublé, vous stressez*[1]…

## Est-il vraiment trop gros ?

Il faut distinguer plusieurs situations :
– L'obésité : la courbe de poids de l'enfant est nettement au-dessus de la moyenne des enfants de son âge. L'enfant est gêné physiquement, il s'essouffle vite, il souffre parfois de douleurs au genou…
– La surcharge pondérale : elle est variable selon les âges et les enfants. Il suffit de scruter sa courbe dans le carnet de santé. En principe, tout enfant doit être pesé et mesuré au moins une fois par an et les résultats reportés dans le carnet de santé. S'il a tendance à grimper au-dessus de la norme, vous avez raison de prendre cette question au sérieux.
– Votre « délire » personnel. De plus en plus, la minceur est une obsession chez les femmes et donc les mères. Savoir que la population française moyenne grossit a de quoi angoisser. Et la médiatisation à outrance des corps jeunes, fluets mais musclés peut en rajouter dans ce registre.

## Comment réagir ?

☐ Restez vigilante

Votre enfant est moins souvent malade que dans la petite enfance. Ce n'est

1. Chapitre réalisé avec l'aimable collaboration de Dominique-Adèle Cassuto, pédiatre-nutritionniste.

pas une raison suffisante pour se dispenser d'une consultation chez le médecin. Une à deux visites par an reste un minimum, au même titre que la visite chez l'ophtalmologiste et le dentiste.

**☐ S'il s'agit juste de votre « délire »**

Dédramatisez et calmez-vous. Vous risquez de créer un problème là où il n'y en a pas encore. Reportez-vous quand même aux chapitres précédents pour trouver les bases d'une alimentation saine et équilibrée. Et sachez qu'avant l'adolescence, il est fréquent que l'enfant ait soudain plus faim et mange davantage, surtout si c'est un garçon. Cependant, sachez que « avant l'adolescence, si l'enfant mange autant que les adultes, il n'y a pas de quoi se réjouir : il mange tout simplement trop[1] ».

**☐ Si votre enfant est vraiment obèse**

Prenez rendez-vous chez un médecin nutritionniste pour enfants et adolescents. En outre, si l'obésité d'un enfant est dangereuse pour sa santé, elle témoigne aussi d'un mal-être psychologique qu'il est important d'entendre et de prendre en charge. C'est pourquoi il est utile de conduire votre enfant chez un psychothérapeute (voir chapitre 93 *Dans quel cas consulter un psy et comment ça se passe ?*).

**☐ Si votre enfant souffre d'un surpoids**

– Essayez de comprendre pourquoi. Il s'identifie peut-être plus ou moins consciemment à certains membres de la famille. Il déteste peut-être les menus de la cantine et avale n'importe quoi au goûter. Encore plus s'il est seul à la sortie de l'école : dans ce cas, il souffre peut-être du syndrome « mon ami, mon frigo », qui atteint les enfants trop seuls. Il traverse peut-être une période difficile, liée à son environnement personnel (copain, enseignant, résultats scolaires...) ou familial (crise de couple, maladie du grand-père...). Dans une cour de récréation, avoir une allure costaude peut servir de rempart. Enfin, un enfant qui a tendance à se remplir a souvent besoin d'être « nourri » d'autres nourritures : soit il n'est pas assez stimulé au plan intellectuel, soit il exprime le besoin qu'on lui dise des choses vraies si on lui cache des éléments de son histoire ou ce qui se passe dans la famille (voir chapitre 87 *On a un secret de famille*). Enfin, vous êtes peut-être victime de votre éducation : « Un enfant qui mange bien, va bien ». Certes, mais tout dépend sous quelle forme et en quelle quantité. Comme les adultes, les enfants ne sont pas égaux devant leur assiette. Certains pourront, en toute impunité, avaler une baguette entière au goûter, d'autres le paieront cher.

1. Élisabeth Lesne, *Papa, Maman, on m'a traité de gros*, Albin Michel.

– Adoptez la bonne réaction :

• Faites-le bouger davantage. Un enfant qui grossit absorbe trop de calories par rapport à ses dépenses physiques. Résultat : cet excès est stocké sous forme de graisses. Au contraire, un enfant qui a beaucoup d'activités physiques, tout en mangeant normalement, a toutes les chances d'aboutir à un poids idéal. Vous n'êtes pas obligée de l'inscrire à une nouvelle activité sportive s'il en pratique déjà, mais vous pouvez le faire marcher davantage, en supprimant la voiture pour aller en classe, en l'incitant à prendre l'escalier, en l'envoyant faire des courses plus souvent, en l'emmenant à la piscine le dimanche matin et en diminuant son temps de télévision et de jeux vidéo (voir chapitre 55 et suivants). La sédentarisation est une des grandes causes de l'augmentation de l'obésité. Bon à savoir : des études prouvent que, dans une famille, c'est la mère qui insuffle le côté sportif... Si elle fait du sport, les enfants en font.

• Proposez-lui plus souvent de boire de l'eau. Les trois quarts des jeunes boivent une boisson sucrée en dehors des repas, alors que seule l'eau est indispensable au bon fonctionnement de notre corps[1]. Et 10 % des enfants ne boivent jamais d'eau[2].

• Évitez de lui coller une étiquette (« un vrai thon », « un gros lard », « mannequin chez Olida »), aussi décourageante que toxique. Encore plus lorsque cela vient du père à sa fille.

• Ne plaquez pas votre histoire personnelle sur son cas : « Moi aussi j'étais grosse », « C'est tout son père », etc. Une chose est de faire allusion à ce qui vous est arrivé enfant, sur un mode complice, pour montrer que vous avez surmonté l'épreuve et lui expliquer qu'il peut y avoir un atavisme familial. Une autre est d'aspirer – plus ou moins consciemment – votre enfant dans la « fatalité familiale », sans lui donner vraiment le choix de faire autrement. Car si les facteurs génétiques jouent un rôle, ce ne sont pas les seuls déterminants.

• Abordez cette difficulté en privé, jamais devant ses copains, ni ses frères et sœurs. Et parlez-lui, si possible avec son père, pour qu'il sente un soutien de vous deux et une cohérence entre vous. Dites : « Nous ne voulons pas te faire constamment des remarques, et surtout pas devant les autres, mais nous souhaitons t'apprendre à modifier ton comportement alimentaire. » Il vous dit que c'est injuste ? Répondez : « Oui, c'est vrai : tu n'assimiles pas et tu n'élimines pas les aliments avec autant de facilités que d'autres enfants. Tu es aussi peut-être plus gourmand. Mais, tu es unique et tu as sans doute d'autres chances. De toute façon, il est important qu'à ton âge, on t'aide à faire attention pour que tu te sentes bien dans ton corps, que tu n'entendes pas de

1. Baromètre santé, CFES, in *Sais-tu vraiment ce que tu manges ?*, Nadia Benlakhel, Les Essentiels Milan Junior Société.
2. Institut Danone, *in* Top Famille, mai 2003.

réflexions désagréables sur ton physique et que tu sois content de toi. » Et félicitez-le à chaque fois que vous constatez une petite modification. Soyez très diplomate. Si vous vous montrez trop rigide, à l'adolescence, aux premières velléités d'opposition, la nourriture risque de devenir un enjeu de pouvoir. L'enfant pourra se jeter dans la nourriture, dans l'unique but de vous provoquer. Si vous sentez le terrain miné, limitez votre enfant, mais en souplesse et discrètement, ne serait-ce qu'en faisant attention à ce que vous faites entrer comme provisions à la maison (voir chapitres précédents).

• Ne le soumettez pas à un régime. Cela perturberait le développement de son organisme en pleine croissance. Cela se révélerait inefficace à plus ou moins long terme : frustré, il ne tiendrait pas longtemps et reprendrait vite du poids, ce qui risque de le décourager. Revenez plutôt à une alimentation équilibrée, en évitant les mauvaises habitudes (voir chapitres précédents).

• Évitez qu'il se pèse tous les jours, une fois tous les mois est amplement suffisant. De toute façon, l'équilibre alimentaire se régule sur la semaine.

• Avertissez discrètement les adultes qui s'occupent de lui (grands-parents et baby-sitter) pour éviter de le soumettre à trop de tentations.

## Pour en savoir plus

**Pour les parents**

*Papa, Maman, on m'a traité de gros*, Élisabeth Lesne, J'ai lu, 2005.

*C'est trop bon !, La forme en 200 recettes*, Dr Dominique Cassuto et Élisabeth Lesne, Hachette, 2003.

*Que faire ? Mon enfant grossit*, Dr Vincent Boggio, Odile Jacob, 2001.

# 23

# Il se trouve trop gros

*« Les frites, ça fait plus ou moins grossir que les pâtes ? » Ce genre de questions, jusqu'ici vous n'y prêtiez pas attention. Mais le jour où elle vous a dit qu'elle ne voulait plus goûter après l'école, votre sang n'a fait qu'un tour*[1] *!*

## Pourquoi cette lubie ?

– Il a entendu parler des statistiques sur l'augmentation du nombre d'enfants obèses en France et cela l'effraie.
– Il vous entend – vous ou d'autres membres de la famille – lui répéter qu'il ressemble à sa tante ou à son oncle, tous deux bien enveloppés...
– Il est victime de la dictature de la minceur dans les médias, surtout s'il s'agit d'une fille, avec le développement de la « mode sexy », ciblant cette tranche d'âge, avec débardeur au-dessus du nombril et mini-jupe.
– Il vous entend vous et vos amies parler de vos exigences de minceur et vous voit vous mettre au régime, au rythme des numéros « Spécial Maigrir » des magazines féminins...

## Comment réagir ?

– Ne banalisez pas par des formules plus ou moins moqueuses, comme : « C'est ridicule ! », « Ce n'est pas de ton âge ». Dites plutôt : « Il me semble que tu as un souci un peu exagéré, mais si tu te trouves un peu rond(e), je vais t'emmener en parler avec un professionnel car je ne suis pas la mieux placée pour parler de ça avec toi. » Puis prenez rendez-vous chez un médecin nutri-

1. Chapitre réalisé avec l'aimable collaboration de Dominique-Adèle Cassuto, pédiatre-nutritionniste.

tionniste spécialisé dans le suivi des enfants. Si c'est une fille, il est possible qu'elle soit très préoccupée par les futures transformations de son corps et les rondeurs qu'elle aura un jour. En parler avec un professionnel peut déjà l'aider (voir chapitre 85 *Son corps va se transformer, comment lui en parler ?*).
– Demandez à son père de ne pas railler sa fille, encore moins publiquement. Dans la période qu'elle traverse, elle a, au contraire, besoin de se sentir regardée d'une certaine façon par lui : avec un mélange de pudeur et d'admiration. La féminité se détruit beaucoup par le regard désapprobateur et le discours agressif du père. La fille éprouve sa féminité, en premier lieu, dans le regard de son père. Mais cela ne veut pas dire que le père doit regarder sa fille comme une femme. Plus tard, lorsque sa fille devient une jeune fille, « le père idéal est celui qui lui montre, dans son regard, qu'il la reconnaît comme une femme, à laquelle il renonce », explique le psychanalyste Jean-Pierre Winter.
– Autorisez votre enfant à s'habiller avec goût. Peut-être avez-vous du mal à renoncer à l'enfance de votre fille (fils), qui va devenir ado, se détacher de vous et construire sa vie en dehors de vous. Peut-être craignez-vous – inconsciemment – de voir votre jeunesse s'en aller. Certaines mères se débrouillent pour ne pas mettre leur fille en valeur physiquement et s'arrangent pour déjouer leur beauté naissante. Il n'est alors pas étonnant qu'elle se trouve « moche » et « trop grosse », ce qui va souvent ensemble dans l'esprit des filles et des femmes d'aujourd'hui. Interrogez-vous : comment étiez-vous à son âge ? Que vous disait votre mère ? N'êtes-vous pas en train de régler des problèmes personnels sur le dos de votre fille ? (voir chapitre 24 *Il a des complexes*).
– Valorisez d'autres aspects de sa personnalité, moins en rapport avec le corps : sa vivacité d'esprit, sa curiosité intellectuelle, son humour, son désir de rendre service...
– Interrogez-vous sur le rapport à la nourriture que vous transmettez, plus ou moins consciemment, à votre enfant : si vous enchaînez les régimes, si vous ne vous mettez jamais à table avec votre famille, mais préférez expédier le repas par un plateau devant la télévision, si vous faites systématiquement dîner votre enfant seul, avant le retour de son père, en vous contentant de grignoter, cela détériore forcément le climat autour des repas. Au contraire, si vous réhabilitez le plaisir de cuisiner et de se retrouver à table en famille autour d'un bon repas, il y a des chances pour que les choses s'arrangent.

**☐ Restez vigilante face à tout trouble qui s'installe sur la durée (quelques semaines)**

L'« anorexie précoce » n'arrive pas qu'aux autres. En effet, les spécialistes reçoivent des enfants de plus en plus jeunes. Aujourd'hui, certains ont entre 8 et 12 ans. Les garçons aussi sont concernés. Selon une étude citée par le Dr Le Heuzey, psychiatre pour enfant à l'hôpital Robert Debré, à Paris, à 12-

13 ans, les consultations concernent neuf filles pour un garçon, alors qu'à 7-8 ans, il y a sept filles pour trois garçons. Les signes qui doivent vous alerter : l'enfant trie ses aliments dans son assiette, refuse soudain de manger les frites, enlève le surplus de beurre sur ses tartines, se regarde sans cesse dans la glace en disant qu'il a du ventre, de grosses cuisses, des fesses molles, refuse de s'asseoir ou de se reposer pour dépenser un maximum de calories, devient accro au sport et met un point d'honneur à être premier de classe. Dans ces cas-là, consultez le pédiatre et un pédopsychiatre, spécialiste des problèmes d'anorexie. Le traitement doit être à la fois psychologique et médical.

## POUR EN SAVOIR PLUS

**Pour les enfants**

*La Fierté et la Honte*, Brigitte Labbé et Dominique Puech, Les goûters philo, Milan.

*La Beauté et la Laideur*, Brigitte Labbé et Dominique Puech, Les goûters philo, Milan.

**Pour les parents**

*Anorexie, boulimie... et autres troubles du comportement alimentaire*, Daniel Rigaud, Les Essentiels Milan Sciences-médecine-santé.

*L'Anorexie*, Thierry Vincent, Odile Jacob, 2000.

*Papa, Maman, on m'a traité de gros*, Élisabeth Lesne, J'ai lu, 2005.

# 24

# Il a des complexes

*« J'ai un gros nez », « J'aime pas mon prénom », « On m'a traité de nabot »... Depuis quelque temps, ce genre de petites phrases revient souvent dans sa bouche.*

## Comment s'aperçoit-on qu'un enfant a des complexes ?

– Il lâche de plus en plus de petites phrases négatives sur lui, son physique, ses (in)aptitudes. Parfois, cette plainte arrive au moment où vous êtes en train de le réprimander. Il lâche : « De toute façon, je suis nul. » Vous pensez qu'il cherche à faire diversion pour vous manipuler, mais c'est quand même le signe d'un certain malaise.
– Il a des réactions excessives de bouderie et/ou d'agressivité à des remarques anodines que vous pouvez lui faire. Il dit : « J'y arriverai jamais », « Je ne vais même pas te demander d'inviter un ami, je sais que tu ne voudras pas », « Mon frère m'embête tout le temps, mais tu vas encore dire que c'est de ma faute, que je suis c..., ch... ».
– Il redoute les cours de gym et de natation à l'école. Et ne souhaite qu'une chose : obtenir une dispense.

## Pourquoi a-t-il des complexes ?

– Il souffre d'une vraie petite différence physique : angiome, grain de beauté proéminent, pilosité importante... Sans aller jusque-là, il est peut-être victime de la mode : s'il a les cheveux frisés, il ne peut pas, par exemple, se mettre du gel pour se les coiffer en pétard, comme beaucoup de garçons apprécient de le faire. Or, à cet âge, où l'enfant sent que son corps est sur le point de se transformer, il aspire à être transparent pour échapper au regard des autres, à

se fondre dans la masse pour gommer ses particularités physiques. C'est pourquoi il souhaite tant s'habiller comme ses pairs (voir chapitres 13 *Il a un look pas possible* et 14 *Il est accro aux marques*). Et cela explique que la moindre différence, même dérisoire, puisse s'avérer insupportable.
– Il a entendu des réflexions anodines de l'entourage sur lesquelles il s'est focalisé et qui ont instauré un petit doute sur son apparence.
– Son environnement est axé sur un modèle qui lui met la pression : élitisme intellectuel, grande exigence physique (corps de sylphide ou très musclé…)
– Il n'y a rien de tout cela, son problème est dans sa tête. Il est à un âge où l'on prend conscience de son image, où l'on devient sensible à ce que les autres pensent de soi. L'enfant se pose des questions sur lui-même. Chez certains enfants, ce questionnement peut prendre beaucoup d'énergie. Cela peut gêner leur spontanéité et leur capacité à penser par eux-mêmes.

## Comment réagir ?

☐ **Il a une vraie difficulté**

– *Acné*. Selon le Dr Catherine Oliveres-Ghouti, dermatologue, l'acné peut apparaître – notamment sous forme de points noirs – dès l'âge de 8-9 ans. Il s'agit alors d'une acné dite « prébubertaire », liée à la puberté qui se prépare. Il est important d'apprendre à l'enfant à entretenir sa peau. C'est surtout en améliorant son hygiène que l'on peut agir avec efficacité. La présentation des produits de nettoyage est de plus en plus attrayante, y compris pour les garçons : les lingettes, par exemple, ont un côté « moins fille » que le coton et la lotion. Si l'acné de votre enfant dépasse les simples points noirs, il est alors utile de demander l'avis d'un dermatologue. Et ce, même si vous considérez que ça passera tout seul, ayant vous-même été couverte de boutons quand vous étiez enfant, et personne ne s'en étant occupé… Votre enfant n'est pas d'accord pour rencontrer un médecin ? À son âge, vous pouvez quand même l'inciter fortement à cette démarche. Le ton juste : prendre son problème en considération, sans y accorder trop d'importance. Il peut être traité par des soins locaux. Si l'acné est très inflammatoire, les traitements par voie interne sont possibles avec des dosages moindres.
– *Angiome, grains de beauté, etc.* Un rendez-vous chez le dermatologue est nécessaire pour éviter que l'enfant ne s'occupe lui-même de son « défaut », en se grattant ou en allant consulter n'importe qui, sur recommandation d'une copine. Mieux vaut prendre rendez-vous pour rien, pour que l'enfant s'entende dire par un professionnel que son problème ne peut être traité tout de suite, plutôt que de le laisser fantasmer sur une intervention immédiate possible.
– *Pilosité excessive*. Les garçons peuvent avoir un duvet épais en guise de moustache assez tôt. Dans ce cas, ils peuvent parfaitement se raser une à

deux fois par semaine. Pour les filles, le Dr Ghouti estime que l'épilation au laser est possible en période prépubertaire, mais uniquement sur de petites zones très gênantes, comme le menton, le nez ou la région inter-sourcilière. Pratiquée – impérativement – par un médecin dermatologue, cette méthode permet de stériliser les poils en 3 à 4 séances, à deux mois d'intervalle. Pour les grandes surfaces, comme les jambes, il vaut mieux éviter pour l'instant. La douleur est parfois difficile à surmonter à cet âge et peut stimuler la pousse de poils en périphérie de la zone traitée. De plus, les filles qui souffrent de pilosité excessive sont souvent brunes avec la peau mate, le laser peut laisser des taches sur leur peau... Enfin, c'est une technique qui coûte cher. En attendant qu'une telle épilation soit possible, le Dr Ghouti conseille plutôt une épilation traditionnelle.

– *Oreilles décollées*. En théorie, une intervention chirurgicale est possible dès l'âge de 8 ans, pour les garçons, comme pour les filles. L'opération n'est, semble-t-il, pas douloureuse. Elle peut se pratiquer en hospitalisation « ambulatoire » (entrée le matin, sortie le soir). Il vaut mieux prévoir l'intervention durant les grandes vacances car la convalescence dure quinze jours environ, avec un gros bandage sur la tête. En général, les oreilles sont rouges, mais il n'y a pas d'œdème. Mais avant l'opération, il faut absolument s'assurer de la motivation de l'enfant. Parfois, ce sont surtout les parents qui souhaitent l'intervention. Et un rendez-vous d'explication avec le médecin emporte la conviction de l'enfant. Une chose est sûre : lorsque l'enfant n'était pas vraiment décidé, lorsqu'il a l'impression qu'on lui a forcé la main, il est rarement content du résultat, a tendance à se replier sur lui-même et en veut à ses parents. Il est important également de l'aider à se préparer au regard et aux interrogations des autres. À lui de choisir de le dire ou pas. S'il n'est pas prêt, il peut être utile de le faire changer de coiffure en même temps, afin de brouiller les pistes... S'il le souhaite, il n'est pas obligé de tout raconter dans les détails. Autorisez-le à dire simplement : « J'ai subi une intervention, je n'ai pas envie d'en parler », ou au contraire : « Je suis très content car je me sens beaucoup mieux. »

– *Grand ou gros nez*. Il est beaucoup trop tôt pour décider d'une éventuelle intervention. Il faut attendre que le visage ait sa forme définitive. Mais si vraiment son nez lui pose un problème, il peut être utile de prendre un avis médical en sa présence afin que votre enfant sache qu'il existe une issue possible à sa souffrance, mais que, pour le moment, c'est une question prématurée.

– *Surpoids*. Reportez-vous aux chapitres 21 et 22.

– *Grands pieds, jambes trop courtes, petite taille et tous ces « défauts » contre lesquels on ne peut pas grand-chose*. Écoutez votre enfant, aidez-le à relativiser, prenez éventuellement un avis médical pour introduire un tiers qui « sait » face à cette difficulté. Aidez votre enfant à s'accepter en choisissant des vêtements qui masquent sa différence, par exemple. Mais surtout, aidez-le à révéler ses qualités. Exemple ? S'il est trop grand pour son âge, la pratique d'un sport comme le basket pourra s'avérer un atout. Évitez les réflexions mortifères, du genre : « J'étais comme ça, on ne peut rien y faire, ça te passera avant que ça ne me reprenne. » Au contraire, montrez-vous compréhensive, dites-lui que vous le comprenez. Mais sachez que lui vanter les ressources de la tante Marthe, qui s'en est très bien sortie malgré ses grands pieds, ne réglera pas forcément son problème. Enfin, si vous-même, vous êtes sentie complexée enfant, ne projetez pas vos angoisses sur lui. L'histoire de votre enfant est la sienne, apprenez à lui faire confiance. Il en a besoin pour surmonter l'épreuve. Mais si vous-même souffrez de petits complexes (différents des siens), dites-le-lui, il se sentira moins seul et comprendra que c'est relativement banal.

– *Il n'aime pas son prénom.* Expliquez à votre enfant les circonstances qui vous ont conduit à choisir celui-ci. Laissez-le se faire appeler par un diminutif de son choix. Dites-lui : « Quand tu seras adulte, tu verras comment tu veux te faire appeler. » Expliquez-lui que de nombreux adultes choisissent de se faire appeler par leur deuxième prénom ou autre. Éventuellement, citez-lui des exemples autour de vous. Restez disponible.

### □ Son problème est dans sa tête

Vous avez pris un avis médical et on vous a confirmé ce que vous subodoriez : votre enfant n'a aucun problème objectif. S'il se trouve trop gros, reportez-vous au chapitre précédent. De toute façon, il est important de ne pas rabaisser l'enfant : son complexe traduit peut-être une autre souffrance. Essayez d'en savoir plus : a-t-il des difficultés à l'école, avec un enseignant ou un copain ? Essayez de l'aider par vous-même. Mais si vous n'arrivez pas à lui redonner confiance en lui, que ses complexes tournent à l'obsession, voire à la phobie, n'excluez pas de le conduire chez un psychothérapeute : un professionnel compétent sera davantage en mesure de l'aider. Pour ce genre de problème, les parents ne sont pas toujours les mieux placés (voir chapitre 93 *Dans quel cas consulter un psy et comment ça se passe ?*).

## Pour en savoir plus

**Dès 8 ans**

*Max est timide*, Dominique de Saint Mars et Serge Bloch, Calligram.
*Lili se trouve moche*, Dominique de Saint Mars et SergeBloch, Calligram.
*La Beauté et la Laideur*, Brigitte Labbé et Michel Puech, Les goûters philo, Milan.
*La Fierté et la Honte*, Brigitte Labbé et Dominique Puech, Les goûters philo, Milan.
*L'Être et l'apparence*, Brigitte Labbé et Dominique Puech, Les goûters philo, Milan.

**Dès 9 ans**

*Comment survivre quand on se trouve nul*, Emmanuelle Rigon et Sylvie Baussier, Albin Michel Jeunesse, 2004.

**Pour les parents**

*Le Poids des apparences*, Jean-François Amadieu, Odile Jacob, 2002.
*Mon enfant est triste*, Luis Vera, Odile Jacob, 2001.
*Soigner la timidité chez l'enfant et l'adolescent*, Gisèle George et Luis Vera, Dunod, 2002.

# 25

# Il a fumé sa première cigarette

*Petit, il était le premier à dénoncer les ravages de la cigarette et à vous supplier de ne jamais fumer. Aujourd'hui, à en juger par l'odeur qui se dégage de ses cheveux, il n'en est visiblement plus là…*

## Pourquoi fait-il ça, alors qu'il connaît les dangers du tabac ?

Pour l'une et/ou l'autre des raisons suivantes :

– Il veut faire comme les copains, pour se donner une contenance, pour s'intégrer à un groupe. Alors qu'aujourd'hui, on connaît, beaucoup plus qu'à votre époque, les ravages de la cigarette, le tabac demeure toujours un rite initiatique, un rite de passage dans l'adolescence. La prévention chez les jeunes est un échec : les enfants, surtout les filles, fument plus aujourd'hui qu'il y a dix ans. Une enquête « Capital santé » publiée en 2001[1] concluait qu'un jeune qui ne fume pas est perçu par ses pairs comme un « retardé coincé » ou un « ringard ». La première cigarette peut se fumer dès 10-12 ans. Il suffit de lire les statistiques : 13 % des enfants âgés de moins de 10 ans et 29 % des 10-11 ans ont déjà consommé du tabac, selon une étude de la société Harris Medical pour la Fédération française de cardiologie sur les fumeurs de moins de 15 ans[2]. Cette enquête, publiée en 2002, établit aussi que 79 % d'entre eux expliquent que cette habitude « agréable », leur permet « de se détendre ». Votre enfant a sûrement agi par curiosité, pour goûter quelque chose de nouveau et ressentir de nouvelles sensations.

– Il sait désormais que la vente de tabac est interdite aux moins de 16 ans, ce

1. *Top Famille*, septembre 2001.
2. *Le Monde*, 16 mars 2002.

qui le renforce dans l'idée qu'il s'agit d'un « produit adulte » et que l'initiation au tabac est un rite de passage vers l'adolescence.
– Il s'oppose à vous et cherche à vous provoquer. Vous avez tellement diabolisé le tabac, en insistant sur les maladies mortelles auxquelles il pouvait conduire, que votre enfant – qui rejette l'idée de la mort – cherche à vous prouver qu'il est libre et bien vivant. Il se lance un défi, il est sensible à la prise de risque. De plus, si vous vous êtes aperçue qu'il a fumé, c'est qu'il a tout fait (plus ou moins consciemment) pour que vous soyez au courant.
– Vous fumez vous-même. Les jeunes deviennent d'autant plus accros à la cigarette qu'ils ont des parents fumeurs. Dans 75 % des cas, les jeunes fumeurs comptent un consommateur de tabac dans leur entourage[1]. En revanche, dans les familles où l'on ne fume pas et où l'on y est opposé, il y a deux fois moins d'enfants consommateurs de tabac.
– Il est obsédé par sa ligne (voir chapitre 23 *Il se trouve trop gros*) et a entendu que le tabac coupait la faim. Il pense que la cigarette va remplacer le grignotage.
– Il est mal dans sa peau, a des problèmes avec ses copains, il s'ennuie, se sent incompris chez lui (voir chapitre 10 *Il n'est pas à prendre avec des pincettes*). Il fume en douce pour chercher un plaisir, une autosatisfaction dont il a entendu parler. Il retrouve inconsciemment les plaisirs de bouche des tout-petits, comme téter ou sucer, dans un désir de régression, à un âge qui marque la fin de son enfance.

## Comment réagir ?

– Ne faites surtout pas comme si vous n'aviez rien vu. Fumer est trop grave pour la santé future de votre enfant. Plus le tabagisme intervient tôt, plus l'installation de la dépendance est rapide. La cigarette est l'un des produits qui rendent le plus accro : un consommateur sur trois qui essaie deviendra dépendant (voir chapitre suivant). Si les premières cigarettes sont fumées sans plaisir, en raison des sensations désagréables (nausées, malaises) qu'elles procurent, il suffit de quelques mois, voire de quelques semaines, pour que s'installe une période de plaisir, de détente, où l'on éprouve une stimulation intellectuelle. La dépendance psychologique apparaît dès 5 à 6 cigarettes par jour. La dépendance physique, elle, s'installe après quelques années : sensation de manque, besoin irrépressible de fumer.
– Il vous jure qu'il n'a jamais fumé ? Ne le punissez pas, essayez plutôt de discuter avec lui et de lui parler des dépendances que sont le tabac, mais aussi l'alcool et la drogue (voir chapitre suivant).
– S'il reconnaît. Essayez de savoir dans quelles conditions cela s'est fait et

1. *Le Monde*, 16 mars 2002.

tentez de comprendre le sens de sa conduite. Signifiez votre désaccord, tout en posant des balises claires : « Je ne peux pas te surveiller à chaque instant, mais je refuse absolument que tu fumes à la maison. » Rappelez-lui aussi que, désormais, la vente de tabac est interdite aux moins de 16 ans. Il est prouvé que, lorsque les parents donnent des limites très strictes, peu d'enfants continuent à fumer. Au contraire, quand les parents laissent faire, la moitié des enfants continuent. Enfin, quand les parents autorisent, l'immense majorité le fait.

– Méfiez-vous beaucoup des incitations que vous pouvez susciter chez l'enfant. Autoriser l'enfant à tirer une bouffée ou à fumer une cigarette un jour de fête n'est jamais anodin. L'enfant peut légitimement en déduire qu'il s'agit d'un plaisir d'adulte auquel il aura accès plus tard, quand il aura l'âge requis.

– Vous le surprenez la clope au bec devant son collège ? Ne laissez pas passer. Même si vous lui « fichez la honte » devant ses copains, exigez qu'il écrase cette cigarette sur-le-champ. C'est trop lourd de conséquences pour sa santé. Puis, de retour à la maison, revenez sur l'incident en disant : « J'ai peut-être eu une réaction excessive, mais je pense que te voir fumer une cigarette méritait vraiment que je réagisse pour toi et pour tes copains. » Ajoutez que c'est aux élèves qui fument que l'on propose de la drogue en priorité (voir chapitre suivant).

– Rappelez-lui calmement tous les inconvénients de la cigarette. Évitez la morale. Ce n'est ni bien ni mal de fumer, c'est dangereux pour la santé, à court terme, comme à long terme. Et s'il est sportif, insistez sur l'aspect négatif du tabac, vu sous cet angle. Ajoutez que c'est mauvais pour le teint et la couleur des dents, un argument auquel les filles sont sensibles. N'hésitez pas aussi à faire référence à votre propre cas, si vous avez fumé dans le passé et avez eu du mal à vous arrêter. Et si vous fumez encore sans pouvoir vous sevrer, racontez-le-lui. C'est plus honnête que de lui dire : « Je te l'interdis, point. »

– Dites-lui qu'il est manipulé par les industries du tabac. À un âge où il cherche son libre arbitre, découvrir que fumer est une forme de soumission, et non un geste de liberté, peut dissuader d'entrer dans la dépendance au tabac que les fabricants de cigarettes mettent en place. Car pour les industriels, les jeunes représentent le vivier des consommateurs de demain[1]. On dit que, pour maintenir simplement le niveau actuel de fumeurs, il faut recruter 10 000 nouveaux fumeurs par semaine. Et quand on sait que la plupart des gens ont commencé à fumer durant l'adolescence, voire l'enfance, on comprend que les moins de 16 ans soient un enjeu pour les cigarettiers. D'ailleurs, tous les moyens sont bons pour appâter de nouveaux fumeurs : soirées promotionnelles, raids sportifs, distributions de tee-shirts et de

1. *Le Figaro*, 22 novembre 2001.

casquettes avec logos imprimés, figurines que les jeunes s'échangent comme des objets tendance, jusqu'aux packagings arborant de sublimes mannequins blondes et brunes…

– Apprenez-lui à exister par lui-même, sans être le « mouton » de sa bande d'amis. Il a toujours le droit de dire non. Qu'il s'autorise (sans honte) à dire qu'il ne fume pas, parce qu'il fait du sport, par exemple.

– Mais restez lucide sur vos possibilités d'intervention : le tabac n'est peut-être plus en vente libre pour les enfants, mais celui qui veut vraiment fumer pourra toujours se débrouiller en sous-traitant l'achat à un ado conciliant ou en chapardant des cigarettes à des fumeurs adultes de l'entourage. Votre enfant atteint un âge où vous ne pouvez pas être sans cesse sur son dos. Enfin, s'il peut entendre les dangers du tabac, il est trop jeune pour s'imaginer concrètement menacé d'un cancer et il se moque pas mal que le tabac multiplie par cinq les risques d'être victime d'un infarctus entre 30 et 50 ans. Tout cela lui semble trop loin. Ses parents « le gonflent » et il se sent invincible.

# 26

# Lui parler – utilement – de la drogue et de l'alcool

*Bientôt l'adolescence et ses dangers angoissants. Vous vous demandez s'il n'est pas trop jeune pour vous entendre lui parler cannabis et ectasy. Mais craignez que, plus tard, il ne vous écoute plus*[1]*...*

## Pourquoi faut-il lui en parler maintenant ?

Pour les raisons suivantes :

– Il en entend forcément parler par des copains qui ont des frères et sœurs plus âgés et par les médias auxquels il a de plus en plus accès, hors de votre contrôle.

– Vers 11-12 ans, il arrive à un âge où transgresser l'interdit peut apparaître très attrayant. D'autant plus si, dans son entourage, il entend certains ados se vanter de fumer du hasch ou d'être sur le point de le faire. Il peut être fasciné par l'aspect « rite initiatique » de l'opération, qui lui permettrait de rentrer dans une bande.

– En parler avec lui, c'est l'avertir des dangers de la drogue, même douce. Car on ne sait jamais à l'avance l'effet qu'un joint peut produire sur un enfant ou un adolescent. Il est déjà arrivé qu'un ado fasse une « bouffée délirante », au sens psychiatrique du terme, c'est-à-dire se retrouve dans un tel état qu'il soit capable de marcher au bord d'un toit, voire de sauter par une fenêtre, par exemple. Bien sûr, ce n'est pas le joint qui est à l'origine d'une telle fragilité, celle-ci existait sans doute auparavant, mais c'est la drogue qui la révèle.

– Aborder cette question, c'est aussi le prévenir des attraits que peut éven-

1. Chapitre réalisé avec l'aimable collaboration du Dr Jean-Claude Matysiak, psychiatre et chef de service d'une consultation d'addictologie en région parisienne.

tuellement représenter une drogue douce pour lui. Les drogues procurent des effets qui peuvent être ressentis comme agréables au début.
– Pour les spécialistes des drogues, c'est un âge charnière. Sensibiliser les enfants à ce qui peut les pousser à se réfugier dans une conduite addictive à l'adolescence est très important. Il s'agit toujours d'une fuite des relations humaines, d'une « pathologie du lien », qui démarre, au moment où l'enfant doit se libérer de la dépendance à ses parents. Plonger dans l'addiction à la drogue (mais aussi à l'alcool, au tabac, ou même aux jeux vidéos) revient à glisser de la dépendance familiale vers une autre dépendance dont on a moins honte car elle peut être valorisée par le groupe de copains auquel on appartient. L'addiction est toujours une façon de rester enfant (en restant dépendant) tout en ayant l'impression de devenir adulte.

## En parler sert-il à quelque chose ?

– Tout dépend de quoi on parle. Si on se contente d'évoquer les produits et leurs dangers, c'est utile mais un peu trop facile : en effet, la plupart des enfants de 8 à 12 ans savent que ce n'est pas bon pour la santé, qu'on peut en mourir et assurent qu'ils n'y toucheront jamais ! De même, si un discours sur l'interdiction de ces produits a son intérêt, il faut en relativiser l'efficacité. En revanche, il est important de faire comprendre aux enfants, ce que signifie être « dépendant » (voir plus loin).
– En parler n'offre pas la garantie absolue qu'il ne plonge jamais dans la drogue. Mais le jour où il se retrouvera en présence d'ados qui fument des pétards devant lui, il se sentira peut-être plus autorisé à vous en parler et à se confier que si vous n'avez jamais abordé le sujet avec lui.

## À quel moment en parler ?

Profitez de l'actualité – un trafic démantelé, les dernières statistiques publiées… – pour aborder la question. Ou saisissez l'opportunité de ce neveu adolescent qui vient de se faire surprendre par ses parents en train de fumer un joint pour en parler. Ou encore de ce collègue alcoolique qui n'a pas pu faire son travail correctement aujourd'hui, en raison de sa dépendance.

## Que dire ?

☐ Ce sont des produits illicites
Expliquez la loi. La vente, la consommation, mais aussi la simple détention de drogue – même du hasch – sont prohibées par la loi. Un usager peut se retrouver poursuivi par la justice et écoper d'une peine.

☐ **Ce sont des produits dangereux**

– Les drogues sont nombreuses et variées. Elles procurent des effets différents : euphorisant, excitant, enivrant, calmant ou hallucinogène. Elles ont toutes un retentissement sur le cerveau, plus ou moins puissant. Plus la drogue sera forte, plus le risque de devenir dépendant sera grand.

– Ajoutez un couplet sur les conséquences de l'illégalité des produits : comme ils sont illégaux, ils ne sont pas contrôlés par les autorités sanitaires. Les dealers qui les vendent sont eux-mêmes des consommateurs, donc ils coupent ces produits (y compris le cannabis) avec d'autres substances plus ou moins dangereuses et infectées, sans aucune règle d'asepsie, ce qui peut provoquer des maladies (infections pulmonaires, notamment). Par ailleurs, la relation avec un dealer est toujours régie par l'argent. Au début, il propose presque toujours la drogue gratuitement. Puis, pour fidéliser son client, le dealer cherche à le rendre dépendant. Aussi, le risque le plus important est qu'il mélange au cannabis des produits plus dangereux, comme l'héroïne. Par ailleurs, les trafiquants de drogue rivalisent d'imagination pour rendre attractifs les comprimés d'ectasy. « De couleurs pastel, les cachets arborent des logos : dollar, Mercedes, Mac Donald… Il existe un véritable marketing de la drogue », déplore le brigadier major Dominique Belhomme[1].

☐ **Ce sont des produits qui peuvent rendre dépendant**

Les spécialistes des drogues sont formels : en prenant une drogue, une simple fois, personne ne peut dire à l'avance s'il sera capable d'en rester là. L'usager est toujours le moins bien placé pour savoir jusqu'où aller avec un produit. Il existe une grande inégalité entre les gens devant les produits, tout dépend de la personnalité de chacun et de ses fragilités. Dites : « Ceux qui en proposent aux plus jeunes affirment souvent que tu ne risques rien, que tes parents eux aussi l'ont fait, que tout le monde le fait, que tu vas te sentir bien et qu'après tout redeviendra comme avant. Tous ces arguments sont faux et ne justifient pas que tu essaies. À ton âge, tu risques d'être manipulé sans t'en rendre compte par des plus grands qui veulent exercer leur pouvoir sur toi. » Par ailleurs, selon le brigadier major Dominique Belhomme : « En vingt ans, la puissance du cannabis a été multipliée par 10 de par les manipulations génétiques des plans. Des études pratiquées sur des souris ont établi que l'on devient beaucoup plus rapidement dépendant qu'avant. » Mais la prévention va bien au-delà de tous les discours : il faut enseigner à l'enfant à avoir de la personnalité, lui transmettre, en amont, des armes pour s'affirmer dans un groupe et ne pas se sentir obligé de suivre les autres comme un mouton.

---

1. De la Direction de la police urbaine de proximité de la Police de Paris.

☐ **Être accro dissimule des difficultés plus profondes**

C'est une façon de se soulager de ses problèmes sans les régler. Encore plus au moment de l'adolescence. Cela ne fait qu'anesthésier une période où l'on doit évoluer psychologiquement, découvrir la sexualité, l'autonomie, les relations sociales… Être accro peut empêcher cette maturation à laquelle l'enfant doit se confronter de toute façon. Elle ne fait alors que déplacer cette épreuve dans le temps. Dites : « L'adolescence est une période de crise pour tout le monde. Mais certains auront plus de difficultés que d'autres à devenir des adultes indépendants. Cela peut les conduire vers une autre dépendance… aux drogues. » Un pré-adolescent comprend un tel discours, car il sent monter en lui ce besoin d'autonomie, voire cette agressivité, envers ses parents. Il est bon pour lui de sentir que ces mutations sont normales (voir chapitres 10 *Il n'est pas à prendre avec des pincettes* et 11 *Il dit qu'il vous déteste*). Il faut lui dire et lui répéter que plus il va grandir, plus il va avoir besoin de se détacher de ses parents, sans risquer de perdre leur amour. Un nouvel équilibre relationnel va s'installer où chacun doit trouver sa place, sa fonction. Vous devez lui montrer que vous avez confiance en lui et que vous le sentez capable, plus tard, d'affronter les plaisirs et les dangers d'une vie d'adulte. De son côté, votre enfant doit percevoir que vous pourrez vivre avec l'idée qu'il vous échappe et devient autonome dans ses choix et ses responsabilités, que, vous aussi, acceptez la séparation tout en restant un recours affectif. Cela ne sera alors pas une séparation, au sens ultime de celle-ci, mais plutôt l'élaboration d'une nouvelle dynamique familiale. L'amour sera toujours là, mais partagé entre d'autres pôles d'intérêts affectifs de l'adolescent, puis de l'adulte.

## Il vous fait remarquer que la cigarette, à laquelle vous êtes accro, est bien plus dangereuse ?

– Rétorquez : « C'est vrai que je suis dépendante de la cigarette car c'est un des produits qui rend le plus accro. Un consommateur sur trois qui essaie deviendra dépendant, alors que pour les autres produits, seuls 10 % le deviendront. » Mais ajoutez une explication sur la différence entre la dépendance au tabac et à la drogue ou à l'alcool. Expliquez-lui que si la cigarette est mauvaise pour la santé, elle n'est pas une « addiction » au sens psychiatrique du terme. Dites : « Contrairement à l'alcool et aux autres produits, la cigarette ne devient jamais le centre de la vie de la personne. Certes, les fumeurs sont capables de reprendre leur voiture à onze heures du soir, un dimanche, pour acheter leur paquet, mais ils peuvent continuer à penser à autre chose, à travailler et à vivre une vie normale. En revanche, la drogue et l'alcool risquent d'empêcher celui qui en consomme de vivre normalement. La drogue peut le pousser à voler, à se prostituer, voire à tuer. L'alcool peut rendre SDF. »

– Ne vous lancez surtout pas dans un chantage malhonnête du genre : « Je m'arrête de fumer, si tu travailles bien en classe » (variante : « Tu cesses de te ronger les ongles », « Tu arrêtes de faire pipi au lit ») : si vous vous arrêtez de fumer, c'est pour votre santé, s'il décide de mieux travailler en classe, c'est pour lui. Cet amalgame entraîne une confusion de vos responsabilités respectives et fait peser sur lui un trop lourd fardeau.

## Comment le prémunir contre les dangers de l'alcool, alors que vous en buvez de temps en temps ?

Il faut expliquer à l'enfant la dimension « plaisir » de l'alcool en lui montrant qu'on n'en consomme pas tous les jours, mais qu'on le réserve à la fête, lors d'un dîner entre amis ou autre. Ainsi, vous lui montrez toute la différence entre les gens qui boivent pour le goût et ceux qui le font pour l'effet que ça leur procure. Bien sûr, votre enfant aura plus de mal à comprendre votre message si vous avez l'habitude de siroter votre whisky ou votre verre de vin tous les jours…

## Vous fumez encore du hasch de temps en temps, faut-il le lui dire ?

Vous le trouvez trop jeune pour aborder le sujet avec lui ? Vous avez raison. Entre 8 et 12 ans, l'enfant est encore dans l'apprentissage de la loi, il n'a pas encore forcément entamé le processus de transformation de l'adolescence. Il ne serait pas structurant d'aborder avec lui cette question, même si vous n'êtes pas accro et qu'il s'agit simplement de vous faire plaisir de temps en temps. Mais sachez quand même que le jour où il vous faudra aborder cette discussion honnêtement avec votre enfant – pas avant la fin de l'adolescence, à sa majorité – vous ne pourrez faire l'économie de lui expliquer pourquoi certaines choses interdites sont moins interdites à vos yeux que d'autres. Compliqué n'est-ce pas ! Le plus simple sera de décrire sincèrement les relations que vous entretenez avec les effets des différents produits que vous consommez (cannabis, mais aussi alcool et tabac) et pourquoi vous pensez que cela vous est parfois nécessaire. Il faut beaucoup de courage aux parents pour parler de leurs faiblesses.

## À l'avenir

Veillez à transmettre à votre enfant des capacités d'accès à l'autonomie. Pour vous y aider, reportez-vous aux chapitres concernés. Et n'oubliez pas : plus on couve l'enfant, plus on cherche à le protéger, plus il est compliqué pour lui d'accéder à l'autonomie, plus il est tenté d'y accéder par la transgression, et la drogue en est une.

## Pour en savoir plus

**Dès 8 ans**

*Le cousin de Max et Lili se drogue*, Dominique de Saint Mars et Serge Bloch, Calligram.

**Dès 10-11 ans**

*C'est de la drogue, Produits psychoactifs et dépendance*, Autrement Junior Société.

**Pour les parents**

*Drogues, savoir plus risquer moins, Drogues et Dépendance*, le livre d'information, CFES, 2000.

**Pour tous**

Drogues Info Service 0 800 23 13 13 (7 jours sur 7, 24 heures sur 24, appel anonyme gratuit).

# 27

# Il a du mal à s'endormir

*« J'arrive pas à dormir... » Chaque soir, c'est la même rengaine. À croire qu'elle ne fait rien de la journée et qu'elle n'est jamais fatiguée.*

## Pourquoi ces difficultés d'endormissement ?

Pour l'une et/ou l'autre des raisons suivantes :
– Il fait partie de ces enfants qui ont moins besoin de sommeil que les autres au même âge.
– Il n'a pas acquis des habitudes de coucher régulières. Quand il était en maternelle, il lui arrivait peut-être d'aller dormir tardivement certains soirs, pour attendre celui de ses parents qui rentrait le plus tard. Il paye aujourd'hui ce manque de ponctualité.
– Le rituel du coucher dure trop longtemps. Quand il était petit, vous n'avez pas été assez ferme, lorsqu'il se relevait dix fois de suite (voir *Petits tracas et gros soucis* de 1 à 7 ans).
– Vous avez été trop stricte quand il était plus jeune. Vous ne l'avez pas autorisé à mettre en place des rituels (veilleuse, porte ouverte, doudou...) qui lui auraient permis d'apaiser ses angoisses nocturnes.
– Il est trop accroché à la télévision et aux jeux vidéo qu'il consomme en fin de journée. Cela provoque une certaine excitation, qui l'empêche de trouver son calme pour s'endormir.
– Il est anxieux à cause de ses performances scolaires, ses contrôles et vos attentes, peut-être trop élevées. Beaucoup d'enfants développent des difficultés d'endormissement en CM1-CM2, au moment où les instituteurs et les parents augmentent leur pression dans la perspective de l'entrée en sixième.
– Il est très perfectionniste et s'angoisse facilement. Ou bien, à l'inverse, il est

un peu désinvolte et il se culpabilise, au moment de s'endormir, de n'avoir pas fait son travail comme il faut.
– Vous-même ou son père avez des problèmes de sommeil. Votre enfant vous entend dire que vous dormez mal, que vous avez eu une insomnie, voire que vous avez pris « quelque chose pour dormir »...
– Tous vos enfants se couchent à la même heure, quel que soit leur âge. L'aîné ne se sent peut-être pas suffisamment reconnu dans sa place de grand.

## Comment réagir ?

– Ne lui collez pas une étiquette d'« insomniaque » sur le dos, vous risquez de l'installer dans un rôle où il pensera que la situation lui permet de faire l'intéressant.
– Dédramatisez : ce n'est pas parce qu'il a du mal à s'endormir aujourd'hui qu'il est promis à un avenir d'incorrigible noctambule.
– Installez-le dans des conditions apaisantes. Vérifiez qu'il n'y ait pas un bruit récurrent de l'autre côté de la cloison. Offrez-lui un bol de lait chaud ou une tisane avec du miel. Et proposez-lui de penser, chaque soir avant de dormir, à un souvenir agréable. C'est plus efficace que de compter les moutons...
– Permettez à chaque enfant, selon sa place dans la fratrie, de se coucher ou de lire tranquillement dans son lit un moment de plus (10 minutes suffisent) que celui qui le suit. Cela l'aidera à conquérir son territoire, à s'approprier son temps, son rythme. Et lui montrera que vous reconnaissez la place particulière occupée par chacun de vos enfants.
– Évitez les jeux vidéo et la télévision le soir. Les informations en boucle sur les enfants abusés sexuellement ou qui se font enlever en cinq minutes, à deux pas de chez eux, ont de quoi rendre anxieux...(voir chapitre 55 et suivants).
– Repérez s'il s'agit d'une difficulté ponctuelle, liée à un événement délicat dans la vie familiale, amicale ou scolaire de l'enfant. Et essayez d'en parler avec lui pour trouver une solution qui l'apaise.
– S'il s'agit, selon vous, d'un problème régulier, c'est peut-être parce qu'il se couche trop tôt pour son âge. Réfléchissez avec lui pour changer ses habitudes et trouver de nouveaux repères. Mais attention : jusqu'à la fin du collège, un enfant a besoin d'horaires réguliers et d'une heure limite de coucher. Quand il y a classe le lendemain, 21 h-21 h 30 est un maximum. Dans le cas contraire, la tolérance peut être plus grande.
Après chaque période de vacances, veillez à remettre l'enfant en condition pour reprendre petit à petit le rythme habituel.

## Cela ne s'arrange pas ?

– Ne lui permettez pas de s'installer dans votre lit. À son âge, il doit avoir acquis l'autonomie nécessaire lui permettant d'affronter la solitude de son lit. Avec votre conjoint, soyez très ferme.
– Ne soyez pas tentée, hors avis médical, de lui donner des granules d'homéopathie ou des gélules de phytothérapie, cela crée un conditionnement malsain : prendre une substance pour obtenir un mieux-être. On sait que les enfants ainsi habitués ont plus de risque de tomber, un jour, dans la dépendance.
– Consultez le pédiatre pour écarter d'éventuelles raisons médicales. Ainsi, votre enfant se sentira entendu dans sa difficulté.
– Demandez à votre conjoint de vous soutenir pour renverser les habitudes de plainte.
– Si ce problème devient vraiment trop gênant pour la vie familiale, n'hésitez pas à consulter un psy (voir chapitre 93 *Dans quel cas consulter un psy et comment ça se passe ?*).

### Pour en savoir plus

**Dès 8 ans**

*Lili ne veut pas se coucher*, Dominique de Saint Mars et Serge Bloch, Calligram.
*Lili fait des cauchemars*, Dominique de Saint Mars et Serge Bloch, Calligram.

**Dès 10-11 ans**

*Ce qui te fait peur*, Nadia Benlakhel, Les Essentiels Milan junior, 2002.

**Pour les parents**

« Mon enfant est insomniaque », Claude Halmos, dans *Parler, c'est vivre*, Nil éditions, 1997.
*Le rêve, le sommeil et l'enfant*, Marie Thirion et Marie-Josèphe Challamel, Albin Michel.

# 28

# Il fait toujours pipi au lit

*Quand il avait 5-6 ans, déjà, cela vous angoissait. Maintenant qu'il court vers sa dixième année, l'hystérie vous gagne.*

## Est-ce grave ?

– Même s'il ne le montre pas, c'est sûrement un problème pour lui. Cela angoisse les parents et gêne l'enfant, non seulement dans sa vie quotidienne, mais également dans son rapport avec les autres. Et comme l'enfant ressent l'angoisse de ses parents, cela augmente la sienne.
– L'énurésie touche 10 % des enfants et frappe deux garçons pour une fille.
– Il faut distinguer l'énurésie primaire (80 % des cas) et secondaire. Dans la première, l'enfant n'a jamais acquis la propreté nocturne. Dans la seconde, il a déjà été propre complètement durant plusieurs mois, mais il ne l'est plus. Après 8 ans, les épisodes de « pipi au lit » sont souvent intermittents, ce qui peut retarder la prise de conscience du problème et la demande d'aide.

## Pourquoi fait-il toujours pipi au lit ?

Tout dépend de l'énurésie dont il s'agit.

☐ En cas d'énurésie primaire
Il y a plusieurs explications.
– Il souffre peut-être « d'énurésie nocturne primaire isolée (ENPI) ». Ce trouble est une vraie maladie. Selon le Pr Henri Lottmann, du service d'urologie à l'hôpital Saint-Joseph à Paris, « l'ENPI, se caractérise par une miction normale, survenant pendant le sommeil chez un enfant de 5 ans ou plus qui n'a, auparavant, jamais été propre plus de trois mois consécutifs et qui n'est

atteint d'aucun autre symptôme, en particulier une énurésie diurne. Deux catégories d'enfants sont concernées : ceux dont la capacité de la vessie est inférieure à la normale (d'au moins 40 %). Et ceux qui ne sécrètent pas assez de vasopressine, une hormone antidiurétique fabriquée par le cerveau, qui permet en principe, à l'organisme de produire une urine plus concentrée la nuit[1]. » Dans ce cas, des remèdes de type médical (médicaments entre autres) sont envisageables. C'est pourquoi, avant toute chose, il convient de rechercher si l'énurésie dont souffre votre enfant est une vraie maladie, en consultant un urologue.

– L'apprentissage de la propreté ne s'est pas fait au moment adéquat. En principe, la propreté diurne s'acquiert vers 2 ans et demi-3 ans et la propreté nocturne, vers 3-4 ans. Entre-temps, l'enfant apprend à faire la sieste sans couche. Pourquoi cette progression n'a-t-elle pas eu lieu pour votre enfant ? L'apprentissage a peut-être été fait trop tôt (avant l'âge de la marche) et de façon trop rigide ou, au contraire, de façon trop laxiste. Peut-être avez-vous pensé que « ça viendrait tout seul », et n'avez-vous pas procédé aux rituels d'usage : mise sur le pot, supression de la couche par paliers, etc. (voir *Petits tracas et gros soucis de 1 à 7 ans*, chapitre 41).

– Inconsciemment, vous n'avez peut-être pas envie qu'il grandisse et ne l'aidez pas à le faire. Cet enfant est peut-être votre petit dernier et vous avez une relation physique trop proche avec lui : vous l'avez câliné trop longtemps comme un bébé, l'avez allongé très tard sur une table à langer, avez continué à lui faire sa toilette à un âge où il aurait très bien pu s'en charger tout seul… Aujourd'hui encore, vous l'appelez « mon bébé »…

– La nounou ou la grand-mère a saboté – plus ou moins consciemment – le processus d'apprentissage de la propreté. Elle refusait de le mettre sur le pot, ou vous disait qu'elle le faisait, mais ne le faisait pas… La grand-mère lui a remis des couches quand il allait dormir chez elle…

– Au moment où votre enfant aurait pu être propre, un événement est survenu dans la famille, qui a enrayé le processus d'apprentissage : naissance d'un autre enfant, divorce, déménagement, instabilité professionnelle, maladie du grand père…

– Vous et/ou son père êtes très exigeant avec cet enfant. Vous lui mettez la barre très haut sur le plan scolaire. Continuer à faire pipi au lit est un moyen pour votre enfant de vous montrer que c'est trop lourd à assumer. À cet âge-là, l'énurésie intermittente est un moyen classique d'opposition inconsciente aux parents. À travers ce symptôme, votre enfant exprime un problème personnel inconscient comme : trouver sa place dans la famille par rapport à ses frères et sœurs, difficulté à satisfaire l'exigence scolaire de ses parents…

– Il s'identifie inconsciemment à un parent qui a été lui-même énurétique. Et

1. *L'Express*, 17 octobre 2002.

ce, même si le parent en question ne lui en a jamais parlé. En effet, selon la théorie psychanalytique, l'inconscient du parent peut interférer avec l'inconscient de l'enfant, sans que le parent puisse l'empêcher…
– Votre enfant sent qu'il existe un secret de famille et ne peut s'empêcher de laisser échapper – via l'urine – quelque chose que, précisément, ses parents retiennent. Et ce n'est pas parce que votre aîné n'a pas de symptôme apparent que le cadet ou le benjamin n'a pas le droit d'en avoir. Chaque enfant a sa propre réaction (voir chapitre 87 *Vous avez un secret de famille*).

☐ **En cas d'énurésie secondaire**

Celle-ci est souvent liée à un traumatisme vécu par l'enfant – dans sa vie familiale, scolaire, amicale – mais passé inaperçu : du racket à l'école au visionnage en cachette d'un film violent ou pornographique, jusqu'à la mort du grand père bien aimé. Mais attention, cette énurésie secondaire n'est inquiétante que si elle s'installe sur la durée. Si cela arrive une ou deux fois après le décès de sa grand-mère, inutile de s'affoler. Les choses ont des chances de rentrer toutes seules dans l'ordre.

## En l'absence de vraie maladie, comment réagir ?

– Ne banalisez pas. Cela reviendrait à vous rendre complice du déni dans lequel l'enfant s'enferme, parfois, de façon complètement contraire à la réalité.
– Parlez-en avec lui, mais en privé. Aborder le sujet devant des tiers, même sans penser à mal, est humiliant.
– Bannissez toute réaction excessive, qui ne ferait que renforcer le problème.
– Évitez les aliments à risque le soir (soupes, poireaux…).
– Laissez-le prendre un verre d'eau à côté de lui, le soir, pour ne pas diaboliser les boissons (mais pas une bouteille pleine).
– Ne faites pas de chantage du genre : « Tu arrêtes de faire pipi au lit et je t'offre une Play-station », cela ne responsabilise pas suffisamment l'enfant. Grandir implique de prendre des responsabilités, de renoncer à une forme de dépendance sans obtenir systématiquement des récompenses matérielles.
– Passez un contrat avec lui. Demandez-lui de faire pipi avant de se coucher et d'y retourner juste avant d'éteindre la lumière pour bien contrôler par lui-même qu'il a vidé sa vessie. En cas d'accident pendant la nuit, qu'il mette lui-même une serviette de toilette dans son lit et s'installe au pied de la literie restée sèche ou s'enroule dans sa couette. Le lendemain, qu'il mette son drap et son pyjama dans la machine ou au linge sale.
– Essayez autant que possible de garder votre calme. Plus il vous sentira irritable et intolérante, plus ce problème s'installera. Grondez-le uniquement s'il n'a pas respecté son contrat.

## Vous êtes exaspérée ?

Essayez de contrôler votre colère et si vous vous sentez débordée, efforcez-vous de faire porter votre agacement sur le non-respect du contrat, plutôt que sur la personne elle-même de votre enfant. Si c'est un garçon, l'énurésie peut provoquer plus tard, chez lui, une angoisse de son affirmation virile. Inutile d'en rajouter...

## La situation ne s'arrange pas ?

Ne laissez pas ce problème s'installer trop longtemps. C'est trop lourd de conséquences sur l'estime de soi de votre enfant et la spontanéité de ses relations sociales. Dans ce cas, il est utile de consulter un professionnel (voir chapitre 93 *Dans quel cas consulter un psy et comment ça se passe ?*). Si vous l'avez déjà fait, sans résultat, proposez-lui de rencontrer une autre personne, travaillant avec une approche différente. Mais attention aux méthodes dites « miraculeuses », trop portées sur l'aspect « mécanique » des choses. Certes, elles peuvent rassurer certains parents, qui ainsi n'ont pas à se poser trop de questions sur le pourquoi du comment, mais elles sont rarement efficaces sur le long terme. En effet, un enfant qui, à cet âge, continue à faire pipi au lit, veut souvent dire quelque chose.

### Pour en savoir plus

**Pour les enfants**

*Max fait pipi au lit*, Dominique de Saint Mars et Serge Bloch, Calligram.

**Pour les parents**

*Pipi au lit, ça se soigne !* (guide France Info), Michel Cymes et Rosine Depoix, éditions Jacob-Duvernet, 2003.

*Les pipis font de la résistance, Comment aider l'enfant à devenir propre*, Dr Stéphane Clerget et Carine Mayo, coll. « C'est la vie aussi », Albin Michel, 2006.

# IV.

# ÉCOLE, COLLÈGE

# 29

# Gérer la galère des devoirs

*Chaque soir, c'est le même cinéma : quand vous rentrez épuisée du bureau, votre enfant n'a même pas commencé à étudier… Ne peut-il pas se prendre en charge*[1] *?*

## Pourquoi a-t-il des devoirs ?

En primaire, théoriquement, seules les leçons à apprendre sont autorisées. Les devoirs écrits sont interdits depuis 1956 pour ne pas alourdir la journée des écoliers et ne pas augmenter les inégalités entre élèves, dues notamment aux conditions de logement et à la disponibilité des parents. En effet, la circulaire n° 94-226 du 6-09-1994 dispose : « À la sortie de l'école, le travail donné par les maîtres se limite à un travail oral ou à des leçons à apprendre. » En théorie, donc, seules les poésies et les leçons à revoir sont autorisées. Mais, en pratique, la plupart des parents réclament des devoirs écrits, persuadés que ceux-ci sont intimement liés à la réussite scolaire. Il est vrai que les devoirs aident à mémoriser le travail effectué en classe. Aussi, certains parents vont jusqu'à juger l'école en fonction du nombre d'exercices donnés par les enseignants. Conséquence : ces derniers sont nombreux à passer outre la circulaire et à donner des exercices à faire.

## À quoi servent les devoirs ?

Selon les enseignants, il s'agit d'assurer le lien entre l'école et la maison, de « faire entrer » l'école dans la maison et de favoriser le dialogue parent-enfant

---

1. Chapitre réalisé avec l'aimable collaboration de Béatrice Culmann-Penciolelli, institutrice à Paris.

à propos du travail scolaire. En effet, même si c'est parfois assommant pour les parents, cela permet quand même à l'enfant de mesurer l'intérêt de ces derniers pour sa scolarité. En manifestant votre attention de parent, votre enfant se sent responsable et prêt à s'investir. Vous le faites accéder à un statut différent : celui d'un individu qui fait et dit des choses qui vous intéressent. Vous l'aidez à développer son désir d'apprendre et l'amenez progressivement à se prendre en charge. Mais ceci est surtout vrai en CM1-CM2, avant l'entrée au collège. Dans les petites classes, de nombreux spécialistes critiquent la pratique des devoirs à la maison, qui serait contraire au rythme de l'enfant. « Aucun enfant, entre 6 et 11 ans, ne peut maintenir son attention et sa concentration intellectuelle pendant six heures. La plupart des enseignants constatent que, dès 15 heures, les élèves sont intellectuellement saturés », déplore Hubert Montagner, professeur de psychophysiologie et de psychopathologie du développement[1]. Toutefois, il est préférable de ne pas entrer en conflit avec son enseignant sur ce point. Prenez contact avec lui, en début d'année, pour connaître sa méthode, car tous n'ont pas la même.

## Quel degré d'investissement devez-vous consacrer ?

☐ En CE1

Les deux premières années du primaire portent essentiellement sur l'apprentissage de la lecture, de l'écriture et du calcul. Comme en CP (voir *Petits tracas et gros soucis de 1 à 7 ans*, Albin Michel, 2002, chapitre 51), vous devez, le plus possible, accompagner votre enfant. La relation entre vous et lui est essentielle à ce stade. Dans la mesure du possible, ménagez-vous ce moment privilégié avec lui. À cet âge, le temps consacré aux devoirs ne devrait pas excéder une vingtaine de minutes. Cela vous semble impossible, eu égard à la longueur de la lecture donnée par la maîtresse ? Certains enseignants conseillent alors de s'en tenir à un paragraphe qui sera bien digéré plutôt qu'à deux pages entières déchiffrées laborieusement et dont l'enfant n'aura pas compris le sens. Enfin, sous prétexte que c'est à lui de lire maintenant, ne cessez surtout pas de lui raconter des histoires. Rien de tel pour dégoûter un enfant d'apprendre à lire…

☐ En CE2 et CM1

Le travail demandé s'intensifie, l'entrée au collège se prépare déjà. Le temps consacré aux devoirs ne devrait cependant pas excéder trente minutes. L'enseignant guide ses élèves vers plus d'autonomie et de réflexion. Vous devez vous intéresser à ce qu'il fait, mais avec plus de distance, en lui donnant des pistes et des méthodes pour apprendre à travailler seul (voir plus bas). S'il ne

1. *Version Fémina*, 15 septembre 2002.

maîtrise pas encore bien l'orthographe, essayez de le faire lire, chaque jour, cinq minutes – pas plus – sur n'importe quel support : journal, bouquin, mais aussi emballage, mode d'emploi, recette de cuisine… À lui de choisir. Puis dictez-lui une phrase – pas plus – et, en cas d'erreur, ne pointez pas ses fautes, demandez-lui plutôt d'expliquer pourquoi il a choisi d'écrire comme ça, il y a peut-être une logique (voir chapitre 33 *Il est fâché avec le français*). Conseillée par de nombreux instituteurs, cette méthode finit toujours par payer, mais il faut être patient. Il rechigne ? Inversez les rôles : c'est lui qui dicte, c'est vous qui écrivez en faisant des fautes et lui qui corrige… Éclats de rire garantis.

□ En CM2 et 6e

En principe, votre enfant est responsable de son travail, il doit prendre en charge ses devoirs, même si vous ou un autre adulte – baby-sitter ou grand mère – devez rester disponible pour répondre à ses questions. Son travail ne doit pas excéder plus d'une heure chaque soir. Incitez-le à s'avancer le mercredi ou, s'il est en 6e, durant les « trous » de son emploi du temps, afin qu'il puisse garder le plus possible ses week-ends libres. Proposez-lui de travailler parfois avec des copains. Le travail de groupe est souvent enrichissant, expliquer à l'autre permet de mieux comprendre soi-même.

## Comment l'aider sans faire à sa place ?

– Expliquez-lui dès le départ, qu'il étudie pour lui, non pour vous. Bien sûr, c'est un peu théorique, surtout quand l'enfant est jeune. Mais plus il grandit, plus il doit comprendre qu'il est le premier bénéficiaire de son sérieux. Si, dans son esprit, avoir de bonnes notes n'est destiné qu'à vous faire plaisir, à l'adolescence, cela risque, un jour, de mal tourner : continuer à réussir symbolisera rester dans le giron de maman tandis que se mettre en échec le meilleur moyen de couper le cordon avec elle…
– Interdisez-vous, sauf cas de force majeure, de couvrir votre enfant vis-à-vis de l'instituteur parce qu'il n'a pas appris sa conjugaison. Cela ne l'aide pas à prendre ses responsabilités d'élève et ne lui rend pas service. Dès le début de sa scolarité, votre enfant doit comprendre que l'école est une affaire sérieuse avec laquelle on ne transige pas.
– Passez un contrat avec lui. Vous lui assurez de pouvoir étudier dans un cadre confortable et propice à la concentration : un bon éclairage, un bon siège, son bureau libéré de sa collection de bouchons qui le distrait et, bien sûr, ni télé, ni radio, ni téléphone, ni aspirateur en marche près de lui… Vous lui promettez que durant ses devoirs, on ne lui demandera pas de rendre des services. Et lui s'engage à étudier après la classe. Trouvez ensemble le meilleur moment. En principe, il vaut mieux le laisser goûter et jouer une

demi-heure avant qu'il ne s'y mette, mais pas plus : une pause trop longue nuirait à sa concentration et à sa capacité d'investissement. Faites-lui comprendre que ce temps de travail ne sera pas long et qu'il aura le temps de jouer après. Efforcez-vous de le faire participer à ces décisions.

## Quelques pistes pour l'aider à acquérir une bonne méthode de travail

Prenez au besoin quelques jours de vacances pour mettre cela en place.

☐ Apprenez à votre enfant à gérer son temps

En dressant avec lui un emploi du temps très précis, qui comprend l'ensemble de ses activités scolaires et extrascolaires. Ainsi, il se rendra compte du temps qui lui reste pour les devoirs à la maison. Conseillez-lui de commencer par les matières difficiles ou celles qu'il n'aime pas ou qui exigent un gros effort de réflexion. Et de finir par les plus faciles.

☐ Demandez-lui d'apprendre sa leçon avant de commencer un exercice

Il vous rétorque : « Mais la prof ne l'a pas demandé. » En effet, plus l'entrée au collège avance, moins les instituteurs ne donnent la consigne précise d'apprendre telle leçon. Il s'agit de rendre l'enfant plus autonome et de l'inciter à revoir ses leçons par lui-même. Apprendre a plusieurs fonctions : vérifier si on a bien compris tous les éléments de la leçon, mémoriser les connaissances afin de les réutiliser dès qu'on en a besoin, prendre l'habitude d'entraîner sa mémoire pour qu'elle garde ou développe ses capacités et enfin développer un esprit méthodique afin de ne plus oublier ce que l'on apprend. Expliquez à votre enfant : « Apprendre ses leçons, c'est la base. Si tu ne le fais pas, tu ne comprendras pas vraiment le sens des exercices que tu fais. » Et soyez ferme : au collège, les professeurs attendent des élèves qu'ils apprennent leurs leçons, mais ils ne le demandent presque jamais. En fin de CM2, apprendre ses leçons doit être devenu un réflexe.

☐ Guidez-le pour mieux apprendre ses leçons[1]

– Déterminez si votre enfant a une mémoire plutôt visuelle, auditive ou gestuelle.

Faites avec lui ce petit test : demandez-lui de réciter une leçon en fermant les yeux. Est-ce qu'il revoit le cahier, les paragraphes, les mots, les couleurs ? Dans ce cas, sa mémoire est plutôt visuelle. Ou bien est-ce qu'il s'entend en train d'apprendre à voix haute ou basse ? Dans ce cas sa mémoire est plutôt

1. Conseils donnés par l'Institut universitaire de formation des maîtres de Paris.

auditive. Enfin, a-t-il mieux retenu en écrivant une ou plusieurs fois ? Dans ce cas, sa mémoire est plutôt gestuelle.

– Donnez-lui une méthode d'apprentissage adaptée à son type de mémoire.

• S'il a une mémoire plutôt visuelle : dites-lui de lire et relire sa leçon silencieusement, en repérant les cadres, les paragraphes, les couleurs, les caractères d'imprimerie, puis de la réciter dans sa tête en revoyant les mots écrits, leur place, les encadrés... Pour les poésies, notamment, proposez-lui d'associer des images aux mots.

• S'il a une mémoire plutôt auditive : dites-lui de lire et relire à haute voix sa leçon, à lui-même ou à quelqu'un d'autre, même à quelqu'un d'imaginaire, pour « entendre sa leçon ». Puis qu'il récite sa leçon à voix haute, comme s'il était interrogé en classe, qu'il se pose des questions (ou s'en fasse poser) et y réponde. Dernier truc : qu'il essaie de se souvenir de la voix et des mots employés par l'enseignant pendant le cours et qu'il les redise.

• S'il a une mémoire plutôt gestuelle : dites-lui de marcher, de se déplacer en récitant à voix haute ou basse, en trouvant un rythme qui lui convienne et qui l'aide. Au besoin, proposez-lui de rédiger des fiches succinctes en sortant l'idée forte de chaque paragraphe et les mots clés. Mais attention à ne pas tomber dans le piège qui consiste à passer plus de temps à recopier ses leçons (en soulignant, encadrant, coloriant) qu'à les apprendre... On a tous le souvenir de filles très studieuses qui, en pratiquant ainsi, se faisaient coiffer au poteau par des garçons beaucoup plus décontractés qui apprenaient directement dans le livre ou le cahier... C'est pour cette raison que certains instituteurs conseillent aux parents de ne pas trop développer la mémoire gestuelle de leurs enfants.

– Comment savoir si l'enfant a correctement appris ?

L'enfant doit être capable d'expliquer avec ses mots à lui ce qu'il a appris, à quelqu'un d'autre ou en l'écrivant pour vérifier ensuite lui-même. Il doit savoir, par cœur, par oral et écrit, tous les mots nouveaux ou notions nouvelles. Il doit être en mesure de refaire tous les exemples de la leçon. Enfin, il doit réciter les textes ou les poésies en y mettant du rythme, de l'intonation, du sentiment pour les faire partager à ceux qui les écoutent.

### ☐ Assurez-vous qu'il comprend bien les consignes des exercices

S'il a moins de 10 ans, repérez les verbes qui n'ont pas forcément un sens pour lui : fractionner, rédiger... et expliquez-les-lui. S'il est plus grand, demandez-lui de souligner les mots inconnus et de chercher leur sens dans le dictionnaire. Quand vous-même ne connaissez pas le sens d'un mot ou une réponse, reconnaissez votre ignorance et cherchez avec lui. Votre enfant sera ravi de vous apprendre quelque chose et comprendra qu'on peut trouver une information qu'on n'a pas au départ.

☐ **Donnez-lui les petites astuces pour apprendre vite et bien son orthographe et sa grammaire**

Voir chapitre 33 *Il est fâché avec le français*.

☐ **Fixez-lui des objectifs dans un temps limité**

Exemple : « Dans un quart d'heure, tu dois savoir ta leçon », cela permet d'activer sa concentration. Éventuellement, proposez-lui de faire sonner son réveil au bout de dix minutes pour qu'il observe son comportement, apprécie son efficacité.

☐ **Pour un problème**

Encouragez-le à lire l'énoncé jusqu'au bout, à réunir le matériel nécessaire (compas, règle, etc.) et à vérifier le résultat en faisant l'exercice à l'envers.

☐ **Pour un exposé**

Identifiez avec lui ses sources de renseignements (bibliothèque, Internet, encyclopédie familiale…), aidez-le à hiérarchiser ses informations, puis à les organiser et enfin à les exprimer oralement.

☐ **Une fois qu'il maîtrise ces pistes**

Laissez-le se débrouiller et contentez-vous de vérifier qu'il a fait correctement son travail. Mais s'il attend le dernier moment pour apprendre sa leçon, laissez-le faire son expérience. S'il se fait punir en classe, la prochaine fois, il y réfléchira à deux fois…

## Il n'arrive pas à s'y mettre ?

– Rappelez le contrat que vous avez passé et le temps qui s'écoule, ne vous énervez pas et commencez un peu avec lui. Mais que cela ne devienne pas une habitude : il doit apprendre à travailler seul. Pour cela, il faut qu'il acquière le sentiment de sa compétence et qu'il sente que vous avez confiance en lui. Vous le retrouvez par terre au milieu de ses livres ouverts ? S'il est en train d'apprendre sa poésie, n'en faites pas un drame, mais s'il prétend faire ainsi son exercice, soyez ferme : « On ne peut écrire correctement par terre, installe-toi à ta table ! »
– Interrogez-vous : avez-vous établi un cadre propice aux devoirs ? Peut-être y a-t-il dans la famille un autre enfant plus petit dont on s'occupe beaucoup et qui fait du bruit ?

## Cela devient trop conflictuel ?

☐ **Modifiez quelque chose du cadre**

Le lieu, l'heure, la baby-sitter… Il suffit parfois d'un petit changement de ce type pour que l'enfant se sente à nouveau à l'aise et se prenne en charge.

☐ **Réfléchissez**

Peut-être existe-t-il un trop grand contrôle de votre côté ou de celui de la personne qui s'occupe de votre enfant après la classe. Vos attentes sont peut-être trop élevées, vos exigences excessives... Ou bien, à l'inverse, votre enfant ressent votre manque d'intérêt pour ses études. Enfin, il se positionne peut-être par rapport à ce qu'il sait – ou croit savoir – de votre parcours ou de celui de son père. Inconsciemment, il pense vous faire plaisir ou, au contraire, vous faire du mal en ne se prenant pas en charge.

☐ **Envisagez une autre organisation**

– Le mettre à l'étude quelques jours par semaine. À l'école primaire, l'étude est organisée après la fin des cours. D'une durée d'une heure, elle est surveillée soit par les instituteurs volontaires, qui assurent parfois un vrai service pédagogique, soit par des surveillants vacataires, titulaires au minimum du baccalauréat, afin de pouvoir faire lire les enfants et répondre à leurs questions. En principe, il s'agit d'enseigner aux élèves à apprendre : apprendre comment on apprend une leçon, comment on fait un exercice, un résumé, comment on revoit sa leçon. Mais la qualité de l'encadrement de l'étude est très variable. Il arrive qu'il s'agisse d'une simple garderie. Renseignez-vous avant en écoutant « radio-trottoir ». Enfin, ce n'est pas parce que votre enfant est à l'étude que vous êtes dispensée de contrôler son travail... Au collège, il n'y a pas d'études, mais en théorie, dans l'emploi du temps des élèves, des heures ont été spécifiquement dégagées afin d'apprendre aux élèves à organiser leur travail, malheureusement, elles suffisent rarement. Informez-vous dans l'établissement de votre enfant.

– Le retirer de l'étude et trouver une autre solution pour qu'il fasse son travail à la maison.

– Embaucher un étudiant, pas forcément tous les soirs, deux fois par semaine, une demi-heure à chaque fois, peut suffire à lui apprendre à travailler seul. Une grand-mère ou un grand-père aussi peut rendre ce service.

– Organiser un tour avec d'autres parents de votre immeuble pour regrouper les enfants à tour de rôle, de sorte qu'il y ait toujours un adulte pour superviser les devoirs.

## Il ne s'en sort pas ?

– Dédramatisez. Votre enfant n'est pas promis à un avenir de chômeur de longue durée sous prétexte qu'aujourd'hui, il ne travaille pas avec bonheur. Bien sûr, le niveau d'études détermine largement l'accès à l'emploi et la société est devenue très exigeante, mais tout n'est pas joué à l'âge de votre enfant. Loin de là. On connaît tous des cas de retournements spectaculaires...

– Prenez rendez-vous rapidement avec l'institutrice ou le professeur principal. Demandez-leur quels sont les changements importants par rapport à la classe précédente, quelles sont les difficultés d'adaptation les plus courantes chez les élèves à ce stade de la scolarité et comment y remédier. N'hésitez pas à demander aux enseignants des conseils sur la manière d'aider votre enfant.
– Faites vérifier la vue et l'audition de votre enfant : des défaillances de cet ordre, même minimes, peuvent expliquer des difficultés scolaires, notamment pour l'apprentissage de la lecture.
– Écartez aussi d'éventuels problèmes de dyslexie, dysorthographie, dyscalculie ou difficultés de concentration, en consultant un orthophoniste.
– Réfléchissez. Cela peut être le moyen pour l'enfant de « tenir » sa mère ou son père qu'il ne trouve pas assez disponible. Parfois, prendre du temps pour faire des choses avec lui pendant les loisirs suffit à dédramatiser la question des devoirs.
– Enfin, si les devoirs tournent au drame systématique entre votre enfant et vous, n'excluez pas de le conduire chez un psychothérapeute (voir chapitre 93 *Dans quel cas consulter un psy et comment ça se passe ?*). Les conflits récurrents à propos du travail scolaire peuvent être le symptôme d'un état de mal-être plus général. Les devoirs ne doivent pas être une galère…

## Pour en savoir plus

**Dès 8 ans**

*Max et Lili ne font pas leurs devoirs*, Dominique de Saint Mars et Serge Bloch, Calligram.

*Max adore jouer*, Dominique de Saint Mars et Serge Bloch, Calligram.

*Méthodes pour apprendre*, Brigitte Chevalier, Nathan Pédagogie, 0000.

*35 kg d'espoir*, Anna Gavalda, Bayard Jeunesse, 2002.

**Dès 11-12 ans**

*J'apprends à travailler*, Un guide de conseils et de méthodes pour se motiver et réussir au collège, Myriam Germain-Thiant et Catherine Ursin, De la Martinière Jeunesse.

**Pour les parents**

*Qu'apprend-t-on à l'école élémentaire ?*, 2006-2007 les programmes, XO éditions.

*Je ne suis pas motivé, ce n'est pas de ma faute*, Brigitte Prot, Albin Michel, 2003.

*Il a du mal à l'école : un peu, beaucoup, trop, comment l'aider*, Brigitte Chevalier, Albin Michel, 2003.

*Il a du mal au collège, comment l'aider*, Brigitte Chevalier, Albin Michel, 2004.

**Et pour les Parisiens**

*Guide de la vie scolaire*, édité par la Mairie de Paris, tél. : 08 2000 75 75.

# 30

# Le courant ne passe pas entre son prof et lui

*« Elle nous "traite" quand on met des baskets alors qu'on n'a pas sport ! », se plaint votre enfant. Si les choses s'arrêtaient là, cela vous serait égal. Mais, depuis le début de l'année, vous constatez qu'il a moins de plaisir à se rendre en classe*[1].

## Essayez d'en savoir plus

– Encouragez votre enfant à exprimer ses émotions, à donner son avis, en famille, avec vous, sur ce qui se passe pour lui, pour ses copains, pour d'autres élèves, dans la classe…

– Renseignez-vous : votre enfant fait peut-être l'objet de punitions ou de sanctions illégales. Les coups de règle sur les doigts et autres châtiments corporels sont évidemment interdits. Et depuis la rentrée 2000-2001, l'organisation des procédures disciplinaires a été revue. Il n'est plus permis, par exemple, de baisser la note d'un devoir en fonction du comportement de l'enfant ou d'une absence injustifiée. En théorie, les zéros et les lignes sont désormais interdits en tant que mesure disciplinaire. De même, les violences physiques ou verbales, les situations humiliantes, vexatoires ou dégradantes. Ainsi, par exemple, votre enfant ne peut être mis au piquet.

Dès lors, seuls sont autorisés :

• À l'école : le maître ou le directeur peuvent donner à votre enfant des devoirs supplémentaires, lui faire refaire un travail ou même l'exclure quelques jours dans certains cas précis de problèmes de discipline graves.

• Au collège : les punitions sanctionnent les petits manquements et pertur-

1. Chapitre réalisé avec l'aimable collaboration de Béatrice Culmann-Penciolelli, institutrice à Paris.

bations dans la vie de l'établissement. Elles peuvent être prononcées par le personnel de direction ou d'éducation, par les enseignants ou les surveillants. Il peut s'agir d'une inscription dans le cahier de correspondance ; d'une demande d'excuse orale ou écrite ; de devoirs supplémentaires assortis ou non d'une retenue ; de l'exclusion ponctuelle d'un cours et, enfin, d'une retenue pour effectuer un devoir ou un exercice non faits. Mais il existe aussi des sanctions disciplinaires pour réprimer les manquements graves aux obligations des élèves et les atteintes aux personnes et aux biens. Elles sont prises par le chef d'établissement. Il peut s'agir d'un avertissement, d'un blâme (rappel à l'ordre verbal et solennel donné par le chef d'établissement, qui explicite la faute et met l'élève en mesure de s'excuser), d'une exclusion temporaire (qui peut aller jusqu'à un mois et peut s'accompagner d'un travail d'intérêt scolaire) et, enfin, d'une exclusion définitive assortie ou non d'un sursis. À savoir : les décisions d'exclusion supérieure à huit jours sont prises en conseil de discipline. Cela étant, pas de paranoïa...
– Ne laissez pas le conflit s'envenimer. Prenez des renseignements « discrets » sur l'enseignant auprès de parents, d'enfants et d'autres enseignants en qui vous avez confiance, écoutez « radio-trottoir ». Parfois, c'est auprès d'autres parents d'élèves qu'on apprend qu'avec cette maîtresse, il y a un problème, alors que l'enfant n'en dit rien à la maison, ne se laisse aller à aucune critique. Prenez rendez-vous avec l'enseignant. Allez-y, si possible, avec votre conjoint. Avec diplomatie, dites-lui que vous sentez un malaise chez votre enfant, que vous ne comprenez pas pourquoi et que vous aimeriez en savoir davantage. Puis, laissez l'enseignant vous donner sa version de la situation. Souvent, le regard du professeur sur l'enfant change après avoir vu les deux parents.

## Cela vient manifestement de votre enfant

Le professeur vous explique, anecdotes précises à l'appui, que votre enfant est arrogant, insolent, agité, qu'il se lève pour un oui ou pour un non, bref que son comportement pose problème.
– Ne remettez pas d'emblée son analyse en cause. Sans vous jeter à ses genoux, présentez plutôt vos excuses. L'idée est de montrer à l'enseignant que ce n'est pas vous qui encouragez cette attitude vis-à-vis des enseignants. Ces derniers se plaignent de plus en plus de ces parents d'élèves qui considèrent l'école comme un service dont ils seraient – via leurs enfants – des consommateurs. Il est très important pour votre enfant qu'il respecte ses professeurs et baigne dans un climat de confiance mutuelle entre eux et vous. Cela facilitera son investissement scolaire et ses apprentissages.
– Cet incident est peut-être l'occasion de vous interroger sur l'image des

professeurs que votre entourage et vous-même transmettez à votre enfant. Si vous ne cessez de répéter devant lui : « Ils ont trop de vacances ! », « Ils ne fichent rien ! », et autres discours « antiprofs », ne vous étonnez pas que votre enfant ne respecte pas le corps enseignant.
– Parlez du problème avec votre enfant. Il a peut-être une attitude insolente sans s'en rendre compte. Essayez de l'aider, au besoin devant un miroir, à observer son comportement, ses gestes, ses mimiques, afin qu'il fasse attention.
– Si cette attitude se double de difficultés relationnelles avec les copains (voir chapitre 35 *Il est victime de violences dans la cour de récréation*), de tensions pour faire ses devoirs (voir chapitre 29 *Gérer la galère des devoirs*) ou d'agressivité à la maison, il est peut-être judicieux de le conduire chez un psychothérapeute pour effectuer un bilan. Associés les uns aux autres, ces comportements peuvent être les symptômes d'un enfant triste, qui souffre d'un manque d'estime de soi. L'enfant perçu comme arrogant ou désinvolte est très souvent un enfant qui manque de confiance en soi, malgré les apparences (voir chapitre 93 *Dans quel cas consulter un psy et comment ça se passe ?*).

## Cela vient manifestement du professeur

Un peu gêné (ou agressif), l'enseignant vous dit qu'il n'a rien remarqué d'anormal ou bien il vous raconte que votre enfant est insupportable, sans être capable d'étayer son sentiment par des faits précis. Il y a lieu de penser que le malaise vient de lui. Plusieurs raisons peuvent l'expliquer. Certains enseignants pratiquent une sorte de harcèlement en pensant stimuler l'enfant, cela aboutit, la plupart du temps, à l'effet contraire : absence de réaction, repli sur soi de l'enfant, opposition passive, chute des résultats... Autre raison : votre enfant renvoie peut-être son professeur à quelque chose de son histoire personnelle. Pour dire les choses de façon basique, sa tête ne lui revient pas. Il n'y a pas grand-chose à faire. Si le professeur se contente de remarques acides, essayez de temporiser.
– Expliquez à votre enfant que vous le comprenez, mais ajoutez : « Effectivement, ce comportement est critiquable, néanmoins, tu as ce professeur pour toute l'année. Essaie de ne pas chercher à le provoquer. Si cela se reproduit, tu peux toujours m'en parler. »
– Ne lui dites pas sèchement : « Tu n'as qu'à te tenir à carreau », cela augmenterait la culpabilité (d'être à l'origine de l'agacement de son prof) qu'il doit déjà ressentir. Montrez-lui que vous êtes sensible à ce qu'il ressent. Dites : « Je comprends que cela te rende malheureux, que tu en veuilles à ton prof et que tu n'aimes pas travailler la matière qu'il t'enseigne. Essaie de faire quand même de ton mieux pour apprendre tes leçons. »

– Explorez avec votre enfant toutes les possibilités qui s'offrent à lui. Demandez-lui comment il pense régler son problème tout en allant à l'école. Il répondra sans doute qu'il ne sait pas, mais cette question aura le mérite de lui faire comprendre que la fuite n'est pas la meilleure issue et que l'on peut résoudre ses difficultés en les affrontant. En tant qu'élève, il doit faire face à cette responsabilité, même si c'est pénible, et répondre aux exigences du professeur – à condition, bien sûr, qu'elles ne dépassent pas certaines proportions. Une telle attitude l'aidera plus tard, dans sa vie d'adulte, lorsqu'il se retrouvera devant un chef particulièrement obtus. Mais en tant qu'enfant, à la maison, il a besoin que vous l'aidiez à supporter la situation.

– Efforcez-vous de ne pas l'installer dans le rôle de victime, démontrez-lui qu'il a du ressort par ailleurs, valorisez ses succès dans les autres matières, dans son organisation, dans son application, dans la présentation de ses devoirs... Il doit sentir qu'il n'est pas une victime, partout, pour toujours.

## Les choses ne s'arrangent pas ?

Demandez au professeur principal ou/et à la direction de tenter une médiation. Et si vraiment il n'y a rien à faire, saisissez les associations de parents d'élèves. Leurs délégués peuvent vous apporter de bons conseils sur la façon de procéder pour régler le problème. Vous pouvez également consulter un conseiller scolaire d'Inter Service Parents (tél. : 01 44 93 44 93). Ne restez pas passif, c'est très important pour votre enfant. Attention, sauf maltraitance véritable, évitez de vous lancer dans une guerre procédurière. Aussi injuste que cela puisse vous paraître, cela ne fait souvent qu'aggraver le conflit et alourdir la situation de l'enfant. Rien ne vous empêchera, si votre enfant change d'établissement l'année suivante, de relater les faits par écrit à l'inspection d'académie. Pour l'heure, une chose est de se faire respecter par l'institution scolaire en montrant une certaine fermeté et en ne subissant pas n'importe quoi en silence ; une autre est de se lancer dans un conflit qui n'en finit pas, à coups de lettres, appels téléphoniques et demandes de rendez-vous divers qui peuvent passer pour du harcèlement, finir par braquer l'institution et aboutir à rompre tout dialogue. Au final, dans ce type de situation, c'est toujours l'enfant qui trinque.

## Pour en savoir plus

**Dès 8 ans**

*Lili trouve sa maîtresse méchante*, Dominique de Saint Mars et Serge Bloch, Calligram.

*Lili ne veut plus aller à la piscine*, Dominique de Saint Mars et Serge Bloch, Calligram.

*Ça sert à quoi l'école ?*, Claude Boukobza, Audibert, 2003.

**Dès 10-11 ans**

*Pourquoi je vais à l'école ? L'obligation scolaire*, Autrement Junior, Série Société.

*Comment survivre à l'école,* Roland Beller et Bernadette Costa-Prades, Albin Michel, 2001.

**Pour les parents**

*École primaire, mode d'emploi*, Martine Doriac et Marc Zanoni, Marabout, 2002.

*Collège et lycée, mode d'emploi*, Colette Woycikowska, Marabout, 2002.

*Je ne suis pas motivé, ce n'est pas de ma faute*, Brigitte Prot, Albin Michel, 2003.

◩ Voir aussi la bibliographie du chapitre suivant.

# 31

# Son bulletin n'est pas bon

*« Insuffisant », « Travail irrégulier », « Trop juste, doit se reprendre »... Pas une appréciation pour rattraper l'autre. Comment redresser la barre au trimestre suivant*[1] *?*

## Son carnet est-il vraiment mauvais ?

Décryptez-le attentivement. Peut-être que les appréciations sont mauvaises, mais que les notes sont passables, ce qui est souvent le cas. Essayez d'être le plus objective possible.

## Pourquoi son carnet n'est-il pas bon ?

Pour l'une et/ou l'autre des raisons suivantes :
– Il est fâché avec les maths et/ou le français. Il vient d'entrer en 6e et a du mal à s'habituer à tous les changements que cela implique.
– Il traverse un moment difficile dans sa vie d'enfant : il n'a plus d'amis, est victime de violences dans la cour de récréation, vous venez de divorcer, son grand-père vient de mourir, votre mari est au chômage... Il mobilise toute son énergie pour lutter contre ses angoisses, ce qui le rend indisponible pour les apprentissages. Reportez-vous aux chapitres concernés.
– Il n'écoute pas en classe car vous ne dialoguez peut-être pas suffisamment avec lui. Un enfant dont ses professeurs disent qu'il « n'écoute pas » est souvent un enfant qui n'est pas écouté chez lui. C'est en parlant avec ses parents

1. Chapitre réalisé avec l'aimable collaboration de Béatrice Culmann-Penciolelli, institutrice à Paris.

que l'enfant apprend à écouter, à analyser ce qu'ils disent avant de répondre. C'est ainsi qu'il prend conscience de ce qu'il dit et de qui il est.
– Il travaille mal en classe dans le but inconscient de s'identifier à vous ou son père ou bien de ne jamais vous dépasser, si vous traversez une période professionnelle difficile, notamment (voir chapitre 88 *Vous vous retrouvez au chômage*).
– Il se sert de l'échec pour s'opposer à vous, attirer votre attention, si vous faites peser sur lui une forte pression scolaire. Il ressent de votre part une trop grande attente et une trop grande déception. D'une étude américaine, il ressort ainsi que trop féliciter un enfant à propos de ses résultats scolaires et son intelligence peut être nocif car cela peut l'amener à croire que les bonnes notes sont plus importantes que le fait d'apprendre et de comprendre quelque chose de nouveau (voir *Petits tracas et gros soucis de 1 à 7 ans*, chapitre 53).
– Il cherche à exister, à trouver sa place dans sa famille où tout le monde réussit… Avoir de mauvais résultats peut lui donner, inconsciemment, ce sentiment.
– Il a des talents dans d'autres domaines que le scolaire, pour le moment.
– Il veut se sentir apprécié de ses camarades qui ont de mauvais résultats, il ne veut pas être traité « d'intello ».

## Comment réagir ?

– Dédramatisez. Les dés ne sont pas jetés une fois pour toutes au premier trimestre, ni même au deuxième. Votre enfant peut encore se mobiliser pour combler ses lacunes. Et inutile de penser qu'il est promis à un avenir de balayeur ou de chômeur…
– Évaluez la situation. Prenez rendez-vous avec son instituteur ou son professeur principal pour en savoir plus. Lui seul est en mesure de vous dire ce que cachent vraiment ses notes et les appréciations lapidaires du bulletin. S'il est en 6e, demandez aussi à rencontrer le ou les professeurs des matières dans lesquelles votre enfant ne réussit pas.
– S'il s'agit plutôt d'un problème de comportement, reportez-vous au chapitre 30 *Le courant ne passe pas entre son prof et lui.*
– Si ce sont ses résultats scolaires qui laissent à désirer :
• Demandez conseil à son enseignant sur la manière d'aider votre enfant à redresser la barre. Fixez avec lui des objectifs accessibles, étape par étape, d'ici à la fin de l'année.
• S'il est fâché avec le français ou les mathématiques ou s'il a du mal à s'adapter aux changements de la 6e, reportez-vous aux chapitres concernés.
• Rappelez-lui que le plus important est d'avoir envie d'apprendre. Le plus efficace est encore l'exemple que vous lui donnez. Très tôt, l'enfant imite son

parent, il a envie d'apprendre par lui-même, s'il y est invité naturellement, de façon suffisamment stimulante. Il sera d'autant plus curieux qu'il aura baigné depuis toujours dans un univers qui utilise plus ou moins les outils de l'école : les livres, l'écrit, la parole. L'enfant a envie d'étudier en classe si ce qu'il y apprend fait écho à ce qu'il vit à la maison. C'est en famille que se construit le désir d'apprendre.

• Mobilisez-vous pour mettre en place une nouvelle organisation qui permette à votre enfant d'acquérir de nouvelles méthodes de travail (voir chapitre 29 *Gérer la galère des devoirs du soir*). Prévoyez de consacrer plus de temps pour l'aider dans son travail à la maison. Votre enfant a besoin de vous pour surmonter cette difficulté. Vous avez trop de travail ? Vous pouvez déléguer à un tiers, mais il est important que votre enfant vous voie vous mobiliser pour lui venir en aide. Intéressez-vous réellement au contenu de ses cahiers, de ses leçons, de son travail.

• Ne vous transformez pas non plus en parent professeur, sans cesse penchée sur votre enfant pendant qu'il fait ses devoirs. Il perdrait encore plus confiance en lui et douterait de sa capacité à travailler seul. Laissez-le faire et intervenez ensuite.

• Ne le découragez pas avec des remarques du genre : « Parti comme ça, tu vas redoubler ! » Au contraire, valorisez-le : « Tu en es capable, j'ai confiance en toi. »

• Ne lui donnez pas l'impression que vous le confondez avec ses notes. Il doit sentir que vous l'aimez quoi qu'il arrive, même si ses résultats sont moyens, voire mauvais.

• Ne lui mettez pas la barre trop haute. Il a 4 en dictée ? Regardez les mots bien écrits et, éventuellement, fixez-lui comme objectif d'obtenir 6 la prochaine fois. S'il doit tout de suite avoir 10, il risque de se décourager. De même, au lieu de pointer ses mauvaises notes, fêtez les bonnes.

• Ne fustigez pas ses échecs. Analysez plutôt les situations où il réussit et montrez-lui la stratégie qu'il avait adoptée.

• Ne lui collez pas une étiquette du genre : « Tu es nul en maths. » Cela l'installe dans ce statut et laisse peu d'espoir d'y changer quelque chose. Préférez une formule plus neutre telle que : « Tes notes en orthographe sont assez faibles, mais tu peux progresser. »

• Évitez les amalgames avec votre propre histoire ou celle de son père. Ce n'est pas parce que vous n'écoutiez rien en classe que votre enfant est condamné à répéter la « malédiction » familiale. Il a sa personnalité et ses propres chances de réussir.

Mais ne conservez pas une trop grande opacité sur votre propre scolarité, si celle-ci était mauvaise. Les enfants sentent très bien qu'on leur cache ce genre de choses. Et l'inconscient est là pour rappeler certains souvenirs enfouis. Selon la théorie psychanalytique, l'inconscient du parent interfère avec celui de l'enfant, sans que l'on y puisse rien. Il arrive qu'un enfant redouble la même classe que celle que son père avait redoublée, alors qu'il l'ignorait… Si vous-même avez été en échec scolaire, parlez-en avec lui, mais montrez-lui combien sa situation est différente de la vôtre et combien les choses se sont améliorées pour vous. Dans la vie courante, autorisez-vous à être un modèle imparfait. Racontez-lui les moments où vous (ou son père) vous sentez démotivée par votre métier et ceux où vous vivez des choses agréables. Ainsi, vous lui montrez que les choses peuvent changer, que tout n'est pas figé, à un moment donné, pour toujours.

• Évitez de le comparer à sa sœur ou à son cousin qui, « eux, ont de très bonnes notes ». Cela ne sert à rien et ne fait que renforcer son complexe de n'être pas à la hauteur.

• Motivez-le par des récompenses – pour ses efforts, sa concentration et non ses notes – à court terme. Exemple : « Si tu fournis un grand effort mercredi matin, je t'emmènerai au restaurant pour déjeuner » (et non « Je t'offrirai des rollers à Noël », c'est trop loin et cela introduit une gratification par l'objet assez malsaine). Ne rentrez pas dans l'escalade perverse des récompenses pour les notes. Votre enfant doit apprendre à étudier pour lui-même. Dites : « Je sais que certains parents donnent des cadeaux ou de l'argent pour les notes, mais moi, je pense que c'est toi le premier récompensé d'avoir eu une bonne note et je préfère récompenser ton sens de l'effort, ton comportement, ton application, ta concentration. Tu travailles pour toi, pour mettre en valeur tes talents. »

• Félicitez-le pour chacun de ses progrès. Et valorisez-le pour tous ses succès, y compris extrascolaires.

• D'une manière générale, nouez un dialogue avec votre enfant, qui ne porte pas uniquement sur le scolaire (voir chapitre 64 *Faut-il dîner tous les soirs avec lui ?*).

## Les choses ne s'arrangent pas ?

Il a vraiment du mal à suivre, n'a plus du tout confiance en lui, ne fait aucun effort, ne sait pas pourquoi il va en classe, refuse de faire ses devoirs le soir ? Vous avez l'impression qu'il glisse progressivement vers l'échec scolaire et ne savez plus comment l'aider ? Dans ce cas, il est utile de conduire votre enfant chez un psychothérapeute. L'attitude de votre enfant est sans doute le symptôme d'un malaise plus profond, que seul un professionnel aidera à mettre au jour, afin de le rendre à nouveau disponible pour ses acquisitions (voir chapitre 93 *Dans quel cas consulter un psy et comment ça se passe ?*).

## Et s'il a falsifié ses notes ?

La plupart du temps, il s'agit d'un appel à l'aide. L'enfant redoute de perdre votre affection si vous découvrez ses mauvaises notes, il a honte de ses résultats, il a peur d'une punition hors de proportion : « Mon père va me tuer ! » dit-il tout haut. S'il n'ose pas assumer ses mauvaises notes, sans doute se sent-il écrasé par vos attentes – peut-être excessives pour lui. Comment réagir ? Ne laissez surtout pas passer. Observez le carnet attentivement, mais plutôt que de l'accabler en hurlant, interrogez-le : « Tu ne trouves pas qu'il y a quelque chose de bizarre dans ce carnet : la couleur de l'encre, la tache, la rature ? » Il s'effondre en larmes ? Rappelez-lui la loi – « Dans notre société, le faux en écriture est un délit passible de sanctions pénales » – et prenez rendez-vous avec la direction de l'établissement en sa présence pour marquer le coup. L'admonestation qu'il recevra devrait le dissuader de récidiver. Il nie ? Dites-lui que vous ne le croyez pas et que vous préviendrez, de toute façon, l'institution scolaire. Reportez-vous au chapitre 7 *Il ment sans arrêt*. Dans tous les cas, gardez cet épisode en mémoire comme un symptôme de manque d'estime de soi. Reportez-vous aux chapitres de la partie IV. Si l'enfant se dévalorise constamment ou souffre d'autres difficultés, n'hésitez pas à consulter (voir chapitre 93 *Dans quel cas consulter un psy et comment ça se passe ?*).

### POUR EN SAVOIR PLUS

**Dès 8 ans**

*Lili a peur des contrôles*, Dominique de Saint Mars et Serge Bloch, Calligram.
*Max n'aime pas l'école*, Dominique de Saint Mars et Serge Bloch, Calligram.
*Max est dans la lune*, Dominique de Saint Mars et Serge Bloch, Calligram.
*35 kg d'espoir*, Anna Gavalda, Bayard Jeunesse.

**Dès 10-11 ans**

*Pourquoi je vais à l'école ? L'obligation scolaire*, Autrement Junior, Série Société.
*Comment survivre à l'école*, Roland Beller et Bernadette Costa-Prades, Albin Michel Jeunesse, 2001.

**Pour les parents**

*Il a du mal à l'école, un peu, beaucoup, trop, comment l'aider ?*, Brigitte Chevalier, Albin Michel, 2003.
*Il a du mal au collège, comment l'aider ?*, Brigitte Chevalier, Albin Michel, 2004.
*À chaque enfant ses talents. Vaincre l'échec scolaire*, Isabelle Causse-Mergui, éd. Le Pommier, 2001.
*Peut mieux faire – Remotiver son enfant à l'école*, Didier Pleux, Odile Jacob, 2001.

# 32

# Il n'a pas la bosse des maths

*Au CP, il rechignait à faire des additions. Au CE2, il oubliait ses tables une fois sur deux et aujourd'hui, il ne comprend rien à la géométrie. Est-ce le début des vrais ennuis scolaires*[1] *?*

## Sommes-nous tous égaux devant les mathématiques ?

– Pour répondre à cette question, les chercheurs enchaînent les expériences. Du côté de la génétique, on n'a pas encore découvert le gène du don en mathématiques. Du côté de la neurologie, les travaux les plus récents réalisés grâce aux progrès de l'imagerie médicale (IRM, pet-scan…) n'ont pas apporté de donnée révolutionnaire. « Cependant, depuis quelques années, la recherche a établi qu'un certain nombre d'enfants dyscalculiques souffraient d'authentiques problèmes cérébraux et notamment d'anomalies anatomiques visibles en imagerie », affirme Stanislas Dehaene, directeur de recherche à l'INSERM.

– Cela étant, plusieurs enquêtes menées par des chercheurs en sciences de l'éducation ont constaté une inégalité des sexes devant les maths. Non que les filles soient moins douées que les garçons. Mais le stéréotype selon lequel les garçons seraient plus scientifiques que les filles – lesquelles seraient plus littéraires – influencerait le comportement des enseignants et des parents. Monique Moutaud, présidente de l'association Filles et Ingénieurs, est formelle : « Plusieurs études ont mis en évidence le comportement différent des instituteurs et des professeurs de mathématiques face aux filles ou aux gar-

1. Chapitre réalisé avec l'aimable collaboration de Béatrice Culmann-Pencioleli, institutrice à Paris, Stanislas Dehaene, directeur de recherche à l'INSERM et auteur de *La Bosse des maths*, Odile Jacob, et nos amies orthophonistes et psychomotriciennes.

çons. Par exemple, celles-ci sont moins invitées à participer, à s'exprimer. Même les notes diffèrent selon le nom indiqué sur la copie. Et ce, même s'ils refusent souvent de le reconnaître, n'en étant eux-mêmes souvent pas conscients[1]. » Résultat ? « Les filles commencent très tôt à se sous-estimer », explique Anette Jarlegan, maître de conférence en sciences de l'éducation à Nancy-II. Quand elle demande à des élèves de CE2 de deviner la note obtenue à un devoir de maths, les garçons s'attribuent systématiquement plus de points qu'ils n'en ont reçu[2]. Du côté des parents, les clichés sont les mêmes : les parents imaginent que 70 % de leurs fils seront capables d'obtenir un bac scientifique, contre seulement 45 % de leurs filles[3]. De plus, ce sont les pères qui font travailler les maths et les mères le français. De tels comportements induiraient de façon inconsciente une différence entre les sexes et expliqueraient pourquoi, par la suite, les filles désertent les filières scientifiques.
– D'autres recherches ont montré que l'éducation jouait un rôle prépondérant dans l'aptitude des enfants pour les mathématiques. Ainsi, une étude américaine citée par Stanislas Dehaene a montré l'impact des jeux de parcours (jeu de l'oie, petits chevaux...). On a pris des enfants issus d'écoles de quartiers défavorisés de Chicago et on les a fait jouer quotidiennement à ces jeux. Au bout de plusieurs semaines, ils se sont retrouvés au même niveau que d'autres enfants issus d'écoles de quartiers favorisés !

## Pourquoi a-t-il des difficultés en maths ?

Pour l'une et/ou l'autre des raisons suivantes :
– Il n'a tout simplement pas acquis le principe du système décimal, cause fréquente des difficultés en maths. Exemple : dans 412, l'enfant doit comprendre que le 1 correspondant à une dizaine est égal à 10 unités et que le 4 correspond à 4 centaines ou quarante dizaines ou 400 unités. Variante : pour écrire 90, l'enfant note 4.20.10.
– Il souffre de « dyscalculie », un blocage dans l'apprentissage des mathématiques, que l'école repère en principe dès le CP-CE1, parfois plus tard. Cela peut provenir d'une étape de la pensée logique (successions, comparaisons...) mal acquise dès la maternelle ou d'une mauvaise intégration de la lecture : l'enfant comprend mal les textes et n'arrive pas à intégrer les notions abstraites. Ou bien, devant un problème, il ne sait pas quelle opération utiliser, il en connaît le mécanisme sans en comprendre le sens. Il cherche uniquement à trouver le résultat sans passer par l'étape du raisonnement.

1. « Carrières scientifiques, osez mesdames ! », nouvelobs.com.
2. *Le Point*, 27 septembre 2002.
3. *Économie et Statistique*, n° 293.

– Il est mal « latéralisé », ses repères dans l'espace – gauche, droite, devant, derrière, dessus, dessous… – ne sont pas encore bien ancrés. Il n'a pas une « latéralité homogène », mais croisée. Traduction : en principe, on est gaucher ou droitier de la main, de l'œil et du pied, mais il arrive que l'œil et le pied soient dominants à gauche, tandis que la main est dominante à droite ou inversement. Il passe d'un côté à un autre et c'est plus long pour lui d'acquérir ses repères. Du coup, l'enfant peut être gêné dans son apprentissage des mathématiques. Exemples : il met à gauche le chiffre des unités, il ne se décale pas correctement dans les multiplications, situe mal une droite ou un point par rapport à d'autres…
– Il est maladroit (ou « mal-à-gauche » ?), mal coordonné, contrôle difficilement sa force, son corps l'embarrasse, il ne comprend pas que son corps fait une ligne droite de la tête aux pieds, ce qui traduit des troubles de l'acquisition du schéma corporel. Cela provoque des problèmes de représentation dans l'espace. D'où un malaise en géométrie – qui concerne justement l'étude des figures dans l'espace.
– Il s'identifie plus ou moins consciemment à vous ou à son père, « nul en maths ». Si vous ne cessez de répéter devant lui : « Les maths ne servent à rien », « Je n'ai jamais rien compris », ne vous étonnez pas qu'il reproduise votre modèle…
– Il s'oppose inconsciemment à vous ou à son père, peut-être très diplômés en sciences. En étant mauvais en maths, il cherche à exprimer sa différence et à exister par lui-même. Ou bien il ressent de votre part des attentes trop grandes ou une anxiété liées à la valorisation extrême des mathématiques et des sciences dans le cursus scolaire français.
– Il traverse une période difficile sur le plan affectif : vous venez de divorcer, il a perdu son grand-père, vous avez déménagé dans un autre quartier, il sent qu'il peut moins « compter » sur vous que d'habitude… Il rencontre des problèmes avec les soustractions, car il se demande – plus ou moins consciemment – si l'arrivée de cette nouvelle petite sœur ne va pas aboutir à le « soustraire » de la famille… Car soustraire, c'est ôter, enlever, partir. Comme papa (en cas de divorce), comme grand-père (qu'on vient d'enterrer) ou comme ses copains (si vous venez de déménager). De même, la division peut lui poser problème, car elle symbolise le partage (de maman avec le nouveau petit frère), l'éclatement (de la famille depuis le divorce…). « Ce sont souvent des problématiques de séparation qui se jouent à travers les mathématiques », affirme Anne Siety, spécialiste de la psychopédagogie des mathématiques[1].

1. *Elle*, 28 janvier 2002.

## Comment l'aider ?

– Revoyez avec lui les bases du système décimal en passant par la manipulation. Demandez-lui de vous donner 12 briques de Lego. Puis construisez avec lui des barrettes de 10 Lego et redemandez-lui de vous donner 12 Lego. S'il a compris que 12 correspond à 10 + 2, il va vous donner une barrette de 10 et 2 Lego individuels. Mais s'il n'a pas compris le système décimal, il va reprendre 12 Lego individuels.
– Ne lui interdisez pas de compter sur ses doigts. C'est une étape nécessaire qui finira ou non par disparaître d'elle-même, il n'y a pas lieu de s'en inquiéter.
– Évitez de lui coller une étiquette : « Et voilà, il est comme moi, il n'a pas la bosse des maths ! » Cela lui laisse peu de chances d'évoluer.
– Restaurez sa curiosité. « Beaucoup d'enfants ne mesurent pas le côté ludique des mathématiques, déplore Stanislas Dehaene. Ils croient qu'il s'agit d'une discipline arbitraire où il faut apprendre par cœur. Alors qu'il n'y a rien de plus utile et amusant que les maths. »
– Saisissez les occasions de la vie quotidienne pour jouer avec les maths.
• Profitez du gâteau que vous préparez pour le faire mesurer, peser, additionner, soustraire, multiplier ou diviser. Rajoutez une petite difficulté supplémentaire : « Ma recette est pour 4, mais nous sommes 6, comment faire ? » Puis faites-lui partager la tarte : « Donne-moi un quart, puis un 1/8e. »
• Faites-lui mesurer son stylo, puis son lit, à l'aide de son double décimètre. En comparant les résultats, il réalisera qu'il est plus pratique de mesurer les grandes longueurs en mètres, plutôt qu'en centimètres.
• Incitez-le à peser sa gomme sur une balance de cuisine et son cartable sur votre pèse-personne. Il comprendra l'utilité du passage des grammes aux kilogrammes.
• Comparez les prix au supermarché. Quand le Coca est-il le moins cher, lorsque je l'achète par pack de 4, de 8 ou à l'unité ?
• Profitez de l'aide qu'il vous apporte quand il met le couvert pour lui dire : « Il y a trois invités, ça fait combien de couverts en tout ? » Apprenez-lui aussi à plier les serviettes en 4 ou en 6.
• Faites-lui compter l'argent contenu dans votre porte-monnaie quand vous faites les courses. Demandez-lui d'acheter une flûte et un pain et de vous indiquer combien ça coûtera. Pour Noël, donnez-lui un catalogue de jouets, proposez-lui de faire son choix et de vous indiquer le montant total.
• Stimulez aussi son sens logique en lui faisant bien distinguer la cause de l'effet. Exemple : on a laissé trop longtemps le bain couler. Résultat : il a débordé. Dès le CE2-CM1, entraînez-le à calculer mentalement par de petits jeux. Profitez aussi des trajets en voiture pour utiliser les fractions simples en lui disant : « Il reste 3/4 (puis 1/2 et enfin 1/4) du chemin à parcourir. »

– Jouez avec lui à des puzzles, qui aident à se représenter l'espace. Ou à des jeux de société comme le Monopoly ou le Mille Bornes, qui obligent à compter, et à des jeux de plateau comme les petits chevaux ou le jeu de l'oie, qui impliquent des déplacements dans l'espace. Plus modernes, des jeux de stratégie : Lunar Lockout (Binary Arts), Rush Hour (Binary Arts), Pylos Travel et Quarto ! (Gigamic) ; de géométrie : Batik (Gigamic), Katamino (DJ Game) ; d'attention, de logique et de rapidité : Speed (Reinard Staupe)[1].

## Les choses ne s'arrangent pas ?

– Faites faire un bilan chez un psychomotricien en cas de problèmes de latéralisation, de coordination et de perception du schéma corporel. Il proposera une thérapie psychomotrice, qui lui apprendra à mieux se situer dans l'espace.
– Et/ou faites faire un bilan chez un orthophoniste spécialiste du raisonnement logico-mathématique, pour écarter un éventuel problème de « dyscalculie ». Ce professionnel proposera une rééducation qui reprendra les apprentissages de base[2].
– Dédramatisez : un blocage en maths n'est pas une fatalité. Au primaire, c'est le français qui est primordial puisque essentiel à la compréhension de toutes les autres matières. Au collège, il découvrira d'autres disciplines dans lesquelles il pourra développer ses talents. Et après la seconde, s'il ne s'est pas révélé en maths, il pourra choisir une filière littéraire, économique ou technologique, dans laquelle il s'épanouira tout autant.

1. Jeux disponibles dans le catalogue de vente par correspondance Éveil et jeux. Tél. : 0 892 350 377.
2. Renseignez-vous auprès du GEPALM, Groupe d'étude sur la psychopathologie des activités logico-mathématiques. Tél. : 01 47 07 82 11.

## Pour en savoir plus

**Pour les enfants**

*Pourquoi a-t-on inventé les maths ?*, Claire Meljac, éd. Louis Audibert.
*La Malédiction des maths*, Ion Scieszka, Seuil Jeunesse.
*Je sais multiplier*, Kate Retty, Seuil Jeunesse.
*Doubles jeux – Fantaisies sur des mots mathématiques*, Stella Barruk, Seuil, 2000.

**Pour les parents**

*Comptes pour petits et grands*, tomes 1 et 2, Stella Baruk, Magnard, 2003.
*Mathématiques, ma chère terreur*, Anne Siety, Calmann-Lévy, 2001.
*Devenir bon en mathématiques*, Carine Mayo, Les Essentiels Milan, Du côté des parents.

# 33

# Il est fâché avec le français

*Elle est en CE2 et ânonne toujours laborieusement, il est en CM2 et vous envoie des cartes postales truffées de fautes, ou encore il écrit comme un cochon... Le français et lui, cela fait deux*[1].

## Pourquoi est-il fâché avec le français ?

– Il a des troubles de la vision ou de l'audition (otite séreuse, par exemple) non détectés.
– Il fait partie des deux à trois enfants par classe qui souffrent de dyslexie, problème que l'on détecte habituellement dès le CP ou même en grande section de maternelle, parfois plus tard. Il s'agit d'un trouble de l'acquisition du langage écrit. Il confond les lettres proches par leur forme (*p* et *q*, *b* et *d*, *m* et *n*) ou par leur sonorité (*p/b*, *t/d*, *qu/gu*) et certaines syllabes comme *on* et *no*. Variante : il ne comprend pas ce qu'il lit, n'accède donc pas au sens, mais on ne s'en rend pas toujours compte car sa lecture orale peut être correcte. Il s'agit d'un trouble de l'apprentissage de la lecture. Mais si cela perdure au-delà du CE1, ce n'est pas normal.
– Il souffre de « dysorthographie », trouble de l'acquisition de l'orthographe, qui est souvent la conséquence de la dyslexie, mais pas toujours. S'il est banal qu'un élève de CE1 écrive encore en phonétique, cette phase doit être dépassée dans les années qui suivent.
– Il est mal latéralisé, ses repères dans l'espace – gauche, droite, devant, derrière, dessus, dessous... – ne sont pas encore bien ancrés. Il n'a pas une

1. Chapitre réalisé avec l'aimable collaboration de Béatrice Culmann-Penciolelli, institutrice à Paris, et nos amies orthophonistes et psychomotriciennes.

« latéralité homogène », mais croisée. Traduction : en principe, on est gaucher ou droitier de la main, de l'œil et du pied, mais il arrive que l'œil et le pied soient dominants à gauche, tandis que la main est dominante à droite ou inversement. Il passe d'un côté à un autre, c'est plus long pour lui d'acquérir ses repères. Cela peut empêcher l'enfant de trouver la place exacte des lettres ou des syllabes dans les mots.

– Il souffre de difficultés de « coordination motrice fine », ce qui explique son écriture trop serrée, trop appuyée, ou tremblée et les lettres qui se chevauchent. Son geste graphique manque de fluidité. Il a du mal à écrire (mais aussi à enfiler des perles ou à nouer ses lacets). Et ce, même s'il peut parfaitement shooter dans un ballon, skier ou nager comme un dieu.

– Il traverse une période difficile sur le plan affectif : vous venez de divorcer, il a perdu sa grand-mère, vous avez déménagé dans un autre quartier. Résultat : il ne parvient pas à analyser certains mots très chargés affectivement ou ne peut pas les découper en plusieurs parties sans se sentir menacé. De même, s'il s'obstine à ne pas accorder les verbes et les mots, ni à appliquer les règles de grammaire, qu'il connaît pourtant par cœur. Peut-être avez-vous des « dés-accords » (avec lui, votre conjoint, votre entourage...) ? Peut-être avez-vous du mal à appliquer certaines règles, en famille ou à l'extérieur ?

## Comment réagir ?

– Écartez les problèmes :

• de vue et d'audition en consultant le généraliste, le pédiatre, l'ORL ou l'ophtalmologiste. Et prenez l'habitude de le faire chaque année au premier trimestre ;

• de dyslexie et de dysorthographie en faisant un bilan chez un orthophoniste ;

• de latéralité et de coordination motrice en consultant un psychomotricien.

Ces professionnels proposent des rééducations spécifiques.

– Évitez de lui coller une étiquette du style : « Il déteste lire », « Il est nul en orthographe », « Il écrit comme un cochon ». Cela l'installe dans cette situation et lui laisse peu de chance d'évoluer.

### ☐ Il est freiné en lecture

Soyez patiente. Tous les enfants ne deviennent pas de bons lecteurs au même moment. Comme pour la marche et le langage, à chacun son rythme. L'apprentissage de la lecture est un travail de longue haleine, qui se poursuit tout au long du primaire et réussit d'autant mieux qu'on aura donné à l'enfant l'envie d'y parvenir. À vous, donc, de développer son appétit de la lecture. Marche à suivre :

– Continuez, le plus longtemps possible, à lui lire toutes sortes d'histoires, y compris des romans entiers, en plusieurs fois. Profitez des vacances et essayez d'y mettre de l'émotion. Vous pouvez aussi lui lire le début d'un livre captivant pour lui donner envie de lire la suite, tout seul, si vous devez arrêter, quitte à prendre le relais plus tard, en alternant pour aller jusqu'au bout. Dernier conseil donné par certains enseignants : le faire lire à haute voix, cinq minutes, chaque jour, sur n'importe quel support (emballage, journal, mode d'emploi), c'est lui qui choisit.

– Mettez des livres à sa disposition, inscrivez-le à la bibliothèque de votre quartier.

– Laissez-le choisir les livres qu'il veut lire, même s'ils ne vous plaisent pas. Bandes dessinées, polars noirs, romans d'horreur et même fictions navrantes, peu importe. Ce qui compte, c'est qu'il ait envie de lire. En explorant plusieurs sortes d'ouvrages, il apprendra à forger ses goûts. Si rien de tout cela ne le tente, proposez-lui d'autres supports (programmes télé, journal de foot, livres de recettes, notices de montage...). « Il faut chercher ce qui va lui plaire, jusqu'au moment où l'on trouve », assure Béatrice Culmann-Penciolelli, institutrice.

– Ne l'obligez pas à lire tout seul dans son coin. Les enfants rechignent devant les obligations. Mais laissez-lui des moments sans programme très précis, ni télévision ni jeux vidéo : ainsi, il aura davantage l'idée de se plonger dans ses livres...

– Ne placez pas la barre trop haut en l'incitant trop jeune à lire les ouvrages de Jules Verne, Marc Twain ou Jack London. Même si vous les avez adorés à son âge, vous risquez de le dégoûter. Il existe des étapes incontournables pour acquérir le goût de la lecture. Il faut avoir acquis une certaine rapidité pour prendre plaisir à lire en silence. Armez-vous de patience, un jour le déclic se produira.

– Offrez-lui, si ce n'est déjà fait, les aventures de Harry Potter : le sorcier en culotte courte a produit des miracles sur des millions d'enfants, pourquoi pas sur le vôtre ? Certes, la magie des débuts a laissé place à une gigantesque opération marketing, qui finit par écœurer avec tous ces produits dérivés, mais le petit magicien réussit toujours à faire lire les lecteurs les plus récalcitrants, alors...

– N'excluez plus, sous prétexte qu'il a une dizaine d'années et qu'il est grand maintenant, les livres illustrés et les BD. Le plaisir des images entraînant celui du texte, ils peuvent être, au contraire, une manière efficace d'accrocher votre enfant. Essayez avec Titeuf, vous verrez... Ce héros de bande dessinée fait un malheur chez les enfants de son âge. Alors qu'il était encore quasi inconnu en décembre 2000, Titeuf est désormais le deuxième héros cité par les 7-14 ans, derrière Zineddine Zidane[1].

Pourquoi ce succès[2] ?

• À la différence de Harry Potter, qui fait rêver en projetant le lecteur dans l'imaginaire, Titeuf est un enfant des villes modernes.

• Il est très humain, contrairement aux héros de la littérature enfantine. Il n'est ni orphelin, ni maltraité par ses parents adoptifs. Il ressemble aux enfants de son âge, avec ses faiblesses.

• Il fait rire. Il se mouche dans son test de géographie, lance des batailles de purée à la cantine…

• Il rate tout, il est bourré de défauts et il est nul en classe. À une époque où les enfants sont sous pression, cela leur permet de déculpabiliser.

• Il parle de sexualité de façon crue, mais dédramatisée (voir chapitre 83 *Il vous interroge sur votre sexualité*).

– Utilisez les films dont il est fou pour lui présenter le livre, même si vous le trouvez atroce. S'il adore regarder « Buffy et les vampires » ou d'autres séries d'horreur à la télévision, proposez-lui des livres des collections comme Chair de Poule.

– Ne bannissez pas l'ordinateur, ni les CD-roms. Votre enfant appartient à une époque où ces outils sont indispensables et complémentaires du livre (voir chapitres 56 *Il est fou de jeux vidéo* et 57 *Lui apprendre à se protéger sur Internet*).

### ☐ L'écriture le bloque

– Il a peut-être des problèmes de graphisme.

• Observez la manière dont il s'y prend. Assurez-vous qu'il utilise le bon outil : s'il est petit, le stylo à encre n'est peut-être pas encore adapté, s'il est plus grand, le stylo-bille ne l'est peut-être plus. Vérifiez qu'il incline légèrement sa feuille pour écrire et qu'il mette bien ses trois doigts en position correcte sur le crayon c'est-à-dire : le pouce et l'index tiennent le stylo comme une pince et le stylo repose sur le majeur, la main est posée et glisse sur la table au fur et à mesure que l'enfant écrit. Placez-vous à côté de lui et montrez-lui la manière dont se décompose votre geste. Puis invitez-le à vous imiter.

• Essayez calmement de le convaincre de s'appliquer. Soyez attentif à ce que son écriture soit lisible. Il singe certains adultes en écrivant n'importe comment pour « faire grand » ? Soyez ferme. Cependant, il est fréquent que l'écriture change dès 10-11 ans : c'est le signe que l'enfant cherche qui il est. Au besoin, proposez-lui des activités artistiques à la maison[3] ou dans un atelier.

---

1. Enquête de Logistic Kids, in *L'Express*, 17 octobre 2002.
2. Selon l'enquête de Marie Huret publiée dans *L'Express* du 17 octobre 2002.
3. Le catalogue de vente par correspondance Rougier et Plé-Graphigro propose quantité de fournitures faciles à utiliser. Tél. : 0 825 160 560. Site www.rougieretple.fr.

Ainsi, il pourra exprimer sa créativité débordante… Enfin, rassurez-vous : au pire, une vilaine écriture n'a jamais empêché quiconque de réussir !

• Encouragez-le à écrire, même si son graphisme est mauvais : cartes postales, journal de voyage, journal intime, poèmes, chansons… L'écriture est aussi un entraînement : plus on écrit, mieux on écrit. Et inversement…

– Il a peut-être des problèmes d'expression écrite.

• Faites-lui prendre de la distance en l'inscrivant, par exemple, dans un atelier d'écriture (renseignez-vous à l'école et à la mairie). Cela lui permettra d'écrire dans un but extra-scolaire, dans une ambiance différente de l'école. Plus simple : incitez-le à écrire des cartes postales à ses amis, lorsqu'il est en vacances.

• Laissez-le taper sur un ordinateur. Proposez-lui d'inventer des histoires. Demandez-lui de vous montrer sa prose, sans traquer les fautes…

### ☐ L'orthographe le rebute

– Là encore, soyez patiente. Comme la lecture, l'orthographe s'apprend tout au long du primaire et se poursuit jusqu'en 3e. Plus l'enfant grandit, plus les choses s'arrangent. Parfois, l'enfant commet des fautes d'inattention car il ne se concentre pas assez. Un jour, le déclic se produit au moment où l'on s'y attend le moins et sans que l'on en comprenne vraiment la raison. En attendant, n'ayez pas la même exigence d'orthographe pour l'expression écrite que pour les dictées. Dans les dictées, priorité à l'orthographe, dans l'expression écrite, priorité aux idées. Dans ce dernier cas, l'enfant doit penser à tout en même temps : au contenu, à la forme, à la cohérence du récit et, en dernier lieu, à l'orthographe. À l'IUFM (l'Institut de formation des maîtres), ils parlent de « surcharge cognitive ». Dans une dictée, en revanche, l'enfant ne doit s'occuper que de l'orthographe, d'où la possibilité d'en attendre plus.

– Voici quelques trucs pour accélérer le processus :

• Jouez au Scrabble avec lui en l'autorisant à se servir du dictionnaire.

• Dictez-lui, chaque jour, une courte phrase, prise n'importe où : journal, emballage, notice, bande dessinée, c'est lui qui choisit. Donnez-lui pour mission de penser à l'orthographe. S'il fait quand même des fautes, ne vous fâchez surtout pas, mais demandez-lui pourquoi il a choisi d'écrire comme ça. Ainsi vous découvrirez son cheminement de pensée. Parfois, l'enfant a un raisonnement erroné, mais qui obéit à une certaine logique. Exemple : s'il écrit « les enfants joues », ne vous arrachez pas les cheveux, il est en train de comprendre qu'avec un sujet pluriel, le verbe doit être au pluriel. La deuxième étape sera de comprendre que le pluriel des verbes est en *nt*. Enfin, ne lui mettez jamais de note, même à sa demande : vous n'êtes pas le maître. S'il rechigne, inversez les rôles : c'est lui qui dicte et qui corrige, c'est vous qui écrivez (et faites des fautes). Il sera ravi de jouer les instituteurs.

• Quand il vous écrit un message truffé de fautes, comment réagir ? Ne le sermonnez pas, mais n'adoptez pas non plus la politique de l'autruche. Soyez nuancée : remerciez-le pour son mot ou le service rendu, mais posez-lui gentiment la question : « Est-ce que tu pourrais améliorer quelque chose ? » En général, il saura lui-même rectifier, car le plus souvent, il s'agit de fautes d'inattention. Veillez toutefois, selon le contexte, à ne pas le rendre triste. S'il vous écrit quand il est en colo, abstenez-vous à son retour de lui montrer les corrections de ses fautes. Il vaut mieux préserver la communication écrite que l'en dégoûter. Plus tard, apprenez-lui à éviter les fautes dans un écrit qui sera lu par une tierce personne : mot à la maîtresse, réponse à une invitation...

• Relisez ses cahiers chaque fin de semaine ; en cas de fautes, reportez-vous au paragraphe précédent.

• Donnez-lui des moyens mnémotechniques pour qu'il assimile les subtilités de l'orthographe et de la grammaire[1].

1. Verbes en *eler* et *eter*.
Pour savoir s'il faut mettre un ou deux *l*, apprenez-lui cette chanson : « Quand j'entends "elle", ça me fait penser à une aile d'oiseau. Et pour voler, il vaut mieux en avoir deux. » Ou version rap : « Quand dans un verbe, j'entends "elle", je n'oublie pas de mettre deux *l*. » Un autre refrain : « Quand j'entends "ette", je mets deux *t*, c'est bien plus chouette ! »
2. L'abeille et l'hirondelle volent grâce à leurs deux *l*.
3. Apatacaf ! Je double : la majorité des mots (nom, adjectifs et verbes) qui commencent par *ap*, *at*, *ac* et *af* doublent leur consonne, à condition d'avoir un verbe dans leur famille. Exemple : *accroc* donne *accrocher*. En revanche, *acrobate*, *acacia*, *atelier* appartiennent à une famille sans verbe.
4. Il faut deux *p* à *échapper* car il faut deux pieds pour s'échapper.
5. Abadagam ! Je ne double pas : la majorité des mots qui commencent par *ab*, *ad*, *ag*, *am*, ne doublent pas leur consonne.
6. Où a un poil au-dessus sauf quand on veut dire « ou bien ».
7. Le *q* n'est jamais tout nu : il est toujours suivi d'un *u* (sauf cinq et coq).
8. Le *n* aime beaucoup *m*, *b*, *p*. Placé devant eux, il devient un *m*. Phrase à retenir : je vous aime beaucoup. (Un *n* n'est jamais suivi d'un *m*, d'un *p* ou d'un *b* sauf dans *bonbon*, *bonbonne*, *bonbonnière*, *embonpoint*, *néanmoins*.)
9. On écrit *on* sans *t* quand on peut le remplacer par Léon. On écrit *ont* avec un *t* quand on peut le remplacer par *avaient*. (On est un pronom indéfini qui s'emploie toujours comme sujet. *Ont* est le verbe *avoir* au présent, à la troisième personne du pluriel.)

1. Liste non exhaustive de petites astuces piochées dans *Astrapi* et *Top Famille*.

10. Le poison zigouille, le poisson sautille. Un *s* entre deux voyelles zozotte. Deux *s* entre deux voyelles sifflotent.
11. N'oublie pas que les noms au pluriel prennent généralement un *s*, sinon, gare à tes fesses!
13. La mer (océan) se termine par *r* car on y respire du bon air. La mère (maman) se termine par *e* car elle nous fait de bons œufs.
14. Pour manger une pêche ou aller à la pêche, dépêche-toi de mettre ton chapeau sur la tête, sinon je t'en empêche. (Il faut un accent circonflexe sur pêche, tête, dépêcher, empêcher.)
15. N'oublie pas le *s* et le *c* quand l'escargot descend l'escalier. Les mots escargot, descendre et escalier s'écrivent avec un *s* suivi d'un *c*.
16. Pour que *ça* et *ça* ne se transforment pas en *caca*, n'oublie pas la cédille (devant *a*, *o*, *u*, mets une cédille, si tu veux le faire siffler).
17. Les mots se terminant en *ou* prennent un *s* au pluriel, sauf exceptions que l'on retient ainsi: « Venez mes bijoux, mes joujoux, mes choux, sur mes genoux et jetez des cailloux à ces hiboux pleins de poux » (ces mots prennent un *x* au pluriel).
18. La vieille dame marche avec deux cannes (dans le mot *vieille*, n'oublie pas les deux *i* de chaque côté du *e*).
19. Le pluriel de *al* en *aux*: allô permet de se rappeler que la plupart des mots se terminant par *al* au singulier font *aux* au pluriel (all-o). Variante: Je cavale sur mon cheval, au galop sur nos chevaux!

## Pour en savoir plus

**Dès 8 ans**

*Max n'aime pas lire*, Dominique de Saint Mars et Serge Bloch, Calligram.
*Mots clés pour être un as de la dictée*, Benoît Marchon, Actes sud Junior.

**Pour les parents**

*La Dyslexie*, Annie Dumont, Solar, 2003.
*Comme un roman*, Daniel Pennac, Folio n° 2724.
*Il a du mal à l'école, un peu, beaucoup, trop, comment l'aider ?*, Brigitte Chevalier, Albin Michel, 2003.
*Il a du mal au collège, Comment l'aider ?*, Brigitte Chevalier, Albin Michel, 2004.
*On me dit de l'emmener chez l'orthophoniste, est-ce vraiment nécessaire ?*, Nadira Anacleto et Sylvie Baussier, Albin Michel, 2006.

# 34

# Il redouble

*La mauvaise nouvelle est tombée avec les beaux jours. Depuis, les questions se bousculent dans votre tête*[1].

## Pourquoi doit-il redoubler ?

En CE1, un seul critère justifie le « maintien dans un cycle », selon l'expression politiquement correcte consacrée : l'enfant ne sait pas lire pour différentes raisons, qui peuvent aller de la maladie aux problèmes familiaux ou psychologiques, en passant par des difficultés spécifiques d'apprentissage. Par la suite, les enseignants prennent en compte différents critères, mais la maîtrise du langage écrit et oral reste en première ligne : elle conditionne la compréhension de tous les concepts et retentit sur les autres matières d'une année sur l'autre. Ainsi, certains redoublent leur 6e parce qu'ils ne possèdent pas les outils de base de la lecture et de l'écriture. D'autres prennent du retard parce qu'ils ont besoin d'un an pour s'adapter au rythme du collège, tellement différent de celui de l'école primaire.

## Peut-on s'opposer à cette décision ?

– En primaire : en principe, le redoublement ne peut vous être imposé qu'en fin de cycle, en CE1 ou CM2 et seulement une fois au cours de toute sa scolarité en primaire. Motif ? Tous les élèves doivent entrer au collège au plus tard dans leur douzième année.
– Au collège : le redoublement peut être imposé en fin de 6e. Conséquence :

1. Chapitre réalisé avec l'aimable collaboration de Béatrice Culmann-Penciolelli, institutrice à Paris.

vous pouvez vous opposer au redoublement si votre enfant est en cours de cycle. Renseignez-vous sur la marche à suivre auprès des délégués de parents d'élèves.

## Faut-il s'opposer au redoublement ?

Ce n'est pas sûr. Si l'enseignant vous propose un redoublement, y compris en CE2 et en CM1 (c'est-à-dire en cours de cycle), c'est qu'il y a mûrement réfléchi, en concertation avec l'équipe pédagogique. C'est pourquoi il vaut peut-être mieux accepter cette décision plutôt que de laisser votre enfant accumuler des lacunes au fil des années, lacunes qui peuvent le conduire à l'échec scolaire durable.
À savoir : selon de nombreux enseignants, un redoublement est plus profitable en CM1 qu'en CM2. En CM1, de nombreuses notions sont abordées pour la première fois, tant en maths qu'en français. Le CM2 est un approfondissement du CM1 et tout va beaucoup plus vite. Si les bases de CM1 ne sont pas acquises, le retard sera plus difficile à combler.

## Comment l'aider à vivre son redoublement le mieux possible ?

– Comprenez ce qu'il ressent : déception, honte, culpabilité, arrière-goût d'échec, séparation d'avec les copains... Un redoublement est souvent difficile.
– Ne critiquez pas la décision de redoublement : cela ajouterait un sentiment d'injustice à celui d'échec qu'il ressent déjà. Au contraire, légitimez celui-ci : « L'enseignement était un peu trop rapide pour toi. Cette année, tu seras plus à l'aise. »
– N'excluez pas un changement d'établissement, qui lui permettra de repartir sur de nouvelles bases et de changer son image de lui-même. Sinon, évitez, si possible, qu'il ne retrouve les mêmes enseignants.
– Dédramatisez : citez-lui des exemples de gens de votre entourage qui réussissent très bien malgré un redoublement. Dites-lui qu'à l'âge adulte, personne ne vous demande jamais à quel âge vous avez eu votre bac.
– Faites référence à une expérience similaire que vous avez vécue dans votre enfance et qui, finalement, vous a été profitable.
– Essayez de positiver la situation : transformez la sanction en une seconde chance pour mieux redémarrer. S'il redouble sa 6e, expliquez-lui qu'il aura un énorme avantage sur les petits nouveaux qui débarqueront du primaire : il se retrouvera en position de chef de file, pourra jouer le rôle d'initiateur, de guide. Pourquoi ne pas sauter sur l'occasion pour prendre des responsabilités au sein de la classe en se présentant comme délégué ? Cela lui permettra peut-être de se sentir utile et de reprendre confiance en lui.

– Dites-lui qu'il doit travailler, sans trop lui mettre la pression. Bannissez les phrases toutes faites : « Un redoublant doit avoir au moins 12 de moyenne. » Rappelez-lui qu'il a une longueur d'avance sur les autres, que c'est l'occasion pour lui de vivre une année confortable s'il adopte de nouvelles habitudes. Et n'attendez pas de résultats extraordinaires. Ses notes seront sûrement meilleures, mais pas forcément mirifiques. Négociez plutôt avec lui des objectifs réalistes pour chaque matière.
– Demandez-lui, le soir, de vous raconter un événement positif et un événement négatif de sa journée. Il mesurera que tous les moments ne se déroulent pas de la même façon et n'ont pas forcément le même intérêt pour chacun. Il repérera ce qui a de la valeur pour lui et pour ses camarades. Il apprendra à relativiser les circonstances désagréables et à se rattacher aux situations heureuses. De même, prenez l'habitude de parler à votre enfant de votre vie professionnelle, de l'intérêt que vous procure votre métier, des événements heureux et moins heureux qui vous arrivent. Mais veillez à ne pas le noyer sous vos soucis : surcharge de travail, fatigue, problèmes d'argent…

## Malgré tout, il vit mal son redoublement ?

☐ **Il ne se défait pas de son sentiment d'échec**

Dans sa nouvelle classe, il porte l'étiquette du redoublant et ses notes restent médiocres. Essayez de lui faire rencontrer un ancien redoublant qui réussit. Il réalisera qu'un redoublement peut être profitable. Ne l'accablez pas de travail sous prétexte qu'il redouble et cessez de prendre l'année dernière comme référence en lui répétant : « Ne fais pas comme l'année dernière. » Fixez avec lui des objectifs réalistes d'ici les prochaines vacances : « L'année dernière, tu avais 7 en orthographe, ce serait bien si tu obtenais un peu plus. » Cherchez ensemble dans quelle matière il pourrait facilement obtenir de très bons résultats. Il suffit d'une pour changer le regard des professeurs sur lui et lui redonner confiance. Enfin, faites votre autocritique : si vous vivez ce redoublement comme un échec personnel, comme la preuve que vous êtes un parent incompétent, ne vous étonnez pas que votre enfant ne se sente pas à la hauteur…

☐ **Il s'ennuie**

Il a les mêmes professeurs et refait le même programme. Proposez-lui de nouvelles activités extra-scolaires où il pourra faire l'expérience de la réussite et confiez-lui des tâches quotidiennes qui vous rendent service et le valorisent. Pour l'aider à reprendre confiance en lui, il est essentiel de lui donner des occasions de réussite. Bien sûr, n'oubliez pas de le féliciter et de le remercier dès que l'occasion se présente.

□ **Il a perdu ses copains, il trouve les élèves de sa classe trop gamins**
Favorisez les rencontres avec les copains du cours de judo ou de théâtre. Proposez d'inviter un ou deux copains de l'année d'avant. Ou décidez de lancer un déjeuner – ou un dîner, s'il est au collège – de début ou milieu d'année. Et maintenez les contacts avec d'autres amis : les voisins de l'immeuble, les élèves du primaire avec lesquels les contacts s'étaient espacés depuis l'entrée au collège…

### Pour en savoir plus

**Dès 8 ans**

*Max n'aime pas l'école*, Dominique de Saint Mars et Serge Bloch, Calligram.

**Dès 9 ans**

*Guide du délégué de classe*, Claire-Isabelle Boittiaux, Les Essentiels Milan Junior.

**Dès 10-11 ans**

*Pourquoi je vais à l'école ? L'obligation scolaire*, Autrement Junior Série Société.

**Pour les parents**

*Mon enfant est triste*, Luis Vera, Odile Jacob, 2001.
*J'suis pas motivé, je fais pas exprès !*, Brigitte Prot, Albin Michel, 2003.

# 35

# Il est victime de violences dans la cour de récréation

*« Clémentine, c'est la chef de la classe ! » lance, un jour, votre fille extatique. « Clémentine, elle m'a virée de la bande et m'a fait mettre à genoux dans la cour, sous la pluie », reprend-elle au bord des larmes, le lendemain. « Clémentine, elle m'a reprise dans la bande », enchaîne-t-elle, enjouée, le surlendemain. Atterrée, vous vous demandez ce que votre enfant peut bien trouver à cette sadique en mini-jupe.*

## Comment s'aperçoit-on qu'un enfant est victime ?

Plusieurs possibilités, qui bien sûr, se conjuguent souvent :
– Il en parle ouvertement, témoigne de sa fascination pour un autre enfant qui le « sadise », sans pour autant réaliser qu'il y a quelque chose d'anormal. Il raconte qu'il est éjecté et repris dans la bande de cette terreur, mais prétend que ce dernier est « son meilleur ami ». Il parle pour vous alerter – inconsciemment –, sans se rendre compte qu'il dénonce une situation problématique et risquée pour lui. Ce qui doit vous alerter : tout ce qui ressemble à des relations de pouvoir, de manipulation, de perversion. Attention à ne pas faire d'amalgame avec les copains dont la tête ne vous revient pas (voir chapitre 41 *Vous ne supportez pas certains de ses copains*).
– Ce n'est pas nouveau. Depuis qu'il est inscrit à l'école, il a toujours eu des relations amicales compliquées, qui vous semblent être du registre de la fascination, voire de l'emprise. Cette fois-ci, vous trouvez que les choses vont trop loin.
– Sa petite sœur – qui partage la même cour de récréation – ou bien la mère d'un autre enfant de la classe, ou encore un membre de l'école, vous avertit.
– Vous avez remarqué qu'il a changé de copains et vous observez une petite réaction de fuite ou de peur quand il évoque Paul ou Léon.

– Vous découvrez le « règlement de la bande » – un document que la Gestapo n'aurait pas renié ! – en aidant votre enfant à ranger son cartable. Les enfants suivent le caïd et commettent avec lui des actes qu'ils savent plus ou moins répréhensibles pour renforcer la cohésion du groupe.
– Vous sentez que, depuis quelque temps, son comportement a changé. Il se referme sur lui-même ou devient agité. Il souffre de peurs inhabituelles, connaît des troubles du sommeil, fait des bêtises inexpliquées... L'idée d'aller à l'école le rend anxieux, il invoque toutes sortes de raisons pour rester à la maison (mal au ventre, etc.). Ses résultats scolaires baissent sans raison apparente. Si ses affaires et les vôtres (un CD par-ci, un tee-shirt par-là) disparaissent, s'il vous demande sans cesse de l'argent ou se fait sans cesse voler son porte-monnaie ou ses baskets au stade, il est peut-être la cible d'un racket. Dans ce cas, lisez ce qui suit et reportez-vous au chapitre suivant.

## Pourquoi ça tombe sur lui ?

Pour des raisons à la fois personnelles et extérieures.

□ Raisons personnelles

– Il fait partie de ces enfants qui se font plus souvent agresser que les autres, comme s'ils provoquaient inconsciemment leurs camarades. Il s'agit parfois d'une manière détournée d'attirer l'attention. Il ne se sent pas suffisamment digne d'intérêt chez lui (parce que vous avez trop de travail, parce que son père n'est pas assez présent...), il recherche alors plus ou moins passagèrement cet intérêt ailleurs. Il perçoit le harcèlement comme un signe d'affection. Si, en outre, ses résultats scolaires sont moyens, on peut imaginer qu'il se tourne vers les enfants les plus « toniques » de la classe pour puiser un sentiment de force qui lui fait défaut.
– Il manque de confiance en lui. Lorsqu'ils sont récurrents, les problèmes avec les copains sont un des premiers signes du manque d'estime de soi de l'enfant. Celui-ci cherche à se faire accepter à tout prix par les autres. Pour compenser son sentiment d'infériorité, il est prêt à tout pour être ami avec « les plus forts », manipulateurs bien souvent.
– Il peut s'agir aussi d'une forme de masochisme : pour des raisons multiples et difficiles à exhumer, l'enfant estime (inconsciemment) qu'il mérite d'être maltraité.
– À l'inverse, il vit cette emprise comme un rite d'initiation. S'il est d'une nature très assurée, il poursuit peut-être le désir (plus ou moins conscient) de parvenir lui-même à réaliser un exploit : « Un jour, moi aussi, je serai le chef de la bande, je serai le héros ! » Il se dit que cette « amitié » lui donnera plus tard le pouvoir de faire partie des « dominants ».

□ **Raisons extérieures à lui**

– Sans vous en rendre compte, vous valorisez beaucoup la puissance physique et la combativité. Son père lui répète qu'il doit apprendre le karaté ou la boxe « pour se défendre, ne pas se laisser marcher sur les pieds ». Votre enfant veut que son père soit fier de lui.

– Votre famille traverse une période de crise pour des raisons plus ou moins graves : décès d'un proche, divorce, arrivée d'un autre enfant…

– Vous venez d'emménager dans un nouveau quartier, votre enfant a changé d'école (voir chapitre 66). À cet âge-là, changer complètement d'environnement peut être assez déstabilisant. Cela peut conduire l'enfant à accepter beaucoup de choses pour se faire de nouveaux amis. Sans compter que le nouveau venu est souvent la cible toute trouvée d'un groupe d'enfants.

– Sans tomber dans une psychose sécuritaire, on constate de plus en plus d'incivilités et d'agressions verbales dans les cours de récréation. D'après les observateurs de la violence en milieu scolaire, le phénomène remonterait à un peu plus de cinq ans : les écoliers seraient plus inquiets, plus instables, plus impulsifs. Leur inquiétude s'exprimerait par une certaine violence comme en témoignent le « jeu du foulard » ou le « jeu de la canette »… apparus ces dernières années[1]. Chez les filles, comme chez les garçons, certains enfants sont tentés d'imposer leur loi. Ce genre de comportement concerne souvent des enfants qui manquent de repères, de limites, qui canalisent ainsi leur agressivité.

## Comment réagir ?

– Amorcez la discussion pour en savoir plus. Pour cela, adoptez le principe de « l'écoute active » utilisée par de nombreux psychothérapeutes avec leurs patients. Marche à suivre :

• La première chose à faire est de dominer les émotions de peur ou de colère que vous pouvez ressentir à l'idée que votre enfant puisse etre victime. S'il vous sent trop tendue, il ne vous donnera aucune information.

• Avec son père, proposez-lui : « Est-ce qu'il y a un problème ? Est-ce que tu voudrais nous parler de quelque chose ? Tu sais que tu peux compter sur nous… » Regardez-le dans les yeux.

• Évitez de lui poser des questions fermées qui impliquent une réponse par oui ou par non (ex : « Tu t'es battu dans la cour ? »). Préférez les questions ouvertes, qui commencent par « qu'est-ce que », « pourquoi » ou « comment »

1. Le jeu du foulard consiste à se serrer la gorge ou se faire serrer la gorge avec un foulard ou une ceinture, jusqu'à la perte de connaissance qui peut conduire à la mort ; le jeu de la canette consiste à se mettre en cercle, se faire des passes au pied, le premier qui n'arrive pas à stopper la canette est exclu, frappé par ses copains.

et appellent une réponse détaillée (ex : « Qu'est-ce qui s'est passé dans la cour de récréation ? Comment en es-tu venue à te battre avec tes copains ? »).
• Témoignez-lui de la considération. S'il laisse échapper une phrase ou deux, saisissez l'occasion pour amorcer le dialogue. Reformulez ce qu'il vient de dire en intégrant les sentiments (tristesse, colère...) qu'il semble éprouver. Par exemple, s'il semble triste en parlant de sa dispute avec ses copains, dites-lui : « J'ai l'impression que cette dispute te rend triste. »
• Ne vous éloignez pas du sujet de la conversation en généralisant avec des questions du genre : « Pourquoi tu te mets toujours avec les voyous ? » Dites-lui plutôt : « Ça doit être difficile ce que tu vis en ce moment. »
• Malgré vos tentatives de dialogue, il reste mutique ? Sans projeter votre angoisse, parlez de vous au même âge ou d'un cas similaire dans votre entourage. L'enfant réalisera qu'il n'est pas seul à vivre ce qu'il vit et cela le poussera peut-être à se confier.
– Ne jouez surtout pas l'indifférence. Certes, c'est sa vie, et plus il grandit, plus il doit pouvoir accéder à une certaine autonomie et à certains secrets. Mais il n'empêche qu'entre un « dominant » et un « dominé » s'établit souvent une relation perverse. Rapportée au monde des adultes, une telle relation peut s'apparenter au harcèlement moral, dont on connaît maintenant les ravages et qui est désormais puni par le Code du travail. Votre enfant vit dans une société régie par des règles. Il doit les intégrer de façon stricte. À vous de l'aider à intérioriser qu'il doit se respecter et respecter les autres. Sans être « intrusif », ni dirigiste, vous devez rappeler vos responsabilités de parents avec autorité. Il n'est jamais trop tard pour aider un enfant à se situer de façon plus adéquate dans son environnement scolaire et social. *A fortiori*, à l'âge des enfants concernés par ce livre.
– Évitez de réagir trop brusquement en critiquant l'enfant qui se comporte mal. Cela pourrait aboutir à l'effet inverse de celui que vous recherchez en renforçant la fascination de votre enfant pour celui-ci. Essayez plutôt d'évoquer le cas d'autres enfants de ce genre, dont on vous a parlé dans une autre école, ou dont vous vous souvenez dans votre propre enfance. Insistez sur l'escalade de la violence que cela a pu générer et les conséquences graves qui peuvent en découler. Cela permettra peut-être à votre enfant de se libérer d'une situation qui est sans doute un fardeau pour lui, même s'il n'en a pas complètement conscience.
– Recueillez son avis : que pense-t-il de cette situation, qu'a-t-il éprouvé lorsqu'on l'a forcé à se mettre à genoux sous la pluie, quand on lui a donné des petites claques à tour de rôle, ou qu'on l'a insulté, etc.? Que pense-t-il que les autres éprouvent devant un tel spectacle ? À son âge, votre enfant commence à développer un raisonnement logique, une pensée autonome. Écoutez-le. De plus en plus, vous devrez prendre en considération son avis. C'est à cette période de la vie que naît son esprit critique et c'est le moment ou

jamais de poser les bases d'une bonne communication entre vous et lui – elle sera précieuse à l'adolescence, au moment où le dialogue sera plus ardu…

– Faites-lui comprendre que cette situation n'est pas acceptable, ni pour lui (la victime), ni – à plus ou moins long terme – pour celui qui le martyrise et le manipule. Il regrette de vous en avoir parlé, dit qu'il ne peut pas vous faire confiance ? C'est à son âge que vous pouvez lui transmettre que vous êtes responsable de lui, qu'information n'est pas synonyme de délation et que le recours à la loi est protecteur pour lui, mais aussi pour d'autres enfants.

– Il rétorque : « Mais c'est amusant de faire ça ! » Répondez-lui : « C'est peut-être ce que tu penses, mais cela peut aussi devenir un piège. Une chose est de rigoler, de faire des blagues entre copains, une autre est de s'amuser aux dépens des autres, en prenant des enfants pour cible. Dans un cas, on est tous ensemble à s'amuser, dans l'autre on cherche à humilier l'autre et à l'exclure pour se faire plaisir, ce qui est inacceptable. »

– Évitez de tenter de régler seul le problème avec le caïd en culotte courte.

– N'hésitez pas à avertir le chef d'établissement et l'instituteur ou le professeur principal. Essayez de trouver ensemble des solutions constructives. Exemple : les enseignants pourront parler de la violence en classe sans citer de noms…

– Rapprochez-vous des parents des responsables, si vous les connaissez : ils ne sont pas forcément au courant et peuvent faire beaucoup pour améliorer la situation. Découvrir que son enfant est l'auteur de violences est toujours difficile à croire pour des parents. Mais il est important de prendre conscience que cet enfant, là aussi, est en danger. Quand un enfant se met à jouer les caïds, rapporte des objets qui ne lui appartiennent pas à la maison, ses parents doivent se poser des questions et aborder le sujet avec lui.

– Continuez à laisser votre enfant aller seul à l'école si c'est une habitude pour lui. Si vous vous mettez à l'accompagner tous les jours à nouveau, vous risquez d'alimenter son anxiété et le regard de ses camarades risque de devenir pesant pour lui.

– Par la suite, reparlez-en avec votre enfant, dites-lui qu'il a bien fait de vous avertir et rappelez-lui que vous êtes là pour prendre vos responsabilités de parents et le protéger.

## Les choses ne s'arrangent pas ? Il a toujours des copains qui le martyrisent ?

N'hésitez pas à conduire votre enfant chez un psychothérapeute. Pour votre enfant, ces difficultés avec ses camarades masquent peut-être un problème plus profond d'estime de soi qu'un professionnel saura nommer et l'aidera à résoudre. Enfin, lorsqu'un enfant est victime de violence, un changement d'établissement peut se révéler indispensable : la carte scolaire ne joue plus dans ce cas. Renseignez-vous auprès des associations de parents d'élèves.

## POUR EN SAVOIR PLUS

**Dès 8 ans**

*La Violence et la Non-Violence*, Brigitte Labbé et Michel Puech, Les goûters philo, Milan.

**Dès 10-11 ans**

*Comment survivre à l'école*, Roland Beller et Bernadette Costa, Albin Michel Jeunesse.

**Dès 11-12 ans**

*Dire non à la violence*, Emmanuel Vaillant, Les Essentiels Milan Junior, Société.

**Pour les parents**

*Mon enfant est triste*, Luis Vera, Odile Jacob, 1999.

*La récré expliquée aux parents, De la maternelle à l'élémentaire, la vie quotidienne dans une cour d'école*, Julie Delalande, éd. Louis Audibert.

*Petite terreur et souffre-douleur, La violence dans la vie de l'enfant*, Stéphane Bourcet, Albin Michel, 2002.

*Savoir gérer son stress*, Charly Cungi, Retz, 2001.

*Mon enfant a été agressé, Dans la rue, à l'école, à la maison…*, Dr Stéphane Bourcet et Isabelle Gravillon, coll. « C'est la vie aussi », Albin Michel, 2006.

# 36

# Lui apprendre à se protéger du racket

*L'idée que votre « encore tout petit » soit un jour victime de racket vous rend malade. Comment, sans le traumatiser, lui apprendre à se protéger[1] ?*

## Faut-il en parler ?

Oui. Car le racket existe partout et pas seulement dans les banlieues défavorisées. Dans les quartiers huppés, le racket a plutôt lieu à l'extérieur de l'établissement, dans les petites rues désertes aux alentours : des bandes de voyous font des descentes là où ils savent que les enfants sont gâtés. « Ils traînent devant l'entrée, sans sac ni cartable, à la recherche d'une "proie". Dans certains cas, ils ont été renseignés par des "informateurs" scolarisés dans l'établissement qui ont pu leur indiquer que tel élève avait un téléphone portable intéressant ou un blouson de marque[2]. » Depuis l'explosion de la possession de téléphones portables, les policiers notent une recrudescence du racket sur les plus jeunes. Fait nouveau depuis quelques années : le racket n'est plus l'apanage des garçons, les filles aussi rackettent les plus petits et elles sont souvent très violentes.

## Comment en parler ?

– Définissez le racket. C'est un délit puni par la loi que le code pénal appelle « extorsion » ou « vol avec violence ». Le racketteur exige de l'enfant de l'ar-

1. Chapitre réalisé avec l'aimable collaboration du brigadier major Dominique Belhomme de la Direction de la police urbaine de proximité de la préfecture de Police de Paris, qui mène des actions de prévention dans les établissements scolaires depuis plus de vingt ans.
2. *Liaisons*, mars-avril-mai 2000.

gent, des objets de valeur comme des vêtements ou un lecteur mp3 en le menaçant, en lui faisant très peur. Il peut aussi l'obliger à commettre certains actes comme le forcer à faire ses devoirs à sa place, par exemple. Les racketteurs menacent de représailles l'enfant victime, s'il se plaint à des adultes.
– Expliquez-lui que les enfants victimes sont souvent ceux qui s'affichent avec des vêtements et des objets coûteux. Aussi vaut-il mieux ne pas exposer son argent, observer une certaine décence. Inutile de provoquer les adolescents moins gâtés avec des téléphones portables dernier cri ou quantité d'habits de marque. Il faut savoir rester discret.
– Parlez de solidarité : les enfants victimes sont souvent des enfants isolés. On est toujours plus fort quand on reste en groupe. D'après la police, les enfants les plus exposés ont 10-11 ans et/ou sont souvent élèves de 6e. Déstabilisés par le séisme que représente l'entrée au collège, ils n'ont pas encore beaucoup d'amis et se retrouvent des proies toutes désignées. Incitez votre enfant à faire les trajets maison-école-maison à plusieurs, en évitant les rues sombres où il y a peu de passage. Demandez-lui de ne pas traîner devant l'établissement après les cours, préférez qu'il invite ses copains à la maison (voir les chapitres 38 à 45 sur les copains et 49 *Il veut rentrer seul de l'école*).
– Faites passer le message principal : si cela arrive, à lui ou à l'un de ses copains, il doit absolument vous en parler. Démontrez-lui que le silence est un piège redoutable qui peut aller très loin. Certains enfants vont jusqu'à voler leurs parents, d'autres se mettent à racketter eux-mêmes pour payer leurs racketteurs. Certains peuvent aller jusqu'au suicide. Récemment, un adolescent a eu si peur que, pour échapper à ses bourreaux, il a sauté par une fenêtre. Sans aller jusque-là, les conséquences psychologiques du racket et du silence peuvent être très graves. Certains enfants se sentent parfois aussi honteux que s'ils étaient coupables. Ils se sentent humiliés d'être faibles, ils ont une mauvaise image d'eux-mêmes, comme s'ils ne valaient plus rien. C'est pourquoi la loi du silence n'est pas acceptable.
– Il craint de passer pour une « balance » (variante : « poucave ») ? Expliquez-lui que les lâches ne sont pas ceux qu'il croit. Dites-lui que plus de 80 % des racketteurs agissent en groupe : ils se mettent à plusieurs pour intimider un enfant plus jeune, souvent seul, donc plus faible. Faites-le réfléchir : « Dans ce cas, où est la lâcheté ? Le courage n'est-il pas plutôt de parler ? » Martelez : même quand on ne fait qu'assister au racket, sans en être victime, dénoncer n'est pas trahir. Ne rien dire permet aux racketteurs de continuer à terroriser des enfants, sans que les adultes puissent les en empêcher.
– Il a peur des représailles ? Rassurez-le : le racket n'est pas impuni dans notre pays. Si cela lui arrive, vous préviendrez le collège et le conduirez au commissariat pour porter plainte. Il y sera pris en charge par des policiers très prévenants et bien formés au dialogue avec les familles. Rappelez-lui, ce qu'il ne sait pas forcément, que c'est le métier de la police de protéger les

victimes. Une enquête policière sera ouverte. Si l'enfant ne connaît pas ses racketteurs, on lui montrera des plaques de photographies d'auteurs de racket connus, pour identification. Le parquet sera prévenu. Si le racketteur est reconnu, il sera interpellé par la police, soit dans l'établissement scolaire, soit chez lui. Ensuite, il sera placé en garde à vue et la procédure suivra son cours. Un juge des enfants sera souvent désigné. Les sanctions vont de la simple admonestation au placement dans un centre spécialisé, en passant par le travail d'intérêt général (TIG) ou la réparation : présenter ses excuses et dédommager la victime, si elle est d'accord…

– Il craint quand même les mesures de rétorsion ? « Il est très rare que les bandes de racketteurs reviennent se venger, rétorque le major Dominique Belhomme de la Direction de la police urbaine de proximité. En effet, quand ils se font attraper, les racketteurs ont droit à l'assistance gratuite d'un avocat, qui les dissuade de jouer à ce jeu-là. Dès qu'il a porté plainte, l'enfant est protégé par son statut de victime. Si le parquet apprend que celui-ci subit des pressions, il ne pardonne pas. » Et, après coup, les policiers renforcent les rondes dissuasives en uniforme ou secrètes, en civil, près de l'établissement scolaire.

## POUR EN SAVOIR PLUS

**Dès 8 ans**

*Max est racketté*, Dominique de Saint Mars et Serge Bloch, Calligram.

**Dès 10-11 ans**

*J'ai été racketté, Le racket, un acte de violence*, éd. Autrement Junior, 2001.

◪ Voir bibliographie du chapitre précédent.

# 37

# Réussir le grand saut école-collège

*Ce n'est pas que ça vous bouleverse, mais à l'idée que votre enfant entre en 6e, vous éprouvez un étrange sentiment, mêlé de fierté et d'angoisse. Comment l'aider à faire le grand saut[1] ?*

## Mesurez ce qui va changer

☐ L'espace

Le collège est beaucoup plus grand que l'école. Encore plus si les locaux accueillent aussi un lycée et des classes préparatoires. Votre enfant sera amené à se déplacer fréquemment entre différentes salles de cours. En effet, depuis quelques années, les élèves de 6e reçoivent la majorité de leurs cours de français et de mathématiques dans une seule et même classe, mais pour les autres matières, qui demandent du matériel – en fait, toutes les autres –, l'enfant doit changer de classe. Et trimballer ses livres à chaque fois. L'élève de 6e découvre aussi des lieux inconnus, comme le secrétariat (pour y demander un billet de retard…), le bureau du principal, le Centre de documentation et d'information (CDI).

☐ Les interlocuteurs

– Les professeurs : de français, de maths, d'anglais, d'histoire et géographie, d'EPS (éducation physique et sportive), de SVT (sciences de la vie et de la terre), technologie… L'un d'entre eux est en même temps le professeur principal : responsable de la classe, il est le relais entre la famille et l'équipe enseignante. À ce titre, il est capable de vous renseigner sur le travail et le

---

1. Chapitre réalisé avec l'aimable collaboration de Béatrice Culmann-Pencioleli, institutrice à Paris.

comportement de votre enfant dans les différentes disciplines. Pour votre enfant, cette dizaine de professeurs ont chacun leur style de travail et leurs consignes spécifiques.
– Le principal : c'est le directeur, le chef d'établissement. Pris par de multiples tâches, il n'est pas très disponible, sauf en cas d'absolue nécessité. En clair, vous ne devez le contacter que pour inscrire votre enfant, consulter le projet d'établissement, demander un changement de classe ou en cas de problèmes familiaux ou de conflit avec un enseignant (voir chapitre 30 *Le courant ne passe pas entre son prof et lui*). Et encore… Saisissez avant le principal adjoint ou le CPE (voir plus bas).
– Le principal adjoint : il n'y en a pas dans tous les collèges. Il seconde le principal, le remplace en cas d'absence, y compris lors des conseils de classe. On peut le rencontrer assez facilement, mais les décisions finales ne lui appartiennent pas.
– Le conseiller principal d'éducation ou CPE : il est chargé de la discipline et sanctionne, si nécessaire. Il contrôle l'assiduité et la ponctualité des élèves. C'est à lui qu'il faut adresser les justificatifs en cas d'absence ou de retard. Il envoie des relevés de notes aux parents, aide les enfants à s'intégrer. En principe, il est le garant de la discipline, dans un milieu où il y a des « grands ».
– Le documentaliste : installé au Centre de documentation et d'information (CDI), il l'aidera à trouver les documents nécessaires à la réalisation d'un exposé, à choisir un bon roman et à se repérer parmi les différentes brochures d'information sur les métiers, sur les voyages…
– Le conseiller d'orientation : il connaît les métiers, les filières et les diplômes. Il peut aider l'enfant à réfléchir à son projet personnel, notamment au moment des choix d'orientation, qui interviennent après la 6e.
– L'assistante sociale et l'infirmière : elles tiennent l'une et l'autre des permanences. La première reçoit les élèves et les parents et tente de trouver des solutions aux difficultés qui peuvent survenir dans une famille. La seconde soigne les petits maux : elle doit être prévenue si votre enfant a des problèmes de santé particuliers (asthme, spasmophilie…).
– Les parents délégués : ils font le lien – en respectant la confidentialité – entre les parents d'élèves et l'équipe pédagogique.
– Les élèves délégués : élus par les élèves en début d'année, ils assistent au conseil de classe chaque trimestre et font le lien avec les professeurs.

### ☐ L'emploi du temps

Il commence ou finit chaque jour à des heures différentes. Parfois, l'emploi du temps n'est pas le même d'une semaine sur l'autre, ce qui suppose une gymnastique mentale supplémentaire pour ne pas s'emmêler les pinceaux entre les semaines 1 et 2. En cas d'absence d'un professeur, les élèves ne doivent pas quitter le collège : ils vont en permanence ou au centre de documentation. Si le règlement intérieur le prévoit, vous serez invité, en début d'année, à autoriser ou à refuser la sortie anticipée de votre enfant en cas d'absence du professeur de la dernière heure de cours de la journée et de la matinée, si votre enfant est externe. À savoir : dans le public, la plupart des parents autorisent leurs enfants à sortir. Notre conseil : si vous préférez qu'il ne sorte pas, ne signez pas l'accord durant le premier trimestre. Il sera toujours temps, ensuite, une fois que l'adaptation sera faite, de revenir sur cette décision.

☐ L'enseignement
De nouvelles matières apparaissent. L'élève passe d'un cours à un autre, ce qui suppose une certaine gymnastique mentale.

☐ Les devoirs
Ayant plusieurs interlocuteurs, il a plus de travail. Il connaît ses devoirs d'une semaine sur l'autre. Mais on ne lui demande plus expressément d'apprendre telle leçon, car apprendre ses leçons va désormais de soi. Cela implique qu'il sache s'organiser davantage, apprenne à planifier ce qu'il a à faire et n'attende pas le dernier moment pour s'y mettre. Quand les contrôles s'accumulent le mardi, il n'est pas question qu'il attende le lundi soir pour les préparer. Il doit prendre de l'avance. En moyenne, il ne devrait pas travailler plus d'une heure chaque soir. En principe, il doit garder ses week-ends libres : en effet, il doit profiter de son emploi du temps « perforé » pour s'avancer dans son travail (voir chapitre 29 *Gérer la galère des devoirs*).

## Comment l'aider ?

– Désamorcez son anxiété en vue du jour J. Rappelez-lui qu'il a été tout à fait bien préparé à cette entrée en 6e par ses enseignants du CM1 et du CM2. Vérifiez avec lui que son instituteur lui a bien expliqué ce que l'on attendrait de lui. Peut-être lui a-t-il déjà fait visiter le collège. Sinon, le jour où vous vous rendrez au collège, au mois de juin, pour régler les derniers détails de son inscription, emmenez-le, si possible, avec vous. Discutez avec lui de ce changement qui s'annonce, préparez-le : quitter son statut de grand de CM2 pour devenir un petit 6e, ce n'est pas toujours évident. Offrez-lui un guide sur la 6e.
– N'achetez pas toutes les fournitures avant la rentrée. Certains collèges ont la bonne idée de fournir la liste des fournitures pendant les vacances, cela permet d'éviter la cohue dans les magasins. Mais pour certaines affaires, comme la calculette, le compas, l'équerre, le papier millimétré ou le cahier de texte, il vaut mieux attendre les consignes du professeur.

– Investissez dans un sac à dos costaud avec de larges bretelles rembourrées. Inutile de penser au cartable à roulettes, les enfants (surtout les garçons) trouvent souvent ça ringard. « Ça fait caddy à poireaux ! » lancent-ils… Si votre fille est attirée par le côté « hôtesse de l'air », renseignez-vous avant : à cause du bruit, c'est interdit dans certains établissements. Enfin, s'il y a beaucoup d'escaliers au collège, c'est carrément inenvisageable, car encore plus lourd.
– Adaptez son espace de travail à la maison à sa nouvelle vie. Chaque jour, il va rapporter et stocker des kilos d'affaires scolaires à la maison. Dédiez-lui un endroit uniquement à lui (dessus d'une commode ou grande étagère) afin qu'il puisse les ranger près de la table où il étudiera.
– Apprenez-lui à gérer son cartable : jusqu'à la Toussaint, voire Noël, aidez-le, si nécessaire, à préparer son contenu.
– Enseignez-lui, si ce n'est déjà fait, à travailler seul. Aidez-le à acquérir une bonne méthode de travail (voir chapitre 29 *Gérer la galère des devoirs*). Bon à savoir : en 6e, l'emploi du temps comporte deux heures par semaine d'accompagnement des élèves dans leur travail personnel. En principe, ces heures sont conduites par des professeurs de la classe qui donnent des conseils de méthode. Par ailleurs, il existe aussi des heures de remise à niveau, qui peuvent occuper jusqu'à six heures de l'emploi du temps et qui concernent les élèves qui ne maîtrisent pas suffisamment les bases de la lecture, de l'écriture, de l'expression orale et des mathématiques. Renseignez-vous.
– Ne l'accompagnez plus en classe. S'il acceptait que vous le fassiez encore en CM2, en 6e, il n'en sera plus question. À cet âge, il a besoin de s'approprier son « temps scolaire ». Il lui faut un moment pour passer de l'état d'enfant qui quitte la maison à celui d'élève qui rencontre ses pairs et démarre sa journée avec ses professeurs. Ce sas est une autoprotection, une garantie contre vos recommandations de dernière minute (ex. : « Et surtout n'oublie pas de te concentrer pendant ton contrôle ! ») qui lui mettent la pression, plus qu'elles ne l'encouragent. Ce moment est une mise en condition entre le « tout contrôle » de ses parents, l'immense autonomie qu'on attend de lui au collège et son désir anxieux de la développer. Pas de panique : s'il est inscrit dans le collège du secteur, votre enfant connaît le quartier. Si, en raison de la distance, vous ne pouvez pas faire autrement, laissez-le au carrefour. Dites : « Je comprends que tu aies besoin d'un temps pour passer de ton statut de fils (ou de fille) à celui d'élève, c'est pourquoi je te laisse au coin. Tu me montres que tu grandis, j'en suis très fière et je suis complètement d'accord pour t'aider dans ce processus. Nous pouvons en reparler avec ton père pour voir si j'en fais trop ou pas assez » (voir chapitre 42 *Il a honte de vous*).
– Si vous acceptez d'être déléguée de parents de la classe de votre enfant, sachez rester discrète : les enfants ne sont pas forcément fiers de cette fonction de leur parent, ils n'aiment pas toujours cette « intrusion » dans leur

univers. Ils pensent que leurs camarades vont les prendre pour les chouchous des professeurs parce que leur parent est délégué.

## Le premier soir

– Couvrez et remplissez le carnet de correspondance pour le lendemain et profitez-en pour lire avec votre enfant le règlement intérieur qu'il doit signer.
– Aidez-le à se repérer dans son emploi du temps : affichez ce dernier près de l'endroit où il range ses affaires. Demandez-lui de le recopier sur un petit bristol, avec les numéros de salles bien lisibles, pour l'avoir toujours sur lui, dans sa poche.
– Lisez avec lui *Mon journal de 6e*, un livret d'accueil du collégien qui est, en principe, distribué pour l'aider à se repérer.

## Dans les temps qui suivent

– Regardez tous les soirs le carnet de correspondance de votre enfant. Aidez-le à gérer son cahier de texte ou son agenda.
– Demandez-lui de vous informer sur un événement positif et un événement négatif de sa journée. Il mesurera que tous les moments ne se déroulent pas de la même façon et n'ont pas forcément le même intérêt pour chacun. Il repérera ce qui a de la valeur pour lui et ses camarades. Il apprendra à se raccrocher aux situations heureuses et à relativiser les circonstances moins agréables. De même, prenez l'habitude de parler à votre enfant de votre vie professionnelle, de l'intérêt que vous procure votre métier, des événements heureux et malheureux qui vous arrivent. Et, bien sûr, n'oubliez pas de lui parler de votre propre entrée en 6e. C'est important, à cette période charnière de la vie de votre enfant.
– Surveillez les changements trop radicaux. Si vous trouvez qu'il se replie sur lui-même, qu'il devient triste, alors que d'ordinaire il est plutôt expansif, si ses résultats se mettent à chuter, c'est peut-être qu'il ne se sent pas en sécurité. Violences dans les couloirs, vols dans les sacs à dos, racket à la sortie, ces scénarios ne concernent pas que les cités « sensibles ». Au collège, il y a peu d'adultes pour surveiller et intervenir. Soyez vigilante (voir chapitres 35 *Il est victime de violences dans la cour de récréation* et 36 *Lui apprendre à se protéger du racket*).
Mais attendez-vous tout de même à quelques modifications dans son comportement : il va sans doute gagner en indépendance. Acceptez-le avec fierté. On assiste d'ailleurs parfois à des retournements de situation spectaculaires : des enfants plutôt moyens jusqu'ici se révèlent au collège, d'autres, au lycée.

## Pour en savoir plus

**Pour les enfants**

*Bienvenue au collège*, Loo Hui Phang et Jean-Pierre Duffour, Le Livre de poche Jeunesse.

*J'apprends à travailler*, Myriam Germain-Thiant, Éditions de la Martinière Jeunesse 2001.

*Guide du délégué de classe*, Claire-Isabelle Boittiaux, Les Essentiels Milan junior, 2001.

*Guide du collège*, Nadia Benlakhel, Les Essentiels Milan junior, 2003.

**Pour les parents**

*Qu'apprend-on au collège ?*, éd. XO, 2002.

# V.

# COPAINS, VIE SOCIALE

# 38

# Ses copains envahissent la maison

*« Maman, je peux inviter Victor à dormir ? Allez-ez-ez, Maman, dis oui ! » Vous n'êtes pas opposée à cette idée, mais le week-end dernier déjà, Louis rappliquait avec son sac de couchage sur le dos. Ne peut-on pas être un peu tranquille en famille ?*

## Pourquoi veut-il toujours inviter des copains ?

Pour l'une et/ou l'autre des raisons suivantes :
– À partir de 8 ans, c'est le règne des copains. À cet âge, les enfants s'autorisent à critiquer leurs parents sans être encore dans la révolte. Ils ont besoin de se retrouver entre pairs pour faire partie d'un groupe, faire comme les grands. Ils choisissent eux-mêmes leurs copains. Ce n'est pas parce qu'ils se voient à l'école toute la journée qu'ils n'ont pas besoin de se rencontrer en dehors, de façon plus privée et plus spontanée, loin du cadre scolaire. Encore plus, si votre enfant est fils ou fille unique.
– Vous ouvrez beaucoup votre porte, faites beaucoup de dîners, organisez souvent de grandes tablées à l'improviste. Votre enfant copie votre modèle.
– À l'inverse, vous n'invitez jamais d'amis ou de famille. La barrière entre votre maison et l'extérieur est trop grande, votre enfant éprouve un sentiment de solitude qu'il cherche à combler en invitant des copains pour un oui ou pour un non.

## Comment réagir ?

Mettez-vous à la place de votre enfant : pour lui, il est important de pouvoir montrer sa chambre et ses jeux à ses copains. Il est bon pour lui d'apprendre à partager, d'avoir le plaisir d'être réinvité et de découvrir d'autres modes de vie. Ce n'est pas une raison pour vous laisser totalement envahir.

☐ **Organisez les invitations à l'avance**

S'il partage sa chambre avec un frère, débrouillez-vous pour éloigner ce dernier : faites-le inviter ailleurs, demandez à son père ou à sa marraine de l'emmener au cinéma ou faire des courses. Ainsi, celui qui invite pourra être tranquille avec son copain et vous éviterez les problèmes de jalousie du frère ou de la sœur.

☐ **Concluez un pacte avec votre enfant**

– Exigez qu'il range sa chambre un minimum avant l'arrivée de son ami, « par respect pour lui et pour qu'il te respecte ». Mettez-le en garde contre certaines activités dangereuses, comme le « jeu du foulard », qui consiste à serrer très fort un foulard ou une ceinture autour du cou pour se faire des sensations fortes et éprouver une forme de vertige pouvant aller jusqu'à l'asphyxie, la perte de conscience et la mort. Interdisez toute activité avec des ceintures en cuir ou de judo et autres cordages. Votre enfant vous rétorque : « Mais qu'est-ce que tu vas chercher, ma pauvre Maman ? » Rétorquez : « Écoute, je ne connais pas très bien ton copain et puis, quand vous êtes plusieurs, vous avez tendance à vous exciter. » Dites que vous avez entendu parler de certains faits divers et que vous faites de la prévention.

– Mettez en place le respect de votre espace au sein de l'appartement. Notamment, posez l'interdiction absolue d'aller dans votre chambre : cet endroit est un lieu intime pour vous, c'est le moment ou jamais de préciser son caractère sacré, ce qui sera bien utile à l'adolescence… Pourquoi ériger une barrière autour de la chambre ? Parce que votre enfant atteint un âge où il prend de la distance par rapport à vous, où il intériorise son intimité et sa pudeur, éléments indispensables à son équilibre futur. Il vous appartient de l'accompagner dans cette évolution en lui signifiant que, vous aussi, avez besoin d'une intimité forte. Quelques trucs pour limiter l'accès à votre chambre : exigez qu'on frappe systématiquement avant d'entrer et qu'on s'interdise d'y pénétrer en votre absence. Cela crée une ambiance, qui dissuade de sauter avec son copain sur le lit des parents. La télévision et l'ordinateur sont dans votre chambre ? Eh bien tant pis. S'il invite un copain, c'est pour lui faire découvrir sa chambre, jouer avec lui, non pour surfer sur Internet, ni s'avachir devant un film.

– Posez certaines règles pour rendre les invitations moins pénibles pour vous : une cabane avec des draps que vous leur prêtez, oui, tagger les murs en secouant un stylo à encre ou trimballer des bassines d'eau dans l'appartement, pas question. Interdit également d'envoyer quoi que ce soit par la fenêtre, encore moins de faire des blagues au téléphone. De même, pour les filles, interdit d'aller fouiller dans vos vêtements, vos chaussures ou votre trousse de maquillage. Si elles veulent jouer à se déguiser, prévoyez plutôt une grande malle avec de vieux vêtements et des rouges à lèvres dont vous ne vous servez plus. Enfin, demandez-leur de glisser leurs verres dans le lave-vaisselle et de replacer la bouteille de jus de fruit dans le frigo, après le goûter.

– La première fois que vous invitez un nouveau copain, ne les laissez pas seuls. Vous êtes responsable de cet enfant. Si vous le connaissez bien, vous pouvez sortir un moment, en laissant votre portable allumé, en les prévenant que vous revenez dans moins d'une heure.

– Une fois que le copain est parti : demandez à votre enfant ce qu'il pense de cette journée, ce qu'il a ressenti, ce qu'il a préféré, comment il voit les choses. Laissez-le exprimer son point de vue.

## Il veut sans cesse inviter des copains ?

Si vous invitez régulièrement ses camarades, vous n'êtes pas obligée d'en inviter sans arrêt. Expliquez-lui qu'il est important aussi de partager quelques moments en famille. Il vous dit qu'il s'ennuie ? Rétorquez que cela vous est égal, que, dans la vie, on n'a pas toujours un programme très précis et que c'est bon aussi de se retrouver seul ou entre frères et sœurs. Restez ferme : c'est vous qui décidez...

### Pour en savoir plus

**Dès 11-12 ans**

*Je m'ennuie !*, Roger Teboul, coll. Brins de psycho, éd. Louis Audibert, 2003.

*Joie, tristesse, jalousie... Pourquoi tant d'émotions ?* Véronique Corgibet, Les Essentiels Milan Junior Société.

# 39

# Il n'a pas d'amis

*Déjà décembre et toujours pas une invitation à un anniversaire à l'horizon... Non seulement votre enfant vous paraît introverti, mais, de plus, il vous semble seul.*

## N'a-t-il vraiment pas d'amis ?

– Êtes-vous sûr que votre enfant soit si seul ? S'agit-il d'une plainte qui vient de lui ou d'une angoisse qui vous est propre ? Certains parents, très mondains, estiment que leur enfant doit absolument être entouré de toute une bande de copains. D'autres sont très « intrusifs », veulent tout savoir de la vie de leur enfant. D'autres encore projettent sur leurs enfants leur propre solitude. Résultat ? Leurs enfants se réfugient parfois, par pudeur, dans le secret : ils en disent le minimum sur leur vie extérieure à la maison. Ce qui ne veut pas dire qu'ils sont seuls, désespérément seuls.
– Qu'entendez-vous par « ami » ? À cet âge, sauf exception, il est rare de connaître de solides amitiés comme on en développe à l'adolescence (voir chapitre 40 *Il se fâche sans arrêt avec ses copains*).
– Interrogez-vous : votre enfant est peut-être rejeté parce qu'il a une petite « différence » (un appareil auditif, une mèche de cheveux de couleur différente du reste de sa chevelure, un surpoids, les oreilles décollées...), qu'il suce son pouce ou se tripote une mèche...
– Si, depuis toujours, votre enfant n'est jamais invité nulle part et n'a aucune envie d'inviter personne, votre préoccupation est peut-être fondée.

## Comment réagir ?

### □ S'il souffre d'une petite différence

Allez en parler à la maîtresse, afin qu'elle trouve le moyen d'aborder la question des différences – sans forcément citer de nom – en classe. Accepter la différence, ce n'est pas simplement accepter les gros handicaps, mais aussi les petites particularités de chacun. Puis, invitez plusieurs camarades d'école pour une sortie au cinéma, puis un goûter à la maison ou – encore mieux – pour une « pyjama-party » (voir chapitre 45 *Il veut faire une boum*).

### □ S'il ne souffre d'aucune différence

– Essayez d'en savoir plus auprès de ses enseignants. Faites votre enquête aussi auprès du moniteur de football et des animateurs du centre aéré. Si on vous raconte que votre enfant est gai comme un pinson et partage les jeux de la cour de récréation, soyez tranquille. Votre enfant est peut-être d'un tempérament plus solitaire que les autres, tout en étant heureux et équilibré. En revanche, si l'on vous dit que votre enfant est assez isolé, voire replié sur lui-même, qu'il semble rejeté par les autres, prenez les choses au sérieux et venez-lui en aide. À cet âge, l'amitié compte beaucoup, comme un passage obligé vers une bonne intégration sociale ultérieure.

– Interrogez-vous. Votre enfant est peut-être toujours en symbiose avec vous, sa mère. Ou bien manque-t-il peut-être d'affection, ce qui expliquerait qu'il ne peut ou ne sait en donner. Ou bien est-il trop agressif, par crainte d'être dominé par les autres et par souci de les maintenir à distance ?

– Faites votre autocritique. Votre conjoint et vous-même, avez-vous suscité la possibilité pour lui d'avoir des amis ? Si vous trouvez toujours trop fatigant d'organiser des goûters d'anniversaire, avez toujours peur qu'on dérange votre intérieur, qu'on viole votre intimité ou qu'on fasse du bruit chez vous, votre enfant ne se sent sûrement pas autorisé à inviter des copains. Encore plus si son père n'est pas très concerné par le quotidien. Les enfants sentent très bien qu'ils peuvent compliquer la vie de leurs parents et être sources de reproches. De même, si vous répétez devant lui que vous ou son père n'aviez pas de copains lorsque vous étiez enfants, votre enfant se résigne peut-être à être comme vous. Autre possibilité : votre enfant n'est-il pas trop stimulé sur le plan intellectuel et ainsi en décalage avec son âge ? Veillez à le laisser à sa place d'enfant.

– Examinez vos conditions de vie quand vous étiez enfant et mesurez à quel point elles sont différentes de celles de votre enfant. À votre génération, même en ville, les enfants pouvaient se rencontrer sans forcément s'inviter. On vivait la clé sous le paillasson. Aujourd'hui, c'est beaucoup plus rare. Faire de la corde à sauter ou du vélo en toute sécurité sur le trottoir est rarement possible. Si vous avez vécu dans un village où les enfants pouvaient

aller et venir entre les jardins et les prés, il est normal que vous n'ayez pas pris l'habitude de recevoir vos amis. De nos jours, les enfants doivent se voir dans un cadre.
– Révisez vos positions : entre 8 et 12 ans, c'est le règne des copains, sous votre contrôle et avec votre participation. C'est maintenant que vous devez montrer à votre enfant que votre porte est ouverte (malgré les verrous, les alarmes et les codes…), ce sera précieux à l'adolescence. C'est à cet âge que l'enfant intériorise des notions de convivialité, d'imprévu, des habitudes d'ouverture sur les autres ou de repli sur soi. Si vous êtes trop attachée à votre intimité avec votre conjoint et votre enfant, ce dernier n'aura qu'une envie à l'adolescence : aller voir ailleurs.

## Quand vous invitez, facilitez-vous la vie

– Faites inviter votre cadet ailleurs quand vous recevez un copain pour l'aîné et vice versa.
– Anticipez et organisez l'invitation à l'avance. Si vous invitez régulièrement à dormir, investissez dans un couchage d'appoint et un sac de couchage. Remplissez le réfrigérateur de Coca-Cola et de crèmes au chocolat et n'excluez pas de commander des pizzas.
– Si c'est important pour vous, imposez tout de même quelques principes – se laver les mains avant de passer à table, dîner dans la cuisine… Vous êtes chez vous, c'est vous qui fixez les règles (voir chapitre 38 *Ses copains envahissent la maison*).
– Si ce n'est pas très important pour vous, remettez les douches au lendemain. Y compris si c'est justement ce soir-là que votre enfant doit se laver les cheveux et se couper les ongles.
– Si inviter à dormir n'est vraiment pas votre truc, dites-le à votre enfant, mais proposez-lui des programmes de remplacement avec ses copains : un cinéma et un goûter dans une crêperie, un Mc Donald et une partie de football au parc ou même un pique-nique et un Monopoly à la maison. Et ne refusez pas systématiquement les invitations à dormir que votre enfant peut recevoir.

## À l'avenir

Si, malgré tout, votre enfant reste de longues périodes sans amis, qu'il n'est jamais réinvité nulle part et n'a jamais aucun nom d'ami à vous donner pour que vous lanciez une invitation, il souffre peut-être d'un réel problème de contact avec les autres. Dans ce cas, il est souhaitable de le conduire chez un psychothérapeute. (Voir chapitre 93 *Dans quel cas consulter un psy et comment ça se passe ?*.)

## Pour en savoir plus

**Dès 8 ans**

*Max est timide*, Dominique de Saint Mars et Serge Bloch, Calligram.
*Max et Koffi sont copains*, Dominique de Saint Mars et Serge Bloch, Calligram.
*Max veut se faire des amis*, Dominique de Saint Mars et Serge Bloch, Calligram.
*Lucien n'a pas de copains*, Dominique de Saint Mars et Serge Bloch, Calligram.
*Max se bagarre*, Dominique de Saint Mars et Serge Bloch, Calligram.

**Dès 10-11 ans**

*Joie, tristesse, jalousie... Pourquoi tant d'émotions ?* Véronique Corgibet, Les Essentiels Milan Junior Société.
*Je m'ennuie*, Roger Teboul, coll. Brins de psycho, éd. Louis Audibert Jeunesse, 2003.
*Je manque d'assurance*, Agnès Desarthe, Medium, 1997.

**Pour les parents**

*Soigner la timidité chez l'enfant et l'adolescent*, Gisèle George et Luis Vera, Dunod, 2002.
*J'ose pas, je suis trop timide, S'affirmer est un jeu d'enfant*, Emmanuelle Rigon, Albin Michel, 2004.

# 40

# Il se fâche sans arrêt avec ses copains

*Un jour, elle rentre de l'école en rogne contre Clara, le lendemain, elle veut l'inviter à son anniversaire... C'est à n'y rien comprendre.*

## Pourquoi ces revirements ?

– Il ne s'agit pas forcément d'instabilité. Chaque enfant évolue à son rythme. Certains ont des besoins affectifs plus importants que d'autres. Ils sont plus susceptibles, ressentent davantage la frustration, sont plus dépendants des autres et cela finit par agacer leurs camarades. Certains sont plus exclusifs que d'autres et la jalousie les ronge quand leur copain leur fait une « infidélité ». D'autres sont plus exigeants dans leurs relations et n'hésitent pas à se détacher de l'emprise de certains copains pour nouer d'autres contacts.
– À cette période de sa vie, l'enfant est assez fragile et influençable. Il a besoin de multiplier les modèles pour se trouver lui-même. Ce n'est pas pour autant qu'il est promis à un avenir de girouette.
– Sans tomber dans les stéréotypes sexistes, il faut reconnaître qu'à cet âge, les filles se disputent beaucoup, à un rythme que les parents ne peuvent pas toujours suivre. « C'est plus ma copine ! » entend-on régulièrement. Elles vivent leurs amitiés au présent, tout comme leur jalousie, leurs ruptures et leurs réconciliations. Le lendemain tout est oublié.

## Comment réagir ?

– S'il s'agit d'une énième brouille entre chipies, dédramatisez. Cette alternance de disputes et de réconciliations, qui sont comme un jeu, va parfois trop vite pour qu'on s'y intéresse dans le détail. Si votre enfant n'a pas l'air malheureux, ne vous en mêlez pas.

– Si votre enfant se sent rejeté, trahi ou abandonné par son meilleur ami, ne banalisez pas. Écoutez sérieusement son histoire et expliquez-lui que ce n'est pas parce que son copain n'est plus, tout le temps, avec lui, en ce moment, qu'il ne l'aime plus. Demandez-lui de se mettre à la place de son copain pour lui faire comprendre que ce dernier éprouve également des émotions. Peut-être rencontre-t-il un souci momentané qui explique son attitude ? Peut-être que votre enfant l'a blessé en faisant ou disant quelque chose de particulier ? Ou peut-être simplement a-t-il eu envie de découvrir de nouveaux jeux avec ce nouveau copain ? Ce petit exercice lui enseignera les règles de l'amitié dans le respect. Essayez de l'aider à supporter la situation. Mais ne revenez pas sans cesse à la charge avec des questions du genre : « Il a joué avec qui aujourd'hui ? » Faites plutôt remarquer à votre enfant que, lui aussi, en ce moment, aime beaucoup jouer avec tel copain et invitez ce dernier un après-midi. Quelques semaines plus tard, proposez-lui de l'aider à faire le premier pas en invitant son « ex-meilleur ami » à une sortie.

– Si votre enfant n'arrive pas à se remettre des « infidélités » de son ami et que ce n'est pas la première fois que cela arrive, prenez la situation au sérieux. C'est peut-être le signe d'une trop grande demande affective, d'un enfant encore trop « collé » à sa mère, qui cherche à recréer une relation fusionnelle. Dans ce cas, vous, et surtout son père, devez aider votre enfant à se détacher.

– Soyez attentive à ce qu'il ne soit pas sous la coupe d'un autre enfant manipulateur (voir chapitre 35 *Il est victime de violences dans la cour de récréation*).

## Pour en savoir plus

**Pour les enfants**

*Lili est fâchée avec sa copine*, Dominique de Saint Mars et Serge Bloch, Calligram.

*Joie, tristesse, jalousie... Pourquoi tant d'émotions ?* Véronique Corgibet, Les Essentiels Milan Junior Société.

**Pour les parents**

*Soigner la timidité chez l'enfant et l'adolescent*, Gisèle Gorges et Luis Vera, Dunod, 2002.

*La récré expliquée aux parents*, Julie Delalande, Éditions Louis Audibert, 2003.

# 41

# Vous ne supportez pas certains de ses copains

*« Y a du Coca ? » interroge Sacha avant même de dire bonjour en arrivant chez vous. Vous avez beau être accueillante, celui-là, vous ne pouvez pas le voir…*

## Pourquoi vous ne supportez pas ce copain ?

Pour des raisons objectives et subjectives.

☐ Raisons objectives

– Cet enfant a un look très différent de celui de votre enfant.

– Il est mal élevé : il jure comme un charretier, se sert dans votre frigo sans demander l'autorisation, vous le retrouvez perché en haut d'un tabouret pour fouiller dans votre réserve de biscuits, il multiplie les jeux d'eau dans l'appartement et, bien sûr, il ne dit ni bonjour ni s'il vous plaît.

– Il a de mauvais résultats scolaires et vous craignez qu'il n'ait une influence désastreuse sur la scolarité de votre enfant.

– Il est très inhibé, trop replié sur lui-même. Vous êtes agacée à l'idée que votre enfant joue les saint-bernard, sans cesse attiré par les enfants mal dans leur peau.

– Il est très agressif, se conduit mal avec votre enfant : il le prend et le jette comme un Kleenex, mais votre enfant reste fasciné par lui.

– Ses parents ne vous plaisent pas pour des raisons plus ou moins avouables : de leur apparence à leur mode de vie, en passant par ce que vous avez entendu dire de leurs méthodes éducatives. Ils donnent 1 euro à leur fils dès qu'il lit une ligne et rétribuent le couvert…

☐ Raisons subjectives

– Vous avez du mal à accepter l'autonomie naissante de votre enfant, qu'il fasse des choix qui lui sont propres et non plus conformes aux vôtres dans la soumission. Au fond de vous, quand ils ricanent tous les deux comme des idiots ou chuchotent au téléphone pendant des heures, vous êtes un peu jalouse : vous réalisez que votre enfant ne vous appartient plus tout à fait et cela vous est pénible.

– Ce copain évoque chez vous des problèmes liés à votre propre histoire : un enfant que vous avez détesté petite ou qui vous a fait souffrir.

– S'il a 11-12 ans, que son corps est en train de se transformer et que son amitié pour tel ou tel devient très exclusive, vous avez peur, plus ou moins consciemment, que cette amitié tourne à l'idylle homosexuelle. Sans aller jusque-là, vous craignez que cet enfant ne prenne un ascendant sur le vôtre.

## Comment réagir ?

– Faites-vous une raison : le temps où vous orientiez les choix amicaux de votre enfant en faisant ami-ami avec leurs parents est révolu. À son âge, votre enfant choisit ses amis comme il en a envie. C'est le signe qu'il grandit, qu'il développe sa curiosité, cherche à s'ouvrir sur le monde par lui-même. Plus il grandira, moins vous contrôlerez sa vie. Vous avez tout intérêt à lui montrer que vous respectez ses goûts et ses coups de cœur.

– Évitez de critiquer le copain systématiquement, même si vous le trouvez sans intérêt et ne comprenez pas ce qui attire tant votre enfant en lui. Souvenez-vous de votre propre enfance et des éventuelles réflexions acides de vos parents sur tel ou tel camarade… Apprenez plutôt à connaître les amis de votre enfant. Invitez-les chez vous et discutez avec eux, cela produit souvent des retournements de situation spectaculaires. De toute façon, si vous gardez votre porte fermée, votre enfant continuera à les voir à votre insu, il se mettra peut-être à mentir et à vous cacher des choses.

– Voyez le bon côté de la situation. Les différents modes de vie, de culture, d'éducation font partie intégrante de notre société. Permettre à votre enfant de découvrir que d'autres familles vivent de façon différente est un enrichissement.

– Cet enfant est élevé à l'opposé de vos principes éducatifs : son travail scolaire est rémunéré, il a le droit de regarder la télévision le soir en semaine, il est trop gâté… Il est possible d'en discuter avec votre enfant. Demandez-lui de vous donner son avis, de formuler un jugement sur la manière dont sont élevés les enfants dans cette famille. Faites-lui remarquer que son copain a sûrement des qualités, que vous êtes contente qu'il puisse être ami avec lui, que vous l'appréciez même : cependant vous n'êtes pas d'accord pour l'élever, lui, ainsi.

– Ce sont les parents dont la tête ne vous revient pas ? Ne faites pas d'amalgame avec leur enfant. Ce dernier n'est pas responsable de sa famille.

## Vous craignez une amitié trop exclusive

Rassurez-vous. Entre filles, c'est une situation fréquente. Une relation très proche correspond parfois à une certaine nostalgie (souvent inconsciente) du lien mère-fille durant la petite enfance (voir chapitre 40 *Il se fâche sans arrêt avec ses copains*). Entre garçons, c'est plus rare – les garçons préfèrent les phénomènes de bande – mais cela peut arriver aussi. Dans ce cas, évitez les commentaires désagréables sur le (la) meilleur(e) ami(e). Cela reviendrait à remettre son choix en question et à lui signifier que vous êtes seule habilitée à savoir ce qui lui convient. Enfin, si c'est une relation homosexuelle qui vous fait peur, calmez-vous. Plus vous laisserez paraître votre inquiétude, plus vous lui ferez croire que ce qu'il fait est anormal et répréhensible. Vous risquez alors de l'installer dans un malaise et il pourra se sentir rejeté. Vous les retrouvez tous les deux sous la douche ? Faites un peu d'humour et rappelez les interdits. Puis, en aparté, rediscutez avec votre enfant de sujets dont vous avez déjà certainement parlé ensemble : l'intimité de chacun, la pudeur… S'il s'agit de votre fils, demandez à son père de lui parler d'homme à homme : même pour rire, ils ont passé l'âge de jouer aux pistolets à eau dans la baignoire (voir chapitre 85 *Son corps se transforme, comment lui en parler ?*).

## Votre enfant veut inviter un copain réputé violent à l'école

– Interrogez-le : « Est-ce que tu veux l'inviter parce que tu penses qu'il sera plus calme à la maison ? Ou bien parce que tu trouves qu'il représente une force que tu admires ? Ou encore parce qu'il arrive à être copain avec d'autres enfants que tu aimerais beaucoup avoir comme amis ? » Ne perdez pas de vue qu'un enfant qui fait des bêtises, répond aux enseignants, fait rire tout le monde, est toujours plus attirant que celui qui passe son temps à construire des maquettes et à réviser son solfège. Être ami avec un petit « caïd » permet sûrement à votre enfant de s'encanailler par procuration.
– S'il vous assure : « Avec moi, il ne sera pas violent », acceptez de faire un essai. Cependant, posez des conditions : « S'il se montre aussi violent que tu me l'as déjà expliqué, je n'accepterai pas qu'il remette les pieds chez nous. » Une fois chez vous, le copain en question se conduit mal ? Intervenez fermement. Regardez-le dans les yeux, saisissez son bras et dites : « Écoute, tu es le bienvenu ici, mais sous mon toit, je n'admets pas qu'on se parle, ni qu'on se conduise comme ça. » Chez vous, les copains et copines doivent respecter les mêmes règles et limites que celles que vous imposez à vos enfants.
– Profitez de l'occasion pour transmettre à votre enfant vos principes de vie. C'est vraiment l'âge où vous pouvez les lui enseigner. Avant, c'est un peu jeune, et après il sera très susceptible et agacé par votre « morale ». Ajoutez :

« Quant à toi, je souhaite que tu te comportes correctement quand tu es invité. » Dites-lui que cela vous choque de voir des enfants être insolents avec les adultes et violents avec les enfants. Bien sûr, votre enfant fera ce qu'il veut de vos principes éducatifs, mais il en restera toujours quelque chose. Il aura intériorisé le modèle parental et aura acquis la possibilité de parler librement de ce qu'il observe.

– Restez vigilante : si votre enfant reste fasciné par ce « caïd », reparlez avec lui de l'ascendant que ce copain pourrait prendre sur lui (voir chapitre 35 *Il est victime de violences dans la cour de récréation*).

## À méditer

– Un enfant est plus facile à garder avec un copain. Et si le vôtre était tout le temps seul, vous auriez plus de raisons de vous inquiéter (voir chapitre 39 *Il n'a pas d'amis*).

– Il est préférable qu'il rencontre ses copains chez vous. Plus votre porte sera ouverte, plus vous éviterez qu'à l'adolescence, votre enfant coupe sa vie en deux mondes étanches : celui des copains, à qui l'on dit tout, et celui des parents qui, de toute façon, ne comprennent rien…

# 42

# Il a honte de vous

*C'est nouveau ! Quand il se promène dans la rue avec vous et qu'il croise des copains, il fait semblant de ne pas vous connaître...*

## Pourquoi agit-il ainsi ?

– De plus en plus, il prend conscience de sa personnalité de sujet. En même temps, il développe une pudeur et craint le ridicule au moindre « écart » de votre part : chantonner dans la rue, raconter votre vie aux commerçants du quartier, brandir un lot de slips ou de petites culottes en plein magasin en lui demandant si ça lui plaît...

– Il a besoin d'autonomie et ne veut plus passer pour « le fifils (la fifille) à sa maman ». Même si, à d'autres moments, dans un autre contexte, il peut accepter de vous « montrer » à ses copains et même être fier de vous...

– Si vous l'accompagnez encore en classe, alors qu'il est au collège, son attitude témoigne qu'il n'en peut plus. À cet âge, il a besoin de s'approprier son « temps scolaire ». Il lui faut un moment pour passer de l'état d'enfant qui quitte la maison à celui d'élève qui rencontre ses pairs et démarre sa journée avec ses professeurs (voir chapitre 37 *Réussir le grand saut école-collège*).

– Réfléchissez. N'y a-t-il pas quelque chose, chez vous, qui le gêne ? Si vous avez l'habitude de venir le chercher à l'école avec votre charrette à provision remplie de poireaux, ne vous étonnez pas de lui faire honte, de l'entendre dire à son copain : « Comment elle m'a affiché, ma mère ! » (voir chapitre 12 *Il parle n'importe comment*). À cet âge, l'enfant est très conformiste. Par ailleurs, si, quand vous invitez ses copains chez vous, vous faites comme s'ils n'étaient pas là (en traînant en peignoir, par exemple), votre enfant risque de se sentir mal à l'aise. De même, si vous vous adressez à lui en l'appelant « mon chéri », « mon lapin » et en adoptant un ton trop protecteur.

## Comment réagir ?

– Respectez l'autonomie croissante de votre enfant. Dès le CE2-CM1, commencez, si possible, à le laisser aller seul en classe ou faire une course. Respectez une progression : un jour par semaine en CE2, deux en CM1, quatre en CM2… Au primaire, continuez, de temps en temps, à l'accompagner et à aller le chercher, pour lui signifier que ça vous fait plaisir et qu'il n'est pas totalement livré à lui-même. Au collège, si, en raison de la distance géographique, vous ne pouvez pas faire autrement que de l'accompagner, laissez-le au carrefour. Dites : « Tu grandis, j'en suis très fière et je suis complètement d'accord pour t'aider dans ce processus. Nous pouvons en reparler avec ton père. Si j'en fais trop ou pas assez, je suis prête à y réfléchir. »
– Anticipez les « situations à risque ». Dans la rue, quand vous croisez l'un de ses amis alors que vous faites des courses avec lui, montrez-vous la plus discrète possible, n'exigez pas qu'il vous présente et n'intervenez pas dans la conversation. Au besoin, laissez-les deux minutes seuls et demandez à votre enfant qu'il vous rejoigne chez le boulanger. Et bien sûr, montrez-vous discrète dans les magasins : ne racontez pas trop votre vie devant lui et ne sortez pas en petite tenue de la cabine d'essayage pour lui demander ce qu'il en pense…

## À l'avenir

Faites attention à la manière de vous présenter et de vous comporter devant votre enfant et ses copains. Et si vous n'en pouvez plus, parlez-en – discrètement – avec d'autres parents. Non seulement vous piquerez quelques fous rires, mais surtout vous réaliserez que tous les enfants, à un moment donné de leur vie, éprouvent un sentiment de honte vis-à-vis de leurs parents.

### Pour en savoir plus

**Dès 8 ans**

*La Fierté et la Honte*, Brigitte Labbé et Michel Puech, Les goûters philo, Milan.

*L'Être et l'Apparence*, Brigitte Labbé et Michel Puech, Les goûters philo, Milan.

# 43

# Il passe sa vie au téléphone

*Jusqu'ici, lorsque vous étiez pendue au téléphone, elle faisait la tête. Désormais, c'est vous qui n'en pouvez plus de ces conversations – et ces ricanements... – qui n'en finissent pas.*

## Pourquoi cet engouement soudain pour le téléphone ?

Pour l'une et/ou l'autre des explications suivantes :
– S'il est très jeune et pendu à votre téléphone (ou à celui de son père) aux heures de bureau, mais aussi le soir quand vous sortez, c'est sans doute parce qu'il vient de découvrir comment s'en servir tout seul et que cela l'amuse. Il est possible aussi que, plus ou moins consciemment, vous suscitiez chez votre enfant la volonté de vous tenir toujours au courant de ses activités. Ainsi, cela vous permet d'exercer un contrôle sur votre enfant.
– Il accède à une tranche d'âge qu'on qualifie aussi de « règne des copains ». C'est surtout à partir de 10-11 ans que les enfants commencent à être atteints de « téléphonite aiguë ». « Seule la voix parle, hors corps, à l'abri du regard de l'autre », écrivent Brigitte Cadéac et Didier Lauru [1]. Compréhensible, à cet âge où le corps commence à se transformer. Par ailleurs, le téléphone abolit le temps et l'espace : on peut être tout de suite en contact avec l'autre, sans attendre, ni se déplacer.
– Il devient autonome, s'autorise certaines libertés, s'exerce aux relations avec les autres et apprend la communication. C'est un signe de débrouillardise.
– Il est seul le soir en attendant votre retour. Téléphoner est un moyen de sentir une présence, d'occuper son temps, de se sentir moins seul.

1. *Génération Téléphone*, Albin Michel, 2002.

## Comment réagir ?

☐ **S'il vous appelle sans arrêt sur votre portable**

Posez des limites. Expliquez-lui : « Cela ressemble peut-être à un jeu pour toi de me téléphoner en permanence, mais quand je suis au bureau, j'ai des occupations sérieuses et je tiens à ne pas être dérangée à tout bout de champ. » Puis établissez avec lui un code de conduite. Exemple : obligatoire de vous appeler s'il lui est arrivé quelque chose ou si un imprévu se présente dans son emploi du temps (ex. : un copain l'invite à la sortie de l'école), mais fortement déconseillé – sous peine de punition en rentrant – en cas de dispute avec son frère, à propos de la dernière crème au chocolat du frigo... Dans ce cas, édictez, auparavant, la marche à suivre.

☐ **Si ce sont ses copains qu'il appelle pendant des heures**

– Cessez de vous demander ce qu'ils peuvent bien se raconter : cela a toujours été comme ça, souvenez-vous...
– Réfléchissez au contrat que vous pouvez passer avec votre enfant : appeler entre telle heure et telle heure, jamais pendant le dîner, toujours après les devoirs...
– Examinez avec lui votre facture détaillée pour évaluer le coût approximatif de ses appels. Donnez des exemples : « Cette facture correspond au prix d'une paire de rollers. »
– Pensez aux aménagements de ligne qui peuvent limiter les inconvénients de cette « téléphonite » : signal d'appel, système de blocage de certains numéros, code secret pour les parents... Renseignez-vous auprès de votre agence téléphonique, les offres sont très variées pour résoudre ce genre de problèmes.
– Ouvrez-lui une boîte-mail personnelle sur l'ordinateur familial et renvoyez-le aux mails pour échanger avec ses amis. Au moins, cela développera son sens de l'écrit, même si le langage qu'on y utilise (proche de celui des SMS) ne stimulera pas son orthographe... Mais enseignez-lui avant les dangers d'Internet (voir chapitre 57 *Lui apprendre à se protéger sur Internet*).
– N'excluez pas de lui offrir un portable (à carte), ainsi il pourra gérer ses appels en toute responsabilité (voir chapitre 17 *Il veut un portable*). Quitte, si vous craignez le racket, à cantonner son usage à la maison.
– Vous trouvez que ses amis ne se présentent pas correctement au téléphone ? Profitez-en pour lui apprendre à se servir lui-même poliment du téléphone. Repérez ceux de ses copains qui savent se présenter et dites-le-lui (voir chapitre 9 *Il ne dit jamais bonjour, merci, s'il te plaît*).

### POUR EN SAVOIR PLUS

**Pour les parents**

*Génération téléphone*, Brigitte Cadéac et Didier Lauru, Albin Michel, 2002.

# 44

# Il veut aller au cinéma avec des copains

*Jusqu'ici, le cinéma était une aventure familiale. Mais il vient de vous demander de le laisser y aller seul avec des copains. Déjà ?!*

## Calmez-vous

Qu'il fasse cette demande est plutôt positif. C'est le signe qu'il est curieux et a envie de grandir, de franchir un cap dans son autonomie. C'est une manière symbolique de vous demander si vous le trouvez assez grand. Vous pouvez être fière.

## Cette demande est-elle envisageable ?

Comme toujours, tout dépend de votre enfant et du contexte. Voici les questions que vous devez vous poser pour le savoir :
– Votre enfant est-il très autonome, capable de rentrer seul de classe (voir chapitre 49 *Il veut rentrer seul de classe*), de gérer ses fournitures scolaires (en allant, par exemple, se racheter tout seul une gomme, quand c'est nécessaire), de rester seul à la maison, de faire face à un imprévu, de téléphoner pour prévenir de son retard, etc. Tout cela dépend aussi de sa place dans la fratrie : est-il l'aîné, le cadet, le benjamin ?
– Où habitez-vous ? Près ou loin d'un cinéma ? Où se trouve le cinéma le plus proche ? Dans une rue tranquille ou sur une immense artère ? Dans un quartier sans problème ou dans une zone à risques ?
– Les copains avec lesquels il forme ce projet. Les connaissez-vous ? D'où sortent-ils ? S'il vient juste de les rencontrer au vidéoclub, il vaut mieux qu'il renonce tout de suite. S'il s'agit de copains du quartier dont vous connaissez les parents, on peut l'envisager.

– Le film qu'ils veulent voir. Renseignez-vous avant. Si celui-ci vous semble trop violent ou raconte une histoire qui n'est pas en rapport avec les préoccupations d'un enfant de son âge, vous êtes parfaitement en droit de vous opposer à cette demande tout en reconnaissant et en comprenant son désir.
– Êtes-vous d'accord avec son père ? Votre enfant doit sentir une autorité conjointe et une cohérence entre vous deux. Il est souhaitable qu'il comprenne ce qui est important pour vous deux.

## Les conditions pour que ça marche

– Les premières fois, accompagnez-les après avoir réservé leurs places. Choisissez plutôt un petit cinéma de quartier qu'un grand complexe sur les Champs-Élysées. Préférez un samedi ou un dimanche, pour que vous puissiez les conduire. Assurez-vous qu'ils aient bien leurs billets et donnez-leur rendez-vous à tel endroit, à la sortie.
– Faites les mises en garde indispensables : qu'ils n'engagent pas la conversation avec leurs voisins, n'acceptent aucun bonbon, ni boisson, restent bien à leurs places, ne suivent personne, n'aillent pas aux toilettes (celles-ci sont souvent placées dans des endroits aussi glauques qu'éloignés et on a tous en tête des faits divers sordides dans des WC publics). Ils vont au cinéma, point. Quand ils seront plus grands, ils pourront avoir plus de liberté. Enfin, s'ils voient quelque chose d'anormal, qu'ils n'hésitent pas à vous en parler. Vous vous demandez si tout cela n'est pas angoissant pour eux ? Peut-être, mais de toute façon, il est préférable de les avertir des dangers, plutôt que de ne rien dire. Si vous êtes angoissée, ils le sentiront et resteront dans un malaise sans pouvoir l'exprimer avec des mots.

## Vous estimez que les conditions ne sont pas réunies ?

☐ Il n'est pas assez autonome

Expliquez-lui que s'il accepte de prendre un certain nombre de responsabilités (ex. : surveiller son petit frère deux heures un après-midi, remplacer les affaires manquantes dans son cartable, aller se faire couper les cheveux ou se faire refaire des photos d'identité seul...), alors vous accepterez de répondre à son désir.

☐ Le film ne vous convient pas

Donnez vos raisons et proposez-lui d'en voir un autre plus adapté à son âge. Vous pouvez aussi suggérer qu'il revoie un film qu'il a déjà vu et aimé : les enfants adorent revoir avec un copain un film déjà vu. Il proteste ? Les autres parents, eux, sont d'accord pour ce film violent ou inadapté à son âge ? Répondez-lui que chaque parent élève ses enfants comme il l'entend, mais qu'en ce qui vous concerne, ce film, à son âge, pas question ! Restez ferme et assumez de passer pour un parent ringard aux yeux de votre enfant. Déculpabilisez : au fond de lui, un enfant est toujours fier d'avoir des parents qui donnent des limites et ne le laissent pas livré à lui-même. Il claque la porte, vous traite de tous les noms, vous dit que vous ne comprenez rien et qu'il est « le seul » de sa classe à ne pas avoir vu ce film ? Rétorquez : « Écoute, tu es le seul à être mon fils (ma fille) et les autres parents font comme ils pensent. » Avancez vos arguments et laissez-lui une porte ouverte : quand il sera plus grand, la règle sera différente. Et si vraiment, vous vous sentez honteuse d'agir ainsi, reportez-vous au chapitre 1 *Vous n'arrivez pas à lui dire non*.

# 45

# Il veut faire une boum

*Vous n'en étiez plus à la pêche à la ligne, mais la boum, vous pensiez gagner un an ou deux... Problème : il ne veut plus entendre parler de « goûter » pour fêter son anniversaire.*

## Est-ce normal ?

Oui. Dès 8-9 ans, les enfants n'aiment plus parler de « goûter d'anniversaire », mais de « boum », et ce, même si, au début, leurs fêtes sont plus proches des premiers que des seconds.

## Faut-il s'incliner ?

Vous pouvez penser qu'il est encore un peu jeune et qu'il cherche à singer les adolescents. Mais si cette demande traduit un certain désir d'émancipation par rapport à vous, un souhait de marquer sa différence avec les plus petits, il signe surtout sa volonté d'intégration dans son groupe de pairs. Inutile cependant d'anticiper son désir en lui proposant une boum, s'il n'y a pas pensé lui-même.

☐ Vous le trouvez trop jeune

Il réclame une boum comme son frère ou son cousin, mais vous trouvez qu'il n'en est vraiment pas là – il est encore beaucoup dans l'imaginaire et le plaisir du jeu ? Dans ce cas, n'hésitez pas à trancher : « L'année prochaine, on pourra l'envisager, mais cette année, je pense que ça ne t'apportera pas grand-chose, ni à toi, ni à tes copains. » Mais proposez-lui une formule d'anniversaire différente. Il a passé l'âge de la pêche à la ligne... L'emmener au cinéma avec quatre copains, puis rentrer souffler les bougies à la maison, peut être un bon compromis – avec l'avantage supplémentaire de limiter le bazar dans la maison… Autre possibilité : inviter deux ou trois de ses copains pour une *pyjama-party*. Importée des États-Unis, cette coutume remporte beaucoup de succès chez les pré-ados. Vous leur demandez d'apporter un tapis de sol ou un futon transportable (en vente à la Redoute, tél. : 0892 350 350) et un sac de couchage. Ils s'installeront tous par terre dans la même chambre. Au programme : pizzas ou hamburgers, Coca et feu de camp avec des lampes de poche. Si vous êtes en forme, vous vous transformez en cheftaine et leur organisez des jeux. Si c'est au-dessus de vos forces, un bon film et quelques esquimaux feront l'affaire.

### ☐ Vous trouvez qu'il a l'âge

Voici quelques conseils pour que la boum reste adaptée à votre pré-ado :

– Les horaires : avant 12 ans, l'après-midi avec les rideaux fermés reste tout à fait possible. À partir de 12 ans, vous pouvez commencer les festivités à 19 heures et les achever vers 22 h.

– Le lieu : si vous disposez d'un garage ou d'une cave aménagée, c'est l'idéal, sinon vous devrez leur abandonner le salon. La veille, demandez de l'aide à votre enfant pour préparer le lieu de la fête. Ôtez bibelots, lampes et tapis. Déménagez dans une autre pièce table basse et fauteuils fragiles. Recouvrez votre canapé d'un grand drap. Si vous êtes maniaque, protégez aussi le dessus de vos meubles…

– Le buffet : évidemment, pas d'alcool, du Coca et des jus de fruits, mais s'il insiste, n'excluez pas une bouteille de Champomy, au moment du gâteau. Vous craignez que cela ne soit une incitation à boire de l'alcool dès que ce sera possible ? De toute façon, s'il vous voit déboucher une bouteille de champagne dans les moments de convivialité, il saura faire la différence entre l'alcool dégusté à l'occasion d'une fête et celui consommé quotidiennement pour l'effet qu'il procure (voir chapitre 26 *Lui parler – utilement – de la drogue et de l'alcool*). Jusqu'à 11-12 ans, des gâteaux, des chips et des bonbons. À partir de 12 ans, des mini-pizzas, des mini-quiches et des saucisses cocktail.

– Les éclairages : une petite rampe de spots clignotants fera l'affaire. Si vous trouvez une « boule disco » (boule multicolore de la taille d'une balle de tennis qui fait beaucoup d'effet pour un embêtement minimum car sans fil) dans un bazar ou une boutique de cadeaux, n'hésitez pas à en acheter deux ou trois et à les disposer à différents endroits de la pièce.

– La sono : une grande sœur ou un cousin à la chaîne hi-fi. Si vous n'avez personne sous la main et que votre enfant est d'accord, proposez-lui que ce soit son père ou vous qui passiez les disques. Demandez aux invités d'apporter leurs CD, sans oublier au préalable de les marquer à leur nom.

Si vous sentez qu'il n'y a aucune ambiance, proposez quelques jeux. Voici les plus fréquents :

• les statues : quand vous arrêtez la musique, les danseurs doivent s'immobiliser dans leur position. Ceux qui continuent à danser sont éliminés ;
• la bouteille : assis en rond par terre, les filles d'un côté, les garçons de l'autre. On fait tourner une bouteille comme une toupie. Quand la bouteille s'arrête, elle désigne par ses deux extrémités le couple qui doit danser ensemble ;
• le jeu de Super DJ : aux premiers sons d'un morceau de musique, il faut trouver le plus vite possible le titre et le nom de l'interprète ;
• le quart d'heure américain : les filles choisissent le partenaire avec lequel elles veulent danser un slow ;
• le concours de danse : pour former les couples, les filles tirent un nom au sort dans un chapeau et inversement.

– Votre présence : bien sûr, vous êtes là quand les enfants arrivent pour les accueillir, puis surveiller d'un œil discret que l'excitation ne monte pas trop, réparer quelques débordements de verre de Coca, sans crise de nerfs… En revanche, vous n'êtes pas censée rester au milieu de la piste de danse. Faites-leur confiance. De toute façon, votre disc-jockey veille au grain… Avant cela, vous aurez prévenu votre enfant que si quelque chose n'allait pas, il vienne tout de suite vous alerter.

☐ Ce que vous ne devez pas accepter

– Avant 12 ans, il y a peu de chance que cela arrive, mais on ne sait jamais : les gens qui ne sont pas invités ; les invités qui font le tour de l'appartement, se servent de votre téléphone, allument des cigarettes ou apportent de l'alcool.

– À partir de 12 ans, ils essaient souvent de s'embrasser dans les coins, fermez les yeux, sauf si vous en découvrez dans votre chambre : dans ce cas, restez calme, mais soyez ferme. Dites : « Écoutez, non, je pense que vous n'êtes pas tout à fait à votre place. Vous êtes en dehors des limites que j'avais fixées. C'est une boum, retournez danser avec les autres. » Mais n'en rajoutez pas, inutile de les gêner davantage.

☐ Ce qui ne doit pas vous surprendre

Dans les premières boums, il existe souvent un décalage entre les filles et les garçons. Alors que les premières dansent avec plaisir (au besoin entre elles), les seconds en sont encore souvent aux glissades sur le sol… Et avant un certain âge, il n'est pas rare qu'ils se lassent de la boum au bout d'une heure, d'où l'intérêt de relancer l'ambiance avec des jeux (voir plus haut).

**POUR EN SAVOIR PLUS**

**Pour les parents**

*Animer un anniversaire d'enfant, 1001 idées, conseils et jeux pour réussir une fête inoubliable*, Pierre Le Carme et Janine Madej, Marabout, 2003.

# VI.

# INDÉPENDANCE, AUTONOMIE, SENS DU DANGER

# 46

# Il perd ou oublie toutes ses affaires

*Un matin sur deux, c'est la même comédie. En le voyant partir en pull par – 5°, vous lui demandez de mettre son anorak. Et il vous répond : « Je l'ai oublié hier en classe. » Quand saura-t-il prendre soin de ses affaires ?*

## Pourquoi ne pense-t-il pas à ses affaires ?

Pour l'une et/ou l'autre des raisons suivantes :

– C'est une question de nature. Les enfants sont plus ou moins distraits. Certains sont à l'aise dans le concret, d'autres sont plus détachés des contingences matérielles.

– Il commence à prendre de l'autonomie. Vous le responsabilisez de plus en plus et il éprouve une certaine euphorie devant cette liberté naissante. On pourrait penser qu'il deviendrait plus responsable, mais en fait il est un peu grisé. Résultat : il laisse de côté le concret.

– Il est amoureux ou bien trop absorbé par ses collections et sa gameboy. Son esprit est ailleurs, il en oublie parfois la notion du temps.

– Il s'oppose plus ou moins consciemment aux règles que vous énoncez et donc à votre modèle et/ou à celui de son père.

– Vous êtes trop sur son dos : « N'oublie pas ta trousse, mets ton écharpe et tes lunettes ! » En pensant à sa place, vous l'empêchez de prendre ses responsabilités.

– Il copie plus ou moins consciemment votre modèle ou celui de votre conjoint. Si vous passez votre temps à chercher vos clés et votre téléphone portable, c'est peut-être une question d'atavisme familial…

## Comment réagir ?

– Dédramatisez. Ces oublis ont toujours existé. Souvenez-vous…
– Comprenez qu'il ne fonctionne pas de la même façon que vous. L'enfant vit dans le présent : pour lui, sortir de l'école signifie d'abord aller au jardin ou rentrer goûter et non récupérer sa parka au portemanteau. Il oublie ses manuels scolaires ? Cela peut traduire un manque de motivation pour l'apprentissage scolaire. Mais cela n'est peut-être que ponctuel. Éventuellement, il peut s'agir d'un enfant très anxieux qui, comme par hasard, oublie pile le livre auquel il aurait dû penser. Dans ce cas, l'enfant est souvent prisonnier d'une forte anxiété. Il faut rester vigilant car ce peut être le début, pour lui, de l'installation dans une conduite d'échec.
– Ne faites jamais comme si vous n'aviez pas vu. Signifiez au contraire à l'enfant que vous vous êtes aperçue de son oubli.
– Évitez les « Mon pauvre garçon, une fois de plus… » et autres « Évidemment, tu n'y as pas pensé… ». Toutes formules culpabilisantes qui l'installent dans le statut d'enfant incompétent et lui laissent peu de chance de s'améliorer.
– S'il a oublié un cahier nécessaire pour les devoirs, obligez-le à téléphoner à un copain de sa classe, voire à se déplacer pour récupérer l'énoncé de l'exercice à faire. N'y allez pas vous-même, il doit se débrouiller. S'il est petit, aidez-le éventuellement à prendre des notes sous la dictée, au téléphone. Bien sûr, si c'est vous qui avez oublié de rendre le carnet de correspondance signé à temps, ne lui faites pas porter le chapeau vis-à-vis de l'établissement.

## Par la suite

– Apprenez-lui à anticiper. Mais au lieu d'énumérer avec agacement tout ce qu'il ne doit pas oublier, proposez-lui d'énoncer lui-même les affaires auxquelles il doit penser. Laissez-le, si cela le rassure, se faire un pense-bête dans son cartable. C'est beaucoup plus dynamique et moins culpabilisant. Cela vous enlèvera un poids, vous aurez moins l'impression d'être dans l'hypercontrôle. Dites-lui : « C'est ta responsabilité. »
– N'hésitez pas à lui parler de vos propres obligations. Exemple : « Moi, aujourd'hui, j'ai un rendez-vous à telle heure, je ne peux pas être en retard, je penserai à toi à tel moment car je sais que c'est important pour toi. »

## Ces oublis persistent ?

– Assurez-vous qu'il n'est pas victime de racket (voir chapitres 36 *Lui apprendre à se protéger du racket* et 35 *Il est victime de violences dans la cour de récréation*).

– Vérifiez qu'il ne fait pas du troc avec ses copains. À cet âge, les enfants sont obsédés par les marques, ils désirent tout posséder tout de suite et il n'est pas rare qu'ils s'échangent un blouson contre un jeu électronique (voir chapitres 13 *Il a un look pas possible* et 14 *Il est accro aux marques*). Dans ce cas, soyez très ferme : remettez les choses en l'état antérieur et entrez en contact avec l'autre parent.

**POUR EN SAVOIR PLUS**

*Max est dans la lune*, Dominique de Saint Mars et Serge Bloch, Calligram.

# 47

# Il ne veut plus rester à la cantine

*Après la Toussaint, déjà, il avait fait une tentative, mais vous n'aviez pas cédé, arguant qu'il n'y avait pas d'autres solutions. Aujourd'hui, il vous relance et vous supplie de le laisser déjeuner seul à la maison.*

## Pourquoi cette demande ?

– Il ne supporte plus la cantine. Il vous dit que la nourriture y est mauvaise, le bruit infernal et les conditions insupportables : il faut déjeuner à toute vitesse pour laisser la place aux suivants, puis attendre dans le froid dans la cour. Tout cela le fatigue.
– Il veut aussi vous montrer qu'il grandit et s'affirme.

## Refusez si...

– Il a moins de 10-11 ans et vous ne le sentez pas prêt à assumer cette nouvelle responsabilité. Dans ce cas, essayez de diminuer les jours de cantine et d'organiser un échange de déjeuner avec un autre enfant.
– Il n'a pas encore l'habitude d'avoir une clé de la maison et de la gérer. Donner une clé à l'enfant est envisageable dès qu'il a 8-9 ans, pour lui laisser le temps de se l'approprier et lui donner le sentiment de rentrer chez lui, non seulement chez vous. C'est une responsabilité qui l'aide à prendre confiance en lui et donc à grandir. Une solution satisfaisante et peu risquée est de lui offrir un bon porte-clés avec mousqueton, qu'il pourra accrocher à son jean. Vous avez peur qu'il ne la perde ? Vous pouvez éventuellement scotcher un double au fond de son cartable, mais jamais avec votre adresse, ou laisser toujours un jeu chez la gardienne, si vous en avez une. Laissez-le se servir de sa clé quand il sort faire une course ou même rentre avec vous. Vous crai-

gnez qu'il rentre à la maison à un moment inopiné ? Posez des règles : il doit toujours vous avertir en cas d'imprévu.
– C'est vous qui n'êtes pas prête à le laisser assumer cette nouvelle responsabilité. Dans ce cas, soyez cohérente. Ne le poussez pas non plus à se garder seul le soir. Et essayez d'évoluer : il est indispensable que vous permettiez à votre enfant de grandir, même si c'est stressant pour vous...

## Acceptez si...

– Vous avez bien réfléchi. En effet, il est plus facile d'arrêter la cantine que de recommencer à y aller régulièrement.
– Il est en CM2 et déjà assez mûr. Au collège, tout dépend de son autonomie. L'année des grands changements n'est peut-être pas la plus appropriée pour passer ce cap supplémentaire. Il devra déjà s'habituer à différents professeurs, différentes salles de classe. S'il doit apprendre en plus à déjeuner seul, cela fait beaucoup d'autonomie d'un coup. C'est pourquoi il vaut mieux tenter l'expérience auparavant. Par ailleurs, au collège, cela vous rassurera peut-être de le laisser à la cantine. Ainsi, vous aurez la garantie que votre enfant ne traîne pas dans les rues à l'heure du déjeuner.
– Vous respectez une progression. D'abord un jour par semaine, puis deux, etc.
– Vous ne lui donnez pas la responsabilité de sa petite sœur ou son petit frère. C'est trop de responsabilité.

## Les conditions pour que ça marche

– Préparez son repas la veille, en concertation avec lui. Dans un premier temps, choisissez un plat froid qu'il n'aura plus qu'à sortir du réfrigérateur. S'il est dégourdi, vous pouvez prévoir une assiette à passer juste au four à micro-ondes. Mais évitez, pour l'instant, le steak à frire ou l'eau des pates à faire bouillir.
– Demandez-lui de ranger son assiette dans le lave-vaisselle et de jeter les détritus à la poubelle.
– Ne le laissez pas regarder la télévision, ni jouer aux jeux vidéo. En effet, d'après le psychanalyste Serge Tisseron, auteur d'une recherche gouvernementale sur l'impact des images sur les enfants, regarder la télévision ou jouer aux jeux vidéo juste avant la classe n'est pas souhaitable : ces écrans créent chez l'enfant un état d'excitation qui ne le laisse pas, ensuite, disponible pour les apprentissages scolaires (voir chapitre 55 et suivants). S'il se sent seul, proposez-lui plutôt d'écouter la radio ou ses disques. Insistez sur la confiance que vous lui faites. Dites : « Je compte vraiment sur toi, tu peux m'appeler au téléphone si tu as un problème. »

– Peut-il inviter un camarade? Sûrement pas à l'improviste. En revanche, s'il a un bon copain dont vous connaissez les parents, vous pouvez vous mettre d'accord pour un échange : un jour chez vous, un jour chez lui. D'ailleurs, il est toujours préférable que l'enfant partage son repas avec quelqu'un. Le repas est aussi un moment d'échange et de convivialité (voir chapitre 21 *Il n'aime que la « junk food »*).
– Rappelez les précautions d'usage : n'ouvrir à personne quand il est seul à la maison, bien refermer la porte en repartant, ranger sa clé. Évidemment, il n'a pas le droit d'aller faire un tour dans le quartier avec des copains, encore moins d'aller jouer au flipper dans un café.
– Dans les premiers temps, faites passer une voisine ou la gardienne pour vérifier que tout va bien. Mais prévenez-le avant. Il proteste que vous ne lui faites pas confiance? Répondez calmement : « Oui, c'est vrai, j'ai peut-être du mal à te voir grandir. Mais cela me rassure, et puis l'essentiel est que j'ai accepté que tu n'ailles plus à la cantine, non? »
– Il a bien respecté vos consignes? N'oubliez pas de le féliciter, il vient de franchir une étape.

## POUR EN SAVOIR PLUS

**Dès 8 ans**

*Les Petits et les Grands*, Brigitte Labbé et Michel Puech, Les goûters philo, Milan.

# 48

# Il veut rentrer seul de l'école

*Aller seule en classe, elle sait le faire. En revenir, vous êtes sûre qu'elle saura, mais vous craignez pour sa sécurité : contrairement à l'aller où un flot de personnes converge vers l'école, au retour, chacun prend sa direction. Et le drame de la petite Estelle est encore dans votre tête.*

## À quel âge, est-ce envisageable ?

Dès le CE2, il est normal que l'enfant en ait envie et que l'on tente quelques expériences. Mais, comme toujours, tout dépend de votre enfant. Est-il très autonome, capable de gérer seul ses fournitures scolaires, de rester seul à la maison, de faire face à un imprévu, de téléphoner pour prévenir de son retard ? Tout cela dépend aussi de sa place dans la fratrie : est-il l'aîné, le cadet, le benjamin ? Avant de dire oui, explorez bien ses raisons. Si c'est pour aller acheter des bonbons tous les soirs, ce n'est peut-être pas le bon moment pour céder.

Tout dépend aussi du contexte. Où habitez-vous ? Près ou loin de l'école ? Pour rentrer, doit-il passer dans des rues tranquilles ou traverser d'immenses artères ? Le quartier est-il sans problème ou dans une zone à risques ? À quelle heure sort-il ? À 16 h 30 ou à 18 heures après l'étude, quand il fait nuit l'hiver ?

## Les conditions pour que ça marche

– Habituez-le, au préalable, à avoir sa clé et à l'assumer. C'est envisageable dès que l'enfant a 8-9 ans, pour lui laisser le temps de se l'approprier et lui donner le sentiment de rentrer chez lui et pas seulement chez vous. C'est une responsabilité qui l'aide à prendre confiance en lui et donc à grandir. Une solution satisfaisante et peu risquée consiste à lui offrir un porte-clés à mousqueton, qu'il pourra accrocher à son jean. Vous avez peur qu'il ne la perde ? Vous pouvez peut-être en scotcher un double au fond de son cartable, sans votre adresse. Ou en laisser toujours un jeu chez la gardienne, si vous en avez une. S'il est du genre distrait, rajoutez éventuellement un porte-clés spécial qui permet à la personne qui le retrouve de le jeter dans une boîte aux lettres. Renseignez-vous auprès de votre serrurier ou de votre banque. Dans le quotidien, apprenez-lui à se servir de sa clé quand il sort faire une course ou même rentre avec vous. Vous avez peur qu'il ne débarque à la maison à un moment inopiné ? Apprenez-lui à vous avertir systématiquement lorsqu'un imprévu se présente dans l'emploi du temps.

– Faites les choses progressivement. Négociez d'abord qu'il rentre seul une fois de temps en temps et sous votre contrôle ou celui de la baby-sitter. Par exemple, vous allez le chercher, mais vous l'envoyez chercher le pain pendant que vous ramenez sa petite sœur à la maison. Puis, si vous habitez loin, vous pouvez lui donner rendez-vous à mi-chemin. Enfin, vous le laissez rentrer complètement seul avec sa clé.

– Mettez-vous d'accord sur le trajet et exigez qu'il n'en dévie sous aucun prétexte. Ainsi, s'il est en retard, vous saurez où aller le rechercher. Dites : « Si tu n'es pas à l'heure, je viendrai à ta rencontre, donc je dois être sûre du trajet que tu prends. »

– Rappelez-lui les règles de prévention : ne suivre personne – même en cas de froid glacial –, éviter d'engager la conversation avec quiconque qu'il ne connaît pas – même si on lui dit que ce sont ses parents qui l'envoient –, ne pas aller chez un copain à l'improviste, ne pas faire de détour par la boulangerie pour s'acheter des bonbons.

– Passez un contrat avec lui où vous anticiperez tous les cas de figure qui peuvent se produire. En cas d'imprévu, s'il a peur, incitez-le à se réfugier dans un magasin où on le connaît, sinon dans une pharmacie, un lieu relativement sûr partout.

– Il veut jouer dans la rue avec ses copains après l'école ? Ce n'est pas raisonnable. C'est beaucoup plus risqué qu'autrefois. Et puis, ce n'est pas au moment où il apprend à rentrer seul que cela peut s'envisager. Pour avoir confiance, vous devez savoir exactement où il se trouve, à quelle heure.

– Une fois à la maison, demandez-lui de vous appeler au bureau, dans les premiers temps tout du moins. Non seulement pour vous rassurer, mais aussi pour qu'il se sente fier de lui et ait le sentiment de remplir son contrat. Félicitez-le : « Je suis très contente, je pense que tu peux être fier de toi, je te félicite. »

## Pour en savoir plus

**Dès 8 ans**

*Max et Lili se sont perdus*, Dominique de Saint Mars et Serge Bloch, Calligram.

*Les Petits et les Grands*, Brigitte Labbé et Michel Puech, Les goûters philo, Milan.

# 49

# Vous sortez le soir, jusqu'à quand prendre une baby-sitter ?

*Elle devient plus responsable et vous aimeriez faire diminuer votre budget de garde d'enfant. Et si, avec son frère et sa sœur, ils se gardaient tout seuls ?*

## À quel âge est-ce envisageable ?

Vous pouvez y penser, vers 10-11 ans, avant la fin du primaire, afin que votre enfant n'ait pas à affronter tous les changements d'un coup, lors de l'entrée au collège. De plus, s'il a déjà fait cette expérience avec succès, cela renforcera son sentiment d'estime de soi, nécessaire pour développer encore plus d'autonomie au moment du passage en 6e.
Cela étant, tout dépend du contexte et notamment, des éléments suivants :
– La composition de la fratrie et l'ambiance qui y règne. Un enfant unique a souvent plus de mal à se garder seul que des frères et sœurs qui se serrent les coudes, il peut être nécessaire d'attendre plus longtemps. Dans une fratrie, il vaut mieux attendre que le dernier né ait 4-5 ans avant de tenter l'expérience – sauf à l'exiler chez ses grands-parents pour laisser les grands seuls. C'est une trop grande responsabilité pour l'enfant : il ne peut pas à la fois gérer son autonomie, profiter de la petite fête que vous lui proposez (voir plus loin) et avoir la charge d'un petit. Si les plus grands sont très rapprochés, assurez-vous qu'il existe, entre eux, une certaine convivialité et pas trop de violence… Cela étant, il est fréquent qu'en l'absence des parents, les frères et sœurs, jusque-là très rivaux, se transforment en copains de toujours.
– L'immeuble ou la maison : y a-t-il des voisins ou une gardienne prêts à intervenir en cas de besoin ?
– L'initiative du projet : est-ce votre enfant qui le demande ou vous qui en avez envie ? La plupart du temps, l'enfant attend qu'on le lui propose. S'il demande à rester seul le soir de façon précoce, interrogez-vous sur les

raisons profondes de cette requête : est-ce pour faire n'importe quoi, profiter d'une totale liberté, en votre absence ? Ou pour vous faire comprendre son désir d'autonomie si vous le couvez trop ?
– Le degré d'autonomie de votre enfant : est-il déjà habitué à rester seul dans la journée pendant que vous allez faire une course ? Sait-il se prendre en charge dans la maison ?

## Les conditions pour que ça marche

– Il doit être prêt dans sa tête. Si vous sentez une réticence, n'insistez pas. Dites : « Je comprends que tu ne sois pas prêt, que tu trouves cela prématuré. » Renouvelez la proposition d'ici quelques semaines. Évitez, bien sûr, de réaliser ce projet après un cambriolage dans le quartier. Ce n'est vraiment pas le moment.
Il veut bien rester seul à condition d'inviter un ami ? Ce n'est pas une bonne idée au début : avec un copain, on augmente les risques de dérapage et on l'empêche de faire l'expérience d'une certaine solitude qui le rendra plus solide. Les inquiétudes et les excitations se répercutent les unes sur les autres et se majorent souvent. Dites-lui : « Pour le moment, je préfère qu'on essaie de voir comment tu réagis quand tu es seul et que tu te rendes compte que tu peux compter sur toi-même. Après, nous verrons. » S'il refuse de rester seul sans un copain, c'est sans doute qu'il n'est pas prêt. Dans ce cas, il vaut mieux différer.
– S'il garde son petit frère, qui a 4-5 ans, il vaut mieux que ce dernier soit couché avant votre départ. C'est une trop grande responsabilité pour l'aîné de lui demander d'assumer les « j'veux pas dormir » et autres « j'veux faire pipi » de son cadet. Cela pourrait lui couper l'envie de recommencer.
– En cas de fratrie rapprochée, ce n'est pas le grand qui garde le petit, mais deux enfants qui se gardent ensemble en se tenant compagnie. Il est important de les responsabiliser en leur laissant des consignes communes, notamment concernant l'heure du coucher. Bien sûr, si l'un d'entre eux faisait une grosse bêtise qui les mettrait en danger, l'autre devrait vous prévenir immédiatement. Soyez attentive, néanmoins, à ce que l'aîné exerce ses responsabilités d'aîné, sans autoritarisme, ni sadisme.
– Faites les choses progressivement. Les premières fois, sortez dans votre quartier, chez des amis proches qu'il connaît ou dans un restaurant voisin. Cela créera un sentiment de sécurité. Il saura qu'en cas de pépin, vous pourriez être de retour en quelques minutes. Ce n'est que lorsqu'il aura 13-14 ans, selon le contexte, que vous pourrez partir au théâtre ou au cinéma sans pouvoir être jointe, le temps du spectacle.
– Tentez l'expérience le week-end pour que l'enfant ait quelque chose à y gagner en terme de liberté : un DVD loué au vidéoclub, avec votre accord,

une pizza – livrée en votre présence. Ainsi, lui aussi aura le sentiment de faire la fête. De plus, cela rendra beaucoup plus facile d'obtenir qu'il se couche à une certaine heure (décidée avec vous), content de lui et serein.
– Enregistrez sur votre téléphone les numéros dont il pourrait avoir besoin : pompier, Samu, grands-parents, amis… Ou laissez une liste visible près du téléphone. Bien sûr, laissez toujours un numéro où l'on puisse vous joindre.
– Mettez-le en garde dans le cas où l'on sonne à la porte ou au téléphone. Qu'il réponde : « Mes parents sont chez les voisins, ils vont rentrer tout de suite. » Et qu'il vous appelle ensuite.
– Soyez ponctuelle. Dans les premiers temps, convenez d'une heure de retour et respectez-la. Cela rassurera votre enfant.
– Permettez-lui de vous appeler, même pour rien, s'il en a envie. Quant à vous, promettez-lui de lui passer un petit coup de fil, au milieu de la soirée, pour savoir si tout va bien.
– Autorisez-le, si vous sentez une appréhension, à se coucher dans votre lit jusqu'à votre retour. Ainsi, il sera sûr que vous l'embrasserez en rentrant.

## L'aventure est négative, comment réagir ?

Il vous a appelée, mort de peur, trois fois de suite, et vous avez fini par rentrer.
– Ne dramatisez pas, ne l'humiliez pas, avec des petites phrases du genre : « On t'avait prévenu », « On te faisait confiance ». Vous risquez de le bloquer et de lui couper l'envie de grandir et progresser. Dites plutôt : « Nous avons essayé, tu n'étais pas totalement prêt. Nous n'avions pas suffisamment anticipé certaines choses. Nous verrons ensemble pour une autre fois. »
– Réfléchissez. Votre conjoint et vous-même aviez-vous vraiment envie que l'expérience réussisse ? Êtes-vous prêts à renoncer au contrôle que vous exercez sur votre enfant, bien décidés à ce que les choses ne se passent pas exactement comme elles se seraient passées si vous aviez été là ? À l'âge de votre enfant, accéder à l'autonomie est absolument nécessaire. Vous devez prendre sur vous pour laisser votre enfant acquérir indépendance, maturité et confiance en lui et en vous. En continuant, plus ou moins activement, à tout contrôler chez l'enfant, vous bloquez les conditions nécessaires à l'acquisition de son indépendance et son autonomie de penser, raisonner, exercer son esprit critique et former son jugement. Cela peut nuire à ses capacités d'analyse et de synthèse et retentir sur sa curiosité intellectuelle. L'enfant peut ne pas se sentir autorisé (symboliquement, s'entend) à penser par lui-même. Il risque de rester confiné dans une dépendance affective et intellectuelle par rapport à vous. Vous le trouvez bien jeune pour prendre son autonomie ? Vous vous trompez. C'est entre 8 et 12 ans que l'enfant acquiert le raisonnement logique, les notions d'universalité et d'irréversibilité qui lui permettent de comprendre qu'il va devenir une grande personne. Un trop

grand contrôle des parents développe une inhibition, une réserve excessive et, au bout du compte, un manque d'estime de soi puisque l'enfant se dit : « J'y arriverai jamais. » Si vous-même avez été surprotégée très tard ou, au contraire, êtes devenue autonome trop vite, vous risquez de couver votre enfant à l'excès. Le renoncement que vous devez opérer passe par une certaine prise de risque pour lui. Cela vous rend peut-être anxieuse, mais c'est absolument nécessaire pour votre enfant et la dynamique de toute votre famille. C'est ainsi que vous libérerez votre fils (fille) de son état de petit enfant et l'aiderez à grandir.

### Pour en savoir plus

**Dès 8 ans**

*Max et Lili ont peur*, Dominique de Saint Mars et Serge Bloch, Calligram.

*Les Petits et les Grands*, Brigitte Labbé et Michel Puech, Les goûters philo, Milan.

**Dès 10 ans**

*Pourquoi j'ai peur*, Hélène Brunschwig, coll. Brins de psycho, éd. Louis Audibert.

*Ce qui te fait peur*, Nadia Benlakhel, Les Essentiels Milan junior.

**Pour les parents**

*Papa, Maman, j'y arriverai jamais, Comment l'estime de soi vient à l'enfant*, Emmanuelle Rigon, Albin Michel, 2000.

*Peur du loup, peur de tout, Angoisses, peurs et phobies chez l'enfant et l'adolescent*, Béatrice Copper-Royer, Albin Michel, 2004.

*Me débrouiller, oui, mais pas tout seul*, Etty Buzyn, Albin Michel, 2000.

# 50

# Il veut faire du roller sans protections

*« Mais arrête, Maman ! J'vais être ridicule, pas un seul de mes copains en met ! » rétorque-t-il quand vous le priez d'enfiler coudières, genouillères et protège-poignets... Vous le couvez trop ?*

## Pourquoi n'a-t-il pas envie de se protéger ?

– Il se sent grand, il n'a pas envie d'obéir à la règle et voilà une occasion toute trouvée de s'opposer à vous.
– Il s'estime assez calé, puissant et invincible pour qu'il ne lui arrive rien. Cela peut paraître grisant de prendre des risques. Si c'est un garçon, se croire au-dessus des autres lui permet peut-être d'affirmer quelque chose de sa masculinité.
– Il va au plus vite : à son âge, c'est encore « Je veux tout tout de suite ». Il se dit qu'il n'a pas de temps à perdre avec des protections longues à installer.
– Il est paresseux. Il pense de mauvaise foi : « Je ne vais pas faire de roller longtemps, ça ne risque rien ! À quoi bon perdre une demi-heure à mettre tous ces machins pour cinq minutes de roller ? »
– La plupart des messages publicitaires présentent des patineurs sans protection. Résultat ? Comme la majorité des enfants de son âge, il trouve les équipements de protection « ringards ».

## Les protections, est-ce si important ?

Oui. La prévention routière est formelle : huit accidents de roller sur dix sont dus à une chute. Un accident de roller sur trois se produit pendant le premier mois de pratique et même un sur cinq lors de la première sortie. La tranche d'âge la plus exposée est 10-14 ans. 81 % des accidentés n'ont suivi aucun apprentissage et 65 % d'entre eux ne portaient aucune protection. Même si c'est rare, on peut mourir d'un accident de roller. Les parties du corps exposées aux entorses et aux fractures (poignets, coudes, genoux) sont des zones clés. En cas d'accident, les cartilages peuvent être touchés alors que l'enfant est en pleine croissance. Une intervention chirurgicale peut s'avérer nécessaire. Un poignet (un accident sur trois) ou un coude blessé gênent l'enfant pour écrire et peuvent perturber temporairement sa scolarité. C'est pourquoi la fermeté s'impose. D'ailleurs, certaines villes comme Strasbourg ont rendu obligatoire le port de protections. Une circulaire du ministère de l'Éducation nationale oblige les enfants à en porter lors des sorties scolaires de patinage. Régulièrement, les parlementaires s'interrogent sur une éventuelle obligation législative.

## Comment réagir ?

– Donnez-lui les chiffres de la prévention routière. Faites-lui lire ses recommandations, dès le moment de l'achat des rollers et des protections. Vérifiez l'emballage – avec marquage CE – pour acheter de vraies protections et non des imitations, qui relèvent plus de la panoplie qu'autre chose.
– Rappelez la règle : faire des rollers sans protection est absolument interdit, même pour cinq minutes.
– Passez un contrat avec lui au terme duquel il s'engage à mettre ses protections quand il fait du roller en dehors de votre regard.
– Soyez inflexible : cette question n'est pas négociable. De la même manière que si un enfant de 3 ans vous demandait l'autorisation de sauter sans brassards dans une piscine, sans savoir nager. S'il trouve ça vraiment trop moche, vous pouvez accepter qu'il mette ses protections (genouillères et coudières) sous ses vêtements.

## Vous apprenez qu'il vous a désobéi ?

– Ne laissez pas passer. Énoncez à nouveau la règle et rappelez le contrat passé avec vous. En présence de son père, trouvez une sanction sérieuse (ex. : privation d'une semaine de télévision et/ou d'ordinateur, confiscation des rollers), qui marque la différence avec la simple punition donnée par la maîtresse parce qu'il mangeait du chewing-gum en classe. Il faut qu'il sente qu'il ne s'agit pas d'une dérive d'hyperprotection anxieuse de votre part, mais d'une question de loi, liée à sa sécurité et à son intégrité corporelle.
– Il vous dit que ses copains ne mettent pas de protection ? Rétorquez : « Peut-être, mais je trouve dommage qu'ils n'aient pas compris que cela peut être dangereux et qu'il est absolument nécessaire de se protéger. Évidemment, il n'est pas certain que tu aies un accident, au moment pile où tu ne seras pas

protégé, mais c'est prendre un risque inutile. C'est comme la ceinture de sécurité en voiture ou le casque à moto ou à vélo. »

## Votre conjoint est ambigu, il vous soutient mollement ?

Au fond, vous le sentez assez fier que sa progéniture joue les casse-cou ? Il convient que vous ayez avec lui une conversation pour le convaincre, en dehors de votre enfant, de l'utilité de ce combat. Dites-en quelque chose à votre enfant : « Tu vois, ton père et moi, nous n'avons pas toujours la même forme d'exigence ; ça vient peut-être de notre éducation ou du fait qu'on ne te voit pas grandir tous les deux au même rythme et de la même façon. Il faut qu'on se mette d'accord sur le respect de la loi et de l'autorité. Dans d'autres cas, comme les émissions de télévision par exemple, c'est moi qui suis plus cool. » Cela lui permettra de former son propre jugement, voire de vous critiquer, ce qui est le propre de son âge.

### Pour en savoir plus

**Dès 8 ans**

*Max est casse-cou*, Dominique de Saint Mars et Serge Bloch, Calligram.
*L'Être et l'Apparence*, Brigitte Labbé et Michel Puech, Les goûters philo, Milan.
*Les Petits et les Grands*, Brigitte Labbé et Michel Puech, Les goûters philo, Milan.

# 51

# Lui apprendre à se débrouiller dans les transports en commun

*Votre mère habite à trois stations de bus de la maison et vous trouvez usants tous ces trajets. Quand votre enfant pourra-t-il s'y rendre seul ?*

## Le bus

C'est le plus facile : pas de souterrains, pas de couloir, un conducteur identifiable et en pleine lumière, une circulation qui ressemble plus à la voiture à laquelle il est déjà habitué.

☐ Quand l'envisager ?

Comme toujours, tout dépend du contexte. Mais dès 9-10 ans, c'est possible, à condition qu'il n'y ait pas de changement et que le trajet soit relativement court. Ce n'est que beaucoup plus tard, lorsqu'il sera très à l'aise dans plusieurs trajets directs, que vous pourrez envisager les trajets avec changements.

☐ Marche à suivre

– Faites le trajet avec lui deux fois dans les deux sens.
– Exigez qu'il paie avec un ticket qu'il composte. Expliquez-lui pourquoi en rappelant la loi : ce n'est pas gratuit, cela permet de financer les conducteurs et le matériel. Il vous fait remarquer que certaines personnes ne paient pas? Répondez-lui qu'elles possèdent sûrement une carte mensuelle. Rappelez-lui qu'il existe des sanctions en cas de fraude. Anticipez le cas où il aurait perdu ses tickets. Ensemble, glissez deux tickets de secours dans un autre endroit.
– Aidez-le à visualiser le n° du bus, à comprendre le plan de la ligne affiché dans le bus, à repérer les arrêts de départ et d'arrivée. Le cas échéant, attirez son attention sur l'écran lumineux et la voix de synthèse qui annoncent le prochain arrêt.

– Conseillez-lui, si le trajet est court, de rester debout pour être sûr de ne pas rater son arrêt. Montrez-lui qu'on appuie sur un bouton pour demander l'arrêt.
– Lors de vos trajets d'essai, descendez avant et après le bon arrêt pour lui montrer comment s'y rendre à pied, le cas échéant.
– Lors du dernier trajet d'essai, allez vous asseoir ailleurs pour qu'il appuie sur le bouton d'arrêt au bon moment et descende à temps, etc.
– Rappelez-lui les précautions d'usage : si quelqu'un l'importune ou lui fait peur, qu'il reste près du conducteur. S'il se perd, qu'il entre dans un magasin (une pharmacie de préférence) et demande à vous téléphoner. Veillez à ce qu'il ait toujours sur lui une carte de téléphone et un peu d'argent, mais pas forcément un téléphone mobile (au moment où il apprend l'autonomie, il est structurant qu'il ne puisse pas vous sonner à la moindre angoisse). Voir chapitre 17 *Il veut un téléphone portable*.
– Les premiers temps, demandez si possible à quelqu'un qu'il connaît, sa grand-mère par exemple, d'aller le chercher à l'arrêt d'arrivée du bus.
– N'oubliez pas de le féliciter à chacun de ses progrès.

## Le métro

C'est évidemment beaucoup plus compliqué car plus angoissant à cause des couloirs, des escaliers, du bruit, de la foule. Pour l'enfant, le métro peut renvoyer à une peur très infantile du noir et de l'inconnu.

### □ Quand l'envisager ?

Comme toujours, tout dépend du contexte. Mais, dès 11-12 ans, c'est possible, à condition qu'il n'y ait pas de changement et que le trajet soit relativement court. Ce n'est que lorsqu'il sera très à l'aise dans plusieurs trajets directs que vous pourrez envisager les trajets avec changements (vers 13-14 ans, environ).

### □ Marche à suivre

– Choisissez un trajet simple avec un départ et une arrivée dans de petites stations, qui n'ont pas 36 sorties, ni des kilomètres de couloir.
– Assurez-vous qu'il ait bien ses tickets et montrez-lui où cela s'achète et se composte.
– Faites le trajet avec lui plusieurs fois et installez-vous, de préférence, dans la voiture de tête, près du conducteur.
– Aidez-le à repérer les sorties et les correspondances (même s'il n'en emprunte pas pour l'instant). Montrez-lui les plans de lignes placés au-dessus des portes. Conseillez-lui de ne pas courir dans les couloirs, ni de s'arrêter devant les gens qui font la manche.

– Les derniers trajets d'essai, installez-vous dans la voiture voisine de la sienne et demandez-lui de sortir du wagon et de la station tout seul, tandis que vous le suivrez de plus en plus loin. Repérez les difficultés qu'il a pu rencontrer et montrez-lui comment les surmonter. S'il est descendu trop tôt, dites-lui d'attendre le prochain métro. S'il est descendu trop tard, expliquez-lui comment faire marche arrière. Dissuadez-le de sortir dans la rue. Si vraiment, il se perd, expliquez-lui comment se rendre à l'accueil de la station pour vous faire appeler. Encouragez-le à recommencer l'expérience jusqu'à ce qu'il y arrive parfaitement.
– Avant de le lâcher tout seul, demandez-lui où il en est, s'il a de l'appréhension ou pas. S'il vous dit qu'il a peur et ne se sent pas capable de se lancer, patientez. Si c'est absolument nécessaire qu'il fasse ces trajets, continuez à l'accompagner ou à le faire accompagner. Sinon, suspendez l'expérience quelques semaines. Ne paniquez pas : tout ce qu'il aura appris ne sera pas perdu, la prochaine séquence d'entraînement sera plus courte.
– Évitez de l'humilier avec des formules du style : « Quel empoté ! », ou encore « À ton âge, j'y arrivais très bien ». Non seulement c'est dévalorisant, mais, de plus, cette comparaison est déplacée : de votre temps, le monde était souvent moins angoissant. Si vous parlez de vous, dites à votre enfant que les choses ont changé et que vous comprenez qu'il soit plus anxieux.
– Dans les premiers temps où il ira seul, débrouillez-vous pour que quelqu'un l'accueille à la sortie du métro, à l'arrivée.
– N'oubliez pas de le féliciter à chacun de ses progrès.

## Pour en savoir plus

**Pour les enfants**

*Les Petits et les Grands*, Brigitte Labbé et Michel Puech, Les goûters philo, Milan.
*La Fierté et la Honte*, Brigitte Labbé et Michel Puech, Les goûters philo, Milan.
*Pourquoi j'ai peur*, Hélène Brunschwig, coll. Brins de psycho, éd. Louis Audibert.
*Ce qui te fait peur*, Nadia Benlakhel, Les Essentiels Milan junior.

# 52

# Il rentre de colonie, ça s'est mal passé

*« C'était nul ! » se lamente-t-elle avec une tête d'enterrement, à la descente du train… Elle dramatise ou elle est traumatisée à vie ?*

## Comment savoir ce qui s'est vraiment passé ?

– C'est lui qui en parle : « On n'a rien fait », « J'avais pas d'amis », « J'arrivais pas à dormir »…
– Certains signes vous alertent : il a mauvaise mine, il a maigri, il semble triste, replié sur lui-même et marmonne, l'air de rien, qu'il n'y retournera jamais…
– Une monitrice ou le cousin avec lequel il est parti vous raconte.
– Non, il n'y a rien de tout cela, mais vous avez juste un mauvais pressentiment. Ou bien votre enfant boude, déçu par votre accueil qu'il espérait différent. N'excluez pas, non plus, que ce soit dans votre tête : si cette séparation a été difficile pour vous, vous êtes peut-être encore persuadée – inconsciemment, s'entend – que lorsque votre enfant est loin de vous, ça ne peut pas se passer bien…

## Comment réagir ?

☐ Si c'est vous qui dramatisez

– Parlez-en, si possible, avec son père : vous avez trouvé le temps long, mais demandez-lui de vous aider à relativiser.
– Faites-vous une raison. Votre enfant arrive à un âge où se séparer de ses parents est nécessaire. Il est très important qu'il établisse, en dehors de sa famille, des relations de sociabilité, qu'il découvre un environnement et des rythmes qui n'ont rien à voir avec ceux de la maison, apprenne à respecter des règles de vie différentes. À cet âge, votre enfant est parfaitement capable

de reconnaître qu'il a moins besoin de vous et d'éprouver un plaisir à être plus autonome en faisant partie d'un groupe de pairs. Pour le parent, il y a une forme de deuil à faire, celui du petit garçon ou de la petite fille qui avait besoin de lui en toutes circonstances. Cela peut vous sauter à la figure quand l'enfant rentre de colonie, habillé n'importe comment, les cheveux en bataille et sale comme un peigne…

– Voyez le bon côté des choses. Les rites en vigueur dans les colonies (veillées, spectacles, etc.) sont très constructifs pour les enfants. Un tel projet collectif a un parfum de liberté. Et puis, accepter les règles communes permet à l'enfant d'apprendre la vie en société d'une autre façon, sur un mode ludique, sans l'exigence de résultat qui pèse sur lui en classe et sans subir le regard parfois intrusif de ses parents.

– Préparez-vous davantage au retour de la prochaine colonie. Attendez-vous à trouver votre enfant changé. Non seulement parce qu'il aura grandi, mais aussi parce que tous vos principes éducatifs risquent d'être remis en question. Il n'est pas exclu que sa tenue à table, son vocabulaire, ses mimiques et sa manière de s'habiller vous hérissent quelque temps… Mais vous n'êtes pas obligée de les accepter sur le long terme.

**☐ Il vous dit que ça s'est mal passé, mais tout prouve le contraire**

Attention, parfois, les enfants ont des dons cachés pour dire aux parents ce que ceux-ci ont envie d'entendre… (voir plus haut). Il adhère peut-être à vos émotions pour vous faire plaisir. Variante : il sait que vous allez faire des remarques sur ses récents changements et joue les profils bas pour ne pas vous montrer tout le plaisir qu'il a pris en dehors de la maison. Dans ce cas, autorisez-le à avoir un regard positif sur son séjour, même s'il a pu avoir un peu peur au moment de s'endormir ou autre crainte. Essayez de savoir ce qu'il a préféré. Dédramatisez ce qui lui a coûté en insistant sur ce qu'il a gagné. Dites : « Je comprends que la maison ait pu te manquer, mais je suis très fière de voir tout ce que tu as conquis pour devenir grand. »

**☐ Si cela s'est vraiment mal passé**

(Il a été le bouc émissaire d'un autre enfant ou du dortoir, il a fait un passage par l'infirmerie et du coup s'est retrouvé privé d'activités et isolé du groupe…).

– Essayez d'en savoir plus auprès des organisateurs et de parents d'enfants qui l'accompagnaient. S'il vous semble qu'il a subi des attouchements, reportez-vous au chapitre 54 *Lui apprendre à se protéger des pédophiles.*

– Écoutez-le attentivement. Évitez les formules qui banalisent comme : « Tu en verras d'autres, ma fille ! », « De toute façon, tu y retourneras l'an prochain pour t'endurcir ! », « Tu aurais pu faire un effort ! », « Les autres y arrivent, pourquoi pas toi ? » Mais ne tombez pas dans l'excès inverse. En le plaignant trop, vous risquez de renforcer son pessimisme. L'attitude juste est de manifester votre compréhension en montrant à votre enfant que vous mesurez ce qu'il a pu ressentir et que vous en êtes désolée.

– Efforcez-vous de savoir si, à travers tout ce négatif, il peut retrouver une ou deux choses positives. Interrogez-le : « Qu'est-ce que tu pourrais retrouver comme moment qui t'a fait plaisir : quand tu as reçu la lettre de Chloé ? Ou bien au moment de la veillée ? » Le but est qu'il puisse se raccrocher à un moment agréable pour lui et conserver un certain optimisme.

– S'il y a eu des histoires de violences physiques ou morales, prévenez l'organisme, afin que cela ne se reproduise pas avec un autre enfant.

– Dans les temps qui suivent, restez à l'écoute : les émotions négatives que votre enfant a éprouvées en colonie peuvent réapparaître, à d'autres moments, lors d'autres séparations. D'ailleurs, s'il n'en reparle pas lui-même, vous pouvez saisir l'occasion d'une nouvelle séparation pour reparler de cette colonie qui s'était mal passée. Bien sûr, évitez de lui faire une « piqûre de rappel » à chaque fois qu'il quitte la maison et évitez de parler de ça au moment pile où il franchit la porte… Vous craignez que cela ne remue le couteau dans la plaie ? Peut-être, mais s'il se sent autorisé à évoquer l'affaire à nouveau, son traumatisme finira par s'estomper et risquera moins de ressortir au moment où vous vous y attendrez le moins.

– Si l'année prochaine, vous ne pouvez pas faire autrement que de le renvoyer en colonie, expliquez-lui que vous trouverez une autre formule, plus adaptée à sa personnalité. Dites-lui aussi qu'il aura un an de maturité supplémentaire. Si vraiment cette seule idée lui est insupportable n'excluez pas de chercher une autre solution. Enfin, si cet enfant éprouve régulièrement des difficultés à quitter sa famille, au point que cela finit par devenir un handicap dans sa vie amicale, songez à consulter un professionnel (voir chapitre 93 *Dans quel cas consulter un psy et comment ça se passe ?*).

## Pour en savoir plus

**Dès 8 ans**

*Max part en classe verte*, Dominique de Saint Mars et Serge Bloch, Calligram.

**Dès 10-11 ans**

*Tout seuls ! Guide des aventures à vivre loin de chez soi*, Loo Hui Phang et Jean-Pierre Duffour, Le Livre de poche jeunesse.

*Joie, tristesse, jalousie… Pourquoi tant d'émotions ?* Véronique Corgibet, Les Essentiels Milan Junior Société.

**Pour les parents**

*J'aime pas me séparer*, Nicole Fabre, Albin Michel, 2000.

# 53

# Lui apprendre à se protéger des pédophiles

*Ce n'est pas que ça vous obsède, mais la chronique judiciaire vous fait froid dans le dos. Comment apprendre à votre enfant à repérer un acte anormal et répréhensible, à être l'acteur de sa propre protection ?*

## En principe, à cet âge, votre enfant a acquis un certain nombre de réflexes

– Il a conscience de sa propre intimité, ce qui implique qu'il :
- fasse sa toilette tout seul ;
- ne s'exhibe pas tout nu à tort et à travers ;
- ait le droit de fermer à clé la porte de la salle de bain, des toilettes et de sa chambre, s'il le souhaite ;
- réalise que certaines parties de son corps peuvent lui procurer du plaisir (voir *Petits tracas et gros soucis de 1 à 7 ans*, chapitre 94 *Il n'arrête pas de se tripoter*) ;
- sache que, plus tard, il aura accès à une sexualité partagée avec un amoureux ou une amoureuse de son choix (voir les chapitres de la partie X, *Sexualité, nudité, amour*).

– Il a acquis la notion du respect de l'intimité d'autrui.
– Il sait que tous les adultes ne sont pas bienveillants ou gentils et qu'il doit montrer une certaine réserve par rapport aux gens qu'il ne connaît pas, mais aussi par rapport aux adultes en général. Progressivement, l'enfant doit intérioriser que les jeux d'exploration sexuelle (les « jeux de docteur ») sont à proscrire. Il doit rester prudent par rapport à certains actes, quel que soit leur auteur. En effet, 72 % des cas de violences sexuelles sur mineurs sont perpétrés par l'entourage familial[1].

---

1. Étude publiée en 2003 par le Service national d'accueil téléphonique pour l'enfance maltraitée, Snatem.

Mais attention à ne pas sombrer dans une paranoïa qui ferait que le moindre geste de tendresse de sa famille lui apparaîtrait répréhensible.
– Il sait qu'il n'a pas à traîner dans la rue, que vous contrôlez ses allées et venues et exigez d'être toujours informée de l'endroit où il se trouve. La règle d'or : ne jamais improviser, ni suivre (même un proche) sans prévenir l'adulte responsable. Si on essaie de l'en dissuader, c'est mauvais signe. Quelqu'un qui lui veut vraiment du bien ne lui dira jamais : « Viens avec moi, je vais te donner quelque chose. Ce n'est pas la peine de prévenir tes parents. »

## Quelques messages à répéter de temps en temps

☐ Qu'est-ce qu'un pédophile ?
C'est un adulte ou un adolescent – qui s'autorise à avoir un pouvoir sur l'enfant – qui a une sexualité perturbée, qui est attiré par des enfants et cherche à les attirer pour obtenir du plaisir sexuel. Exemple : il donne ou réclame des caresses, il demande à voir une partie intime du corps de l'enfant ou éprouve le besoin de montrer le sien. Il peut aussi regarder avec l'enfant des photos obscènes ou des films pornographiques. Parfois, il peut avoir des gestes encore plus violents, qui peuvent aller jusqu'au viol.

☐ Un pédophile n'aime pas les enfants d'amour
Il faut apprendre à l'enfant à distinguer la relation sexuelle d'amour entre deux adultes qui se sont choisis et la sexualité déréglée et interdite par la loi de certaines personnes qui ont besoin de faire du mal aux enfants pour se faire plaisir.

☐ Une grande personne n'a pas à lui demander de garder un secret
Cela n'a rien à voir avec les secrets qu'il peut avoir avec les amis de son âge ou avec ses parents. Dites : « Des enfants plus grands ou des adultes n'ont pas à te demander de faire certaines choses, ni de garder certains secrets. » Ajoutez : « Tu sens bien d'ailleurs que si un secret est trop lourd, il faut que tu en parles. » Si c'était bon pour lui, la personne ne lui dirait pas qu'il ne doit pas le dire à ses parents.

## Comment apprendre à l'enfant à repérer un pédophile ?

Dites à l'enfant que le pédophile peut être quelqu'un qu'il connaît, une personne qui exerce une autorité sur lui, ce qui est le cas, en général. Il vous rétorque : « Ah bon, mais c'est horrible ! », répondez : « Écoute : je ne te dis pas ça pour t'inquiéter, mais pour t'informer. Cela existe et si jamais quelque chose te choque, tu dois m'en parler à moi ou à ton père, à tout moment. » Mais veillez à ne pas tomber dans la paranoïa aiguë. Avec tout ce que l'on entend, c'est très difficile, mais c'est indispensable pour laisser l'enfant grandir sans trop d'inquiétude et de naïveté.

## Dites-lui comment réagir dans un cas suspect

Tout dépend dans quel cadre cela se produit.
– Si c'est dans la rue et qu'il ne connaît pas la personne, rappelez-lui les règles de prudence élémentaire : ne jamais entrer dans un immeuble qu'il ne connaît pas et dans lequel il n'est pas sûr de trouver quelqu'un pour lui ouvrir la porte, demander de l'aide à un policier ou une contractuelle, rentrer chez un commerçant, dire qu'il est inquiet parce qu'on le suit et demander à vous téléphoner. Veillez à ce qu'il ait toujours sur lui un peu d'argent et une carte de téléphone. Rassurez-le : personne ne se moquera de lui.
– Si cela se passe dans la rue avec quelqu'un qu'il connaît, assurez-le qu'il a le droit de dire non, convainquez-le de s'échapper et de vous prévenir le plus vite possible.
– Si cela se passe en colonie, il doit vous appeler tout de suite et ne pas attendre son retour pour vous informer.
– Si cela se produit sur un camarade ou s'il remarque quelque chose de bizarre avec un autre enfant, il doit vous en parler aussi. De même, si l'un de ses copains le lui a raconté. Ce n'est pas de la délation, ni de la trahison, mais, au contraire, le seul moyen d'éviter que cela ne se reproduise avec un autre enfant. Il n'est pas une « balance » (variante : une « poucave ») s'il fait cela.

## Soyez à l'écoute de votre enfant

Les signes qui doivent vous inquiéter ? Tout changement de comportement, mais surtout la tristesse et le repli sur soi. Il ne faut pas se polariser sur un symptôme, mais sur un faisceau de symptômes. Le rejet de certains adultes ou la crainte de se retrouver seul avec eux, un changement brutal dans l'attitude de l'enfant peuvent être un signe, mais attention : il est aussi à l'âge où il est normal qu'il ne veuille plus qu'on l'embrasse… Il peut s'agir aussi de : modification du comportement alimentaire de l'enfant, problèmes de sommeil (hypersomnie, terreurs nocturnes…), échec scolaire soudain, plaintes somatiques (maux de ventre, maux de tête, vomissements inexpliqués…), désintérêt nouveau pour une activité ou certains amis… Dans ce cas, consultez un psychothérapeute pour enfants (voir chapitre 93 *Dans quel cas consulter un psy et comment ça se passe ?*). *A fortiori* si vous apprenez qu'il a subi des attouchements.

### Pour en savoir plus

**Dès 8 ans**

*Lili a été suivie*, Dominique de Saint Mars et Serge Bloch, Calligram.

*Max et Lili veulent des câlins*, Dominique de Saint Mars et Serge Bloch, Calligram.

**Dès 10-11 ans**

*Papa c'est quoi le zizi ? Maman c'est quoi l'amour ? 100 questions que se posent les enfants sur la sexualité*, Pierre Chavot, Alias, etc.

*L'Amour, la Sexualité et toi*, Magali Clausener-Petit, Les Essentiels Milan Junior Pratique.

# VII.

# SPORTS, LOISIRS, TÉLÉVISION, JEUX VIDÉO, INTERNET

# 54

# Il est accro à la télévision

*67 % des 8-12 ans passent plus de 8 h 30 par semaine devant la télévision. Et lorsqu'ils possèdent un ordinateur ou une console de jeux vidéo, la grande majorité d'entre eux la regardent quand même autant qu'avant*[1]. *Quelques propositions pour que ça change.*

## Trop de télévision, ce n'est pas souhaitable, pourquoi ?

☐ Sur le plan physique

Sans tomber dans les excès des anciennes générations qui, parfois, diabolisaient les images, il est utile de savoir que les moments de tranquillité où les enfants sont scotchés devant l'écran, ont un prix. Pour les scientifiques, la question est tranchée : il ressort d'une analyse effectuée à très grande échelle – 284 études différentes réalisées dans le monde ont été synthétisées, portant sur 51 597 personnes – par le département de psychologie d'une université américaine[2] qu'il existe un lien entre le fait de regarder des programmes violents à la télévision et l'agressivité dans la vie réelle. Cela peut aller des agressions verbales aux bagarres et blessures. Dans tous les cas, la sur-stimulation et le réalisme de plus en plus cru des sons et des images se traduisent, à terme, par une augmentation d'irritabilité et d'instabilité ; une plus grande fatigue aussi, voire, en cas d'excès, par un surcroît pondéral, notamment à l'adolescence. Or l'enfant a besoin de se dépenser physiquement pour développer tout son potentiel.

---

1. Enquête Consojunior 2006, Institut TNS Media.
2. *Courrier international*, 10 au 15 mai 2003.

### □ Sur le plan psychologique

– Bien qu'il soit désormais admis par des spécialistes que l'image n'empêche pas l'enfant de penser, trop de télévision rend l'enfant de plus en plus vulnérable aux images et finit par le plonger dans un état quasi hypnotique. « Tout être humain plonge dans les images, comme dans une mer chaude », analyse le psychanalyste, spécialiste des images, Serge Tisseron[1]. Or parfois, la télévision est violente ou sans intérêt. Les enfants regardent souvent seuls des programmes qui ne sont pas pour eux.

– La télévision n'est pas forcément un frein à l'imaginaire, mais elle empêche de prendre des initiatives et des risques, ce qui est indispensable à l'épanouissement de chaque enfant. Elle évite de s'ennuyer, ce qui est pourtant également nécessaire. Un enfant qui fabrique des photophores, peint des tee-shirts ou construit des Kapla dans sa chambre est un sujet qui assume davantage la solitude que celui qui allume la télévision dès qu'il n'a rien à faire. En revanche, contrairement à la télévision, le magnétoscope et le DVD, ainsi que leurs télécommandes, apprennent à l'enfant à dominer les images (en avançant et en reculant le film) ce qui, à l'époque où nous vivons, est indispensable. C'est pourquoi il faut laisser l'enfant manipuler la télécommande à sa guise. L'ordinateur et les cédéroms, quant à eux, permettent à l'enfant de rester actif. En cliquant sur la souris, il agit sur ce qu'il fait, voit ou entend (voir chapitre 56 *Il est fou de jeux vidéo*).

## Quel est le bon dosage ?

Évitez de laisser la télévision devenir un rite quotidien, sauf si c'est pour regarder un journal télévisé pour enfants qui dure une vingtaine de minutes. Serge Tisseron conseille un maximum de deux heures par jour d'écran – ordinateur et gameboy compris –, ce qui est déjà beaucoup, mais bien inférieur à ce qui ressort des statistiques. Pensez à regarder le plus souvent avec lui, pour être au courant de ce qu'il voit et pour en reparler ensuite avec lui. N'hésitez pas à interdire un programme à chaque fois que vous craignez que votre enfant ne soit malmené par celui-ci. Il insiste ? Promettez-lui de l'enregistrer pour le regarder avec lui, plus tard, à un moment où vous serez disponible. Ainsi, vous pourrez en parler avec lui et arrêter si vous jugez que c'est trop pénible.

---

1. Serge Tisseron, psychiatre et psychanalyste, est spécialiste, entre autres, de la relation des enfants aux images. Il est l'auteur d'*Enfants sous influence, Les écrans rendent-ils les jeunes violents ?* (Armand Colin), une étude sur les enfants et les images, fruit du travail, pendant trois ans, d'un groupe de recherche chargé par le gouvernement d'étudier l'impact des images sur les enfants et les adolescents.

## Liste, non exhaustive, des pièges à éviter

– Le laisser regarder la télévision le matin ou à midi, avant d'aller à l'école. L'écran crée une tension émotive, qui rend l'enfant non réceptif aux apprentissages scolaires.
– Allumer la télévision dès votre retour à la maison, le soir, pour avoir la paix. Même si vous croulez sous les corvées, vous devez habituer votre enfant à s'occuper autrement qu'en regardant la télévision. À vous aussi d'accepter des activités de remplacement – peinture, bricolage, perles, maquillages… – qui salissent ou dérangent davantage que de rester sagement assis devant la télévision…
– Installer plusieurs postes de télévision dans la maison, en particulier dans des pièces dites à risque. La télévision dans la chambre à coucher des parents est un piège : la regarder tous ensemble sur le lit est confortable ; du coup, au moindre coup de fatigue, on est tenté de se glisser allongé sous la couette, télécommande et tablettes de chocolat en main. La télévision allumée pendant les repas est, quant à elle, le moyen le plus sûr de couper toute communication dans la famille. Enfin, la télévision dans la chambre de l'enfant est déconseillée pour éviter qu'il ne se retrouve seul devant des images qui risquent de provoquer en lui des émotions qu'il ne pourra extérioriser. D'où le risque d'angoisses et de cauchemars à répétition. Conclusion : la télévision dans une pièce commune est encore le meilleur moyen de parler du programme en cours avec l'enfant.
– Permettre à la jeune fille au pair d'user librement de la télévision avec votre enfant. Réservez la télévision à des moments qui vous rendent service, à vous. Expliquez à la baby-sitter qu'il n'est pas question que votre enfant regarde la télévision en votre absence. Donnez-lui des idées (dessins, collages, découpage, pâte à sel, gâteaux, cartes, jeux de société, puzzles…) pour occuper votre enfant autrement. Et si vous n'avez pas confiance, optez pour une télécommande à verrouillage. Un bon truc, moins cher que tous ces dispositifs : débrancher et mettre la prise dans un tiroir fermant à clé et cacher la clé. En revanche, lorsque vous confiez votre enfant à ses grands-parents, soyez tolérante (voir chapitre 65 *Ses grands-parents lui passent tout*).
– Autoriser votre enfant à allumer seul la télévision, à regarder « ce qu'il y a » et à zapper. C'est à vous de décider si votre enfant peut regarder la télévision et si l'émission ou la série vous convient. Éventuellement, si vous êtes abonnés au câble, permettez à votre enfant de zapper quelques minutes entre les différentes chaînes jeunesse, sans danger pour lui.
– Abandonner votre enfant trop longtemps seul devant la télévision.
– Laisser la télévision accaparer tout le temps consacré aux loisirs de l'enfant. Incitez aussi votre enfant à voir des copains, faire du sport, jouer d'un instrument, participer à un cours de hip-hop ou un atelier de cirque.

## Apprenez à votre enfant à devenir un téléspectateur conscient et critique

### ☐ Enseignez-lui à repérer les effets cinématographiques, à distinguer la fiction de la réalité

– Faites-lui comprendre que les images sont réalisées par une multitude d'intervenants en lui montrant le générique de l'émission ou du film qu'il vient de regarder. Pour qu'il réalise comment sont réalisés les trucages, les effets spéciaux et les cascades, montrez-lui les *making of* des DVD. Bon à savoir : celui d'*Astérix et Obélix : Mission Cléopâtre*, réalisé, comme le film, par Alain Chabat, montre, sous des allures « déconnantes », les coulisses d'une superproduction, avec une analyse très complète de la préparation. D'une durée exceptionnelle (1 h 50) ce « Comankonafé » (*sic*) salué par la critique[1] donne la parole à des hommes qui restent souvent dans l'ombre : le premier assistant, le directeur de production, les techniciens du son...
– Expliquez-lui les coulisses du journal télévisé : le maquillage pour bien prendre la lumière, le prompteur pour donner l'impression au téléspectateur qu'on improvise, l'oreillette pour recevoir les consignes du réalisateur en régie...

### ☐ Évitez de dénigrer les émissions de télé-réalité dont il est fan, désamorcez plutôt sa fascination

– Concernant les programmes sadiques où les candidats sont obligés de s'humilier en affrontant leurs phobies des serpents ou des rats, nous vous conseillons de ne pas laisser votre enfant les regarder. Dites : « Je suis contre ces programmes qui considèrent l'être humain comme un objet, qui lui font perdre toute dignité et en offrent une vision dégradée. » Il insiste ? S'il a 11-12 ans, acceptez un jour d'en regarder cinq minutes avec lui et expliquez-lui pourquoi ce genre de programme est contraire à votre éthique.
– Mais, pour d'autres programmes comme La Nouvelle Star et Star Academy, même si leur indigence vous atterre, soyez plus nuancée. Sans louanger ces émissions, essayez de comprendre pourquoi elles lui plaisent. Votre enfant est sûrement attiré par le côté « vie facile » que ces émissions véhiculent. Encore plus s'il sent peser sur ses épaules une pression scolaire de plus en plus forte : ces exemples de gens partis de rien et devenus riches et célèbres, en quelques mois, sans véritable talent ni mérite, lui laissent croire qu'on peut réussir sans effort. Plus vous critiquerez ces programmes, plus vous les rendrez attractifs...
– Informez votre enfant du devenir des « stars » qui fascinent.
• Certaines sombrent carrément dans la dépression... « Je n'en suis pas sortie

1. *Libération*, 2 juillet 2003.

intacte », écrit Emma, une ancienne de la Star Academy dans son livre[1]. Elle s'y souvient, entre autres, de son dix-neuvième anniversaire passé à pleurer toute seule dans une chambre d'hôtel fermée à clef. « Mes parents étaient là, mais la prod' voulait se garder l'exclusivité de nos retrouvailles sur le prime time du lendemain. On ne m'a pas laissée les voir. » Elle poursuit : « Le plus douloureux est de réaliser que nous n'étions pas des êtres humains, mais une goutte d'eau dans l'immense océan de la télé-réalité. » Kenza, de Loft Story 1, affirme quant à elle : « Cela a été une véritable horreur. J'ai subi des violences à tous les niveaux, physiques et psychologiques. Nous avons été considérés comme des produits marketing, pas comme des êtres humains[2]. »

• Après avoir été au top de la « peopolisation », la plupart retombent dans l'oubli. « Pour une poignée d'élus, riches et célèbres, on ne compte plus les déçus de ces machines à rêve », peut-on lire dans une enquête du *Nouvel Observateur*[3]. Florilège des témoignages recueillis : « J'ai tout de suite vu que le milieu du show-biz me prenait pour un petit merdeux » (Jean-Pascal, Star Academy), « On m'a promis la lune : des films avec Gérard Depardieu ou Jacques Villeret, des pubs, des disques... puis rien » (Kamel, Loft Story 2), « Les gens qui t'appelaient vingt fois par jour pour te demander si t'as bien fait pipi ne te prennent plus au téléphone » (Julia, Loft Story 2)... Profitez de tout cela pour redire que dans la vraie vie, il n'y a pas de miracle : on ne devient pas un adulte responsable et heureux, comme ça, par le simple fait d'être passé à la télévision ! Votre « morale » l'agacera peut-être, mais sera d'autant plus constructive que vous avancerez des faits, rien que des faits...

– Informez votre enfant que la télé-réalité n'est pas si réelle que ça. Expliquez-lui les pièges du montage des images. Dites-lui, par exemple, que « pour les Aventuriers de Kohlanta 1, les caméramans ont filmé plus de 1 500 heures de film pour fabriquer 13 heures d'émission. Forcément, les réalisateurs ont fait des choix lors du montage. Et selon les candidats, le résultat ne correspond pas entièrement à ce qui s'est réellement passé. Ainsi, presque tous les moments où les candidats étaient solidaires entre eux ont été coupés. Le montage montre avant tout les moments de conflits. Pour une raison simple : plus les disputes sont nombreuses, plus le suspense est intense[4] ». D'une manière générale, enseignez-lui le doute face aux images.

### ☐ Rappelez-lui que la publicité est faite pour nous influencer et nous donner envie d'acheter

Ne critiquez pas ses spots préférés, au contraire : si vous les trouvez drôles et

1. *Au jour le jour,* Michel Laffont.
2. *Le Monde,* 3 mai 2003.
3. « Les éclopés de la télé-réalité », 3 avril 2003.
4. *Télé : ouvre l'œil !,* Magali Clausener-Petit et Pascal Petit, Les Essentiels Milan Junior Société.

créatifs, autorisez-vous à le dire, mais démontrez-lui que ce que l'on y annonce n'est pas toujours (souvent ?) vrai. Comment ? En ne perdant jamais une occasion de pointer que ces nouveaux corn-flakes qu'il vous a supplié d'acheter – parce que « dans la pub, ça a l'air délicieux » – ne lui plaisent finalement pas tant que ça... Très efficace : les enfants n'aiment pas être manipulés.

## Aidez votre enfant à faire face aux émotions qu'il éprouve devant les images[1]

– Regardez le plus possible la télévision avec lui pour partager ses émotions (de peur, de rire, de tristesse). Dites-lui ce que vous ressentez, il se sentira autorisé et enclin à extérioriser ses propres émotions. S'il vous sent indifférente devant certaines images qui le malmènent, il risque de bloquer ses émotions et se dire que grandir, c'est ne rien éprouver. Cela peut le pousser à rechercher des images de plus en plus violentes pour se prouver à lui-même que « ça ne (lui) fait rien ».
– Votre enfant tombe, par erreur, sur un reportage sanglant au journal télévisé ? Au lieu d'éteindre ou de changer de chaîne de manière phobique, n'hésitez pas à mettre des mots sur ce qui a pu le choquer. Ainsi, vous ne le laisserez pas dans une situation de trouble, voire de panique.
– Vous êtes inquiète par toutes ces images violentes auxquelles votre enfant peut être confronté ? Vous ne pouvez pas tout contrôler. Apprenez à distinguer les « images violentes » selon vous (et qui ne le sont pas forcément pour l'enfant) de celles qui lui « font violence » parce qu'elles font écho à un souvenir personnel vécu ou inconscient. Bien sûr, c'est très personnel et du coup très difficile. Cependant, si vous êtes trop coercitive chez vous, votre enfant verra ces images chez les autres. La seule chose que vous puissiez faire, c'est apprendre à votre enfant à « transformer les images à l'intérieur de soi », à les symboliser. Comment ? En le faisant parler des images qu'il a vues. Ou en l'incitant à en retrouver certaines par Internet et à les modifier au moyen de votre ordinateur, si vous disposez d'un logiciel de traitement d'images. Cela l'aidera à comprendre que toutes les images peuvent être transformées. Plus simple, il peut aussi faire un dessin (ou une figurine en terre cuite) des personnages de films qu'il a aimés ou découper des images de ceux-ci dans le programme télévisé et réaliser un

1. Conseils inspirés de ceux donnés par Serge Tisseron à une conférence destinée aux parents d'élèves de l'école élémentaire de la rue Blanche, à Paris, le 27 février 2003, et au colloque « De l'âge de raison à l'adolescence : quelles turbulences à découvrir ? », 21 et 22 juin 2003, Palais des Congrès, Paris. Serge Tisseron est psychiatre et psychanalyste, spécialiste, entre autres, de la relation des enfants aux images.

collage-montage. Enfin, ne vous énervez pas s'il rejoue bruyamment une scène de film. C'est le signe que, justement, il est en train de transformer les images et de s'en détacher.

## Pour en savoir plus

**Dès 8 ans**

*Lili regarde trop la télé*, Dominique de Saint Mars et Serge Bloch, Calligram.

*Lili veut être une star*, Dominique de Saint Mars et Serge Bloch, Calligram.

**Dès 10-11 ans**

*Télé, ouvre l'œil*, Magali Clausener-Petit et Pascal Petit, collection Les Essentiels Milan Junior.

*Quel cinéma !*, Catherine Schapira et Claude Reyt, Autrement Jeunesse.

*L'Hebdo, le monde des ados* (dès 11 ans), édité par le quotidien *Le Monde* et l'hebdomadaire *Télérama*.

**Pour les parents**

*Les Bienfaits des images*, Serge Tisseron, Odile Jacob, 2002.

*Enfants sous influence, les écrans rendent-ils les jeunes violents ?*, Serge Tisseron, Armand Colin, 2000.

*Qu'est-ce qu'il y a à la télé ?, Aider nos enfants dans leur choix*, coll. « C'est la vie aussi », Albin Michel, 2005.

# 55

# Et s'il tombait sur des images porno ?

*Publicité, télévision, Internet… Inutile de se voiler la face, le porno est partout. Comment protéger votre enfant ?*

## Risque-t-il vraiment de tomber sur des images pornographiques ?

Oui. Comme cela est déjà arrivé à Paul, 10 ans, alors qu'il séjournait à l'hôtel avec ses parents. En zappant, en toute innocence, sur la chaîne « érotique », qu'il pensait être la « chaîne des héros » ! Ou bien comme Victor, 11 ans, qui rêvait d'être vétérinaire et s'est retrouvé sur un site de zoophilie en tapant « zoo » sur Internet… Il faut être lucide : aujourd'hui, tous les enfants sont confrontés, un jour ou l'autre, à des images pornographiques. Les verrouillages de l'ordinateur et de la télé ? Ils se déjouent en un tour de main. Et de toute façon, s'il n'en voit pas chez vous, votre enfant découvrira le porno chez les autres, en toute liberté – certains parents, paraît-il, trouvent instructif de faire visionner à leurs enfants des cassettes, ou en possèdent tout simplement dans leur bibliothèque –, ou en trichant un peu, par le biais d'un cousin plus âgé ou d'un grand frère.

## Cela risque-t-il de le choquer ?

Oui. Être confronté à des images pornographiques peut s'avérer destructeur pour l'enfant. « Il ne s'agit pas de juger ce qui est bien ou mal, mais de dire ce qui risque de perturber certains sujets particulièrement fragiles. L'enfant est vulnérable parce qu'il est en train de se construire », explique le psychanalyste Gérard Bonnet[1].

---

1. *Défi à la pudeur*, Albin Michel, 2003.

« Ce qui intéresse l'enfant, c'est la relation entre la sexualité et la procréation, notamment sa naissance à lui, affirme Christian Flavigny, pédopsychiatre. Être confronté à des images pornographiques peut lui donner le sentiment d'être né d'une simple conjonction d'organes, c'est-à-dire d'une sexualité sans amour, sans désir. Loin d'avoir une fonction éducative, cela peut brouiller ses interrogations. »
Dans la pornographie, le sexuel est présenté déconnecté des sentiments. Or, civiliser l'enfant consiste justement à lui apprendre à lier ses pulsions sexuelles et violentes à des sentiments. Il n'est pas neutre pour un enfant de voir un être humain utiliser un autre être humain – ou une partie de son corps – comme un objet. Il est encore trop jeune pour imaginer une sexualité dénuée de sentiments. Plus tard, après les transformations de l'adolescence, il pourra davantage dédramatiser la notion d'expériences sexuelles sans lendemain (voir chapitres de la partie X, *Sexualité, nudité, amour*).

## Que comprend-il exactement ?

En exposant l'enfant au porno, on anticipe ses possibilités de compréhension. Cela ne lui permet pas de découvrir la sexualité à son rythme. Ce que l'on ne peut pas encore vivre dans son corps, on ne peut pas le comprendre vraiment. L'enfant n'a pas la possibilité conceptuelle de se représenter le coït. Quand on lui impose d'emblée des images *hard*, on le court-circuite dans une évolution qui, en principe, se fait lentement : « C'est un dévoilement brutal de ce qui devrait rester voilé pour permettre à l'enfant de l'imaginer et de le fantasmer, en fonction de sa propre évolution à lui », renchérit Claude Halmos, psychanalyste.

## Que se produit-il dans la tête de l'enfant ?

On parle d'« effraction » dans le psychisme de l'enfant, qui serait la cause de nombreux symptômes soudains : cauchemars, échec scolaire, crises d'angoisse, insomnies… « L'enfant n'a pas d'autre choix que de prendre à la lettre ce qu'il voit, assure Gérard Bonnet. Il peut se dire, par exemple, que faire l'amour, c'est entrer dans l'autre violemment. » Encore plus depuis que le porno est de plus en plus « trash », avec des scènes de sexualité de groupe et même de zoophilie. Les spécialistes parlent d'un processus de « sidération de la pensée ». Traduction : l'enfant reste bloqué sur les images qu'il a vues et qu'il ne peut plus effacer de son esprit. « D'où un envahissement psychique qui tarit les capacités créatrices de l'enfant », poursuit Gérard Bonnet.

## Y a-t-il des enfants plus fragiles que d'autres ?

Oui. « Les enfants qui n'ont aucune information sur la sexualité ne bénéficient d'aucun garde-fou », assure Claude Halmos. Souvent, ils n'osent pas en parler à leurs parents ou à d'autres adultes qui pourraient les aider à corriger et à réinterpréter ces images. Ils risquent alors, davantage que les autres enfants, de se laisser submerger. Avec deux types de conséquences. D'une part, ils peuvent imaginer que la sexualité est « dégoûtante », ce qui ne rend pas très optimiste sur leur perspective d'épanouissement sexuel futur. D'autre part, cela peut leur couper l'envie de grandir. L'enfant peut se dire : « C'est pas bien d'être une grande personne. »

## Comment protéger votre enfant ?

Dans le contexte actuel, la protection passe par l'éducation. L'enfant qui sait que la vie sexuelle est une relation entre des êtres humains qui se respectent est moins exposé que les autres (voir les chapitres de la partie X, *Sexualité, nudité, amour*). Expliquez à votre enfant qu'un jour, il risque de tomber sur des images porno. Dites-lui que celles-ci correspondent à une toute petite part de la sexualité, qu'elles sont aux antipodes de l'échange sexuel qui existe entre deux amoureux. Parlez-lui des sentiments, de la tendresse et du bien-être de la sexualité entre deux êtres humains qui se sont choisis, qui n'ont rien à voir avec ce qui est représenté dans des sites ou les films porno où les acteurs sont payés et offrent une image faussée de la sexualité.

## Il est tombé sur des images porno, comment réagir ?

Félicitez-le de vous en avoir parlé. Évitez de dramatiser. Sinon, vous risquez de l'angoisser. En effet, plus l'enfant est jeune, plus il a tendance à adhérer à la pensée familiale. Puis reprenez le paragraphe précédent. Enfin, reportez-vous au chapitre précédent.

### POUR EN SAVOIR PLUS

**Dès 10-11 ans**

*L'Amour, la Sexualité et toi*, Magali Clausener-Petit, Les Essentiels Milan Junior Pratique.

**Pour les parents**

*Les Bienfaits des images*, Serge Tisseron, Odile Jacob, 2002.

*Défi à la pudeur, Quand la pornographie devient l'initiation sexuelle des jeunes*, Gérard Bonnet, Albin Michel, 2003.

# 56

# Il est fou de jeux vidéo

*Quand vous l'appelez alors qu'il se trouve au milieu d'une partie, il ne vous entend pas. Est-il en train de devenir accro*[1] *?*

## Petit rappel

– Il existe plusieurs types de jeux vidéo. Les jeux d'arcade sont des jeux de combat : il y en a pour tous les âges, mais pour les plus jeunes, on les nomme jeux de plate-forme. Les jeux d'aventure et de stratégie s'adressent à tous les âges mais, comme les jeux de simulation (exemple : piloter un avion…), ils sont souvent assez complexes et requièrent beaucoup de capacités de raisonnement et d'anticipation. Lorsque vous achetez un jeu, respectez l'âge indiqué sur l'emballage. Pour les enfants de moins de 10 ans, le choix est encore assez restreint.

– Il faut distinguer les jeux « off line » et « on line ». Les premiers permettent à l'enfant de jouer en solo face à son ordinateur, les seconds lui permettent de jouer en réseau, connecté via Internet, avec des amis ou des inconnus. À l'âge de votre enfant, il vaut mieux privilégier les jeux « off line » (voir chapitre 57 *Lui apprendre à se protéger sur Internet*). En effet, dans les jeux « on line », le joueur a affaire à un monde virtuel où la partie continue, quand il cesse de jouer. Cela le pousse à ne pas quitter le jeu, de peur qu'il ne se passe des choses capitales en son absence.

---

1. Chapitre réalisé avec l'aimable collaboration de Serge Tisseron, psychiatre et psychanalyste, spécialiste, entre autres, de la relation des enfants aux images. Il est l'auteur notamment d'*Enfants sous influence, Les écrans rendent-ils les jeunes violents ?* (Armand Colin), une étude sur les enfants et les images, fruit du travail, pendant trois ans, d'un groupe de recherche chargé par le gouvernement d'étudier l'impact des images sur les enfants et les adolescents.

– Les jeux vidéo remplacent de nombreux jeux de notre enfance. Certains jeux d'arcade correspondent aux petits soldats, certains jeux d'aventure, aux jeux de hasard et certains jeux de stratégie, à ceux de construction.
– La différence entre les garçons et les filles s'estompe depuis l'apparition des « SIMS ». Ce jeu simule la vie quotidienne. Il s'agit de prendre en charge des personnages, qui réclament des loisirs et subissent petites et grandes catastrophes – incendies, inondations, toilettes bouchées... Cela revient à jouer à la poupée. Les filles ne s'y trompent pas : elles représentent les deux tiers des utilisateurs[1].

## Pourquoi votre enfant a-t-il l'air si accro ?

– Quand il joue, il est aussi concentré qu'un chercheur qui plancherait sur les œuvres complètes de Karl Marx. Il est donc normal qu'il n'entende pas quand vous l'appelez.
– Mais, contrairement à ce que vous pouvez croire, votre enfant n'est pas isolé quand il joue : dans les jeux vidéo, l'enfant rencontre des difficultés qu'il ne peut pas résoudre tout seul. C'est en en parlant avec ses copains qu'il y parvient. Loin d'isoler l'enfant, les jeux vidéo peuvent lui permettre, au contraire, de se socialiser.

## Comment l'aider à distinguer le vrai du faux ?

– Dédramatisez. Quand vous étiez enfant, vous passiez du temps à jouer avec des personnages en bois, en plomb ou en plastique, les tuer, leur construire des maisons... Les jeux vidéo ne sont rien d'autre qu'un perfectionnement technologique des jeux de votre enfance. C'est votre inquiétude, devant une nouveauté qui vous dépasse, qui peut créer un doute chez votre enfant. Il peut penser : « Si cela inquiète mes parents, c'est peut-être qu'il y a du vivant là-dedans. » Il risque alors de s'engager dans une voie erronée, celle de la confusion entre le « comme si » et le réel.
– Ne prenez pas ses jeux trop au sérieux, comme le font certains parents. Il y a plusieurs années, lors de la mode des Tamagochi, ces petits animaux virtuels, les enfants s'étaient réapproprié le jeu en s'amusant à les faire mourir le plus vite possible. Affolés, certains parents sont allés jusqu'à inviter leurs enfants à organiser des mini-enterrements. Dans ce cas, c'étaient plutôt les adultes qui confondaient le vrai et le faux !
– Dites plutôt à votre enfant que les jeux vidéo sont un peu comme de la pâte à modeler, mais qui serait numérique.

1. *Le Monde*, 2 avril 2003.

## Quand le laisser jouer de préférence ?

Plutôt le mercredi et/ou le week-end. Pas le matin ou pendant l'heure du déjeuner, avant l'école : l'écran crée une tension émotive qui rend l'enfant non réceptif aux apprentissages scolaires. Évitez qu'il ne joue dans un coin retiré de la maison. Il risque de se sentir très seul et d'enfouir tout ce qu'il éprouve au fond de lui-même, ce qui est néfaste : ces émotions peuvent ressortir sous une autre forme, à un moment où on s'y attend le moins. Il risque aussi de penser qu'il ne peut pas s'appuyer sur vous. Laissez-le jouer, mais plutôt dans un lieu de la maison où vous passez souvent.

## Combien de temps le laisser jouer ?

– Ce qui importe, c'est le temps global passé devant un écran (télévision, ordinateur, gameboy, console). Deux heures d'affilée sont un maximum.
– N'arrêtez jamais votre enfant au milieu d'une partie : c'est comme si on vous interrompait en train de faire l'amour ! Vous pouvez poser des limites, mais en respectant la progression du jeu : l'enfant ne peut s'arrêter en douceur qu'après avoir gagné plusieurs parties ; avant cela, il est trop tendu vers son objectif.
– Vous voulez qu'il cesse ? Dites : « Quand tu as terminé ta partie, sauvegarde-la et appelle-moi pour me montrer ton score. » Lorsqu'il a fini, félicitez-le et demandez-lui d'éteindre.
– Enfin, avant d'enchaîner sur une autre activité, laissez-lui un sas de décompression : quand l'enfant joue longtemps, il sort du jeu un peu énervé ou excité, car il a éprouvé des émotions intenses.

## Comment l'aider à prendre de la distance ?

Demandez-lui de vous montrer un de ses jeux vidéo auquel vous pourriez jouer à deux et laissez-le vous guider. Puis commentez ses jeux ensemble, instaurez-vous en interlocuteur privilégié. Sachez enfin que le meilleur moyen de détourner un enfant d'un jeu vidéo solitaire est encore de lui proposer une autre activité tout aussi passionnante, par exemple de jouer à deux, vous et lui, à un jeu de société ou à un sport.

## Il a l'air vraiment accro ?

– Le danger de l'enfant replié sur l'ordinateur ou la console existe bien, entre 11 et 14 ans surtout. Contrairement à ce qu'on croit, le danger n'est pas dans la machine, mais dans la relation que l'enfant établit avec elle. Cette relation dépend au premier chef de l'histoire de l'enfant et de son environnement.

Un enfant qui, il y a vingt ans, se serait désocialisé dans la philatélie, peut aujourd'hui y être conduit par les jeux vidéo. Dans tous les cas, il s'agit d'enfants qui désespèrent de pouvoir communiquer avec les adultes ou même avec leurs camarades. C'est l'isolement relationnel qui crée le repli sur le jeu, et non l'inverse. Il ne faut donc pas confondre l'effet avec la cause.

– Votre enfant est vraiment trop replié sur ses jeux vidéo? Suscitez une conversation. Utilisez le principe de l'écoute active utilisée par les psychothérapeutes comportementalistes. Marche à suivre :

• Regardez-le dans les yeux.

• Évitez de lui poser des questions fermées qui impliquent une réponse par oui ou par non (ex. : « Tu te réfugies dans tes jeux vidéo parce que tu te sens seul en ce moment? »).

• Préférez les questions ouvertes, qui commencent par « qu'est-ce que », « pourquoi » ou « comment » et appellent une réponse détaillée. Exemples : « Qu'est-ce qui se passe en ce moment? En jouant sans cesse, est-ce que tu te mets à l'abri de choses difficiles dont tu n'oses pas nous parler ou dont tu n'as pas pu nous parler? Est-ce que tu trouves qu'on n'est pas beaucoup là avec ton père? Est-ce que tu as l'impression qu'on ne parle pas assez ensemble? »

• Témoignez-lui de la considération.

• S'il murmure une phrase ou deux, saisissez l'occasion pour amorcer le dialogue. Reformulez ce qu'il vient de dire en intégrant les sentiments (tristesse, colère...) qu'il semble éprouver.

– Restez attentive et, si les choses ne s'arrangent pas, n'hésitez pas à consulter un psy (voir chapitre 93 *Dans quel cas consulter un psy et comment ça se passe ?*). Ce professionnel mettra au jour les raisons qui conduisent votre enfant à se focaliser ainsi sur ses jeux vidéo.

## Pour en savoir plus

**Pour les enfants**

*Max est fou de jeux vidéo*, Dominique de Saint-Mars et Serge Bloch, Calligram.

*Prendre son temps, perdre son temps*, Brigitte Labbé et Michel Puech, Les goûters philo, Milan.

**Pour les parents**

*Lâche un peu ton ordinateur !, Comment mettre des limites*, Béatrice Copper-Royer et Catherine Firmin-Didot, coll. « C'est la vie aussi », Albin Michel, 2006.

*Enfants sous influence, Les écrans rendent-ils les jeunes violents ?*, Serge Tisseron, Armand Colin.

*Apprendre avec l'écran, Qu'est-ce que cela change pour nos enfants ?* Rolande Kodsi, Les Essentiels Milan, Du côté des parents.

◩ Voir la bibliographie du chapitre précédent.

# 57

# Lui apprendre à se protéger sur Internet

*Ce n'est pas qu'il surfe comme un professionnel, mais il commence à savoir naviguer. Et s'il tombait sur un site raciste ? Et s'il faisait de mauvaises rencontres*[1] *?*

## Que font les enfants sur Internet ?

Une étude donne quelques éléments de réponse[2] :
– Les parents sous-estiment le temps que passent leurs enfants sur Internet. 51 % des enfants disent passer plus de 5 heures par semaine sur Internet, alors que 29 % des parents les avouent. Et ce, y compris chez les plus jeunes, âgés de 8 à 14 ans. Par ailleurs, ils sont 95 % à reconnaître passer plus de temps sur le Net qu'ils ne l'avaient prévu eux-même. Les raisons : ils ne voient pas le temps passer, entre la découverte de sites super (73 %), les « chats » (57 %) et leurs recherches (54 %). 18 % reconnaissent aussi que le fait que leurs parents soient absents les incite à rester connectés plus longtemps.
– Les enfants surfent souvent seuls ! 78 % des parents déclarent surfer avec leurs enfants, alors que ces derniers sont 73 % à affirmer naviguer généralement seuls sur Internet…
– Les parents minimisent les compétences de leurs enfants sur Internet. Si 53 % des enfants affirment mieux maîtriser Internet que leurs parents, c'est exactement le même pourcentage de parents qui se considèrent plus à l'aise sur Internet que leurs enfants ! Cela étant, la maîtrise d'Internet augmente avec l'âge et l'expérience. Chez les 8-14 ans, 78 % des internautes estiment

1. Chapitre réalisé avec l'aimable collaboration de Gilles Klein, journaliste spécialiste multimédia du magazine *Elle*.
2. Étude réalisée entre le 12 et le 20 mars 2002 par AOL et l'École des parents et des éducateurs d'Île-de-France.

être moins ou aussi à l'aise que leurs parents sur Internet. En revanche, 88 % des 15-18 ans affirment maîtriser mieux Internet que leurs parents.
– Les activités préférées des enfants sur Internet. 78 % des jeunes internautes déclarent échanger des messages. 55 % déclarent dialoguer sur les forums de discussion ou les « chats », alors que les parents ne sont que 41 % à le savoir. De même, 39 % des jeunes disent se servir d'Internet pour se faire de « nouveaux copains », tandis que 21 % seulement des parents se l'imaginent !
– En ce qui concerne précisément les 8-14 ans, voici le hit-parade de leurs activités préférées :
• rechercher des infos plaisirs (69 %) ;
• rechercher des infos scolaires (68 %) ;
• envoyer des messages (65 %) ;
• jouer en ligne n'arrive qu'en 5e position et les opérations de téléchargement en 7e.

## Existe-t-il des moyens techniques de protéger votre enfant ?

En théorie, il existe différents logiciels de contrôle, qui utilisent deux techniques. L'une bloque l'accès à des pages interdites prédéfinies par le fournisseur d'accès ou les parents. L'autre interdit l'accès aux pages contenant des mots clés, paramétrables à l'avance : « sexe » ou « drogue », par exemple. Cependant, le filtrage n'est jamais absolu. « L'Internet est un kiosque à journaux sans vendeur, un enfant va d'abord vers ce qu'il aime, puis vers les revues X », explique Alain Le Diberder, pionnier du Net en France et ancien directeur des programmes multimédia de Canal plus[1].
De plus, même si votre enfant ne cherche pas les sites interdits pour lui, l'affichage accidentel de pages web inappropriées n'est pas rare. Elles peuvent être incluses dans des *spams* (mails sauvages) qui vous sont adressés directement ou surgir tout simplement quand il clique sur les résultats d'une recherche anodine.

## Quelques conseils pour le protéger quand même

Comme pour les images pornographiques (voir chapitre 55 *Et s'il tombait sur des images porno ?*), la prévention passe par l'éducation.
– Installez l'ordinateur dans une pièce commune (salon ou autre) plutôt que dans la chambre de votre enfant. Ainsi, vous pourrez surveiller du coin de l'œil et intervenir en cas de problème.
– Découvrez l'univers Internet avec votre enfant. Naviguez, visitez. Au lieu de partir à l'aveuglette, offrez-vous le petit guide : *Les meilleures adresses Web*

1. *Version Fémina*, 12 janvier 2003.

*enfants* (éditions Marabout). Héros, animaux, sports, stars, tout y est pour ravir votre progéniture. Puis, constituez avec lui un carnet de favoris dans lequel il ira puiser des adresses sûres.
– Sachez que vous pouvez connaître la liste de tous les sites visités les deux ou trois derniers jours. En cliquant sur le menu « Aller à », puis « Historique » dans Microsoft Explorer, ou le menu « Communicator », puis « Outils » et « Historique » dans Netscape Navigator.
– S'il reçoit des mails d'inconnus avec des informations bizarres ou ambiguës, informez votre fournisseur d'accès par mail. Dites à votre enfant de ne jamais répondre à ce genre de mail et écrivez vous-même à l'expéditeur pour lui dire que s'il recommence, vous porterez plainte.
– S'il a moins de 12 ans, ne lui permettez pas de participer à des forums ou à des chats avec des inconnus. « Vous ne laissez pas un enfant de 5 à 10 ans sortir en ville non accompagné. Pourquoi le laisseriez-vous sortir seul dans l'espace Internet ? » écrivent Michel Deverge et Bruno Oudet[1]. Prévenez-le que certaines personnes s'inventent une identité sur Internet. Thomas, 11 ans, peut être, en réalité, un gros moustachu de 35 ans prénommé Robert... Expliquez-lui que ces gens persévèrent parfois longtemps pour gagner progressivement la confiance des enfants. Au besoin, si vous êtes inquiète, rendez Internet inaccessible quand vous êtes absente. En débranchant le câble qui relie l'ordinateur à la ligne téléphonique. Ce qui laisse à votre enfant l'accès au cédérom et aux jeux « off line » (voir chapitre 56 *Il est fou de jeux vidéo*).
– S'il a 12 ans et que vous lui permettez de discuter avec des inconnus, restez avec lui dans les premiers temps pour lui apprendre à distinguer les messages normaux des bizarres. Dites-lui de ne jamais divulguer d'informations personnelles, comme son adresse, son numéro de téléphone, l'école qu'il fréquente ou sa photo. Voici les conseils de la gendarmerie du Canada[2] : qu'il agisse comme il le ferait avec un étranger rencontré dans un parc ou au téléphone, qu'il ne réponde pas aux messages où on lui demande des renseignements personnels ou qui le mettent mal à l'aise, qu'il ne se sente pas obligé de continuer et qu'il ose couper la communication.

## POUR EN SAVOIR PLUS

**Pour les parents**

*L'Internet des familles*, Bruno Oudet et Michel Deverge, Bayard, 2001.

1. *L'Internet des familles*, Bayard, 2001.
2. *Ibid.*

# 58

# Il veut arrêter son activité

*Quand vous l'avez vue dans son tutu tout neuf, un immense sentiment de fierté vous a envahie. Las ! À peine la photo prise, elle a commencé à rechigner pour assister au cours.*

## Pourquoi votre enfant veut-il arrêter son activité ?

Pour l'une et/ou l'autre des raisons suivantes :
– Il n'a pas vraiment choisi cette activité. C'est peut-être plus votre choix que le sien… Mais c'est normal, tant qu'il n'a pas essayé, il ne peut pas savoir si ça lui plaît vraiment. Si cela fait déjà plusieurs années qu'il pratique cette activité, il est fréquent, quand un enfant atteint 10-11 ans, qu'il ne se conforme plus au désir de ses parents concernant une activité extra-scolaire (« Marre du piano ! »). Il se différencie, s'affirme.
– Il y a peut-être un problème dans ce cours. Le professeur est-il trop sévère ou trop désinvolte ?
– Il n'a plus les mêmes copains que l'année dernière.
– Il vit dans une société où les tentations sont extrêmement fortes : sous l'influence des copains, il a envie de changer d'activité pour une autre plus « tendance ».
– Il est, comme tout enfant, pris d'une crise de paresse passagère.

## Comment réagir ?

– Entendez sa demande en essayant de la lui faire expliquer.
– Cependant, soyez très ferme sur la ligne de conduite suivante : d'accord pour arrêter à la fin de l'année, mais pas question de le faire d'ici là. Cela reviendrait à rompre un engagement par rapport au groupe (il a pris la place

d'un autre enfant en s'inscrivant), un contrat avec le moniteur et vous-même, qui avez payé pour l'année. Enfin, c'est aussi revenir sur une parole qu'il s'est donnée à lui-même. Vous en reparlerez à la fin de l'année. Bien sûr, il vaut mieux que vous soyez d'accord avec son père sur ce point.
– Vous trouvez cette position trop raide ? C'est en agissant ainsi que vous aidez votre enfant à forger sa volonté. Sur le moment, il va peut-être râler, mais après coup, il sera content de lui. Personne n'est jamais fier d'abandonner une activité en cours de route.
– Parlez-lui, éventuellement, de votre expérience d'enfant. Si vous avez été soutenue par vos parents dans la poursuite d'un sport ou d'une activité et que vous les remerciez encore, dites-le-lui. Idem, si vous leur en voulez toujours de vous avoir laissée tout commencer et ne rien terminer.
– Reconsidérez la question à chaque rentrée. Souvent, à partir de 10-11 ans, l'enfant a besoin de s'affirmer face à ses parents en rejetant l'activité qu'ils avaient choisie pour lui (même s'il était d'accord). Il suffit parfois de lui dire qu'il n'est pas obligé pour qu'il reprenne le désir de ses parents à son compte et décide de continuer. Mais si votre enfant réitère sa demande d'arrêter, s'il ne semble prendre aucun plaisir à cette discipline, essayez de lui en proposer une autre plus adaptée à sa personnalité. Tous les enfants n'ont pas les mêmes besoins de dépense physique. Pour certains, une activité artistique peut être préférable. Si c'est le piano ou le solfège auquel vous tenez tant, qui le « gonfle » après plusieurs années, il faut savoir l'entendre, lui faire comprendre que ce n'est pas un enjeu de pouvoir, pour qu'il puisse savoir où est son désir et décider, éventuellement, de continuer.

## Les erreurs à éviter

– Choisir systématiquement la même activité pour tous les enfants de la fratrie. Cela ne respecte pas suffisamment la place de chacun et peut décourager l'un d'entre eux.
– Faire du chantage au cours de foot. Exemple : « Si tu ne travailles pas bien en classe, je te supprime le foot. » Il ne s'agit pas d'une punition adéquate. La pratique d'un sport ou d'une activité en groupe constitue un loisir, certes, mais permet surtout de développer le sens des responsabilités de l'enfant dans un groupe, l'apprentissage de règles (différentes de celles en vigueur dans une classe). Elle est nécessaire à son équilibre psychique et physique.
– Multiplier les activités extrascolaires de sorte que l'enfant se débatte dans un emploi du temps de ministre « surbooké ». Pour certains, une activité est amplement suffisante, pour d'autres – plus physiques –, il en faudra deux ou trois. Tout dépend de leur personnalité. Une chose est sûre : à cet âge,

l'enfant a aussi besoin de voir des copains, de passer du temps chez les autres et chez lui, de se reposer, voire de s'ennuyer un peu. Sans avoir toujours un programme très précis…

## Pour en savoir plus

**Dès 8 ans**

*Max a la passion du foot*, Dominique de Saint Mars et Serge Bloch, Calligram.

# 59

# Sa radio, sa musique, vous horripile

*Quand elle n'écoute pas Raphaël ou Diam's à fond les ballons sur son mp3, ce sont Skyrock ou NRJ qui tournent en boucle. Ne peut-elle pas rester cinq minutes dans le silence ?*

## Pourquoi cette obsession ?

– Votre enfant cherche des idoles, c'est le propre de l'adolescence qui s'annonce. C'est un processus classique. Le pré-adolescent élit son idole parce que quelque chose d'elle fait écho en lui. Ces modèles sont une sorte de projection de l'enfant qui vient combler une angoisse d'identification. Les jeunes se sont toujours identifiés à des mythes. Certains symbolisent la rébellion, la provocation, comme Eminem, ce jeune rappeur originaire de Detroit : dès qu'il entre en scène, il devient quelqu'un d'autre, il brandit une tronçonneuse, se déguise en Ben Laden ou simule une exécution sur la chaise électrique[1] ! Aujourd'hui, beaucoup de pré-adolescents choisissent des modèles plus proches d'eux. Ils appartiennent à la génération « Popstars », « Loft Story » ou « Star Academy » dont ils rêvent souvent de devenir les vedettes. Résultat : leurs icônes peuvent apparaître moins prestigieuses à vos yeux que les héros de votre enfance. Les « lolistars » Lorie et Alizée (après Britney Spears) sont devenues des stars avant l'âge de 15 ans. Les pré-ados se disent : « Pourquoi pas nous ? » Aujourd'hui, la plupart des filles de 8-12 ans ne rêvent plus d'être coiffeuse ou infirmière, elles veulent être chanteuses et accéder à la gloire et à la célébrité. Les maisons de disques l'ont bien compris. Pour attirer et retenir le jeune public, elles appliquent toujours la même

1. *Elle*, 24 février 2003.

recette[1] : ne prendre que des filles très jeunes, comme Lorie, Alizée, Priscilla, et jouer au maximum la carte de l'identification en ne choisissant plus des enfants du milieu du show-biz – contrairement à Vanessa Paradis dont l'oncle était comédien ou Elsa dont le père était compositeur – mais des gamines sans lien avec le métier, plus provinciales que parisiennes. Tout est bon pour accréditer l'idée que n'importe qui peut le faire. Les garçons aussi sont fascinés par ces exemples de réussite rapide et apparemment facile (voir chapitre 55 *Il est accro à la télévision*).

– Votre enfant a besoin d'être dans la tendance du moment pour participer aux conversations de la cour de récréation et appartenir à son groupe de pairs.

– Il veut s'affirmer, voire s'opposer à vous. Surtout si vous avez laissé échapper vos doutes – pour ne pas dire votre mépris – sur les qualités musicales de Nolwenn ou de Jenifer...

– Il cherche à s'informer sur les transformations de son corps qu'il commence à ressentir, c'est pourquoi il est fan d'émissions de radio qui parlent de sexualité.

– Il cherche à vous imiter (et peut-être aussi un peu à se venger). Depuis qu'il est tout petit, il ne peut pas communiquer avec vous le matin parce que vous êtes branchée sur les infos...

## Comment réagir ?

– Renoncez à contrôler ses choix et à critiquer ses goûts. C'est très dévalorisant pour un enfant d'entendre ses parents rabaisser ses idoles. Dès lors, même si vous êtes atterrée par l'indigence de ce qu'il écoute, gardez-le pour vous. Tant pis si vous estimez – à juste titre – que votre enfant est victime du sens marketing des maisons de disques ! Demandez-lui, au contraire, de vous expliquer ce qu'il éprouve quand il écoute cette musique et ce qu'il aime dans ces chanteurs ou chanteuses. Pour ne pas vous renier totalement, vous pouvez ajouter : « Je te comprends, mais moi cette musique ne m'emballe pas et je la connais mal. »

– Efforcez-vous plutôt de désamorcer sa fascination pour ces exemples de réussite rapide et facile en apparence. Démontez la manipulation des rois du marketing. Expliquez à votre enfant la vraie histoire des Lolistars. Ces chanteuses au berceau sont systématiquement relookées par leurs maisons de disques pour que les filles qui achètent leurs disques puissent s'identifier. Chacune doit jouer un rôle : Laurianne, 11 ans, incarne la mini Britney Spears (alors qu'en réalité, elle la déteste), Melissa, 12 ans, la sportive, Émilie, la bohème... Ensuite, elles ont une vie très dure : certes, la DDASS veille pour

1. Voir *Elle*, 5 mai 2003.

qu'il n'y ait pas d'abus, mais les séances de répétition et les concerts sont épuisants pour des enfants. De plus, elles doivent subir l'envie, parfois très violente, des enfants de leur âge, qui peut les marginaliser dans la cour de récréation. Par ailleurs, toutes les lolistars rêvent d'évoluer avec leur public et de changer, un jour, de tranche d'âge. Or la transition est souvent impossible, car le jeune public est très versatile et que, pour le monde du show-biz, elles sont toutes interchangeables. C'est pourquoi les *boys'band* comme les 2 be 3 ont complètement disparu de la circulation. Tout comme le groupe Whatfor (successeur des L5) qui, après avoir vendu quantité de disques, a fini par être dissous... Et quand on a été habitué très tôt aux applaudissements et aux séances d'autographes, il est très dur de redescendre sur terre (voir chapitre 55 *Il est accro à la télévision*).

– Apprenez-lui à respecter les autres avec sa radio. Il se trimballe dans tout l'appartement avec son poste à fond ? Ne le laissez pas faire. Expliquez-lui que c'est une question de vie en communauté. Mais obligez-vous à la réciproque. Si vous-même avez l'habitude de laisser France Info toute la journée en bruit de fond, ne vous étonnez pas qu'il fasse de même avec NRJ...

– Veillez à ce qu'il n'écoute pas sa musique trop fort. Soyez vigilante aussi avec son baladeur. Sachez que le seuil de tolérance des enfants au bruit est toujours supérieur à celui des adultes. Ce n'est pas pour autant qu'ils n'en subiront pas les conséquences. Au-delà d'un certain seuil (90 décibels), un bruit devient toxique. L'oreille se fatigue sans qu'on s'en aperçoive. À l'âge adulte, les baisses auditives sont fréquentes. Les jeunes sont les plus menacés car ils cumulent de nombreux facteurs à risque : 87 % d'entre eux utilisent couramment baladeurs et/ou lieux musicaux[1].

– Veillez à ce que votre enfant ait d'autres occupations que la radio et ne lui permettez pas de la laisser branchée en permanence. Comme avec la télévision, l'ordinateur et la gameboy, apprenez-lui à faire des pauses.

## POUR EN SAVOIR PLUS

**Dès 8 ans**

*Lili veut être une star*, Dominique de Saint Mars et Serge Bloch, Calligram.

1. Ipsos/Journée nationale de l'audition, 16 mai 2001.

# VIII.

# VIE DE FAMILLE, FRÈRES ET SŒURS, GRANDS-PARENTS

# 60

# Sa chambre est un vrai bazar

*Des petites cuillères sales plantées dans des pots de yaourt vides, des tee-shirts en boule sous le lit, des posters de rapeurs au mur... Elle est loin, sa chambre d'enfant !*

## Pourquoi votre enfant aime-t-il vivre dans un tel bazar ?

Lorsqu'il atteint l'âge de 10-11 ans, sa chambre devient son antre, son coin à lui, avec un sentiment de propriété plus marqué. Le fait de garder cet endroit en désordre et d'y coller des posters de ses idoles est une façon, plus ou moins consciente, de marquer son territoire et de vous montrer qu'il n'est plus votre tout-petit, qu'il a une pensée autonome et un mode de vie différent du vôtre. Il vous témoigne sa nouvelle façon d'être. Il construit son intimité. D'ici peu, il va aborder et vivre d'autres « désordres », dans son corps et dans sa tête. C'est l'adolescence qui se prépare.

## Comment réagir ?

☐ Il ne retrouve rien

– Ne faites pas une fixation : trop d'ordre peut s'avérer plus inquiétant que le contraire. Un enfant qui exigerait, par exemple, toujours le même écart entre son lit et sa table de nuit, ou qui adopterait, au crayon près, toujours la même organisation pour ranger son bureau, serait en proie à un comportement obsessionnel qui justifierait probablement une consultation chez le psy (voir chapitre 93 *Dans quel cas consulter un psy et comment ça se passe ?*).

– Rappelez-lui l'intérêt de ranger ses affaires pour les retrouver, les conserver en bon état et gagner du temps.

– Utilisez les conséquences de son désordre à des fins éducatives : quand on

ne range rien, on ne retrouve rien. Quand il vous pose la question rituelle : « Maman, tu ne sais pas où est passé mon short de tennis », ne lui répondez pas directement. Interrogez-le : « Quand l'as-tu vu pour la dernière fois? Essaie de te rappeler. »
– Cessez de l'aider à chercher son survêtement s'il ne le retrouve pas. Lorsqu'il se fera punir par son prof de gym parce qu'il aura « oublié » ses affaires, ou qu'elle découvrira sa tenue tachée au moment de se préparer pour une boum, il ou elle prendra conscience de ses responsabilités et apprendra à anticiper : il évitera de laisser en boule pendant trois jours son maillot de foot (alors qu'il a match bientôt), elle pensera à mettre sa mini-jupe au linge sale en temps utile.
– Il oublie régulièrement ses clés parce qu'il les pose n'importe où ? Ne laissez plus de trousseau de dépannage chez la gardienne. Laissez-le plutôt poireauter devant la porte en attendant votre retour. Au bout d'un moment, les ranger au même endroit deviendra un réflexe…
– Évitez néanmoins de lui dire « C'est bien fait pour toi ! », c'est inutile et cela renforce son sentiment d'infériorité par rapport à vous qui faites « tout bien ». En revanche, vous pouvez quand même lui faire remarquer calmement, mais fermement : « La prochaine fois, tâche d'y penser avant » (voir chapitre 47 *Il perd ou oublie toutes ses affaires*).

**☐ Il colle des posters aux murs**

– Prenez-en votre parti. À son âge, il a besoin de pouvoir exprimer ses goûts et de faire à son idée. C'est un moyen de s'identifier à ses amis du même âge que lui. Souvenez-vous…
– Renoncez à la chambre d'enfant idéale que vous aviez installée lorsqu'il était petit. D'ailleurs, c'est peut-être le moment de la refaire en lui demandant davantage son avis.
– Si, vraiment, la vision des vingt-sept posters de Laurie vous hérisse, essayez de vous mettre d'accord sur un seul mur de sa chambre, où il pourra s'exprimer librement. Offrez-lui de la « pâte à fixe », cette sorte de pâte à modeler qui permet de coller n'importe quoi au mur sans l'abîmer.

**☐ Son bureau est jonché de cailloux, tickets de métro, coquillages…**

N'oubliez pas que c'est l'âge des collections. Un sac de bouchons de bouteilles est aussi précieux pour lui qu'un beau plumier ancien pour vous… S'il n'a plus la place de faire ses devoirs, trouvez une étagère, un tiroir où il rangera ses trésors – promettez-lui, au passage, de ne jamais l'ouvrir hors de sa présence et sans son accord. Expliquez-lui aussi l'intérêt d'avoir de la place pour réaliser un travail soigné. Mais sachez que votre conseil aura moins de portée si votre propre table de travail est jonchée de courriers et de factures en retard…

## Apprenez à respecter son intimité

– Faites votre deuil des coffres à jouets bien alignés du passé.
– Faites-lui comprendre que sa chambre est son espace à lui.
– Frappez systématiquement avant d'entrer.
– Ne vous offusquez pas si sa porte est toujours fermée, et s'il y colle un panneau sens interdit, c'est une manière de marquer son territoire.
– Mettez un terme aux « descentes rangement » autoritaires, hors de sa présence, quand il part en colonie ou chez ses grands-parents.
– Quand vous êtes « en visite », évitez de critiquer sa décoration.
– Soyez moins exigeante sur le rangement et le ménage. Si vous êtes alertée par une odeur suspecte, cherchez-en les raisons avec lui. S'il s'agit d'un escargot mort ou d'un vieux bout de fromage, il est indispensable de le jeter. Dites : « Je ne fais pas ça pour t'embêter, mais nous devons vivre dans une maison propre, c'est mon devoir de t'apprendre ce qui est sain et ce qui peut donner des microbes. » Profitez-en pour lui rappeler les règles d'hygiène élémentaires (voir chapitre 19 *Il déteste se laver*).

## Malgré tout, sa chambre demeure dans un désordre innommable ?

– Prévenez-le : « Si tu ne fais pas un minimum d'effort, ni la femme de ménage ni moi ne ferons le ménage dans ta chambre. » Et fermez la porte. Le jour où il amènera son amoureuse à la maison, vous aurez peut-être la surprise de trouver sa chambre dans un état impeccable. Il ne nettoie jamais ? Exigez qu'il reste à vos côtés quand vous le faites. Demandez-lui d'aérer, de déplacer les meubles et de passer l'aspirateur.
– Laissez-lui des moments de relâchement, qui sont des soupapes réconfortantes et apaisantes.
– Soyez ferme. Dans sa chambre, il fait ce qu'il veut, mais, dans le reste de l'appartement, il respecte votre territoire (voir chapitre suivant).

## Il partage sa chambre avec un frère ou une sœur ?

– Identifiez le plus clairement possible les territoires de l'un et de l'autre, afin que chacun soit responsable de son coin. Si vous avez la place, séparez les deux espaces avec un grand meuble (bibliothèque, armoire…).
– Exigez de vos enfants qu'ils apprennent à respecter leurs territoires et habitudes respectives.
– Il déborde systématiquement et sa sœur n'en peut plus ? Évitez de vous lancer dans un grand nettoyage par le vide, sac-poubelle en main. Reconnaissez que c'est difficile de partager sa chambre, mais rappelez qu'il n'y a pas d'autre solution. Ajoutez : « Vous n'êtes pas obligés d'être copains, mais vous

devez vous respecter car vous vivez ensemble, sous le même toit et dans la même chambre. »
– C'est toujours sa sœur qui range ? Il n'est pas question que l'un des deux soit le domestique de l'autre. Parlez-en en famille et aidez-les à mettre en place une répartition plus égalitaire des tâches, n'excluez pas d'instituer un tour pour différentes corvées.
– Montrez l'exemple. Si votre fils vous fait remarquer que son père ne fait pas grand-chose dans la maison, répondez : « Je sais, mais il a été élevé à une époque différente, où la majorité des femmes restaient à la maison pour s'occuper des enfants et du ménage. Aujourd'hui, ce n'est plus comme ça, la plupart des femmes ont un métier en dehors de la maison. Aussi, les hommes doivent en faire plus. C'est mon point de vue, ton père est d'accord avec moi, même s'il ne m'aide pas toujours suffisamment. » N'hésitez pas, le cas échéant, à lui expliquer ce que votre mari assume et qui ne se voit pas : paiement des factures, révision de la voiture, etc. Ainsi, il se rendra compte que le partage entre vous n'est pas si inégalitaire qu'il le pense.

## POUR EN SAVOIR PLUS

**Dès 8 ans**

*Lili est désordre*, Dominique de Saint Mars et Serge Bloch, Calligram.

**Dès 10-11 ans**

*Garçons et filles : tous égaux ?*, Magali Clausener-Petit, Les Essentiels Milan Junior Société.

*Filles = Garçons ? L'égalité des sexes*, Autrement Junior, Série Société.

**Pour les parents**

*Parent de fille, parent de garçon, les élève-t-on de la même facon ?*, Hélène Montardre, Les Essentiels Milan, Du côté des parents.

*Le Temps des femmes*, Dominique Méda, Champs Flammarion, 2000.

*Le Désordre*, Emmanuelle Rigon, Bayard, 1999.

*Élever un garçon aujourd'hui, En faire un homme, pas un macho*, Stéphane Clerget et Pascale Leroy, coll. « C'est la vie aussi », Albin Michel, 2005.

# 61

# Il ne fait rien dans la maison

*Ce cartable dans l'entrée, ces baskets dans le salon, ces canettes vides partout… Et lui vautré sur le canapé. Moins il en fait, mieux il se porte !*

## Il ne sait pas ranger, pourquoi ?

Pour l'une et/ou l'autre des raisons suivantes :
– Il n'y a pas été entraîné petit. Vous avez toujours pris les choses en charge pour lui faciliter la vie et satisfaire votre sens de l'ordre – pour ne pas dire votre maniaquerie… Vous avez beau râler contre lui, lorsque vous rangez, vous pensez : « Ça va plus vite et c'est mieux fait »…
– Il attend que sa sœur fasse tout à sa place.
– Il a 11-12 ans et même s'il était habitué à ranger avant, il trouve dans son bazar, un moyen – plus ou moins conscient – de s'opposer à vous. À cet âge, les préoccupations et les rêveries laissent indifférents aux consignes d'ordre. Une certaine léthargie, voire passivité, s'installe…
– C'est une question de tempérament : certains enfants sont naturellement plus concernés que d'autres par le rangement et le partage des tâches dans la maison.
– Vous lui offrez un modèle qui ne l'incite pas à devenir un as de l'ordre. Si vous-même attendez systématiquement que la femme de ménage fasse votre lit et ramasse votre linge sale par terre, il est possible que votre enfant se sente peu concerné par la question…
– Si c'est un garçon et que son père ne partage pas du tout les tâches avec vous, ne rien faire est aussi un moyen, plus ou moins conscient, de s'identifier à lui… Les statistiques de l'Insee montrent que les inégalités du partage des tâches ménagères entre l'homme et la femme, dans le couple, se reproduisent entre frères et sœurs, dans la famille…

## Comment réagir ?

– Ne perdez pas espoir. Il n'est jamais trop tard pour édicter de nouvelles règles.
– Expliquez-lui qu'à l'avenir, vous comptez absolument sur lui pour assumer un certain nombre de tâches dans la maison.
– Faites attention à demander autant de choses à votre fils qu'à votre fille. Victimes des stéréotypes, les parents ont tendance à exiger davantage des filles que des garçons auxquels ils se contentent, bien souvent, de demander simplement de vider la poubelle…
– Remerciez-le, félicitez-le à chaque fois qu'il vous rend service, même si le résultat n'est pas encore parfait : l'enfant a besoin de la fierté de ses parents pour grandir.

## Exiger quoi, à quel âge ?

☐ Dès l'âge de 8 ans

Il doit être en mesure de faire certaines tâches dans les domaines suivants :
– Linge
• Ranger son pyjama.
• Mettre son linge au sale.
• Accrocher son peignoir et/ou sa serviette de toilette.
– Tâches ménagères
• Tirer sa couette tous les matins.
• Jeter sa canette de coca, rincer son verre d'eau, glisser son assiette dans le lave-vaisselle.
• Aider à mettre le couvert. Attention, toutefois, à ne pas vous lever de table en le laissant débarrasser tout seul ou avec ses frères et sœurs, sans vous. Pour qu'il apprenne à participer aux tâches ménagères, il faut que celles-ci soient partagées entre parents et enfants. C'est plus convivial.
• Aller faire une petite course dans le quartier.
• Éteindre la lumière en sortant d'une pièce.
– Affaires scolaires
• Préparer et ranger son cartable.
• Gérer ses fournitures tout seul. Le bon truc : dès la rentrée scolaire, prévoir une boîte de crayons, stylos, gommes, bâtons de colle d'avance où l'enfant va puiser dès qu'il lui manque quelque chose.

☐ Dès 11-12 ans

L'enfant peut parfaitement, en plus :
– Dans sa chambre : faire un minimum de ménage. Bien sûr, il n'est pas question d'exiger un travail de professionnel. On peut tout de même lui demander

de vider sa corbeille quand elle est pleine et de passer l'aspirateur une fois par semaine. Il peut également ranger son linge repassé dans son armoire. Faire les vitres, la poussière, changer sa couette ce sera pour plus tard, vers la fin du collège et le début du lycée.
– Dans la salle de bain : vider et rincer sa baignoire ou sa douche, essuyer l'eau qui a débordé.
– Dans la cuisine : participer à la préparation du repas, surtout s'il invite un copain (vous serez fière qu'il participe à son tour, quand il sera invité). Il peut préparer une vinaigrette, faire cuire un œuf (sous vos yeux), laver la salade, préparer le fromage, couper le pain. L'autonomie totale ne vient pas du jour au lendemain, mais dépend de la façon dont, jusque-là, vous lui avez permis de participer à vos activités dans la cuisine. Si vous ne supportez pas d'avoir quelqu'un dans les pattes, ne vous étonnez pas que votre enfant prenne l'habitude de se faire servir. Au contraire, votre enfant – garçon, comme fille... – doit apprendre, petit à petit, à évoluer dans une cuisine sans se mettre en danger. Prenez l'habitude d'expliquer et de décrire ce que vous êtes en train de préparer. Cela ne vient pas du jour au lendemain. Vous avez toujours peur qu'il ne se coupe ou se brûle ? Prévoyez une crème et un pansement dans le tiroir et laissez-le prendre des risques, c'est indispensable.

## Entre frères et sœurs, faut-il organiser des tours ?

– Pourquoi pas ? À condition que ce ne soit pas toujours les mêmes qui assument les tâches ingrates (laver la poubelle, nettoyer la litière du chat...). Évitez de demander toujours à votre fille, plutôt qu'à votre fils, comme le font encore trop de parents. Cela ne fait pas avancer la difficile question du partage des tâches entre hommes et femmes.
– Alternez travail visible (ex. : mettre la table) et invisible (ex. : cuisiner) pour qu'il comprenne que ce dernier fait partie d'un processus qui prend du temps : préparer un plat implique d'éplucher des légumes, de surveiller la cuisson, de salir de la vaisselle, etc. De plus, tout cela crée des moments de complicité et de transmission des savoirs, précieux dans cette société où l'on manque toujours de temps pour ses enfants.
– Ne tombez pas non plus dans l'excès inverse : les enfants n'ont pas à assumer la totalité des tâches ménagères, ni des responsabilités qui ne sont pas les leurs. Évitez donc de demander à votre aîné de garder systématiquement sa petite sœur : il peut vous dépanner à titre exceptionnel, mais ce n'est pas son rôle. De plus, à son âge, il a besoin de temps mort pour écouter sa musique, s'amuser, rêver.

## Il a toutes les bases, mais persiste à laisser traîner ses affaires ?

Évitez de hurler dès votre retour du bureau : « Évidemment, comme d'habitude, tes habits sont en boule par terre ! » C'est humiliant et cela l'installe dans un statut de désordonné incorrigible. Attendez plutôt qu'il ait terminé ses devoirs pour l'interroger calmement en le regardant dans les yeux : « On avait décidé quelque chose ensemble et ce n'est pas fait à mon retour, que se passe-t-il ? » En présentant les choses sous cette forme interrogative, vous lui laissez la possibilité de trouver par lui-même quel est le problème et de comprendre qu'il n'a pas rempli son contrat. Il vous répond l'air ahuri : « De quoi, de quoi ? » Durcissez le ton et dites-lui ce qu'il a à faire, sans tergiverser.

## Vous avez l'impression de rabâcher cent fois les mêmes choses et vous n'en pouvez plus ?

– Déculpabilisez si vous ne pouvez pas vous empêcher de crier. Mais réfléchissez à la façon dont vous lui demandez de prendre ses responsabilités dans la maison. Si vous avez pris l'habitude de lui assener des ordres comme à l'armée, il développe peut-être de la résistance passive. Même si c'est plus compliqué au départ, il est souvent plus facile d'obtenir un résultat en incitant l'enfant et en le félicitant à chaque nouvelle responsabilité acquise plutôt qu'en hurlant hystériquement d'un bout à l'autre de l'appartement… (voir chapitre 4 *Vous n'arrivez pas à vous faire obéir sans crier*).
– Dédramatisez : l'enfant n'a pas la même « chronologie du rangement » que l'adulte. Il vit davantage que vous dans l'instant présent : pour lui, il est beaucoup plus important d'aller regarder son DVD que de mettre ses vêtements au linge sale.
– Ne vous découragez pas. Les règles finissent par s'acquérir plus ou moins. Gardez confiance : le modèle parental joue énormément. Ce n'est pas parce qu'aujourd'hui il semble se complaire dans la paresse, qu'il est condamné à devenir un fainéant à vie.

### Pour en savoir plus

- Voir la bibliographie du chapitre précédent.

# 62

# Ils se disputent sans arrêt

*C'est une joute permanente, qui commence avec les mots et se finit avec les mains. Le tout assaisonné de hurlements et de portes qui claquent. Pas exactement la famille dont vous rêviez…*

## Pourquoi ces disputes incessantes ?

– Quelle que soit la place de l'enfant dans la fratrie, il pense toujours qu'il est lésé : l'aîné va trouver injuste que son petit frère se couche à la même heure que lui, le cadet va estimer scandaleux que le plus grand ait toujours droit à des vêtements neufs.
– Vos enfants sont proches en âge. Ils sont scolarisés au même endroit, partagent la même cour de récréation. D'où des rivalités du genre : « Il me pique tous mes copains » ou « Il raconte ma vie privée à l'école ». Ils ont parfois les mêmes enseignants qui, d'une année sur l'autre, laissent échapper des comparaisons négatives ou positives. Cela attise la rivalité.

## Comment réagir ?

– Dédramatisez. Dans la vie, le sentiment de rivalité est utile. Il permet de comprendre que la justice totale et l'équité parfaite n'existent pas et apprend à gérer les frustrations inhérentes à toute vie en société. Plus vous serez consciente que ce sentiment existe, plus vous accepterez qu'il s'exprime, plus vous permettrez à chacun de vos enfants de trouver sa place et éviterez d'entretenir l'envie. Cela n'exclut pas que les enfants éprouvent du plaisir à passer des moments ensemble. Même s'ils se battent comme chat et chien, cela n'empêche pas qu'ils puissent construire un lien affectif fort et durable. Cela permet aux enfants de compter l'un sur l'autre, de faire alliance entre eux, pour supporter des moments de crise familiale. Partager une histoire en commun, un roman familial, des moments de lutte ensemble, tout cela y contribue. Des enfants qui ne se seront jamais affrontés éprouveront sans doute plus d'indifférence l'un pour l'autre. La phobie du conflit chez les parents peut interdire aux enfants de s'affronter. Dans ce cas, la violence est bien réelle, mais trop refoulée pour s'exprimer, et c'est souvent celle-ci que l'on voit ressortir comme une bombe à retardement, à l'âge adulte, au moment des successions, par exemple.

– Ne tolérez pas la violence physique. Si les choses vont vraiment trop loin, n'hésitez pas à les punir collectivement. Vous serez peut-être injuste cette fois-ci, mais pas la prochaine fois. Et vous arriverez à les rendre solidaires entre eux, contre vous et leur père, ce qui les rendra complices.

– S'ils sont en compétition à l'école. Tous les enfants n'étudient pas avec la même efficacité, ni le même bonheur. Certains ont plus de mal que d'autres pour les études, à un moment donné de leur parcours. On ne peut pas empêcher un enfant qui a de bonnes notes d'être satisfait. Mais on peut lui apprendre la délicatesse et l'inciter à ne pas trop parader devant son frère qui a de moins bons résultats. Dites à votre fille : « Tu peux être fière, ton père et moi sommes vraiment contents pour toi. Tu sais aussi que ce ne sont pas que les notes qui comptent, mais la façon dont tu fais ton travail avec sérieux. Ton frère a peut-être, pour le moment, des résultats plus moyens, mais il s'applique beaucoup. Ton père et moi sommes très fiers qu'il prenne ses responsabilités du mieux qu'il peut. » Vous pouvez ajouter : « Je te demande d'être discrète : cela pourrait lui faire de la peine de sentir qu'il n'arrive pas à avoir toujours de très bonnes notes dans toutes les matières. » Bien sûr, évitez aussi les comparaisons devant l'enfant. On n'est pas tous égaux devant les performances.

– S'ils se disputent leurs copains. À cet âge, certains enfants sont très sociables, d'autres le sont moins, certains sont très indépendants de leur famille, d'autres sont plus collés à leurs parents. D'où les affrontements, lorsqu'ils invitent des amis à la maison. Veillez à apprendre à vos enfants à être indépendants. Quand son frère reçoit un copain à la maison, incitez votre enfant à ne pas toujours se mettre en avant, à s'occuper tout seul et à accepter de faire autre chose. Attention : ne tombez pas non plus dans le piège inverse : à force de vouloir ménager un territoire à chacun, ne leur interdisez pas – symboliquement – d'être copains entre eux. Gardez-leur des moments de jeu ensemble, sans invités extérieurs, pendant certaines vacances, par exemple. Signifiez-leur que cela vous fait plaisir de les voir se retrouver et s'apprécier. Ainsi, ils ne resteront pas toujours fixés sur leurs crises. Ils découvriront que faire partie de la même famille peut beaucoup leur apporter.

## Vu l'ambiance chez vous, vous craignez qu'ils ne se détestent à l'âge adulte ?

Bien sûr, les parents n'ont pas toute maîtrise sur la qualité des relations qu'entretiendront plus tard leurs enfants. Encore moins sur leurs choix de vie futurs. Cependant, les rivalités qui perdurent à l'âge adulte demeurent assez rares, dès lors qu'elles ont été suffisamment reconnues durant l'enfance... Dans la plupart des fratries, il reste un fonds commun de souvenirs heureux et malheureux, dans lequel les enfants devenus adultes aiment puiser.

### Pour en savoir plus

**Dès 8 ans**

*Max est jaloux*, Dominique de Saint Mars et Serge Bloch, Calligram.
*Lili se dispute avec son frère*, Dominique de Saint Mars et Serge Bloch, Calligram.
*Joie, tristesse, jalousie, pourquoi tant d'émotions ?*, Véronique Corgibet, Milan, 2003.
*Et si la joie était là ?* Jeanne Benameur, Éditions de la Martinière Jeunesse, 2001.

**Pour les parents**

*Frères et sœurs, une maladie d'amour*, Marcel Rufo, Fayard, 2002.
*Ah ! quelle famille !*, Sylvie Angel, Robert Laffont, 2003.
*Arrêtez de vous disputer !, Faut-il se mêler des conflits des enfants ?*, Nicole Prieur et Isabelle Gravillon, coll. « C'est la vie aussi », Albin Michel, 2005.

◩ Reportez-vous aux chapitres 75 et 76 de *Petits tracas et gros soucis de 1 à 7 ans*.

# 63

# Faut-il dîner tous les soirs avec lui ?

*Jusqu'ici, votre enfant dînait avant vous pour éviter qu'il ne se couche trop tard. Mais plus il grandit, plus vous sentez cette organisation dépassée. En même temps, vous rentrez tard et tenez à ce qu'il ait son compte de sommeil.*

## Pourquoi les repas en famille sont-ils bons pour l'enfant ?

– Entre 8 et 12 ans, votre enfant a besoin de communiquer avec vous sur un mode différent de celui qui régissait vos rapports jusque-là. Il grandit, il mûrit, a besoin que vous le reconnaissiez. Partager les repas avec lui permet de développer un échange de qualité avec votre enfant. À cet âge, il est très demandeur. Plus tard, il aura moins envie de « passer des heures à table » avec vous... Alors profitez-en.
– En outre, le repas permet de transmettre à l'enfant certaines règles de convivialité : ne pas se servir en bousculant l'autre, proposer de l'eau avant de se servir, ne pas couper la parole, apprendre à écouter les autres...

## Comment faire ?

– Inutile, si vous ou son père rentrez trop tard, de le faire attendre pour dîner avec vous, chaque soir. Mais essayez d'avoir des rendez-vous avec lui et de vous y tenir. Par exemple, en plus des week-ends, vous pouvez décider de dîner avec lui le mardi soir, puisque, le mercredi, il peut dormir plus tard. Évitez aussi de sortir trop souvent pendant les vacances scolaires. Convainquez-vous : il s'agit d'un moment agréable.
– Évitez de répondre au téléphone ou de regarder la télévision pendant le dîner, et les repas en général.
– Ne passez pas le dîner à éplucher son bulletin scolaire médiocre. *A fortiori*

devant sa petite sœur. Au contraire, c'est le moment de mettre de côté les remarques et les récriminations sur sa scolarité.

– Profitez plutôt du repas pour développer sa curiosité et son plaisir d'apprendre en saisissant des occasions de la vie quotidienne qui vous paraissent évidentes, mais ne le sont pas forcément pour lui. Exemples :

• Les régions de France : quand vous projetez de l'envoyer à la campagne chez sa grand-mère, expliquez-lui dans quelle région elle habite, comment on y accède et par quelle ville on passe.

• La généalogie familiale : rappelez que les grands-parents portent tel nom, qu'ils ont tant d'enfants, tant de petits-enfants… Au besoin, relisez le chapitre 77 *Il a du mal à comprendre qui est qui dans la famille* de *Petits tracas et gros soucis de 1 à 7 ans.*

• Les fêtes religieuses prévues bientôt dans votre famille ou chez des amis d'une autre confession. Le fait qu'on serve du poisson à la cantine le vendredi et que le traiteur casher soit fermé le vendredi après-midi et le samedi.

• Le sens des jours fériés.

• Les métiers : dans certaines professions, on travaille la nuit ou le dimanche, on est de « garde », de « permanence ».

• L'actualité : il va y avoir une guerre dans tel ou tel pays ou une grève des transports, expliquez-en simplement les raisons.

Tout cela donne du sens à la vie et montre à l'enfant l'intérêt de développer ses connaissances. Plus on communique ces repères à l'enfant, plus on lui transmet une sécurité intérieure, une considération pour lui et les autres, qui lui permettent de développer de l'intérêt dans d'autres domaines.

– Parlez de vous à votre enfant. Sans le prendre pour confident, rôle qu'il n'a pas à assumer, ni le tenir au courant de vos problèmes d'adulte, racontez-lui vos petits tracas quotidiens (au bureau, en famille, avec vos amis…), cela lui offre une vision de vous plus humaine que celle du parent infaillible, qui sait tout et fait tout bien. Mais n'oubliez pas non plus de relater les événements heureux de votre vie. L'enfant a besoin d'optimisme pour se construire. Plus vous prendrez l'habitude de raconter les bonnes choses qui vous arrivent dans votre métier ou dans votre vie privée, plus vous permettrez à votre enfant de se projeter sans crainte dans sa vie future, plus vous l'aiderez à développer une aptitude au bonheur et une solide estime de soi. Vous tisserez aussi les fils d'une bonne communication parent-enfant, qui se révélera fort utile à l'adolescence.

– Saisissez toutes les occasions pour donner un caractère festif au repas de famille : anniversaire, bien sûr, mais aussi invitation d'un copain, bon bulletin scolaire, promotion au bureau… L'enfant a besoin de gaieté pour se construire.

## Il vous coupe sans cesse la parole ?

Le repas de famille n'est pas un moment uniquement consacré aux enfants. Il est bon qu'il entende aussi ses parents parler entre eux et apprenne, pendant ce temps-là, à se taire. N'hésitez pas à le remettre gentiment à sa place. Donnez-lui la parole ensuite.

## Il se tient mal à table ?

N'hésitez pas à utiliser l'humour pour le faire réagir. Exemple ? S'il déploie ses « ailes de pigeon », demandez-lui calmement à quelle heure il décolle... Éclats de rire et efficacité garantis. Et reportez-vous au chapitre 9 *Il ne dit jamais bonjour, merci, s'il te plaît.*

### Pour en savoir plus

**Pour les enfants**

*Le Convive comme il faut*, Philippe Dumas – au service du professeur Paul Hitaisse, L'école des Loisirs.

**Pour les parents**

*Vivre heureux, psychologie du bonheur*, Christophe André, Odile Jacob, 2003.

# 64

# Ses grands-parents lui passent tout

*Vous aviez pourtant dit non pour cette paire de Converse ! Mais en rentrant de chez vos beaux-parents, votre fils agite ses pieds pour vous narguer…*

## Pourquoi ses grands-parents lui passent tout ?

– Ils considèrent qu'ils ne sont pas responsables de l'éducation de votre enfant. Ils se sentent libérés de cette pression pédagogique qui pèse sur les parents. Ils ont des relations plus souples avec leurs petits-enfants. Certains sont meilleurs grands-parents qu'ils n'ont été parents. Le rôle des grands-parents n'est pas d'éduquer votre enfant, mais de le chérir, voire de le consoler, et de lui transmettre la trajectoire de la vie : de bébé, on devient enfant, puis adolescent, puis adulte, parents, grands-parents et arrière-grands-parents. Albums de photos sur les genoux, ils racontent à l'enfant les histoires de la famille, les souvenirs d'enfance de son parent et l'aident ainsi à réaliser que ses parents ont été des enfants.
– Ils voient votre enfant sur de courtes durées, ils veulent préserver une image du tout permis. Ce n'est pas forcément délibéré.
– Plus ou moins consciemment, ils ne sont pas mécontents de vous mettre en difficulté. Ils ont peut-être un *a priori* critique sur votre éducation et cherchent à vous contredire. Cela masque parfois un peu d'envie, liée à la difficulté de vieillir et d'assumer de passer la main.

## Pourquoi cela vous met-il si mal à l'aise ?

– Cela vous déstabilise dans votre rôle de parent. Vous préféreriez que les grands-parents aient plus de cohérence avec vos lois familiales.
– Vous avez l'impression que votre libre arbitre pour élever votre enfant est

contesté par vos parents ou beaux-parents. Cela vous renvoie une image infantile de vous-même.

## Comment réagir ?

– Acceptez que les règles soient différentes chez les grands-parents. Les enfants font très bien la part des choses. Martelez : « Tu sais parfaitement que, chez tes grands-parents, les règles sont plus souples qu'à la maison. Cela se comprend : c'est le rôle des grands-parents de gâter les enfants. À la maison, nous faisons autrement. »
– Apprenez à distinguer les situations qui prêtent à conséquence et les autres. Inutile de batailler sur le nombre de DVD regardés et la quantité de bonbons avalés. Quand vous leur confierez votre enfant, vous ne pourrez pas tout contrôler. Pour que les choses se passent bien, il est préférable de laisser aux grands-parents une certaine autonomie. En revanche, soyez très ferme sur le verre de vin ou la cigarette que le grand-père voudrait faire goûter à votre enfant. Ce n'est vraiment pas une bonne idée (voir chapitre 26 *Lui parler – utilement – de la drogue et de l'alcool*). Cependant, lui faire tremper les lèvres dans le champagne, le jour d'une communion ou d'un anniversaire, est différent, car réservé à un moment de fête. Par contre, ne permettez pas aux grands-parents de prendre votre enfant dans leur lit. Ils doivent, si possible, lui faire une vraie place, quitte à le laisser dormir au pied du lit, sur un lit d'appoint.

### Pour en savoir plus

**Pour les enfants**

*Lili découvre sa mamie*, Dominique de Saint Mars et Serge Bloch, Calligram.

**Pour les parents**

*Les Grands-Parents, la famille à travers les générations*, Claudine Attias-Donfut et Martine Segalen, Odile Jacob, 1998.

# 65

# Ses grands-parents sont trop sévères

*Chez eux, c'est à l'ancienne. Pas question de rechigner devant son assiette, interdit de contredire les adultes. Les enfants n'ont qu'un droit : se taire...*

## Comment se manifeste leur sévérité ?

– Ils trouvent les enfants d'aujourd'hui vraiment trop gâtés. Ils font des comparaisons avec ce qu'ils ont vécu au même âge. À leur époque, disent-ils, « on recevait une orange et une poupée de chiffon à Noël et on était ravis ! ». C'était aussi un temps où les enfants n'avaient ni argent de poche ni télévision chez eux. Quand ils étaient eux-mêmes parents, le monde n'était pas du tout le même. Ils ont du mal à accepter que leurs enfants élèvent leurs propres enfants d'une manière différente de la leur.
– Inconsciemment, il y a peut-être une certaine rivalité avec votre génération, le sentiment d'être moins utiles, hormis quand cela vous arrange, ce qu'ils trouvent ingrat.
– Ils n'imaginent pas qu'ils peuvent apprendre des choses de leurs petits-enfants. Ils estiment que c'est à eux de transmettre le savoir aux générations qui suivent. Ils trouvent aussi que les parents d'aujourd'hui sont trop laxistes et que les enfants n'ont pas de culture.
– Ils font des remarques, reprennent votre enfant sans arrêt, n'acceptent pas qu'il coupe la parole à table. Ils refusent de les « rencontrer » au sens relationnel du terme, ils regimbent à l'idée de faire la fête avec eux et de supporter le désordre qui en découle.

## Néanmoins, que peuvent-ils apporter à votre enfant ?

– La généalogie familiale, les liens avec les arrière-grands-parents. Ils peuvent

aussi parler des lieux de vacances, évoquer des anecdotes familiales de leurs enfants qui ont grandi. Ainsi, les enfants peuvent se réjouir d'entendre « comment c'était à l'époque ».
– Ils peuvent tempérer le côté illusoire et trop facile du monde, tel qu'il apparaît, aujourd'hui, notamment dans les émissions de télé-réalité dont les enfants sont fans.

## Comment réagir ?

– Soyez lucide. Ce n'est pas à leur âge que vous pourrez les changer.
– Essayez de vous mettre à leur place : si vos deux mondes sont aux antipodes, mesurez le choc des cultures que cela représente pour eux.
– Établissez, si possible, des liens directs avec vos beaux-parents, sans toujours passer par votre conjoint, cela met souvent un peu d'huile dans les rouages. Réfléchissez à trouver un ou plusieurs alliés dans cette famille.
– Dites-vous qu'à terme, votre enfant aura moins envie d'y aller, que ce soit sans vous ou même avec vous. Faut-il le forcer ? Il est important que votre enfant ne soit pas complètement coupé de ses racines, c'est enrichissant pour lui de découvrir comment vous avez été élevée. Mais balisez le terrain à l'avance. Essayez de l'envoyer chez ses grands-parents avec un cousin ou un copain en avançant qu'il est plus facile de garder deux enfants plutôt qu'un seul. Demandez à votre enfant de respecter les règles en vigueur chez ses grands-parents. Dites-lui : « Quand tu seras chez eux, tu sais bien que ça va se passer de telle et telle manière... Tu as le droit de les trouver trop sévères, il vaut mieux ne pas le leur dire en face. » Et rassurez-vous : à cet âge, l'enfant manie très bien les différents registres comportementaux.
– S'ils sont vraiment trop stricts, tapent ou punissent de façon sadique (voir chapitre 2 *Faut-il encore le punir ?*), trouvez d'autres solutions de garde pour les vacances. Et misez, si possible, sur les autres grands-parents.

### Pour en savoir plus

- Voir bibliographie du chapitre précédent.

# 66

# Vous déménagez

*Bien sûr, dans la vie, il y a des choses plus graves... Mais depuis que vous connaissez la date de votre prochain déménagement, vous vous êtes rendu compte que, pour votre enfant, cela signifiait aussi changer de maison, de chambre, d'école, de copains. Comment l'aider à passer le cap ?*

## Est-ce que ça va le traumatiser ?

Mal expliqué, le déménagement peut provoquer chez l'enfant le sentiment de perdre ses repères : son univers étant plus limité que celui de l'adulte, l'enfant peut souffrir de le voir disparaître totalement, brutalement, et en être bouleversé. De plus, entre 8 et 12 ans, c'est le règne des copains, ce qui rend d'autant plus déstabilisant un changement de quartier. C'est pourquoi, quand on le peut, il vaut mieux éviter le changement d'école en cours d'année scolaire et attendre la rentrée suivante pour l'inscrire dans un nouvel établissement. Pour les adultes, le déménagement est une source de stress très importante. Votre enfant peut ressentir le vôtre et s'en retrouver lui-même stressé. Cela étant, l'enfant suffisamment préparé peut surmonter l'épreuve.

## Comment l'aider ?

☐ Avant le déménagement

– Dès que vous le savez, parlez-en avec lui. Présentez ce changement de façon la plus positive possible. Plus vous serez convaincue du bien-fondé de cette décision pour l'amélioration de vos conditions de vie futures, plus votre enfant supportera et même appréciera ce changement.

– Expliquez-lui exactement quel sera son sort : aura-t-il une chambre pour lui

tout seul ? Va-t-il changer d'école ? Si oui, à quelle date ? D'ici là, comment les trajets et les conduites se passeront-ils ?
– Rassurez-le : vous avez tout prévu, il retrouvera toutes ses affaires, ses jeux et ses disques, il pourra les installer comme il veut.
– Montrez-lui la nouvelle maison, en tout cas des photos. Si possible, faites le tour du quartier avec votre enfant, à pied, à trottinette ou à vélo.
– Il proteste ? Expliquez-lui que cette décision est absolument nécessaire et que ses pleurs ou sa colère ne pourront rien y changer. Mais soyez compréhensive. Évoquez les sentiments de tristesse et d'inquiétude qu'il peut ressentir : « Je comprends très bien ce que tu peux éprouver. » Mais soyez optimiste, vantez les mérites de cette nouvelle habitation. Est-elle plus près de votre travail ? Vous rentrerez plus tôt le soir. Est-elle plus grande que l'ancienne ? Votre enfant aura sa chambre à lui. Est-elle plus petite ? L'école et les copains seront tout près. Partez-vous pour la campagne ? Votre enfant aura une vie et des jeux de plein air et pourra pratiquer davantage de sport...
– Il s'inquiète parce qu'il va perdre ses copains ? Répondez-lui : « On essaiera autant que possible de les revoir après, je te le promets. » Rassurez-le : il ne change pas de parents, ni de grands-parents, sa famille reste sa famille.

### ☐ Le jour du déménagement

Peut-être préférez-vous éloigner votre enfant un jour ou deux chez des amis ou des parents ? Ou, au contraire, souhaitez-vous le garder près de vous, au milieu des cartons ? C'est une question très personnelle. À vous de voir ce qui est le plus pratique pour vous et comment vous le sentez. Si vous faites garder votre enfant en dehors de la maison, soyez claire : expliquez pourquoi et dites-lui à quel moment vous viendrez le rechercher. Réfléchissez bien : à l'âge qu'il a, votre enfant peut parfaitement vous aider à défaire ses cartons et à les installer dans sa nouvelle chambre. Participer peut lui donner le sentiment d'être davantage acteur de la situation. Dans ce cas, installez sa chambre avant la vôtre. Tout dépend du contexte, de la configuration de votre famille.

### ☐ Dans les temps qui suivent le déménagement

– Restez à l'écoute des manifestations plus ou moins passagères de désarroi qui peuvent se produire chez votre enfant : repli sur soi, réveil nocturne, agressivité, pipi au lit...
– Invitez assez vite un copain de l'ancienne école, même dans l'appartement pas encore complètement installé. Sans cuisine, vous pouvez toujours organiser un pique-nique sur le sol qui ravira les enfants. Dès que tout est en place, proposez-lui d'inviter des copains de sa nouvelle école pour fêter son arrivée dans le quartier. Marquez le coup, éventuellement, en organisant une

*pyjama-party* (voir chapitre 45 *Il veut faire une boum*) ou une sortie au cinéma suivie d'un dîner pizza à la maison. Cette convivialité le rendra sympathique aux yeux des autres et facilitera les contacts.

– D'une manière générale, montrez-lui que la vie continue comme avant. Soyez patiente, sachez que cela prend du temps de construire de nouveaux repères dans une nouvelle installation. Laissez-lui le temps de s'habituer à son nouvel environnement. N'hésitez pas à lui demander de vous accompagner pour faire le marché. Et envoyez-le très vite faire des courses de proximité, seul, pour qu'il s'habitue à son nouveau quartier.

## Pour en savoir plus

**Pour les enfants**

*Émilie a déménagé*, Dominique de Saint-Mars et Serge Bloch, Calligram.

# IX.

# DIVORCE, FAMILLE RECOMPOSÉE

# 67

# Vous attendez qu'il grandisse pour vous quitter

*Vous deux, ce n'est plus vraiment ça. Et pour être honnête, si cet enfant n'existait pas, il y a longtemps que la procédure serait lancée. Mais divorcer alors qu'elle est si jeune… Vous craignez d'hypothéquer son avenir psychologique. Alors vous attendez. Qu'elle atteigne un âge plus favorable ou moins défavorable…*

## Y a-t-il un âge moins défavorable qu'un autre ?

– Il n'y a pas d'âge idéal pour supporter le divorce de ses parents. Quel que soit l'âge de l'enfant, le divorce de ses parents est vécu comme un traumatisme. Les films qui mettent en scène des enfants heureux du divorce de leurs parents ne sont faits que pour déculpabiliser ces derniers et représentent un déni de la souffrance de l'enfant. Cela étant, si les parents font des efforts, parlent beaucoup avec leur enfant (voir chapitre 69 *Vous divorcez, comment lui dire ?*) et se comportent entre eux de façon civilisée (voir chapitre 70 *Réussir votre divorce*), l'enfant surmontera cette épreuve.
– Vous avez entendu parler de l'étude du sociodémographe Paul Archambault, publiée en 2002, qui montre que la séparation des parents pénaliserait la scolarité de l'enfant ? Selon lui, « la réussite scolaire des enfants de familles désunies est plus faible que celle des enfants de parents vivant ensemble, si l'on considère les résultats au bac et le nombre d'années consacrées à poursuivre des études supérieures ». Cela, quel que soit le milieu socioculturel. Avec un bémol en cas de recomposition familiale. « En effet, affirme Paul Archambault, dans ce cas, une recomposition économique s'effectue, qui assure une scolarité de base, jusqu'au bac, tandis qu'une part des familles monoparentales connaît des obstacles financiers interdisant ce maintien. » Que penser de cette étude ? De nombreux spécialistes la contestent, l'accu-

sant de stigmatiser le divorce et, par là même, de revenir sur l'une des avancées sociales de ces dernières années, alors que, si le divorce est un facteur de troubles scolaires, il n'est pas le seul. Selon le sociologue Laurent Mucchielli, « toutes les études effectuées dans de nombreux pays montrent que l'échec scolaire – comme la délinquance des jeunes – ne dépend pas de la forme de la famille, mais du climat qui y règne ». De même, selon Jean-Luc Aubert, psychologue scolaire, le parcours scolaire d'un enfant est avant tout une question d'intelligence et de milieu socioculturel favorable. « Quand le langage, les références utilisées par la famille sont en adéquation parfaite avec le système scolaire, l'avantage est immense, assure-t-il. Bien sûr, les difficultés d'ordre affectif, relationnel dans la famille peuvent entraîner une indisponibilité psychique de l'enfant, car les processus de défense et d'adaptation à ces difficultés demandent une énergie qui empiète sur le désir d'apprendre. » Mais ce n'est pas toujours le cas sur le long terme, et il arrive, au contraire, que le divorce des parents produise une hypermaturité de l'enfant, qui peut conduire à de brillantes études. En réalité, les difficultés de l'enfant dépendent plus de la manière dont les parents se comportent en cas de séparation, que de la séparation elle-même (voir chapitre 70 *Réussir votre divorce*).
– À l'inverse, il est vraiment dommageable pour l'enfant de vivre dans le mensonge, de grandir au milieu de parents qui sont malheureux ensemble, mais restent unis à cause de lui. Découvrir tardivement (à l'adolescence ou même à l'âge adulte) l'hypocrisie ou le sacrifice des parents est un traumatisme parfois supérieur à celui de la vérité du divorce.

## Rester ensemble pour les enfants, cela veut dire quoi ?

Souvent, on utilise les enfants comme un prétexte. On n'a pas vraiment le courage ou l'envie de divorcer, alors on se raconte des histoires, on se cache la vérité. Cela mérite de se poser sérieusement de vraies questions :
– Le divorce est-il la seule solution ? N'oubliez pas que, de toute façon, le couple évolue avec les années : la passion des débuts se transforme, c'est un renoncement toujours difficile pour un couple. Il peut y avoir de la sagesse à accepter cette évolution, lorsqu'il n'y a pas de haine, mais de la tendresse et certains moments forts d'intimité, même s'ils sont plus rares. Il peut y avoir de l'immaturité à s'imaginer qu'une rupture est l'unique solution d'emblée. Faites le point avec un conseiller conjugal.
– S'il n'y a plus rien à faire, interrogez-vous :
• Ai-je la volonté, la force, le courage, de divorcer, avec tout ce que cela implique de renoncement à un foyer qui a l'air uni, même s'il ne l'est pas vraiment, à une famille à laquelle je suis habituée, une situation matérielle confortable, un statut social respectable, etc. ?

• Si je m'en vais alors que mon enfant est si jeune, suis-je prête à affronter le jugement des autres, à supporter les regards réprobateurs et les commentaires hostiles ?

Quand on ne peut répondre sincèrement oui à ces deux questions, il faut cesser de s'abriter derrière la crainte de traumatiser son enfant. Ce n'est pas « à cause de lui » que l'on ne divorce pas.

## Rester ensemble pour les enfants, ça implique quoi ?

– C'est élever son enfant en lui faisant croire qu'on s'aime encore alors que c'est faux. C'est l'élever dans le mensonge. C'est lui faire subir hypocrisie et injustice. À l'adolescence, cela se traduit le plus souvent par de véritables révoltes et, presque toujours, par la tentation – puisque l'adulte n'a pas respecté la règle de la confiance – de se placer en dehors de la règle, d'adopter des comportements inadaptés qui peuvent dépasser le simple échec scolaire.

– C'est faire porter à son enfant le poids d'un sacrifice. Au lieu de regarder la vérité en face – je n'aime plus ce partenaire, mais je n'ai clairement pas le courage de faire mes valises –, on se dit que l'enfant ne le supportera pas. On renonce donc à son désir propre. Et on finit toujours – plus ou moins consciemment – par reprocher à son enfant de s'être « sacrifiée pour lui », par le rendre responsable d'avoir gâché sa vie. L'enfant, lui, ressent forcément ces sentiments négatifs. Il porte cette culpabilité qui le conduira à souffrir d'un manque d'estime de soi. Au contraire, il est constructif pour un enfant d'avoir des parents qui assument leur désir. Plus tard, s'il pose des questions sur votre divorce, vous pourrez lui dire : « J'avais le choix entre faire semblant, faire comme si j'étais heureuse avec ton père, alors que je ne l'étais pas, et rester avec lui ; ou bien dire la vérité et m'en aller. Je pense qu'il valait mieux dire la vérité que mentir. » En agissant ainsi on respecte vraiment l'enfant.

– Il arrive que l'enfant, qui ressent le malaise de ses parents restés ensemble, se mette en position de protéger l'un de ses parents ou les deux. Il n'a alors plus de liberté psychique, car il est contraint de remplir un rôle qui ne devrait pas être le sien et il lui est assigné une place qu'il aura du mal à quitter.

## Pour en savoir plus

**Dès 8 ans**

*Les parents de Max et Lili se disputent*, Dominique de Saint Mars et Serge Bloch, Calligram.

**Dès 9 ans**

*Comment survivre en famille*, Catherine Mathelin et Bernadette Costa-Prades, Albin Michel, 2003.

**Pour les parents**

*Ça va pas fort à la maison, L'enfant et les soucis des grands*, Dana Castro, Albin Michel, 2005.

*On arrête ?… On continue ? Faire son bilan de couple*, Robert Neuburger, Odile Jacob, 2002.

*Le Couple brisé, De la rupture à la reconstruction de soi*, Christophe Fauré, Albin Michel, 2002.

# 68

# Vous vous séparez pour faire le point

*Disputes, tensions, injures verbales... Vous allez vous séparer quelque temps pour faire le point. Bien sûr, il n'est pas question de tout expliquer à votre enfant. Mais comment l'informer un minimum de la situation ?*

## Au préalable, comment gérer la période où vous vous disputez tout le temps ?

Cherchez à épargner à l'enfant vos colères et vos écarts de langage. Attention aussi à vos gestes et mimiques, qui pourraient montrer votre exaspération ou votre tristesse. Surtout, empêchez-vous de prendre votre enfant à témoin, voire de le traiter comme un confident, comme un adulte. Il n'a pas à tenir cette place. Ne comparez pas avec les chamailleries qu'il connaît avec ses copains : pour lui, cela n'a rien à voir avec l'émotion que créent les disputes de ses parents. Si, malgré tout, il vous surprend, dites-lui : « Nous traversons une période difficile, nous ne sommes pas toujours d'accord, je comprends que tu sois ému. Cela arrive parfois dans un couple. »
Si c'est trop difficile pour vous, n'hésitez pas à prendre un rendez-vous chez un psy, seule ou avec votre conjoint (voir chapitre 93 *Dans quel cas consulter un psy et comment ça se passe ?*).

## Premier cas de figure : votre conjoint décide de s'en aller

Qu'il ait ou non rencontré quelqu'un, vous ne pouvez pas y croire. Vous vous sentez bafouée, humiliée, blessée. Vous vous dites que votre mari ne peut pas vous faire ça, qu'il ne peut pas faire ça à votre enfant.

**☐ Ne mentez pas**

Ne cédez pas à la tentation de dire : « Ton père est parti en voyage, il a beaucoup de travail… » et d'inventer d'autres fables, en imaginant que votre enfant n'y verra que du feu. Votre anxiété, votre tristesse, votre émotion ne peuvent lui échapper. Il les ressent de toute façon. Et même si votre homme finit par revenir, si vous reprenez la vie commune et que tout redémarre comme avant, votre enfant aura, désormais, moins confiance en vous. En n'osant pas lui dire une part de vérité, vous ne le rassurez pas, vous augmentez son anxiété et son insécurité.

**☐ … mais n'en dites pas trop**

Contentez-vous d'une brève explication, si possible avec votre conjoint. Si ce dernier est gêné, proposez-lui de parler seul à son enfant, mais demandez-lui de ne pas donner trop de détails. Voici ce qu'il peut lui dire : « En ce moment, c'est compliqué entre ta mère et moi. Tu as bien dû te rendre compte de l'ambiance crispée qui règne entre nous. Nous avons pris la décision de nous séparer quelque temps. Je vais aller habiter ailleurs pour réfléchir plus calmement. Mais je reste ton père et je tiens beaucoup à continuer à te voir. » Et qu'il évite, bien sûr, de lui parler de sa nouvelle « fiancée » et *a fortiori* de la lui présenter. C'est bien trop prématuré. Quant à vous, voici ce que vous pouvez dire à votre enfant : « En ce moment, c'est compliqué entre ton père et moi. Mais je ne souhaite pas t'en parler, pour l'instant. Ça m'est difficile. Dès que j'aurai compris un peu mieux, je te promets que l'on en discutera. En attendant, ton père va aller habiter ailleurs. Nous allons faire le point, cela va sûrement prendre du temps. » Ainsi, vous prenez en considération la souffrance de votre enfant, vous nommez une situation de crise, vous dites un mot de votre tristesse, mais vous ne révélez pas l'issue de cette crise, que vous ne connaissez pas encore. Prévoyez cette conversation avec chacun de vos enfants pris individuellement, puis reparlez-en collectivement ou inversement, selon l'ambiance familiale et votre ressenti. Il réagit : « Vous n'allez pas divorcer quand même ! » Répondez calmement : « Je comprends très bien que tu sois préoccupé, mais je t'assure que, pour le moment, nous ne sommes pas en mesure de répondre à cette question de façon aussi sûre. Je te promets que, dès qu'on en saura plus, on t'en informera. »

**☐ Ne vous épanchez pas**

Votre enfant n'est ni votre confident ni votre thérapeute. À vous de trouver une autre épaule pour pleurer et une autre oreille pour vous écouter. De toute façon, pour surmonter la crise, vous n'échapperez pas à une certaine solitude. Vous êtes tentée de dire : « Ton père veut nous abandonner » ? Vous pouvez le penser, ne le dites pas. Votre enfant serait enclin à essayer de faire revenir son père (c'est ce qu'il souhaite et ce que vous cherchez inconsciemment) par tous les moyens, y compris en se rendant malade. Ce n'est pas le rôle de votre enfant de vous réconcilier. Investir votre enfant de cette mission (même inconsciemment), c'est faire peser sur lui la culpabilité du départ de son père et la responsabilité de son retour à la maison. C'est beaucoup trop lourd pour lui et plutôt illusoire pour l'avenir. S'il est tentant et facile de jouer sur la culpabilité de celui qui part, en s'abritant derrière les poncifs de la famille et la morale, il est totalement irréaliste de reprendre la vie commune *à cause* des enfants. **Reconstruire votre couple, retrouver un équilibre familial, relève de votre seule responsabilité à vous, parent.**

☐ Vous n'en pouvez plus de chagrin ?

N'excluez pas de confier, quelques jours, votre enfant à une grand-mère, une tante ou une amie que vous aurez prévenue et qui le gâtera un peu. Expliquez-lui : « En ce moment, avec ton père, on ne sait pas très bien où l'on en est. Je crois que c'est très difficile pour toi. Tu vas aller passer quelques jours chez grand-mère (variantes : tante Isa ou Delphine, la maman de ton amie Jeanne). Elle est au courant de la situation. Si tu veux, tu peux lui parler. Elle t'écoutera. » Choisissez, bien sûr, une personne qui ait suffisamment de tact pour ne poser aucune question à l'enfant, mais lui signifier qu'elle sait qu'il traverse une période difficile. Qu'elle lui dise simplement : « Je sais que ça n'est pas facile à la maison entre ton père et ta mère. » Mais à chaque question que posera l'enfant, qu'elle reste discrète et réponde : « Écoute, ta mère m'a parlé, je comprends que tu sois inquiet, mais cette question, je ne peux pas y répondre. Je te propose d'en reparler avec elle. » Elle peut ajouter : « Ce sont tes parents, ils t'aiment et t'élèvent pour que tu deviennes un adulte responsable, mais en tant que mari et femme, ils vivent une situation compliquée, ils doutent… »

☐ Votre conjoint revient ?

Dites à votre enfant : « Ton père et moi, nous avons beaucoup réfléchi. Ce n'était pas facile, mais maintenant, nous avons décidé de reprendre notre vie de mari et de femme ensemble. » Inutile d'en dire davantage, encore moins de vous justifier.

☐ Il ne revient pas ?

Reportez-vous au chapitre 69 *Vous divorcez, comment lui dire ?*

## Second cas de figure : c'est vous qui avez envie de partir

Vous vous disputez tout le temps, vous vous ennuyez beaucoup ou vous avez rencontré quelqu'un d'autre… Qu'importent les raisons, vous songez à partir, quelque temps, pour faire le point, sans votre enfant.

### ☐ Votre enfant se doute forcément de quelque chose (peut-être même avant que vous en ayez parlé à votre conjoint)

Dites-lui : « En ce moment, c'est compliqué entre ton père et moi. Mais, pour l'instant, ça m'est difficile de t'en parler. Je ne suis pas en état de le faire. Dès que j'en saurai plus, je te promets de t'expliquer. »

### ☐ Quelle que soit l'issue de vos réflexions et tant qu'aucune décision définitive n'est prise, prenez vos responsabilités de parent

– Décuplez vos efforts pour être disponible pour votre enfant. Votre état de crise le fragilise. Plus que jamais, il a besoin de se sentir sécurisé par vous.
– Respectez ceux qui vous entourent, votre enfant, mais aussi votre conjoint. Ainsi que votre lieu familial. N'humiliez pas le père de votre enfant. Interdisez-vous, par exemple, les visites ou les coups de fil – même secrets – de votre amant chez vous. Ne vous affichez pas avec lui devant quiconque et encore moins devant votre enfant. Permettez à votre conjoint de garder son honneur intact, alors même que vous envisagez de le quitter. Ne sombrez pas dans les histoires sordides de roman de gare. Quelle que soit l'issue de cette crise (vous vous quittez définitivement ou vous reprenez la vie commune), vous ne regretterez jamais – pour vous mais aussi pour votre enfant – d'avoir pris des précautions. Comprenez bien : il ne s'agit pas d'être en phase avec une morale quelconque, mais de conserver, malgré la crise, le respect (et pourquoi pas l'estime) du père de votre enfant. Il faut de la considération entre un père et une mère pour élever un enfant, même après un divorce. Il est très difficile en revanche de conserver des relations harmonieuses (même si celles-ci ne concernent que l'enfant) avec une personne qui vous a humiliée. Y penser maintenant est très important pour la suite de vos relations de parents.

### ☐ Vous décidez de partir pour faire le point sans les enfants ?

Consultez un avocat spécialisé dans les questions de divorce. La justice française regarde encore d'un très mauvais œil les mères qui quittent le domicile conjugal (même pour réfléchir) en laissant leur enfant. Elle n'hésite pas, ensuite, à priver la « fautive » du droit de vivre avec son enfant. Et à le confier principalement au père. Si, malgré tout, vous vous décidiez à partir, voici ce que vous pourriez dire à votre enfant : « Ton père et moi avons besoin de réfléchir. Pour un moment, je ne vis pas complètement avec vous. » Essayez d'obtenir du père la garantie qu'il vous laisse revenir chaque jour au domicile conjugal, pour aider votre enfant dans ses devoirs, le faire dîner, lui lire une histoire, faire un jeu avant de dormir… Bien que très pénible pour l'enfant, cette situation reste moins traumatisante que celle qui consiste à partir en larguant les amarres. Réfléchissez.

## Dans tous les cas

Si, avec votre conjoint, vous n'arrivez plus à vous parler calmement, même pour les questions qui concernent les enfants, sachez qu'une à deux séances tous les deux, chez un psychothérapeute spécialiste de l'enfance et de la famille, vous aideraient considérablement à dédramatiser. Et vous permettraient de retrouver un dialogue, à propos de votre enfant (voir chapitre 93 *Dans quel cas consulter un psy et comment ça se passe ?*).

### Pour en savoir plus

**Dès 8 ans**

*Les parents de Max et Lili se disputent*, Dominique de Saint Mars et Serge Bloch, Calligram.

**Pour les parents**

*On arrête ?... On continue ? Faire son bilan de couple,* Robert Neuburger, Odile Jacob, 2002.

*Inventer le couple,* Philippe Brenot, Odile Jacob, 2001.

*Repenser le couple,* Jacques-Antoine Malarewicz, Hachette, 2002.

*Le Couple brisé, de la rupture à la reconstruction de soi,* Christophe Fauré, Albin Michel, 2002.

*Ça va pas fort à la maison, L'enfant et les soucis des grands*, Dana Castro, Albin Michel, 2005.

# 69

# Vous divorcez, comment lui dire ?

*Ce fut long, difficile et douloureux, mais c'est décidé. Entre cet homme et vous, il n'y a pas d'autre issue que la séparation. Reste à prendre votre courage à deux mains et à le dire à votre enfant. Quelques conseils pour trouver les mots.*

## Il sait déjà

Quel que soit son âge, il a compris. Même si cela vous bouleverse, il sait qu'entre son père et vous, rien ne va plus. Même si vous vous êtes toujours efforcés de ne pas vous disputer devant lui, il a automatiquement senti les tensions dans votre couple, il a forcément perçu la modification du climat familial. *A fortiori*, s'il a glané des bribes de conversations téléphoniques ou s'il a pu vous entendre et vous voir vous déchirer.

## Quand en parler ?

☐ Ni trop tôt

Ne prononcez le mot « divorce » ou « rupture » qu'une fois la décision irrévocable, la procédure lancée, la date du déménagement (de votre mari et/ou de vous-même) fixée, le mode de garde des enfants décidé. Inutile de le tenir informé de vos atermoiements (en cas de séparation pour faire le point, voir le chapitre précédent).

☐ Ni trop tard

N'attendez pas, non plus, que les cartons de déménagement s'entassent dans l'appartement pour lancer : « Au fait, nous divorçons. » Par respect pour votre enfant, informez-le avant tout le monde. C'est à vous de le lui dire et non aux autres (grands-parents, amis, enseignants...) de lui apprendre la situation par les commentaires qu'ils font devant lui.

☐ Au bon moment

– Le « bon » moment, c'est – si possible – quand son père et vous êtes prêts, tous les deux, à affronter cette discussion, ensemble, devant l'enfant, de façon unie. Ce qui implique d'avoir préparé la discussion auparavant et de vous être mis d'accord sur le mode de garde de votre enfant. Irréaliste quand on nage en plein règlement de comptes ? Non, pas si vous commencez, dès maintenant, à considérer votre futur ex-conjoint comme un parent et non plus comme un mari. Vous ne vous aimez plus, vous ne pouvez plus vivre ensemble, vous vous détestez parfois ? En tant qu'homme et femme, c'est votre droit le plus strict. Personne ne peut vous juger. Mais en tant que parents, face à votre enfant, prenez vos responsabilités. Comprenez que, si vous tendez vers la concertation, la vie future sera beaucoup plus agréable. Pour vos enfants, mais aussi pour vous (voir chapitre suivant, *Réussir votre divorce*).

– Trop tôt pour faire ami-ami ? De toute façon, vous êtes « condamnés » à vous voir et à vous parler, à propos de vos enfants, pendant plusieurs années... Alors autant rendre les armes dès maintenant. Quitte, au besoin, à aller vous asseoir tous les deux, juste une fois, dans le cabinet d'un tiers, psychothérapeute ou médiateur. Afin de retrouver un peu de communication et de consolider ce qui va suivre. Impossible, en l'état, de tenter une telle démarche ensemble ? Autorisez-vous à consulter toute seule. Cela vous donnera la force de parler à votre enfant et d'affronter ses questions. Essayez tout de même de convaincre son père de lui parler, après vous, dans un délai assez proche. Dans tous les cas, choisissez un moment calme, asseyez-vous près de lui, et regardez-le tendrement quand vous vous adressez à lui. Si vous avez plusieurs enfants, ayez cette conversation avec chacun pris individuellement, puis reparlez-en collectivement ou inversement.

## Quoi dire ?

Il faut s'adresser à lui en disant des choses vraies, même si on ne doit pas tout lui dire. Quel que soit l'âge de l'enfant, il est indispensable de lui faire passer les messages suivants.

☐ Le lien conjugal est rompu

Les mots clés : « Nous ne nous aimons plus comme mari et femme et nous n'allons plus vivre ensemble. Nous aurons chacun un domicile. Tu auras ta place chez chacun de nous. » Si vous optez pour un mode de garde « classique », ajoutez : « Tu vivras plus souvent chez moi, mais tu iras régulièrement, le samedi et le dimanche, chez ton père. » En cas de garde alternée, expliquez-lui quelle sera sa vie, en fonction de l'organisation que vous avez choisie avec son père (voir chapitre 71 *Faut-il opter pour la garde alternée ?*). Le choc passé, rassurez-le sur les détails purement matériels (sa chambre, ses vêtements, ses jeux, ses affaires de classe…) de sa vie future (avant, lisez le chapitre 72 *Gérer les transitions quand il va chez son père*). Mais n'entretenez pas de fausses illusions. Prévenez-le : « Nous savons bien que ce sera compliqué, quelquefois. »

**☐ Le lien parental subsiste, il est inaltérable**

Il faut lui dire et lui redire : « Tu comptes beaucoup pour nous, tes parents. Tu conserves ta place dans le cœur de ton père et de ta mère, comme avant. Moi, je resterai toujours ta mère, je t'aimerai toujours et ton père restera toujours ton père, il continuera à t'aimer, comme avant. Nous continuerons à nous parler et à nous voir à ton sujet et nous nous respecterons toujours en tant que parents. » (Sur cette notion de respect du père de ses enfants, voir le chapitre suivant, *Réussir votre divorce*).

Pour que les choses soient claires dans sa tête, rappelez-lui qu'il est né d'un amour très fort entre son père et sa mère et que vous êtes responsables de lui. Ajoutez aussi que vous êtes tous les deux fiers de lui.

**☐ Il n'est pour rien dans ce divorce**

Tout enfant confronté au divorce de ses parents se sent responsable et coupable. Plus ou moins consciemment, il s'imagine qu'il n'a pas été un enfant assez parfait pour empêcher la rupture du lien entre son père et sa mère. Il faut le déculpabiliser. Comment ? En martelant, plus encore que d'habitude, qu'il est un enfant formidable, qu'il est l'enfant que vous vouliez avoir avec cet homme-là. Il demande : « Pourquoi vous divorcez alors ? » N'entrez pas dans les détails, il n'a pas à connaître vos raisons et, de toute façon, il serait insupportable, pour lui, de les entendre (surtout si elles sont très intimes). Répondez simplement : « Parce qu'entre ton père et moi, ce n'est plus comme avant, on ne s'entend plus comme avant, mais on reste ton père et ta mère, comme avant. » Et répétez-le autant de fois qu'il vous pose cette question. Selon son âge et le contexte, vous pouvez ajouter une explication sur le fait qu'avec le temps, on change et que, dans un couple, on n'évolue pas forcément de la même façon.

**☐ Il n'y a aucune chance que, grâce à lui, vous changiez d'avis**

Il faut, dès maintenant, lui faire comprendre que ses tentatives de vous rabibocher seront vaines. Dites-lui gentiment, mais fermement : « Tout ce que tu pourras faire (colères, pleurs, caprices, bêtises…) ou dire ne changera rien. C'est une décision d'adultes, irrévocable. » En étant bien sûrs de vous, vous l'aidez à ne pas se leurrer.

☐ **Il peut en parler quand il veut**

À vous ses parents, mais aussi à d'autres personnes de son choix. Pour qu'il se sente autorisé à se confier, proposez-lui : « Je comprends que tu sois très malheureux, en colère, déçu, tu peux m'en parler quand tu veux. Mais peut-être voudrais-tu en discuter avec quelqu'un d'autre, avec ton parrain, avec Mathias, ton meilleur copain, avec ta grand-mère ? » Le but est également de le rassurer sur votre propre capacité et celle de son père à supporter ses questions.

## Il proteste ? Pleure ? Se met en colère ?

– C'est normal et il va mettre du temps à assumer cette réalité. En attendant, restez ferme : « Je comprends très bien que tu ne sois pas d'accord, que tu sois triste, malheureux, en colère, cela va durer un moment avant que tu ne te sentes mieux... mais tu ne pourras rien y changer. » Plus vous serez sûre de vous, plus vite il retrouvera un sentiment de sécurité et moins il sera tenté de vous faire revenir sur votre décision. Ne niez pas sa souffrance en citant en exemple tel enfant de l'entourage « qui s'en sort très bien ! ». Dites plutôt : « Tu pourras en parler avec lui. Il a connu aussi des moments difficiles, maintenant ça va beaucoup mieux. »

– Il vous dit que son père va être triste de se retrouver tout seul (en cas de garde « classique ») ? Répondez : « Oui, peut-être. Mais écoute, on a mis du temps, ton père et moi, pour comprendre qu'en vivant ensemble, on était encore plus malheureux. Et nous nous sommes mis d'accord pour que tu vives plus souvent avec moi qu'avec lui. Ce ne sera peut-être pas toujours le cas, mais pour l'instant, c'est notre décision à tous les deux. » Il doit réaliser que vous avez mûrement réfléchi avant de vous décider. Il n'est pas d'accord avec le mode de garde que vous avez choisi ? C'est une manière de vous montrer qu'il n'est pas d'accord avec la décision du divorce. Rassurez-le : « Nous avons décidé comme ça pour le moment, en fonction de la situation, mais si nous trouvons une meilleure organisation plus tard, nous essaierons de changer de système. » Proposez-lui éventuellement de discuter avec votre avocat, afin que celui-ci le rassure sur le fait qu'il verra souvent son père.

## Vous pleurez ?

☐ **Déculpabilisez**

Vous n'êtes pas un robot. Vous avez le droit d'avoir des larmes devant votre enfant. Dites-lui : « Comme toi, je suis triste et émue de ce changement de vie, mais ton père et moi allons divorcer, c'est comme ça, c'est décidé. » Évitez d'argumenter plus en détail.

☐ **... mais ne le laissez pas vous consoler**

Tout enfant cherche à consoler son parent malheureux. Certains enfants se placent carrément en position de « thérapeute » de leurs parents parce qu'ils se sentent en dette par rapport à eux. Du côté des parents, il apparaît alors tentant, quand on est en désarroi, de prendre son fils ou sa fille pour confident, encore plus lorsqu'il a 11-12 ans et prend des airs d'adolescent qui comprend tout. Mais il ne faut pas s'y tromper, malgré les apparences extérieures, c'est encore un enfant intérieurement. En le laissant faire, vous le placez dans une position qu'il n'a pas à tenir et le plongez dans une confusion de rôles et de statuts. Ce faisant, vous déniez la souffrance qui doit être la sienne et n'accordez d'importance qu'à la vôtre. Cela mobilise toute sa pensée et l'empêche, à terme, de grandir comme sujet autonome et responsable. Pour que chacun reste à sa place, répondez fermement : « Je suis ta mère, tu n'es pas responsable de moi, tu n'as pas à me protéger. Ce n'est pas ton rôle. C'est moi qui suis responsable de toi et qui te protège. » Efforcez-vous de trouver quelqu'un d'autre pour vous proposer une oreille amicale ou professionnelle, attentive et bienveillante.

## Une fois que c'est dit

Réitérez ces messages. Et ce, même après la séparation physique. Il pourra faire semblant « d'oublier ». Dites : « Je sais que c'est très difficile pour toi, mais je te l'ai déjà dit, on en a déjà parlé, il faut que tu comprennes que ça ne changera pas. »

– Pensez à sécuriser votre enfant en l'entourant d'une présence particulièrement réconfortante. En respectant au maximum les rituels et les emplois du temps (le vôtre, le sien, celui de son père), mais aussi son intimité et/ou son silence.

– Surveillez bien les signes de souffrance qui peuvent s'exprimer de différentes façons : réveil nocturne, pipi au lit, somatisations (mal au ventre, maux de tête...), baisse des résultats scolaires... Et n'hésitez pas à demander une aide psychologique ponctuelle (voir chapitre 93 *Dans quel cas consulter un psy et comment ça se passe ?*).

– Protégez votre enfant du discours bien-pensant, moralisateur et culpabilisant de l'entourage. Ainsi que des tentatives éventuelles d'appropriation de l'enfant par les grands-parents (« Pauvre petit ! »).

Laissez-lui du temps pour mûrir, faire son deuil du couple uni de ses parents et se reconstruire des repères.

## Pour en savoir plus

**Dès 8 ans**

*Les parents de Zoé divorcent,* Dominique de Saint Mars et Serge Bloch, Calligram.

**Dès 10 ans**

*Papa, maman, vous ne vous aimez plus, et moi dans tout ça ?,* Fanny Cohen Herlem, Alias etc.

*Comment survivre quand les parents se séparent*, Stéphane Clerget et Bernadette Costa-Prades, Albin Michel, 2004.

**Dès 12 ans**

*On divorce, la vie continue,* Véronique Corgibet, Les Essentiels Milan Junior.

*Les miens aussi ils divorcent,* F. Cadier, Éditions La Martinière Jeunesse.

**Pour les parents**

*Mes parents se séparent, comprendre ce que ressent l'enfant*, Maurice Berger, Albin Michel, 2003.

*Séparons-nous, mais protégeons les enfants*, Stéphane Clerget, Albin Michel, 2004.

*Les Enfants du divorce*, Gérard Poussin, Dunod, 1997.

*Le Guide des parents séparés*, C. Couturier, La Découverte, 2002.

# 70

# Réussir votre divorce

*Sans aller jusqu'à passer vos vacances ensemble, vous souhaitez tout de même « réussir » votre divorce, c'est-à-dire être capable de vous voir, vous parler et vous faire confiance à propos de votre enfant.*

## Réussir son divorce, pourquoi ?

– Pour sécuriser votre enfant. Pour qu'il sente qu'il peut s'appuyer sur ses deux parents. Tout enfant dont les parents divorcent se sent déstabilisé, ne sait plus où il en est, même s'il n'en montre rien. Lui aussi doit faire le deuil du couple que formaient ses parents. Il y arrivera d'autant mieux qu'il sent que ses parents continuent à se respecter en tant que parents. Cela lui permettra de restaurer son sentiment de sécurité intérieure, de reconstruire ses repères. Au contraire, si ses parents continuent à se déchirer – témoignant, par là, qu'ils n'arrivent probablement pas à faire leur deuil de la relation conjugale –, il aura plus de mal à accepter la séparation. Il souffrira davantage.
– Pour lui laisser la possibilité – offerte, au départ, naturellement à chaque enfant – de se construire de façon autonome et responsable. Un enfant dont les parents continuent, malgré la séparation, à s'insulter, à se mépriser et à se critiquer, se sent en dette par rapport à eux. Il a le sentiment de coûter trop cher. Il sent qu'au fond, s'il n'était pas là, ses parents n'auraient aucune raison de continuer à se faire du mal, qu'ils ne seraient pas obligés de se voir, ni de se parler. Dans les cas graves, la culpabilité peut le rendre dépressif, dans les cas extrêmes, elle peut aller jusqu'à lui faire perdre le goût de vivre. Sans en arriver là, tout enfant confronté au déchirement perpétuel de ses parents ne peut développer, de façon adéquate, son autonomie, son sens des responsabilités et sa propre estime. À l'inverse, on constate souvent que les

divorces « réussis » rendent les enfants autonomes, dotés d'un grand sens de l'adaptation, capables d'une étonnante maturité sociale.
– Pour témoigner à l'enfant que l'on respecte la partie de l'autre parent qui est en lui et, donc, qu'on le respecte lui-même. Pour grandir de façon épanouie, tout enfant a besoin d'être doté d'un fort sentiment d'estime de soi. Respecter le père de son enfant, c'est signifier à l'enfant : « J'accepte ton père, en tant que père pour toi, j'accepte la part du père qui est en toi. » Au contraire, lorsqu'on ne cesse de batailler contre son ex-conjoint, que l'on saute sur tous les prétextes pour provoquer un incident, on signifie à son enfant que, depuis le divorce, son père ne reste pas son père. On lui fait comprendre que tout ce qui vient de son père, on n'en veut rien savoir, on n'en veut plus. En définitive, on n'autorise pas (symboliquement, s'entend) l'enfant à aimer son autre parent et à accepter son autorité.
– Pour préserver les capacités de son enfant à être, un jour, parent lui-même. Un enfant qui n'a jamais connu que la haine entre ses parents éprouvera des difficultés à se dégager de ce modèle. Au contraire, un enfant dont les parents auront « réussi » leur divorce sera davantage armé pour vaincre sa peur d'être parent, trouver en lui l'élan nécessaire au désir de donner lui-même la vie un jour et d'assumer cette responsabilité.
– Cela étant, pour réussir son divorce, il faut être deux. Si la haine de votre ex-conjoint est trop forte pour envisager un consensus, vous ne pourrez pas faire de miracle. Dans ce cas, bien souvent, la moins mauvaise des solutions sera de limiter les contacts entre vous deux au maximum et de faire tout votre possible pour dépassionner la situation.

## Réussir son divorce, comment ?

### ☐ Ne confondez et ne mélangez pas tout

Ne pas vous déchirer ne signifie pas non plus tout mélanger. N'oubliez pas que tout enfant de parents divorcés souhaite pendant longtemps – plus ou moins consciemment – que ses parents reforment à nouveau un couple. N'entretenez pas chez lui de fausses illusions. Les ex-conjoints qui s'invitent sans cesse, jouent ensemble aux cartes et partagent la même maison de vacances – comme on en voit dans les téléfilms – ne sont pas au clair avec eux-mêmes. Sous des airs de « on est moderne et on rigole », ils entretiennent la confusion dans l'esprit de leurs enfants. Sans aller jusque-là, d'autres situations moins caricaturales sont ambiguës pour l'enfant. Ainsi, recréer le couple mari et femme pour passer les fêtes de famille ensemble est souvent un faux-semblant qui revient à nier (quelques jours par an) la réalité du divorce. Sans compter le nombre d'incidents diplomatiques auxquels cela peut donner lieu avec les nouveaux conjoints. Souvent, même si c'est lui qui était demandeur, l'enfant s'en trouve très troublé. En réalité, il a besoin de situations claires. Pour reconstruire ses repères, il doit sentir que les vies de l'un et l'autre de ses parents sont bien distinctes. Même si cela n'exclut pas de se respecter.

## □ Gardez du respect l'un pour l'autre

– La vie d'homme de votre ex-conjoint ne vous regarde plus. Aussi difficile que cela puisse vous sembler, vous n'avez aucun commentaire à faire, du moins devant votre enfant, sur la vie de votre ex-conjoint. Qu'il décide d'aller habiter ici ou là, de partir en vacances à tel endroit plutôt qu'à tel autre, de voir untel ou untel, cela ne vous regarde pas. Aujourd'hui, la seule question qui vous importe est la manière dont il respecte ses obligations de parent et, au premier chef, celles indiquées dans la décision de justice ou le pacte que vous avez conclu. À l'inverse, s'il n'est pas question de faire des commentaires devant votre enfant, sur la manière dont votre ex-conjoint conduit désormais sa vie, il ne s'agit pas non plus de faire de lui un tabou. En prenant par exemple – même involontairement – l'air consterné, triste ou furieux dès que votre enfant parle de son père avec vous. Votre enfant doit se sentir autorisé, même quand il est chez vous, à aimer son autre parent. Cherchez un juste milieu.
– Sachez maintenir une vraie communication entre vous. Soyez capables de vous mettre d'accord sur les décisions concernant l'enfant. Faites l'effort de vous expliquer calmement tous les deux (et non devant l'enfant ou vos nouveaux conjoints), lorsqu'une question vous oppose. Soyez attentifs à ne pas utiliser votre enfant (*via* les décisions le concernant) pour régler vos comptes personnels. Sachez écouter le point de vue de l'autre, en n'oubliant jamais qu'il s'agit aussi du parent de l'enfant. Apprenez à négocier, quitte, parfois, à vous incliner.
– Ne laissez pas votre nouveau conjoint semer la zizanie entre vous. L'avis de votre nouveau conjoint mérite considération puisqu'il s'agit de la personne qui partage désormais votre vie. Rien ne vous empêche de discuter avec lui pour vous forger votre propre opinion. Mais c'est à vous, parent, de prendre, ensuite, la décision avec votre ex-conjoint. Comprenez bien : votre nouveau partenaire a parfaitement le droit de protester si, par exemple, votre ex-conjoint arrive systématiquement en retard pour prendre les enfants ou s'il annule un week-end au dernier moment ; vous pouvez même faire passer le message à votre ex. Mais il ne doit pas outrepasser son rôle, se mêler de tout ce qui concerne l'enfant, au point de prendre votre place ou celle de votre ex-conjoint. Il doit pouvoir se faire une place dans la vie de l'enfant autrement (voir chapitre 78 *Lui faire accepter son beau-parent*).

## □ Quelques trucs qui ont fait leurs preuves

Voici une liste non exhaustive de petites concessions et d'attentions qui

témoigneront à votre enfant que vous éprouvez du respect pour lui-même et son père. Et dédramatiseront la situation.
– Proposez à votre enfant d'accrocher, dans sa chambre, des photos de son père.
– Incitez-le, lorsqu'il est chez vous, à téléphoner à son père ; et laissez-le parler (sans faire de réflexions) à la nouvelle partenaire de son père qu'il connaît. N'écoutez pas la conversation.
– Acceptez d'être ensemble pour conduire votre enfant, le jour de la rentrée des classes (jusqu'à un certain âge...), pour assister au spectacle de fin d'année, au départ ou à l'arrivée de la classe de nature. Et, bien entendu, pour rencontrer l'instituteur ou le professeur principal.
– Laissez le numéro de téléphone de votre ex-conjoint quand vous sortez (sans pouvoir être jointe) et que vous laissez votre enfant avec une baby-sitter.
– Soyez capable de faire front uni devant votre enfant pour le gronder fortement lorsqu'il fait une grosse bêtise (voir tous les chapitres de 1 à 8 sur l'autorité) ou franchit un interdit.
– Acceptez d'intervertir un week-end de temps en temps, pour arranger votre ex-conjoint ; mais ne changez pas, non plus, tout le temps : votre enfant a besoin de règles stables.
– Demandez à son père, s'il ne vit pas avec lui, d'accompagner régulièrement, si possible, votre enfant à son entraînement de foot ou à son cours de musique.
– Rappelez à votre enfant de téléphoner à son père pour lui souhaiter la fête des pères, son anniversaire...
– Prévoyez une tenue correcte lorsque vous savez qu'il est invité avec son père, dans la famille ou chez des amis.
– Empêchez-vous de remiser, au fond d'un placard, dès le retour de votre enfant, l'ensemble jogging du plus pur mauvais goût – selon vous – que son père lui a offert ce week-end (voir chapitre 13 *Il a un look pas possible*).
– Emmenez-le se faire couper les cheveux parce que vous sentez que votre ex-conjoint – auquel cette tâche incomberait normalement – n'a pas le temps, en ce moment.
– Rachetez-lui une parka si vous sentez que votre ex-conjoint – à qui cela revient – est à court d'argent actuellement.
– Proposez d'acheter un cadeau de naissance, de la part de votre enfant, pour son petit frère qui vient de naître chez son père.

Toutes ces propositions ne sont pas destinées à faire plaisir à votre ex-conjoint, mais à permettre à votre enfant de se sentir reconnu et apprécié comme votre enfant à tous les deux. En effet, présenter votre enfant soigné le soir de l'anniversaire de son père, c'est bien sûr faire plaisir à ce dernier, qui sera fier de son enfant. Mais c'est avant tout permettre à votre enfant de se sentir à l'aise et fier de lui-même. C'est cela le plus important. C'est toujours l'enfant qui bénéficie de vos concessions et attentions.

## Pour en savoir plus

**Dès 8 ans**

*Papa, maman, vous ne vous aimez plus et moi dans tout ça,* 100 questions que se posent les enfants sur le divorce, Alias etc.

*Le Rire et les Larmes*, Brigitte Labbé et Michel Puech, Les goûters philo, Milan.

*La Violence et la Non-Violence*, Brigitte Labbé et Michel Puech, Les goûters philo, Milan.

*Le Bonheur et le Malheur*, Brigitte Labbé et Michel Puech, Les goûters philo, Milan.

**Dès 10-11 ans**

*Comment survivre quand les parents se séparent*, Stéphane Clerget et Bernadette Costa-Prades, Albin Michel, 2005.

*Dire non à la violence*, Emmanuel Vaillant, Les Essentiels Milan Junior Société.

**Dès 11-12 ans**

*On divorce, la vie continue*, Véronique Corgibet, les Essentiels de Milan Junior Société.

*Mes parents se séparent*, Catherine Saladin, coll. Brins de psycho, éd. Louis Audibert.

**Pas avant 12 ans**

*Le divorce expliqué à nos enfants*, Patricia Lucas et Stéphane Leroy, Seuil.

◪ Voir aussi la bibliographie du chapitre 69 *On divorce, comment le lui dire* et du chapitre 72 *Gérer les transitions quand il va chez son père.*

# 71

# Faut-il opter pour une garde alternée ?

*La garde alternée gagne du terrain. De plus en plus de parents la réclament, et certains juges n'hésitent plus à l'ordonner. Surtout depuis que la loi reconnaît officiellement ce mode de garde. Reste cette question : est-ce une bonne solution pour l'enfant ?*

## Qu'est-ce que la garde alternée ?

La garde alternée est un partage égal (ou presque) du temps de l'enfant entre le père et la mère. Plusieurs possibilités sont envisageables : l'enfant vit trois jours et demi par semaine chez son père et le reste du temps chez sa mère. Ou bien il s'installe une semaine chez sa mère, puis une semaine chez son père. Ou encore, quinze jours chez l'un et quinze jours chez l'autre. En théorie, toute formule est possible, dès lors que le partage du temps est relativement égalitaire.

## Pourquoi a-t-elle été condamnée pendant des années ?

Psys, magistrats, avocats brandissaient la menace d'un enfant sans cesse ballotté, toujours une valise à la main, transformé en « SDF du divorce » par l'inconscience des adultes. « Jusqu'à douze ou treize ans, la garde alternée est très néfaste pour les enfants », affirmait Françoise Dolto dans *Quand les parents se séparent* (Seuil, 1988). Mais elle entendait par « garde alternée » une situation dans laquelle l'enfant changeait non seulement de domicile toutes les semaines, mais aussi d'école. Un cas très rare, loin des pratiques d'aujourd'hui.

## Pourquoi n'est-elle plus forcément condamnée ?

Les pères revendiquent de plus en plus le droit de s'occuper de leurs enfants autant que les mères, lesquelles sont de plus en plus nombreuses à réclamer un partage égalitaire de l'éducation des enfants. Par ailleurs, les spécialistes ont évolué. Dans une étude publiée en 1994, le sociologue Gérard Neyrand concluait au bénéfice pour les enfants de la résidence alternée. En 1997, une autre étude, réalisée dans le département de l'Isère par le professeur de psychologie Gérard Poussin, a contribué à faire changer les mentalités. Réalisée sur un échantillon de 470 enfants du divorce dont 18 en garde alternée, l'enquête relevait que ces derniers possédaient une estime de soi supérieure à celle des enfants élevés au domicile d'un seul de leurs parents.

## Quels sont ses avantages ?

– « Cette formule est la seule qui permette réellement à l'enfant d'être élevé conjointement par son père et par sa mère, ce qui est fondamental pour son développement, affirme Gérard Poussin. Elle évite aussi à l'enfant d'être pris en otage entre ses deux parents et de se retrouver au cœur d'un conflit de loyauté. »
– La garde alternée impose aussi aux parents une obligation de disponibilité. « Comme on ne voit pas ses enfants une semaine sur deux, on se sent obligé de s'en occuper vraiment quand on les a », résume un père.
– Enfin, elle permet aux enfants de voir leurs deux parents évoluer dans leurs rythmes professionnels et de loisirs.

## À quelles conditions ce système peut-il fonctionner ?

– Plus l'enfant est jeune, plus les séparations avec l'un des deux parents sont difficiles pour lui. Mais « plus l'enfant grandit, affirme Gérard Poussin, plus sa notion du temps se rapproche de celle de l'adulte. Il lui est alors moins nécessaire de voir souvent ses parents ». Il peut alors supporter de plus longues périodes sans voir sa mère ou son père.
– Avec votre ex-conjoint, vous devez vous entendre le mieux possible. Les parents doivent apprendre à maîtriser leur haine et les reproches qui accompagnent inévitablement la période du divorce. La résidence alternée suppose que chaque parent ait confiance dans les capacités éducatives de l'autre. Attention : si elle est imposée à l'un des deux parents par l'autre, l'enfant se retrouvera au centre de conflits de plus en plus nombreux. Au lieu de voir ses parents se disputer tous les quinze jours, il les verra s'affronter toutes les semaines, voire tous les trois jours ! « La résidence alternée donne aux parents des munitions pour se déchirer », prévient Gérard Poussin.

– Plus que dans un système classique, la garde alternée suppose que la mère accepte que la belle-mère de son enfant (la nouvelle compagne de son ex-conjoint) participe davantage à l'éducation de ce dernier. Lorsqu'un enfant partage véritablement son temps entre deux domiciles, la belle-mère joue un rôle plus important dans sa vie. Elle fait complètement partie du quotidien de l'enfant. La mère doit alors accepter de déléguer l'éducation à une autre femme, ce qui n'est pas toujours facile. Si vos relations sont trop conflictuelles, ce mode de garde n'est peut-être pas adapté.
– Les parents doivent habiter le plus près possible l'un de l'autre. Même entourée de précautions, la garde alternée a ses inconvénients, le plus souvent matériels. Presque tous les enfants qui vivent ainsi se plaignent de perdre sans cesse leurs affaires, d'oublier toujours *le* manuel scolaire dont ils ont besoin au moment où ils sont dans l'autre foyer. Par ailleurs, habiter tout près permet à l'enfant de garder concentrées au même endroit ses activités scolaires et extrascolaires : des boums aux cours de danse en passant par l'atelier d'arts plastiques.

## Concrètement, comment mettre en place une garde alternée ?

– N'hésitez pas à essayer différentes formules pour trouver le rythme adéquat. À l'âge des enfants concernés par ce livre, le rythme une semaine/une semaine mérite d'être tenté. Néanmoins, tout dépend de chaque enfant, de chaque parent, de chaque famille. Enfin, gardez en tête que l'équilibre est précaire : tel rythme peut fonctionner à merveille une année et s'avérer une catastrophe l'année suivante. La garde alternée, ce n'est jamais la même alternance une fois pour toutes. Il est possible également d'instituer une garde « semi-alternée », en fonction des activités professionnelles et des déplacements de chaque parent : quatre-cinq jours chez le père (du mercredi soir au lundi matin), dix jours chez la mère.
– Essayez de partager avec votre ex-conjoint le ou la même baby-sitter qui suivra votre enfant dans ses va-et-vient entre les deux domiciles.
– Efforcez-vous, si vous avez opté pour un rythme une semaine/une semaine, de démarrer la garde le vendredi ou le samedi, après la classe, et de la terminer le lundi matin à la rentrée des classes. Ainsi, il aura tout le week-end pour reprendre ses marques dans la maison et aller rechercher les affaires oubliées dans l'autre maison.
– Tolérez que votre enfant perde ou oublie un peu plus ses affaires que les autres enfants du même âge. Mais lorsqu'il a besoin de revenir chercher quelque chose chez vous, exigez d'être prévenue au préalable.
N'oubliez pas que la garde alternée est un partage de la garde, non de l'enfant. Autrement dit, ne vous sentez pas déresponsabilisée de votre enfant. Certains jeunes adultes qui ont connu, enfants, la garde alternée, en veulent

encore à leurs parents d'avoir compté sur l'autre parent pour faire réparer le violon cassé, pour initier l'enfant à certaines lectures ou, tout simplement, l'inscrire à la bibliothèque. À l'inverse, n'oubliez pas que votre enfant est un sujet à part entière et ne tombez pas dans le piège qui consiste à revendiquer votre « part d'enfant » comme s'il s'agissait d'un objet. Autrement dit, le jour où votre enfant préfère rester chez son autre parent pour réviser un contrôle, regardez d'abord son intérêt à lui. Il ne s'agit pas de changer les règles à tout bout de champ, mais une certaine souplesse est bénéfique et nécessaire.

### Pour en savoir plus

**Pour les parents**

*L'enfant face à la séparation des parents : une solution, la résidence alternée*, Syros 2001.

*Réussir la garde alternée*, Gérard Poussin et Isabelle Gravillon, coll. « C'est la vie aussi », Albin Michel, 2004.

# 72

# Gérer les transitions quand il va chez son père

*Chaque dimanche soir, votre enfant vous fend le cœur : quand son père le ramène, il se met à pleurer ou s'enferme dans le silence et refuse de le quitter. Comment l'aider à s'habituer à sa nouvelle vie ?*

## Ce qui est difficile pour l'enfant

□ Sur le plan matériel

Transporter ses affaires un week-end sur deux en plus de son cartable est pesant, dans tous les sens du terme. Et ce, même si le père joue les porteurs. En outre, changer souvent de cadre et de lit peut être perturbant.

□ Sur le plan affectif et relationnel

Tout enfant, même de parents non divorcés, éprouve une certaine émotion, au moment de la séparation d'avec son parent. Ces sentiments sont d'autant plus vifs lorsque l'enfant ressent la tristesse du parent qu'il laisse derrière lui. Il a alors le sentiment de l'abandonner (en le laissant seul et malheureux) et de le trahir (en ayant plaisir à retrouver son autre parent).

Mais si l'on prend conscience de tout cela, que l'on en parle et que l'on met au point des solutions, la souffrance peut vraiment s'atténuer.

## Ce qui peut aider l'enfant

□ Sur le plan matériel

– Acceptez qu'il ait des affaires à lui chez son père (au moins des sous-vêtements, des pyjamas, des pantoufles et des affaires de toilette). Afin qu'il ne se retrouve pas en situation d'invité (comme chez sa grand-mère ou chez son copain) ou de voyage (comme en colonie), mais se sente chez lui. Cette

formule présente, en outre, l'avantage de permettre au père d'exister en tant que père. En voyant chez lui des affaires de son enfant, il se sent moins dépossédé de celui-ci. Enfin, un tel système diminue les risques d'exaspération liée aux chaussettes dépareillées et aux sacs de linge sale... Pour votre enfant, c'est sécurisant et plus simple.
– Faites le deuil des armoires impeccables et des bibliothèques rangées. C'est indispensable. Car, malgré la meilleure organisation et la plus grande concertation avec votre ex-conjoint, les chaussettes se dépareilleront et les jeux se perdront. Pour une raison simple : votre enfant aura besoin de faire circuler des objets entre ses deux foyers. C'est un moyen de conserver son unité psychique.

☐ **Sur le plan affectif et relationnel**

– Expliquez-lui, le cas échéant, que ces allers et retours résultent d'une décision de justice. Les mots clés : « Avec ton père, nous avons rencontré un juge aux affaires familiales dont le métier est de faire appliquer et respecter la loi. Dans son jugement, il est écrit que tu vis principalement chez moi, ta mère. Mais que tu vois régulièrement ton père les... » Il est important que l'enfant comprenne que cette situation dépasse la simple transaction entre son père et vous. Que son cas personnel, son emploi du temps ont été réglés par un juge, au-dessus de ses parents, qui a cherché la solution la plus juste pour lui. Et devant lequel la famille pourra revenir un jour, en cas de difficultés.
– Préparez avec lui ces allers et retours. Ceux-ci doivent être énoncés et préparés. Il est bon d'en parler quelques jours à l'avance.
– Respectez les horaires, les emplois du temps et la parole donnée. La régularité apporte la sécurité. Il est très déstabilisant pour un enfant d'attendre à chaque fois son parent avec son manteau sur le dos ; ou pis, de renoncer à son week-end au dernier moment. Le parent empêché doit prendre ses responsabilités et donner une explication à son enfant. L'autre parent, quant à lui, devrait ravaler son énervement et s'efforcer de ne pas se laisser aller à des commentaires négatifs (voir chapitre 75 *Comment gérer un père défaillant ?*), même si c'est très difficile.
– Évitez de le harceler de questions à son retour. Le parent qui retrouve son enfant après un séjour chez l'autre parent devrait éviter de questionner son enfant. Si ce dernier a envie de raconter, soyez à l'écoute. Mais ne le soumettez pas à un interrogatoire intrusif et culpabilisant.

## Il pleure lors de la séparation ?

Au moment de partir, il refuse de vous quitter. Outre sa propre émotion, votre enfant ressent peut-être le caractère pénible pour vous de la situation. Essayez autant que possible de prendre sur vous, de ne pas vous effondrer ni vous mettre en colère. Le chagrin de votre enfant en serait décuplé. Évitez les embrassades qui s'éternisent. Les mots clés : « Je comprends très bien ta peine, mais je te l'ai déjà dit : ton père et moi sommes divorcés, nous avons chacun notre foyer, mais nous restons tes parents. Ton père compte sur toi pour aller chez lui. Moi, je t'attends dimanche (ou lundi, après la classe), tu peux compter sur moi. »

## Le drame persiste ?

– Interrogez-vous. Peut-être votre enfant ressent-il que :

• vous, sa mère, avez du mal à vous séparer de lui, parce que vous allez rester seule ;

• la simple idée qu'il puisse avoir du plaisir dans son autre maison vous fait mal ;

• la perspective que ce soit une autre femme (la nouvelle compagne de votre ex-conjoint) qui l'accueille et lui fasse réviser sa grammaire vous insupporte.

S'il s'agit de cela, ne vous étonnez pas que votre enfant fasse un drame à chaque fois que son père vient le chercher. Pour partir tranquille, votre enfant doit sentir que vous, sa mère, « l'autorisez » (symboliquement, s'entend) à vous laisser seule, à prendre du plaisir avec son père et sa nouvelle compagne, même si cela vous paraît « dur à avaler » et injuste.

– Pour que la situation s'arrange, organisez vos week-ends à l'avance, remplissez votre agenda d'occupations et de rendez-vous qui vous font plaisir. Bref, apprenez à profiter pleinement de ces week-ends sans enfant. C'est la première des choses à faire. « Au début, on pense qu'on n'y arrivera jamais, mais après on ne peut plus se passer de ces moments de liberté qui nous replongent des années en arrière », raconte une mère.

– Vous détestez la belle-mère de votre enfant ? Ce dernier n'y est pour rien. Permettez-lui de dédramatiser. Nommez-la par son prénom et non par des qualificatifs plus ou moins hostiles, voire grossiers... Laissez-le vous parler d'elle, sans lui donner l'impression qu'il jette un froid à chaque fois qu'il prononce son nom à la maison. Mieux : faites-la intervenir naturellement dans les conversations avec votre enfant, prononcez sur elle des paroles apaisantes, adressez-vous à elle poliment quand vous appelez chez votre ex-conjoint, serrez-lui la main – même juste une fois –, devant votre enfant. Mais comprenez la nuance : il ne s'agit pas de questionner votre enfant sur sa belle-mère, de chercher à tout savoir sur sa façon à elle de s'occuper de lui : sauf exception grave, vous n'avez pas à savoir ce qui se passe chez son père (voir chapitres 70 *Réussir votre divorce* et 76 *Parent célibataire, comment vous comporter avec votre enfant ?*). Le but est simplement de démontrer à votre enfant que sa belle-mère n'est pas un tabou pour vous (voir chapitre 79 *Ça ne se passe pas bien avec sa belle-mère*). Vous ne parvenez pas à vous faire à cette réalité ? Allez en parler à un psychothérapeute (voir chapitre 93 *Dans quel cas consulter un psy et comment ça se passe ?*). Dans votre intérêt bien sûr, mais surtout dans celui de votre enfant.

## Au retour, il refuse de quitter son père ?

– Abrégez les adieux. Dites-lui que vous comprenez sa peine, témoignez-lui votre joie de le retrouver. Faites diversion pour lui permettre de reprendre rapidement sa place dans la maison : entraînez-le dans sa chambre, proposez-lui un jeu, préparez le repas avec lui…
– Gardez-vous de penser que le drame va recommencer à chaque fois, c'est la meilleure façon de l'entretenir. Au contraire, si vous êtes bien sûre de vous et capable de vous montrer sereine, votre enfant s'adaptera au mieux à ces allers et retours.
– Les choses ne s'arrangent pas ? N'excluez pas, si c'est possible, de demander à son père de ramener votre enfant directement à l'école le lundi matin. La journée de classe ménagera à votre enfant une transition entre son père et vous. Cela lui permettra d'intégrer ses nouveaux repères plus facilement.

### POUR EN SAVOIR PLUS

- Voir la bibliographie du chapitre précédent.

# 73

# Gérer les différences de vie et d'éducation entre son père et vous

*Chez son père, pas un livre ne traîne alors que, chez vous, on « croule » sous les bouquins. Chez vous, pas question de rémunérer les bons livrets scolaires, mais chez son père, c'est un petit billet à chaque bonne note... Comment votre enfant s'y retrouve-t-il ?*

## Entre ex-époux, les différences de vie sont fréquentes

Contrairement à ce qui est décrit dans les magazines, les films et les romans –qui présentent souvent une vision idyllique des rapports entre ex-conjoints–, lorsqu'un couple se sépare, c'est qu'il n'est plus d'accord sur des choses essentielles. Que ces différences s'accentuent après le divorce n'a donc rien d'étonnant. Les recompositions familiales jouent aussi leur rôle dans ce processus. Le nier serait nier la réalité du divorce et de ses lendemains. Par ailleurs, si certaines choses sont permises chez le père alors qu'elles sont interdites chez la mère, c'est aussi parce que, dans le cas d'un droit de garde classique (un week-end sur deux), le père voit peu son enfant. Il se dit, et c'est légitime, qu'il voit trop peu son enfant pour passer le week-end à le réprimander.

## Comment l'enfant fait-il son affaire des différences entre ses parents ?

Au moins, cela a pour mérite de lui présenter une vision du monde plus large que dans une famille classique. C'est aussi une richesse. Si les différences sont vécues dans le respect de l'ex-conjoint, ce n'est sans doute pas un problème. Si, au contraire, les anciens époux passent leur temps à se dénigrer mutuellement, c'est sûrement assez toxique.

## Comment réagir ?

– Dédramatisez. Même dans un couple, il est utopique de penser que l'homme et la femme seront d'accord sur tout. De plus, on ne peut pas élever un enfant sans conflit. De ce conflit peut d'ailleurs naître, dans certains cas, une combativité de l'enfant.
– Comprenez et respectez le point de vue de votre ex-conjoint : s'il ne voit son enfant qu'un week-end sur deux, il est assez compréhensible qu'il le gâte plus que vous.
– L'enfant doit pouvoir s'autoriser à parler de tout cela en posant des questions et en recevant des réponses honnêtes. N'hésitez pas à expliquer votre point de vue. Mais dites-lui aussi : « Chez ton père, ce n'est pas pareil, il a ses raisons et je les respecte. Mais ici c'est comme ça. C'est difficile, mais tu dois respecter les règles en cours dans tes deux maisons. »
– Dans le cas de différences d'éducation complètement contradictoires, voire incohérentes, n'hésitez pas à en parler avec le père de votre enfant. Expliquez-lui qu'un tel décalage peut être source de souffrance pour votre enfant et essayez de trouver un compromis, quitte à changer, vous aussi, de point de vue.

## Quelques exemples fréquents de divergences et comment les gérer

☐ L'argent de poche

Chez son père, il reçoit 10 euros d'argent de poche ; chez vous, 5. Chez son père, il a tous les jeux ou vêtements qu'il réclame ; chez vous, il attend une occasion…

Ce genre de différences est souvent assez difficile à supporter pour les enfants. Il est important d'expliquer à votre enfant que ces dons n'ont rien à voir avec l'affection. Si vous ne le lui expliquez pas, il pourra développer l'illusion qu'on l'aime moins quand on lui donne moins. Dites : « Tu sais très bien que je n'ai pas la même situation que ton père et que, même si je l'avais, je ne serais pas d'accord pour te donner tout ça. Mais je comprends très bien le point de vue de ton père qui ne vit pas beaucoup avec toi et qui a envie de te gâter quand il te voit. Moi, je suis contente de partager des moments avec toi, sans acheter forcément de nouvelles affaires, sans arrêt. »

☐ Les choses permises chez l'un et interdites chez l'autre

– Dites : « Tu sais très bien que nous n'avons pas toujours la même façon de voir ou de réagir. Chez ton père, tu fais comme il veut et chez moi, comme je veux. C'est peut-être difficile, mais c'est ainsi, c'est la règle. » Si les points de vue sont énoncés clairement, l'enfant trouvera ses repères. Dans cette tranche d'âge, l'enfant apprend à former son propre jugement. Il acquiert une maturité de raisonnement sur la vie des adultes et celle de ses parents, en particulier. Il sort de la période où il était entièrement « soumis » au désir de ses parents. Il est capable d'établir des comparaisons entre les différentes règles en vigueur dans différentes familles. Mais, contrairement à ce qui se passera un peu plus tard, il n'est pas forcément révolté par vos principes éducatifs. Vous redoutez qu'il ne soit tenté, plus tard, de choisir le foyer le plus permissif? (chapitre 81 *Il veut aller vivre chez son père*). Rassurez-vous. L'enfant avec lequel on a créé un vrai contact, tissé un lien de confiance, tout en le laissant grandir et gagner en autonomie, « sait » reconnaître le foyer le plus structurant et protecteur pour lui, même s'il se met à vous juger ou à vous critiquer.

– Évitez de blâmer votre ex-conjoint. Au besoin, dites que vous comprenez le point de vue de son père, notamment en fonction de sa propre éducation, de sa famille, de son milieu culturel, etc. Expliquez à votre enfant que, du temps où vous étiez un couple, vous n'étiez peut-être déjà pas d'accord sur certains points d'éducation. Ainsi, votre enfant développera une ouverture d'esprit, une maturité qui renforceront son sens de l'adaptation. Il saura faire la part des choses et pourra acquérir une certaine discrétion sur les habitudes et les règles en vigueur dans chaque foyer.

## À l'avenir

À d'autres moments, rappelez à votre enfant que vous respectez son père, même si vous avez évolué différemment.

# 74

# Entre votre ex-conjoint et vous, tout devient trop conflictuel

*Après la séparation, ce n'était pas le bonheur, mais tout se passait bien. Aujourd'hui, avec le père de votre enfant, c'est presque la guerre…*

## Pourquoi cette dégradation ?

– Contrairement à ce que l'on voit au cinéma, dans la vraie vie, divorcer n'est jamais idyllique. D'ailleurs, si vous avez pris cette décision, c'est bien que vous n'étiez pas d'accord sur des choses essentielles, y compris sur l'éducation des enfants.

– Au moment du divorce, vous avez tout fait pour éviter les conflits, dans l'intérêt des enfants. Aujourd'hui, cette attitude compréhensible agit comme une bombe à retardement. Le conflit s'est déplacé dans le temps. Parfois, il se déplace aussi d'une personne à une autre. Ainsi, par exemple, au lieu de se disputer avec vous, votre ex-mari s'en prend à votre nouveau compagnon. Encore plus tordu : votre ex-conjoint se montre toujours correct, mais laisse sa nouvelle femme se conduire de façon odieuse avec vous. Ainsi, il se venge peut-être, tout en gardant les mains propres, d'avoir été quitté par vous quelques années auparavant…

– Plus le temps passe après le divorce, plus les chemins des ex-conjoints divergent. Les recompositions familiales jouent un rôle important dans ce processus. Les rails mis en place six mois après la séparation sont souvent très différents quelques années plus tard. C'est peut-être triste, mais c'est ainsi : chacun évolue à son rythme et dans son propre environnement avec les contingences de sa nouvelle vie. C'est normal, mais ce n'est pas rédhibitoire.

## Comment réagir ?

☐ Vis-à-vis de votre ex-conjoint

– Si c'est la fin d'une belle entente qui vous désole, mais que, globalement, il respecte ses engagements vis-à-vis de son enfant, dédramatisez. Le plus important est assuré. Et une fois le conflit purgé, la situation pourra encore évoluer dans le bon sens.

– Si votre ex-mari ne respecte pas ses obligations (il prend moins son enfant, le ramène plus tôt, arrive toujours en retard, ne paie plus la pension…) ou que sa nouvelle compagne ne reste pas à sa place :

• Réfléchissez à ce qui, selon vous, a conduit à cette situation.

• Prenez rendez-vous avec votre ex-conjoint seul à seul. Exprimez vos griefs, mais ne tombez pas dans le piège qui consiste à critiquer sa personne ou celle de sa femme, cela le braquerait et conduirait à l'échec de cet entretien. Pour que cette discussion soit constructive, énumérez des faits, rien que des faits, en vous efforçant d'être très précise. Rappelez-lui les engagements qu'il avait pris et démontrez-lui qu'il ne les tient pas. Énoncez quelques situations ou commentaires qui vous ont blessée de la part de sa nouvelle compagne. Demandez-lui d'exprimer son point de vue et ses critiques éventuelles à votre encontre. N'excluez pas de revoir vos accords pour les adapter à vos vies actuelles.

• En cas d'échec de cette démarche, faites éventuellement appel à un tiers qui vous a aidée au moment de votre séparation (avocat, psy, médiateur…), cela vous permettra de retrouver un dialogue.

☐ Vis-à-vis de votre enfant

– Expliquez-lui ce qui est en train de se passer. Dites : « J'ai eu un rendez-vous avec ton père pour améliorer la communication entre nous et remédier à la crise que nous traversons et qui n'est pas confortable pour toi. Tu n'y es pour rien, c'est à nous, les adultes, de nous entendre. »

– En cas de succès, n'hésitez pas à en informer votre enfant. Dites : « Je suis très contente, cet entretien a été positif, nous repartons sur de nouvelles bases et nous referons le point plus tard. »

– En cas d'échec, dites : « C'est plus compliqué que je ne le pensais. » Bannissez la phrase : « Ton père n'a rien compris, il ne changera jamais. » Déculpabilisez. Au lieu de vous dire que vous vous êtes mal débrouillée, dites-vous plutôt que c'est déjà positif d'avoir essayé et qu'il restera toujours quelque chose de cette démarche. Ne serait-ce que vis-à-vis de votre enfant, qui est à un âge où il forme son propre jugement. Expliquez-lui que vous serez peut-être amenée, un jour, à consulter un tiers et qu'il aura peut-être son point de vue à donner (voir chapitre suivant).

☐ Par la suite

Efforcez-vous de ne pas critiquer votre ex-conjoint ou sa compagne devant vos enfants, mais soyez réaliste : des remarques acides et des plaintes pourront vous échapper… C'est regrettable mais ce n'est pas forcément une catastrophe pour les enfants : dans les couples unis, également, il y a des périodes de reproches et de crises. Heureusement, le temps passe et la situation peut à nouveau être acceptable.

Reportez-vous au chapitre précédent, *Gérer les différences (de vie et d'éducation) entre son père et vous*.

## Pour en savoir plus

**Dès 8 ans**

*Le Bonheur et le Malheur*, Brigitte Labbé et Michel Puech, Les goûters philo, Milan.

**Dès 10-11 ans**

*Dire non à la violence*, Emmanuel Vaillant, Les Essentiels Milan Junior Société.

**Pour les parents**

*Comment gérer les personnalités difficiles,* François Lelord et Christophe André, Odile Jacob, 2000.

*La Force des émotions*, François Lelord et Christophe André, Odile Jacob, 2001.

# 75

# Gérer un père défaillant

*Qu'il s'agisse de payer la pension alimentaire ou de prendre son enfant le week-end, le père de votre enfant ne respecte pas ses obligations.*

## Un père « défaillant », cela veut dire quoi ?

Un père qui se comporte de cette façon ne respecte pas la loi. Il se met au niveau d'un enfant, exactement comme s'il jouait. Il se joue de son enfant. Il cherche à retrouver un sentiment de liberté, proche de celui recherché par l'adolescent. Il souhaite inconsciemment devenir un parent-enfant. En agissant ainsi, le père exprime également le désir (plus ou moins conscient) d'oublier son échec, donc sa vie d'avant la séparation. Ou bien encore, il est dans un mal-être psychologique grave, qui explique son comportement.

## Pourquoi faut-il, malgré tout, s'empêcher de le critiquer ?

Pour aider votre enfant à conserver une bonne image de son père, pour lui permettre de grandir en conservant sa propre estime et le respect de lui-même. Votre enfant porte en lui une part de son père, c'est la réalité, c'est ainsi. Quoi que vous puissiez en penser aujourd'hui, vous ne pouvez changer cette évidence. L'enfant a besoin que cette partie du père qui est en lui ne soit pas annihilée. S'il ne cesse d'entendre que son père est un « nul », un « looser » ou un « dégueulasse », votre enfant ne pourra pas s'estimer, ni se respecter lui-même. Insulter sans cesse son ex-conjoint, devant l'enfant, c'est insulter la partie de l'enfant qui correspond à son père, c'est donc insulter son enfant. Dites-lui plutôt : « Écoute. Le père que j'ai choisi pour avoir un enfant, pour t'avoir toi, cet homme je l'aimais très fort. Ce père avec lequel je suis fière de t'avoir eu, c'est un homme formidable. C'est à celui-là que tu ressembles. »

## Comment réagir sur le moment ?

Tout dépend de la nature de la défaillance du père. Il existe trois types de père défaillant :
– Celui qui ne peut (ne veut?) jamais prendre son enfant, mais qui paie la pension alimentaire.
– Celui qui prend son enfant, qui ne paie jamais la pension, mais qui se débrouille pour le couvrir de cadeaux le week-end.
– Celui qui ne fait rien (ni prendre son enfant, ni payer une pension).

### ☐ Il ne vient pas, mais paie la pension alimentaire

– Il est important que votre enfant sache que son père paie pour lui. Tout enfant qui vit seul avec l'un de ses parents éprouve un sentiment de dette vis-à-vis de celui-ci. Il a souvent l'impression de « coûter » trop cher à ce parent qui l'élève seul (voir chapitre 76 *Parent célibataire, comment vous comporter avec votre enfant ?*). Cela réduit l'estime qu'il a de lui-même et ne l'aide pas à grandir de façon totalement épanouie. C'est pourquoi il est bon de dire à l'enfant que son parent absent verse quelque chose pour lui. Cela aura pour effet de l'aider à se libérer de ce sentiment de « dette ». Les mots clés : « En donnant cette somme d'argent, ton père contribue à ton entretien et à ton éducation. Même s'il ne vient pas te voir, même s'il te manque, il m'aide à t'élever. Et de cette façon-là, il pense à toi. » Ajoutez quelque chose sur l'argent, les sentiments, etc., puisqu'à cet âge l'enfant commence à juger.
– Son père s'engage à venir, il ne vient pas? Restez calme. Prenez sur vous, même si cela relève de l'exploit. Évitez les commentaires excédés devant votre enfant. Dites-lui : « Tu attendais ton père, mais pour des raisons que j'ignore, il est empêché de te voir. Je comprends que tu aies de la peine. Peut-être que ton père ne se rend pas assez compte que c'est très important pour toi de le voir. » Montrez-lui que vous le comprenez. Redoublez d'affection, laissez-le exprimer ses émotions et incitez-le, s'il en a la maturité, à parler à son père. Puis, faites diversion par un jeu, une activité ou une sortie avec votre enfant. Néanmoins, essayez, autant que possible, de maintenir des liens avec la famille de son père. Et assurez votre enfant que, dans tous les cas, il est le bienvenu chez vous.

### ☐ Il ne paie pas la pension alimentaire, mais, lorsqu'il prend son enfant, il le couvre de cadeaux inutiles

– En faisant cela, le père bouleverse les repères de son enfant. Il se place dans une position d'enfant, c'est un « père-enfant ». Face à un tel père, l'enfant aura peut-être des difficultés à développer son sens des responsabilités, à devenir adulte.
– Dites à votre enfant : « Ton père ne se rend pas compte qu'il est important

de contribuer aux aspects matériels et affectifs de ton éducation. Je vais donc demander au juge de m'aider, pour que le jugement de divorce et la loi soient appliqués. »

– Votre enfant a une adoration pour son père qui le « pourrit » ? Dites-lui : « Tu as parfaitement raison d'aimer ton père et je ne t'en empêcherai jamais. Mais en faisant ce qu'il fait, en préférant t'offrir des jeux inutiles et t'emmener dans des boîtes de nuit pour enfants, plutôt que m'aider à t'élever, ton père ne t'aide pas à grandir, ne t'aide pas suffisamment à être responsable. Moi je ne suis pas d'accord. »

– Profitez-en pour rappeler la règle : « Lorsque nous avons divorcé (nous nous sommes séparés), nous sommes allés voir un juge aux affaires familiales qui a décidé que ton père devrait payer une certaine somme d'argent pour m'aider à t'élever. C'est aussi pour cela que je n'accepte pas que ton père ne paie pas la pension. » Ainsi, votre enfant sentira que cette affaire déborde le simple conflit entre son père et sa mère, qu'elle dépend aussi de la loi, de la justice et donc de la société dans laquelle il vit.

– Évitez d'aborder le sujet devant l'enfant. Gardez-vous de faire du chantage à votre ex-conjoint : « Si tu ne paies pas, tu ne verras pas ton enfant ce week-end. » Refuser de confier votre enfant à son père, alors qu'une décision de justice lui donne ce droit, est puni par le code pénal (article 227-5) d'une peine d'un an d'emprisonnement et de 15 000 euros d'amende. En outre, vous livrer à ce genre de marchandage, c'est prendre votre enfant en otage, faire de lui une monnaie d'échange entre votre ex-mari et vous, entre son père et sa mère. Pour vous aussi, c'est un piège. Vous renforcez la culpabilité de votre enfant, son sentiment de dette vis-à-vis de vous, son sentiment d'injustice et sa révolte devant la situation.

□ **Son père a totalement démissionné**

– Épargnez à votre enfant vos jugements catégoriques et vos lamentations auprès de votre entourage devant lui. Dites-lui : « Pour certaines raisons que je ne connais pas et d'autres que je ne comprends pas, ton père est empêché de te voir. Plus tard, lorsque tu seras adulte, tu pourras rechercher ces raisons. Une chose est sûre : tu n'y es pour rien. En attendant, ton père ne se rend pas assez compte que toi, tu es triste ou en colère, que tu as besoin de lui et que tu trouves cela injuste. » Parlez à votre enfant de son père d'avant, du temps où vous l'aimiez suffisamment pour faire un enfant avec lui.

– Répondez aux questions de votre enfant sur son père. Dites-lui : « Je comprends que tu aies le désir de le rencontrer. » Développez autour de votre enfant des contacts avec d'autres hommes (son oncle, son parrain, le père de son copain…). Essayez, si possible, de garder un contact avec la famille de votre ex-mari, notamment ses parents. Mais cherchez à préserver votre

enfant du commentaire social (« Le pauvre chéri, son père l'a complètement abandonné ! ») toujours culpabilisant et dévalorisant.
– N'hésitez pas à consulter un psychothérapeute pour enfants (voir chapitre 93 *Dans quel cas consulter un psy et comment ça se passe ?*). Et/ou tentez une médiation familiale (voir encadré).

## Pour en savoir plus

**Pour les parents**

*Pères séparés, pères tout de même*, Bruno Decoret, Anthropos, 1997.
*La Médiation familiale*, Jocelyne Dahan, Morisset, 1996.
*Questions sur le divorce*, Marie-Dominique Flouzat-Auba, les Essentiels Milan, 2003.

## Pour trouver un médiateur familial

Association pour la promotion de la médiation familiale (APMF) : 01 43 40 29 32.
Association père-mère-enfant médiation (APME) : 01 30 21 75 55.
Centre d'information et de documentation des femmes et de la famille (CIDFF) : 01 42 17 12 34 ou 12 00.
Centre d'études et de recherches d'accompagnement familial et de formation (CERAFmédiation) : 01 42 63 05 00.
Services sociaux des mairies.

# 76

# Parent célibataire, comment vous comporter avec votre enfant ?

*Quelle qu'en soit la cause, vous n'êtes pas sur le point de renoncer à votre vie de célibataire. Voici quelques conseils pour gérer au mieux cette situation, avec votre enfant, fille ou garçon.*

## Essayez d'éviter les situations suivantes

– Le prendre dans votre lit ou dans votre bain. Vous promener nue devant lui (voir chapitre 84 *Il ne veut plus se montrer nu*).
– Lui faire (et le laisser vous faire) trop de câlins. Au fur et à mesure qu'il grandit, c'est à vous d'espacer, en douceur, caresses et rapprochements physiques.
– Le laisser vous consoler. Et lui raconter vos états d'âme. Même s'il n'en montre rien, c'est insupportable pour votre enfant. Le piège, c'est que tout enfant, même jeune, est naturellement disposé à jouer le rôle de confident de ses parents. Vers 11-12 ans, quand il prend des airs d'ado, il donne même l'impression de pouvoir assumer les problèmes de son parent malheureux ou les secrets de son parent heureux. En réalité, une telle situation est pernicieuse et dangereuse : l'enfant sort rarement indemne d'une telle confusion des rôles. À l'âge adulte, il lui faut parfois des années de psychanalyse pour s'en remettre. Et cela finit, quelquefois, par une rupture totale avec le parent responsable, qui l'a trop mêlé à sa vie privée, qui ne l'a pas laissé à sa place d'enfant... Autant dire que c'est à vous, parent, d'être vigilant, de ne pas rentrer, le cas échéant, dans le jeu de votre enfant, de ne pas en faire votre complice. Et si nécessaire, d'aller trouver ailleurs une épaule réconfortante ou une personne à qui parler.
– Entretenir avec lui (et pas seulement si vous êtes du sexe opposé) des rapports de séduction. Par le regard, le ton de la voix, des gestes trop proches ou

trop insistants (par exemple : une main dans les cheveux par-ci, un bras à la taille par-là...). Trop de promiscuité, trop de connivence, même entre une fille et sa mère ou entre un fils et son père, n'est pas souhaitable.
Toutes ces choses vous semblent anodines? Détrompez-vous : elles installent votre enfant dans un rôle (symbolique) de partenaire. Plus encore que si vous viviez avec un homme, soyez vigilante à laisser votre enfant à sa place d'enfant. Et n'hésitez pas à l'y remettre, dès qu'il cherche à « faire couple » avec vous. Dites-lui : « Je suis ta mère, je suis responsable de toi, tu n'as pas à me protéger et tu ne peux pas remplacer ton père. Plus tard, je rencontrerai peut-être un amoureux qui sera mon homme, dans ma vie. » Attention : faites comprendre à votre enfant que ces règles n'ont rien à voir avec des questions de gentillesse. Expliquez-lui qu'il peut rester « gentil » avec vous, sans pour autant vous protéger. Dites-lui : « Je t'aime, tu es mon fils (ma fille), j'apprécie ta délicatesse. »

## Ce que vous pouvez essayer de faire

– Étayer les repères de votre enfant en maintenant, dans votre vie, la présence de la référence masculine. Ainsi, efforcez-vous de ne pas annuler l'image et le rôle de son père. Parlez de son père, comme père. Autorisez votre enfant à parler de lui, sans encourir vos foudres. Cessez, même s'il y a lieu, d'accabler votre ex devant votre enfant (voir chapitres 70 *Réussir votre divorce* et 75 *Gérer un père défaillant*). Enfin, essayez de l'entourer de présence masculine, en lui faisant rencontrer son parrain, son oncle, un baby-sitter, le père d'un de ses amis...
– L'inciter à se séparer de vous. En le laissant, si possible, aller chez son père, sans le soumettre à son retour à un questionnaire abusif. Sauf exception grave, vous n'avez pas à savoir, s'il n'en parle pas lui-même, ce qu'il y fait et comment son père s'occupe de lui. En contrôlant son emploi du temps, vous l'empêchez d'être, chez son père, un sujet à part entière qui existe en dehors de vous, sa mère. En revanche, s'il a spontanément envie de vous raconter (c'est rare, mais cela arrive), soyez prête à l'écouter (voir chapitre 72 *Gérer les transitions quand il va chez son père*).
– Invitez-le aussi à côtoyer des familles où le père et la mère vivent sous le même toit, à aller dormir chez des copains, à partir en colonie. Enfin, inscrivez-le à une activité sportive et/ou artistique.
– L'idée qui doit vous guider : il vous faut « autoriser » (symboliquement, s'entend) votre enfant à prendre du plaisir ailleurs qu'à la maison et avec d'autres personnes que vous, à créer d'autres liens, étayer ses rencontres, ses amitiés.

# 77

# Pourquoi est-ce une bonne chose pour votre enfant de refaire votre vie ?

*Vous n'osez pas vous engager dans une relation amoureuse sérieuse, sous prétexte que votre enfant ne supporterait pas l'arrivée d'un homme dans votre vie. Et si vous vous trompiez ?*

## Pourquoi avez-vous peur de traumatiser votre enfant en lui imposant un partenaire ?

Pour l'une ou l'autre des raisons suivantes :

– Vous avez déjà vécu la réaction hostile de votre enfant devant l'arrivée d'un partenaire dans votre vie. Vous l'avez alors senti tellement malheureux que, depuis, vous n'avez plus le courage de « lui faire ça ».

– Le simple récit que vous ont fait quelques amies de la situation vous a dissuadée de tenter une expérience qui ne marche, croyez-vous, que rarement, « aucun individu n'étant réellement à la hauteur de la situation ».

– Au fond, vous êtes très bien comme ça et l'idée de rompre l'équilibre que vous avez trouvé avec votre enfant vous déplaît. Vous vous persuadez que vous referez votre vie plus tard, lorsqu'il sera grand.

## De toute façon, tout partenaire qui débarque est vécu comme un intrus

Quel que soit l'âge de votre enfant et quelles que soient les qualités du partenaire, son arrivée dans votre vie, très probablement, sera mal vécue. C'est classique : votre fille, votre fils, qui jusqu'ici jouait au petit couple avec vous, d'autant plus s'il est enfant unique, se sent menacé. Votre amoureux lui apparaît comme un intrus. Les débuts sont toujours tendus. L'enfant n'en reste pas pour autant « traumatisé ».

## Il est nécessaire qu'un tiers s'interpose entre votre enfant, fille ou garçon, et vous

– Il n'est pas sain pour votre enfant que vous prolongiez indéfiniment la fusion maternelle, même si vous l'appréciez, voire l'entretenez. Un homme peut vous permettre à tous les deux de couper le cordon qui vous relie symboliquement. Cette étape est très importante pour permettre à l'enfant de grandir de façon autonome. À défaut, il sera trop proche de vous, il se sentira investi de la mission de vous protéger. Plus tard, il ne se sentira pas autorisé à prendre du plaisir ailleurs qu'à la maison.
– Aujourd'hui, vous vivez ensemble dans l'harmonie et le calme ? Dans l'enfance, l'osmose peut être agréable, voire délicieuse. Mais à l'adolescence, la situation peut devenir très compliquée, voire violente. Intérieurement, votre enfant risque de se retrouver aux prises avec de nombreux conflits : son désir inconscient d'être tout pour vous (désir qui n'aura pas été suffisamment frustré, dans la petite enfance), les interdits (notamment celui de l'inceste) imposés par la réalité familiale et sociale, ses désirs (conscients, ceux-là) pour d'autres partenaires… Votre enfant pourra alors éprouver le besoin de se séparer de vous de façon très violente. En se mettant en échec scolaire, en multipliant les expériences sexuelles précoces ou inadéquates, en développant une grande agressivité vis-à-vis de vous ou en retournant cette agressivité contre lui-même par des accidents, maladies, passages à l'acte…

## Il peut être pesant pour un enfant de vivre seul avec son parent

L'enfant a l'impression que ce dernier compte uniquement sur lui pour lui fournir la joie de vivre. Il peut se sentir responsable de son parent et se faire le devoir de le porter. Il éprouve un sentiment de dette par rapport à lui. Et ce, parfois, même si la femme a une vie active et est entourée d'amis. Ce sentiment ne disparaît pas à l'âge adulte. En effet, le parent seul, même complètement indépendant et autonome, fait peser sur son enfant le poids d'un sacrifice (réel ou imaginaire) qu'il s'est imposé pour l'élever. L'enfant devenu adulte peut éprouver alors (plus ou moins consciemment) une sorte de « honte à être heureux ». Ce ne sera pas le cas s'il sent que son parent a d'autres objets de désir et de plaisir que lui, qu'il va vivre avec un partenaire qu'il aime.

### Pour en savoir plus

**Pour les enfants**

*Ma mère se remarie, La famille recomposée*, Autrement Junior, série Société.

# 78

# Lui faire accepter son beau-père

*Votre homme n'a pas pris la fuite lorsqu'il a su que vous aviez un enfant. Mieux, maintenant que vous vous connaissez davantage, il aurait envie de vivre avec vous… Reste à le faire accepter par votre enfant*[1].

## Prenez conscience que cela dépend beaucoup de vous

La réussite de cette nouvelle famille dépend beaucoup de votre désir réel de vivre avec ce partenaire. Et réciproquement, du désir de ce dernier de vivre avec vous, « malgré » votre enfant. Il faut beaucoup d'amour, de respect, de confiance en soi et de (bonne) volonté, des deux côtés. Mais il faut aussi du temps. La réussite dépend de la tolérance de chacun à respecter une progression, une évolution. Afin que chaque personne concernée puisse envisager, avec tranquillité, cette nouvelle forme de vie.

## Laissez le temps à votre enfant et à votre partenaire de « s'apprivoiser » mutuellement

☐ Ne présentez pas d'emblée votre partenaire comme un beau-parent
Présentez-le plutôt comme un simple « amoureux » qui vous rend visite, vient déjeuner, passer la journée avec vous. Cela permettra à ce dernier de faire l'expérience d'une « période probatoire », sans se sentir embarqué dans une situation trop lourde à assumer pour lui. Cette période est d'un temps

---

1. Toutes ces propositions peuvent être adaptées par le père qui referait sa vie et voudrait faire accepter sa nouvelle compagne. Le fait que l'enfant réside principalement avec sa mère et ne passe que les week-ends chez son père rend les choses plus difficiles et plus longues, mais ne change pas le fond.

variable selon chacun, mais elle doit être suffisamment longue pour permettre à l'enfant de s'habituer au nouveau venu ; et pour donner à ce dernier un véritable aperçu de ce que sera sa vie si vous vivez, un jour, vraiment ensemble. Si votre enfant pose trop de questions, dites-lui : « Avant, Jules était un ami, maintenant il est devenu mon amoureux, nous nous aimons. » Assurez votre enfant que ce choix n'est pas contre lui. Mais soyez très claire : ce n'est pas à lui de décider. Il proteste, part bouder, se met en colère ? Martelez : « Je comprends très bien que tu ne sois pas content, mais ce n'est pas à toi de décider. Ce n'est pas pour cela que je t'aimerai moins ou que je m'occuperai moins de toi. » Plus vous serez sûre de vous, plus les choses s'arrangeront vite. Il vous demande : « Est-ce que tu fais l'amour avec lui ? » Restez très ferme : « Quand j'étais avec ton père, je ne répondais pas à ce genre de question, c'est ma vie privée, ça ne te regarde pas » (voir chapitre 83 *Il vous interroge sur votre sexualité*).

**☐ Durant cette période, invitez-le à la maison les week-ends où votre enfant est là**

Demandez-lui de vous accompagner lors de sorties avec votre enfant, prenez vos repas tous ensemble, incitez-le à partager des jeux avec lui, à lui lire des livres (si ce dernier le souhaite encore), à parler de son métier et de ses hobbies. C'est le meilleur moyen de faire connaissance. Mais aussi de mesurer ce que représente la vie avec un enfant. Si votre ami a lui-même des enfants, proposez de les faire se rencontrer, après plusieurs rendez-vous avec le vôtre.

**☐ Au début, demandez à votre ami de rentrer dormir chez lui**

C'est indispensable pour permettre à votre enfant de nouer une bonne relation avec lui. Consolez-vous : comme vous le faisiez jusqu'ici, vous passerez des nuits ensemble quand votre enfant sera chez son père. Vous pensez qu'il est possible de dormir avec votre amant incognito, en le faisant partir au petit matin ? Détrompez-vous. Votre enfant s'en apercevrait. Il sentirait que vous n'êtes pas dans votre état naturel. Et s'efforcerait de rester aux aguets, sans que, sur le moment, vous vous en aperceviez forcément. Il pourrait vous faire payer votre manque de patience et vous pourriez le regretter. Vous craignez que votre amoureux ne s'enfuie à toutes jambes ? S'il veut réellement vivre avec vous un jour, il comprendra le sens et l'importance (pour l'avenir) de cet « apprivoisement ». Votre enfant doit sentir le respect que cet homme lui porte et vous porte.

**☐ Rassurez votre « amoureux », s'il n'a pas d'enfant : jusqu'ici, vous vous en sortiez très bien toute seule**

Lorsque vous vivrez ensemble, vous ne le mettrez pas à contribution à tout moment, il ne sera pas contraint de passer ses week-ends sur les terrains de foot et dans les parcs d'attraction : vous irez aussi seule ou avec vos amis, votre mère, votre frère... Il ne sera pas davantage obligé de se lever dès potron-minet tous les samedis et dimanches : vous lui ménagerez des moments pour récupérer... Et puis, il y aura toujours les week-ends et les vacances où votre enfant ira chez son père ou sera invité chez des amis... Mais pour l'instant, il s'agit de se faire apprécier de votre enfant, donc de partager, avec lui, des moments de vie.

## Les premières nuits que vous passez officiellement ensemble

– Prévenez votre enfant tout simplement, sans détour.

– Mettez éventuellement un verrou à votre porte : cela vaudra beaucoup mieux que s'il vous surprenait en train de faire l'amour (voir chapitre 83 *Il vous interroge sur votre sexualité*).

– Attendez-vous à connaître quelques nuits agitées. Jusqu'ici, votre enfant et votre amoureux semblaient les meilleurs copains du monde ? Votre progéniture va désormais tout mettre en œuvre pour le faire fuir, au besoin en se relevant plusieurs fois, arguant de cauchemar ou de « mal à la tête ». C'est classique : votre enfant rage de ne plus vous avoir pour lui tout seul et réalise vraiment que vous ne revivrez jamais avec son père. C'est en ne cédant pas que vous exercez votre rôle de parent. Mais aussi que vous témoignez à votre amoureux que c'est vous et vous seule – et non votre enfant – qui êtes maître de votre vie de femme. Il se sentira soutenu par vous et prendra confiance en lui. Vis-à-vis de votre enfant, déculpabilisez : avoir un beau-père est souhaitable pour lui et bénéfique à terme (voir chapitre 77 *Pourquoi – pour votre enfant – c'est une bonne chose de refaire votre vie ?*).

– Il se met à parler de votre ami en termes désagréables, à la limite des insultes? Ne faites pas comme si de rien n'était. Relevez tout de suite cette parole : « Qu'est-ce que j'ai entendu ? », puis soyez ferme : « Il n'est pas question que tu parles de mon homme de cette façon, je ne te laisserai jamais le traiter comme ça. Je ne te demande pas de l'aimer, mais de le respecter, comme tous les adultes qui t'entourent. » Si ça se passe en présence de votre compagnon, laissez-le le reprendre, sans trouver d'excuse à votre enfant. Mieux, demandez à ce dernier de présenter ses excuses. Puis, une fois seule avec votre enfant, retournez vers lui. Expliquez-lui que, s'il a des remarques à faire sur le comportement ou les paroles de votre compagnon, qu'il vous en parle directement, hors de sa présence. Assurez-le que vous essaierez de comprendre pourquoi ça le dérange, le rend triste ou en colère. Ne lui dites pas : « Tu t'en fiches, ce n'est pas ton beau-père ! », car si ce dernier vit un jour avec vous, il aura du mal à exercer son autorité.

## Lorsqu'il habite avec vous, autorisez votre nouveau conjoint à jouer son rôle

– Une fois que votre amoureux a passé le cap des parcours en rollers et déjeuners au Mc Donald, vous devez lui permettre d'accéder à son statut de beau-parent. Être beau-parent, ce n'est pas être copain, ce n'est pas non plus être parent, c'est être le nouveau partenaire du parent. Il peut résulter de cette relation un attachement réciproque très fort. À condition d'autoriser votre partenaire à se faire respecter et à donner son avis sur ce qui se passe dans la maison, y compris sur certains points qui concernent votre enfant (l'heure des repas, l'utilisation du téléphone, la manière dont votre enfant vous parle, l'heure à laquelle il se couche...). Ne craignez pas de traumatiser ce dernier. Les mots clés : « Il n'est pas ton père, je ne te forcerai jamais à l'aimer, c'est toi qui décideras. En revanche, tu es obligé de vivre avec lui et il est ici chez lui. Il a donc son mot à dire sur ce qui se passe dans la maison. Il m'accepte comme sa femme et comme ta mère. »

– Votre enfant insulte son beau-père ? Que votre homme le conduise immédiatement dans sa chambre. Mais qu'il ne lui donne pas de gifle. Quant à vous, marquez le coup en ajoutant : « Je t'interdis de manquer de respect à mon homme. C'est inacceptable. Je ne le tolère pas. » Et exigez qu'il lui présente ses excuses.

– Il dit : « D'abord, tu n'es pas mon père » ? C'est tout à fait classique, même si cela fait toujours mal. Cela signifie plusieurs choses, à la fois :

• L'enfant cherche à provoquer son beau-père et à le mettre à l'épreuve. Qu'il réponde : « Tu as raison, je ne suis pas ton père. Mais je suis ici chez moi et, avec ta mère, c'est nous qui décidons. Je ne te laisserai pas faire ta loi, c'est comme ça. Et que ça te plaise ou non, j'ai mon mot à dire sur ce qui se passe dans cette maison. »

• Il cherche à être rassuré sur le fait que son beau-parent ne va pas évincer son parent dans son rôle. À votre partenaire de le tranquilliser en lui signifiant qu'il ne veut pas prendre la place de son parent. Les mots clés : « Ton père reste ton père et restera toujours ton père, je le respecte comme ton père et je ne souhaite pas le remplacer dans ta vie. Cela ne m'empêche pas de t'aimer et de t'apprécier beaucoup. » Au beau-parent de mettre, ensuite, son discours en application et de ne jamais intervenir, devant l'enfant (et *a fortiori* devant le parent en titre), dans les décisions cruciales qui le concernent exclusivement comme : le choix de l'école, l'enseignement d'une religion... Évitez aussi, bien sûr, les critiques, les lamentations et les sous-entendus sur le père, devant l'enfant.

## Vous trouvez que votre partenaire s'occupe plus de son enfant quand celui-ci lui rend visite ?

Il est légitime qu'un père qui ne vit pas au quotidien avec son enfant ait envie de se rendre très disponible les jours où il est là. Vous pouvez vous sentir un peu rejetée, mais prenez de la distance. Essayez d'en parler avec lui, mais laissez-lui aussi du temps avec son enfant seul à seul. C'est important pour eux deux. Veillez aussi à ce que votre enfant ne se sente pas exclu, en lui organisant ces jours-là un programme avec ou sans copains. Et inutile de préciser : « Parce que, ce week-end, ton beau-père a sa fille. »

## Malgré tout, votre enfant ne parvient pas à apprécier son beau-parent ?

Pour apprécier son beau-père (sa belle-mère) en toute quiétude, il est souhaitable que l'enfant s'y sente « autorisé » (symboliquement, s'entend) par son père (sa mère). Il ne doit pas avoir l'impression de trahir son père en aimant son beau-père. Il doit sentir que les deux hommes éprouvent du respect l'un pour l'autre. Cela suppose que l'enfant n'ait pas l'impression de jeter un froid chez son père, à chaque fois qu'il prononce le nom de son beau-père et inversement. Cela passe par des paroles paisibles de chacun des deux hommes, à propos de l'autre. Mais aussi par une bonne poignée de main des deux intéressés devant l'enfant. Faute de quoi, l'enfant risque de se perdre dans des conflits de loyauté – si je l'aime lui, je ne pourrais plus aimer papa et papa ne m'aimera plus… – d'autant plus perturbants et cruels qu'ils sont souvent alimentés, plus ou moins consciemment, par le parent jaloux. Certes, il est toujours difficile pour un père d'accepter qu'un autre que lui aide son enfant à réviser sa conjugaison. Mais le parent raisonnable, celui qui voit réellement l'intérêt de son enfant, finit par accepter la réalité. À condition, bien sûr, que le beau-parent n'en fasse pas trop, ne le détrône pas de son rôle de parent, sache rester à sa place. Ainsi, le beau-parent peut gagner le respect du parent et donc l'amour de l'enfant.

## Il y a une telle harmonie entre tous qu'il dit à son beau-père : « J'aimerais que tu sois mon père » ?

– C'est sa manière d'exprimer que vous êtes très heureux tous ensemble. Avec votre conjoint, n'entretenez pas l'illusion. À son beau-père de lui dire et de lui répéter : « Je t'aime comme l'enfant de ma femme. Je t'aime comme un père, mais tu sais bien que je ne suis pas ton père, que ton père c'est Untel et que ce sera toujours ton père. »

– Votre enfant repose toujours la même question ? Peut-être cherche-t-il aussi à être rassuré sur l'amour que lui portera son beau-père le jour où il aura un enfant à lui… Au beau-parent de le rassurer en l'entourant de beaucoup d'affection. Mais veillez aussi à ne pas leurrer l'enfant, à ne pas entretenir de flou sur les liens de famille.

– Se laisser appeler « papa » est tolérable si le vrai père a disparu. Et encore est-il préférable que « papa » soit suivi du prénom du beau-père. Afin de laisser l'exclusivité aux autres enfants dont ce beau-père est peut-être déjà – ou sera peut-être un jour – le père. Même dans ce cas exceptionnel, dites à l'enfant : « Il est comme un père dans ta vie mais ce n'est pas ton père de naissance. Tu le sais, tu te souviens… »

– Devant les autres, il a tendance à « oublier » que son beau-père n'est pas son père ? C'est normal – en particulier dans les lieux publics – et cela ne doit pas vous inquiéter. Sans lui faire une piqûre de rappel à chaque fois, il est important de ne pas entretenir cet oubli. Que son beau-père lui dise, une fois qu'ils sont seuls tous les deux : « Je suis comme ton père pour certaines choses, dans la vie de tous les jours, mais je ne suis pas ton père de naissance. »

– Dans tous les cas, inutile de polémiquer des heures en vous justifiant par des formules du genre : « Si tu m'appelais papa, cela ferait de la peine à ton vrai père. » Coupez court à ses autres questions par un « C'est comme ça » ferme et définitif.

## Vous allez vous remarier, il vous demande si vous allez à nouveau divorcer ?

– Que votre enfant pose une telle question est le signe d'une grande sensibilité et la preuve du très bon dialogue qu'il a avec vous. Sa question est, en effet, judicieuse, logique et réaliste. C'est d'ailleurs pour cela qu'elle vous met si mal à l'aise.

– Répondez-lui : « C'est une question très judicieuse. Je comprends que tu te la poses, mais c'est notre choix de vie pour maintenant. Nous nous entendons très bien, nous nous aimons, nous pensons construire ensemble et recomposer une famille, nous pensons ne pas faire d'erreur. »

– Il vous demande : « Avec papa tu t'étais trompée ? » Inutile de vous lancer dans trop d'explications. Dites : « On peut dire qu'avec ton père, nous avons connu de bons moments, mais quelque chose s'est cassé. Mais avec Jules, je ne peux pas te répondre maintenant pour plus tard. Tout ce que je peux te dire c'est que, pour l'instant, je suis fière de faire ce choix avec cet homme que j'aime, qui m'aime, qui t'aime et qui respecte ton père. »

### Pour en savoir plus

*Bien vivre la famille recomposée*, Marlies Gaillard et Anne Leguy, éd. Vuibert, 2002.

# 79

# Ça ne se passe pas bien avec sa belle-mère

*« Elle crie tout le temps, elle m'aime pas, elle préfère ses enfants ! » Quand votre enfant rentre de chez son père, il n'a pas de mots assez durs pour parler de sa belle-mère...*

## Pourquoi cela se passe-t-il mal ?

Pour des raisons à la fois objectives et subjectives, pratiques et psychologiques.

☐ Du côté de la belle-mère

– Être belle-mère est une des choses les plus difficiles qui soit. Déjà, quand on met au monde son propre enfant, il ne correspond pas forcément à l'idée qu'on s'en faisait avant l'accouchement. Alors, quand il s'agit de « l'enfant de l'autre »... Par définition, une belle-mère n'a pas porté cet enfant. Elle ne peut pas non plus l'adopter complètement, puisqu'il a une mère qui s'occupe de lui. Enfin, comme la plupart des gardes ont lieu un week-end sur deux, il est très difficile de créer un lien de qualité avec un enfant qu'on voit si peu. Dans ce contexte, la belle-mère est forcément vécue comme « intrusive », c'est-à-dire se mêlant de ce qui ne la regarde pas. La plupart des belles-mères le disent : « Quand on commence à s'habituer l'un à l'autre, l'enfant repart chez sa mère. Et comme il y a une grande interruption entre le moment où il repart et celui où il revient, il faut recommencer à s'apprivoiser à chaque fois. » Cependant, tous ces obstacles n'empêchent pas certaines belles-mères généreuses et accueillantes de tisser un lien très fort avec l'enfant qui ira, parfois, jusqu'à lui confier ses secrets.

– Quand votre enfant arrive chez son père un week-end sur deux, ce dernier est souvent prêt à passer sur beaucoup de choses : il voit déjà peu son enfant, il ne va pas passer son temps à le torturer. Mais cette attitude a souvent pour effet d'agacer les belles-mères, même les plus douces. D'où des tensions, voire des disputes.

– Quand votre enfant est là, sa belle-mère a forcément moins de liberté, surtout si elle-même n'a pas encore d'enfant.

– Les allers et retours sont souvent sources de conflits pour des raisons purement matérielles. Même dans les familles les mieux organisées, le linge, par exemple, pose toujours des problèmes (oubli, perte, propreté...).

– La belle-mère de votre enfant est vraiment injuste ou agressive avec lui. Oui, il existe encore des marâtres, même si l'espèce, heureusement, est en voie de disparition. En général, les mauvaises belles-mères souffrent d'une jalousie excessive à l'égard de l'ex-compagne de leur homme. Alors, plus ou moins consciemment, elles se vengent à travers « l'enfant de l'autre », preuve vivante de ce passé qui ne passe pas. Elles accaparent le père, le rendent de moins en moins disponible pour les enfants de la première union. À bas bruit, elles entretiennent le conflit. Le père, lui, ne veut pas de complications, il se laisse influencer et, petit à petit, ses premiers enfants n'ont plus une vraie place chez lui. « Elle nous a tout embrouillé », explique Chloé, 8 ans.

☐ Du côté de l'enfant

– Un enfant de parents divorcés peut être fragilisé par la séparation et les rythmes qui s'ensuivent pour lui. Il est parfois moins disponible pour entrer dans une relation affective. Mais l'inverse est aussi vrai.

– Si la belle-mère a elle-même des enfants qui vivent avec elle, ces derniers sont donc élevés, en grande partie, par le père de votre enfant. Il n'est pas étonnant que votre enfant en conçoive une certaine jalousie et que sa place soit plus compliquée à trouver chez son père. D'autant plus qu'il est normal que la belle-mère préfère ses enfants : le lien qui l'unit à votre enfant est forcément différent.

– Plus ou moins consciemment, vous « n'autorisez pas » (symboliquement s'entend) votre enfant à créer un lien affectif avec sa belle-mère. D'autant plus si vous l'estimez responsable de votre séparation. Si vos relations se sont envenimées au point que vous vous insultez devant votre enfant, il n'est pas étonnant que le courant ne passe pas entre lui et sa belle-mère. C'est ainsi : si vous n'autorisez pas votre enfant à respecter et – pourquoi pas ? – à aimer sa belle-mère, le lien affectif ne se créera pas. Celle-ci aura beau faire le maximum, si vous ne donnez pas votre « bénédiction », votre enfant aura l'impression de vous trahir en aimant sa belle-mère. Il aura tellement peur de vous perdre qu'il ne s'y risquera pas.

## Comment faire baisser la tension ?

– « Autorisez » symboliquement votre enfant à avoir une relation affective avec sa belle-mère. Pour cela, vous devez vous efforcer d'éprouver du respect pour cette femme, à défaut de ressentir de l'affection. Cela suppose que votre enfant n'ait pas l'impression de jeter un froid, chez vous, à chaque fois qu'il prononce le nom de sa belle-mère. Cela passe par des paroles paisibles de vous sur celle-ci. Mais aussi par une bonne poignée de main de vous deux devant votre enfant. Faute de quoi, ce dernier risque de se perdre dans des conflits de loyauté d'autant plus perturbants et cruels qu'ils sont souvent alimentés, plus ou moins consciemment, par le parent jaloux. Réfléchissez. Certes, il est souvent difficile pour une mère d'accepter qu'une autre qu'elle borde son enfant le soir. Mais la mère raisonnable, celle qui voit réellement l'intérêt de son enfant, gagne à accepter la réalité. À condition, bien sûr, que la belle-mère n'en fasse pas trop, ne la détrône pas de son rôle de mère et ne la critique pas devant l'enfant.

– Réduisez au maximum les sources de problèmes matériels. Vérifiez plutôt deux fois qu'une que votre enfant a bien pris son sac de piscine ou sa tenue de judo. Limitez au maximum les échanges de linge entre les deux maisons et fixez-vous une ligne de conduite : ne jamais rendre de linge sale. Faites votre deuil des vêtements qui se perdent sans accuser systématiquement la belle-mère de votre enfant.

– Dédramatisez le plus possible quand la belle-mère de votre enfant lui a fait adopter une coupe de cheveux « horrible », selon vous. Dites avec un peu d'humour : « Tu sais bien que je n'aurais pas forcément accepté cette coupe, mais si cela te convient, c'est l'essentiel. » Et la prochaine fois, débrouillez-vous pour l'emmener chez le coiffeur vous-même.

– Renoncez à contrôler ce qui se passe chez votre ex-conjoint le week-end. Évitez d'appeler à tout bout de champ pour savoir ce qu'il a fait, quelle vidéo il a regardée et à quelle heure il s'est couché. Pour une belle-mère, ce genre de contrôle à distance est insupportable. Contentez-vous d'un coup de téléphone dans le week-end, voire d'un message sur la boîte vocale de son père. Sauf, bien sûr, si vous sentez que cela crée un conflit ou de l'agacement à chaque fois. À son âge, votre enfant peut passer deux jours sans entendre le son de votre voix.

## Que faire quand la belle-mère est injuste ?

Elle fait sentir à votre enfant qu'il est de trop, pratique des différences avec ses propres enfants…

– Félicitez-vous que votre enfant en parle et autorisez-le à le faire quand il veut avec vous : il se sentira compris et reconnu. Mais soyez vigilante. Parfois,

pour les raisons vues plus haut, l'enfant en rajoute un peu dans les remarques et les événements qu'il vous rapporte. Les choses ne se sont peut-être pas exactement passées comme il le dit. Bien sûr, il est important d'écouter ses plaintes, pour qu'il sache qu'il peut vous en parler. Mais restez plutôt en retrait, afin de ne pas entrer dans un système de doléances sans fin, qui sera source de conflits. Au contraire, essayez de relativiser ce que votre enfant vit chez son père, c'est le meilleur moyen de l'aider à s'y adapter.
– Si les choses vous semblent sérieuses, assurez votre enfant que vous ne vous en mêlerez pas. Mais proposez-lui éventuellement d'en parler, lui-même, à son père.
– Renoncez à intervenir, vous risquez d'envenimer une situation déjà compliquée. En attendant, si celle-ci s'avère vraiment difficile à vivre pour votre enfant, n'hésitez pas à prendre rendez-vous chez un psychothérapeute, où il sera plus libre d'en parler qu'avec vous (voir chapitre 93 *Dans quel cas consulter un psy, et comment ça se passe ?*).
– Consolez-vous en vous disant que, plus tard, une fois devenu adulte, votre enfant fera la part des choses. Les enfants ont la mémoire longue.
– Si vraiment la situation tourne à la maltraitance, intervenez, au besoin en saisissant le juge.

## Pour en savoir plus

**Pour les parents**

*Être parent, être beaux-parents : la recomposition de la famille*, Sylvie Cadolle, Odile Jacob, 2000.
*L'Enfant de l'autre*, Edwige Antier, J'ai lu, 2002.
*D'abord t'es pas ma mère !, Quelle place pour la belle-mère*, Jocelyne Dahan et Anne Lamy, coll. « C'est la vie aussi », Albin Michel, 2006.

# 80

# Il ne veut plus aller dormir chez son père

*« J'en ai marre de dormir là-bas, j'ai même pas ma chambre, la copine de papa n'est pas sympa »... Depuis quelque temps, il rechigne à préparer son sac le vendredi soir. Faut-il le forcer ?*

## Pourquoi ce changement ?

Plusieurs explications sont possibles :

– Les conditions d'accueil sont objectivement moins attrayantes chez son père que chez vous. Il n'a pas sa chambre à lui, la partage avec son demi-frère ou sa quasi-sœur (la fille de sa belle-mère, selon la terminologie des sociologues de la famille). Il n'a pas d'endroit où il peut faire ses devoirs au calme. Or, à cet âge, le confort personnel est de plus en plus important pour l'enfant. Tout enfant passe par une phase où il devient plus casanier. Sa chambre devient son antre, il s'y réfugie, y rêve, entouré de ses posters et de ses collections, de plus en plus nombreux et difficiles à transporter d'une maison à l'autre (voir chapitre 60 *Sa chambre est un vrai bazar*). Contrairement au doudou de la petite enfance...

– La distance géographique est devenue plus pesante, car le père ou vous-même avez peut-être déménagé plus loin.

– Il grandit, son cartable est de plus en plus lourd et il a de plus en plus de devoirs à la maison.

– Son cercle de copains s'agrandit. Les savoir proches le rassure et lui facilite la vie. De même, toutes ses activités extrascolaires sont concentrées au même endroit, près de chez vous.

– Il n'est pas autorisé à inviter de copains chez son père.

– Quand il va dormir là-bas, son père rentre tard, ressort le soir et le confie à une baby-sitter.

– Il considère qu'il a passé l'âge d'aller enfiler son pyjama chez son père, qu'il pourrait le voir en allant juste déjeuner et en passant l'après-midi avec lui.
– S'il se sent attendu par son père, sa belle-mère ne l'accueille pas à bras ouverts. Il ressent que sa présence lui pèse (voir chapitre 79 *Ça ne se passe pas bien avec sa belle-mère*), même si elle ne le lui montre pas. De plus, il n'apprécie pas ses demi et/ou quasi-frères et sœurs. Enfin, peut-être entend-il, là-bas, des propos désagréables sur vous et votre manière de vivre.
– Plus ou moins consciemment, il cherche à vous faire plaisir en restant avec vous.

## Faut-il le contraindre à y aller ?

Oui. Vous pouvez entendre sa demande et même trouver des compromis, mais il est essentiel, à l'âge des enfants concernés par ce livre, de maintenir des week-ends passés chez le père. C'est important pour le père, mais surtout pour l'enfant, afin de garder le contact. Et ce, même si les séjours ne se déroulent pas exactement comme le souhaiterait votre enfant. Cela ne vous empêche pas, au contraire, d'expliquer au père de votre enfant les changements d'habitude de ce dernier. Déjà, dans tous les foyers, la mère ne ressent pas exactement la même chose que le père sur l'évolution de l'enfant et des mises au point sont nécessaires. Alors, quand l'enfant ne vit pas avec son père, le décalage avec lequel ce dernier perçoit les changements est souvent plus grand. C'est à vous qu'il incombe d'avertir votre ex-mari, d'attirer son attention sur tel ou tel point. Peut-être votre enfant est-il soumis, chez son père, à des interdits qui ne sont plus de son âge, comme se coucher à 20 heures, faire la sieste…
Par ailleurs, si votre ex-conjoint est peu impliqué dans la gestion quotidienne de son foyer, il n'a peut-être pas perçu que, lorsque l'enfant arrive chez lui, il retrouve sa chambre transformée en lingerie ou en bureau…

## Suggérez à son père des solutions qui pourraient rendre les séjours chez lui plus attractifs

– Respecter sa chambre, éviter d'en faire un lieu de passage. Éviter que le demi-frère se serve dans les jeux en son absence, sous prétexte qu'« il faut bien que ça serve ! ».
– Adapter sa chambre à son âge : le papier peint à nounours de sa petite enfance n'est peut-être plus d'actualité. Et vers 11-12 ans, il faut se préparer aux posters divers et variés sur les murs (voir chapitre 60 *Sa chambre est un vrai bazar*)…
– Le laisser inviter des copains de temps en temps.

– Être attentif aux petites phrases mortifères de sa nouvelle compagne devant votre enfant.
– Lui accorder suffisamment d'attention quand il est chez lui. Prévoir régulièrement un temps seul avec lui, ne serait-ce que pour faire une course.

## Si rien ne change

– Restez ferme avec votre enfant tout en lui montrant que vous le comprenez. Dites : « Je comprends que tu voudrais que ça change, mais, pour l'instant, ce n'est manifestement pas possible. »
– Incitez-le à parler lui-même à son père. Il vous dit qu'il n'osera jamais ? Répondez : « Réfléchis bien. Tu peux m'en parler si tu veux, mais sache qu'il y a un certain nombre de choses que je ne pourrais pas toujours faire à ta place. Tu arrives à un âge où tu peux exprimer ton point de vue, sans que ton père se fâche. » Il a peur que son père ne lui en veuille ? Continuez à le soutenir avec conviction pour qu'il trouve en lui-même les ressources pour affronter son père. Incitez-le à trouver le bon moment pour lui parler en tête-à-tête, quand ils font une course ou prennent une limonade ensemble... Apprenez-lui à exprimer ses sentiments sans être trop agressif ou trop plaintif. Et si vraiment, il n'y parvient pas, concluez : « Pour le moment, tu n'oses pas trop expliquer à ton père tes raisons. Essaie une autre fois et, de mon côté, je verrai comment t'aider à faire entendre ton point de vue. »
– Faites-lui comprendre que plus il grandira, plus son propre avis sera pris en compte, mais, pour le moment, il est obligé d'aller chez son père.
– Si la situation devient vraiment insupportable, au point que votre enfant se mette en danger (au besoin en fuguant), il est utile de le conduire chez un psy pour analyser son refus plus en profondeur (voir chapitre 93 *Dans quel cas consulter un psy et comment ça se passe ?*).

# 81

# Il veut aller vivre chez son père

*Depuis plusieurs années, vous vous coltinez tout : les livres scolaires à couvrir, l'inscription au foot, les copains qui envahissent votre maison, la bataille pour qu'il fasse ses devoirs et range sa chambre… Et tout ça pour quoi ? Pour qu'il lance, un beau jour : « Je veux aller vivre chez mon père »…*

## Pourquoi veut-il aller vivre chez son père ?

Pour l'une et/ou l'autre des raisons suivantes :
– Vous avez refait votre vie avec un homme avec lequel le courant ne passe pas.
– Il ne s'entend pas avec ses demi-frères et sœurs et les enfants de votre nouveau compagnon, ses « quasi-frères et sœurs », selon la terminologie des sociologues de la famille.
– Vous venez d'avoir un bébé, il n'est pas content ou bien vous lui en donnez trop la responsabilité (voir chapitre suivant).
– Vous travaillez beaucoup et n'êtes pas souvent là.
– Il n'a pas le droit d'inviter des copains.
– Chez vous, les interdits et les limites sont clairement énoncés et leur non-respect donne lieu à des sanctions. Chez son père, les règles sont plus cool, puisqu'il n'y va que le week-end. Votre enfant s'imagine qu'en allant vivre là-bas, il aura affaire au même père-copain du week-end. Et comme il grandit et exprime des velléités d'indépendance…
– Il a un copain qui vit seul avec son père et a beaucoup plus de liberté que lui.
– Il veut vous faire payer une sanction que vous venez de prendre à son encontre.
– Son père le souhaiterait. Après plusieurs années passées principalement

avec vous, votre enfant, surtout s'il s'agit d'un garçon, éprouve peut-être, à l'approche de l'adolescence, le besoin de se rapprocher de son père, avec lequel il n'a jamais vraiment vécu au quotidien. En outre, cela peut atténuer la culpabilité de tous : la mère qui a eu longtemps son enfant, le père qui ne l'a pas vu suffisamment et l'enfant pris au milieu.

## Comment réagir ?

– Dédramatisez. Il ne s'agit pas d'un désaveu de votre éducation, encore moins de votre amour. Gardez-vous de lui parler de votre chagrin.
– Explorez son désir plus avant. S'agit-il d'une demande en l'air pour vous tester ou d'une demande récurrente plus sérieuse ? En a-t-il parlé à d'autres personnes ou l'a-t-il dit une fois en passant ? Si l'affaire n'est pas sérieuse, soyez très ferme : en aucun cas vous ne céderez au chantage de votre enfant (« Si tu ne me laisses pas faire ça, je vais chez papa ! »).
– Si vous sentez sa demande sérieuse, prenez contact avec son père pour en parler avec lui et voir où il en est.
– Si ce dernier n'envisage pas de le prendre chez lui, ni d'opter pour une résidence alternée (voir chapitre 71 *Faut-il opter pour une garde alternée ?*), votre enfant n'a pas le choix. Mais vous pouvez peut-être entendre ce qui se cache derrière sa requête. Peut-être souhaite-t-il, plus ou moins consciemment, vous faire comprendre que vous contrôlez trop sa vie, que vous ne lui faites pas assez confiance ? C'est alors le moment de mettre en place quelques changements dans sa vie qui amélioreraient son autonomie (voir les chapitres de la partie VI *Indépendance, autonomie, sens du danger*). Peut-être n'ouvrez-vous pas suffisamment votre maison à ses amis ? Or, à cet âge, c'est le règne des copains (voir chapitres de la partie V).
– Si son père veut bien le prendre plus chez lui, essayez de ne pas le faire payer à votre enfant. Ne le prenez pas contre vous. Si c'est un garçon, son désir s'explique sûrement, au moment où il grandit, par un besoin d'identification à son père. Si vous n'êtes pas opposée à l'idée qu'il vive avec son père, acceptez de tenter l'expérience durant l'année scolaire et de revoir la situation l'année d'après. Pendant ce temps, tâchez d'en profiter pour faire ce que vous ne pouviez effectuer auparavant. Retrouvez une certaine liberté en vous déchargeant un peu de l'entière responsabilité de l'éducation sur votre ex-conjoint. Gâtez votre enfant quand il vient le week-end. Et gardez le contact avec lui en lui téléphonant, en l'invitant à déjeuner pendant la semaine où il est chez son père, etc. Si vous n'êtes pas d'accord pour qu'il aille vivre complètement chez son père, vous n'êtes pas obligée de céder. Si les conditions de mise en place d'une garde alternée sont réunies (voir chapitre 71 *Faut-il opter pour la garde alternée ?*), proposez cette formule en affirmant à votre enfant et à votre ex-conjoint que vous souhaitez maintenir un

lien quotidien avec votre enfant. Mais si les conditions ne sont pas réunies, expliquez-le à votre enfant et à son père, en laissant la porte ouverte pour plus tard, à l'adolescence, avec des alternances peut-être plus longues. Dites : « Pour le moment, je trouve que les conditions ne sont pas réunies pour que l'expérience soit fructueuse. Mais je suis prête à en reparler à un autre moment pour plus tard. » Votre enfant doit comprendre que vous ne prenez pas cette décision contre lui, mais au mieux de ses intérêts.
– Le père insiste ? Faute d'accord entre vous, qu'il saisisse le juge aux affaires familiales. Votre enfant n'est pas le seul maître de cette décision. Si vous vous montrez prête à organiser une garde alternée, le juge vous entendra et prendra sa décision au mieux des intérêts de l'enfant.

# 82

# Il va avoir un demi-frère ou une demi-sœur

*Déjà, dans une famille « classique », l'arrivée d'un autre enfant n'est pas toujours bien perçue par l'aîné. Alors, dans une famille recomposée, vous nourrissez quelques inquiétudes…*

## Comment va-t-il l'accepter ?

Avec des sentiments ambivalents probablement. L'arrivée d'un demi-frère ou sœur signe la rupture définitive entre son père et sa mère. Jusqu'ici, plus ou moins consciemment, votre enfant pouvait imaginer que ses parents allaient revivre ensemble un jour, que « la vie allait se rembobiner ». Cette naissance qui s'annonce met un terme à ses illusions. Même si la plupart des enfants sont contents de voir leur famille s'agrandir, il risque d'être en colère ou triste à l'annonce de la nouvelle.

Il risque aussi d'être jaloux et inquiet, comme tout enfant qui va avoir un petit frère ou une petite sœur (voir *Petits tracas et gros soucis de 1 à 7 ans*, chapitre 74 *Il va avoir un petit frère*). Il se demande où il va dormir ? S'il devra partager sa chambre ? Cette annonce bouleverse ses repères.

Cela étant, la situation n'est pas symétrique selon que le bébé arrive chez la mère ou chez le père.

□ Le bébé arrive chez la mère

Dans ce cas, l'attachement avec le bébé sera probablement plus fort, en raison d'une plus grande intimité, liée, bien sûr, au partage de la vie quotidienne (généralement, l'enfant vit principalement avec sa mère), mais également à d'autres raisons, plus profondes : le fait d'avoir été porté par la même mère, dans le même ventre, crée une proximité psychique plus forte. Les demi-frères et sœurs auront intériorisé, de façon inconsciente, les projections, les désirs et les sensations de leur mère. Cela explique que, même en cas de garde alternée, où le temps de l'enfant est partagé entre les deux parents, le lien avec l'enfant de la mère sera plus fort, mais aussi plus complexe : la jalousie, par exemple, risque de s'exprimer plus violemment.

☐ Le bébé arrive chez le père

Chaque cas est différent. Mais l'arrivée d'un enfant dans le foyer du père est souvent source de rivalité et de dépit pour plusieurs raisons. Si l'enfant vit principalement chez sa mère et ne voit son père qu'un week-end sur deux, il est fréquent qu'il trouve injuste de voir si peu son père, alors qu'un autre enfant, son demi-frère, vit à plein temps avec lui. D'autant plus si le bébé est installé dans sa chambre. Ces sentiments violents sont sans doute renforcés lorsque la mère, de son côté, n'a pas refait sa vie, ni fait son deuil de la séparation, gardant un ressentiment plus ou moins conscient et exprimé envers le nouveau couple. Dans ce cas, l'enfant est forcément influencé par l'état d'esprit de sa mère. Entre 8 et 12 ans, il « entend » la situation avec une plus grande acuité, liée à sa maturité de raisonnement. Inconsciemment, les parents sont souvent plus enclins à protéger l'enfant de moins de 8 ans. En outre, si la mère interdit (symboliquement) à son enfant d'aimer sa belle-mère, cette interdiction pourra se répercuter sur l'enfant de celle-ci (voir chapitre 79 *Ça ne se passe pas bien avec sa belle-mère*).

## Comment réagir ?

☐ Le bébé arrive chez la mère

Reportez-vous au chapitre 74 *Il va avoir un petit frère* dans *Petits tracas et gros soucis de 1 à 7 ans*).

Tenez compte des spécificités de la situation :

– Soyez attentive à votre enfant : il risque de se sentir à nouveau menacé dans son identité et sa sécurité intérieure. En effet, déjà, au moment de la séparation de ses parents, il a pu éprouver un sentiment de perte de soi, du fait que, jusque-là, il se construisait en référence au couple parental inséparable. Par la suite, même si l'enfant a surmonté la séparation, il en garde souvent une fragilité qui peut se réactiver à chaque événement important de la vie : le remariage des parents, l'arrivée d'un demi-frère, etc. Il est sûrement très heureux que sa mère refasse sa vie, car les enfants sont toujours tournés vers la vie, l'élargissement, le renouveau, l'avenir, les projets... Mais il peut aussi éprouver des sentiments ambivalents : jalousie à l'égard de sa mère et de son beau-père, surtout s'il s'agit du premier enfant de ce dernier et qu'il a su tisser avec lui des liens profonds d'attachement. Dans ce cas, veillez à entourer votre enfant affectueusement. Surveillez les moments de régression et de repli sur soi. Signifiez-lui que vous le comprenez et ménagez-vous des moments où vous êtes seule avec lui. Mais dites-lui, sans détour, qu'il ne pourra rien changer à la situation et insistez sur les agréments et les moments heureux qu'elle peut procurer, même s'il ne s'en rend pas compte pour l'instant.

– Ménagez-vous des moments seuls avec votre conjoint et le bébé afin de consolider le lien d'attachement avec ce dernier.

– Respectez des moments de transition. Quand votre enfant revient de chez son père, prenez le temps de l'accueillir, quitte à laisser le plus jeune jouer dans son coin un moment. Selon l'âge des enfants, n'hésitez pas à bouger le planning habituel, quitte à faire dîner le bébé avant, afin de profiter d'un repas au calme avec l'aîné et permettre ainsi, un véritable échange.

### ☐ Le bébé arrive chez le père

– Le père et la belle-mère devraient éviter d'annexer la chambre de l'enfant pour en faire celle du bébé. Impossible de faire autrement ? Dans ce cas, la délicatesse est de mise. C'est au père de prévenir son enfant, avec le plus d'affection et de compréhension possible : « Je suis très heureux d'avoir bientôt ce bébé, avec cette femme que j'aime et qui t'apprécie beaucoup. Mais je ne peux pas faire autrement que de l'installer dans ta chambre. Nous n'avons pas assez de place pour que vous ayez chacun votre chambre. » Mais laissez-lui une issue : « Je te promets que j'essaierai que tu aies ton coin rien qu'à toi quand tu viendras ici », et étudiez vraiment cette possibilité. N'excluez pas de couper la chambre en deux s'il y a deux fenêtres ou, alors, de séparer la chambre avec des meubles ; pensez aussi aux lits en mezzanine, qui ménagent un petit coin intime en dessous. En effet, en plus de la recomposition familiale, la différence d'age (et donc de rythme) peut être source de difficultés dans la même chambre. Puis, ajoutez : « Et plus tard, si c'est possible, nous essaierons de déménager pour que tu aies ta chambre. Mais peut-être que d'ici là, tu t'entendras assez bien avec ton petit frère pour partager sa chambre avec bonheur. » Et rassurez-vous, certains enfants sont très heureux de partager leur chambre avec un plus petit.

– Dans les temps qui suivent, veillez à faire faire la sieste à votre bébé dans votre chambre pour permettre à l'aîné de jouer dans la sienne. À son père aussi de lui ménager des sorties de grands (cinéma, restaurants…) en tête-à-tête avec lui. Il vous rétorque : « On m'a pris mon père et maintenant on me pique ma chambre ! » ? Selon son âge, prenez le temps d'expliquer que vous le comprenez et redites-lui que vous êtes heureux de refaire votre vie, même si vous savez bien que ce n'est pas facile pour lui.

– Restez vigilant quant à l'agressivité qui peut s'exprimer vis-à-vis de vous-même, de votre compagne, mais aussi du bébé. Ne banalisez pas la situation, mais ne cédez pas non plus au chantage affectif.

## Que dire au bébé ?

Dès sa naissance, voire *in utero*, il est important de prévenir le bébé qu'il appartient à une famille particulière, que l'on appelle « recomposée ». Puis, sans le lui rappeler à chaque instant, il est utile de lui expliquer : « Tu vis avec ton papa et ta maman, avec des frères et sœurs. Mais tes frères et sœurs sont des demi-frères et sœurs, ils ont un autre père (une autre mère). Et c'est pour aller le (la) voir, habiter chez lui (elle), qu'ils partent régulièrement de la maison. Mais toi, tu restes ici parce que tu es notre enfant à tous les deux. Pendant que tes frères et sœurs sont chez leur père (leur mère), toi tu habites seul avec nous, ton papa et ta maman. C'est comme une chance de pouvoir profiter d'être l'enfant unique de tes parents. » Dans la mesure du possible, lorsque le père (la mère) des aînés vient les chercher, présentez-lui le bébé. De toute façon, rendez-le présent dans votre conversation, afin de ne pas en faire un tabou pour le bébé. Régulièrement, efforcez-vous de raconter la famille et d'expliquer la filiation et la généalogie, en vérifiant que vos enfants s'y retrouvent. (Voir *Petits tracas et gros soucis de 1 à 7 ans*, chapitre 77 *Il a du mal à comprendre qui est qui dans la famille*).

# X.

# SEXUALITÉ, NUDITÉ, AMOUR

# 83

# Il vous interroge sur votre sexualité

*« Maman, est-ce que tu suces parfois le zizi de Papa ? » interroge votre fille, l'air dégoûté. Vous avez beau avoir l'esprit ouvert, vous êtes scotchée.*

## Pourquoi ces questions ?

– Entre 7 et 12 ans, passée l'intense curiosité sexuelle de la petite enfance (voir *Petits tracas et gros soucis de 1 à 7 ans*), arrive la « période de latence ». Selon la théorie psychanalytique, cette période est caractérisée par l'apparition de sentiments de pudeur et de dégoût ainsi que d'aspirations morales et esthétiques. Depuis Sigmund Freud, cette période de calme et de tranquillité, d'intense « refoulement », a laissé place à une période d'agitation. Certes, l'enfant ne veut plus se montrer nu, dit que « l'amour, c'est dégoûtant », mais il est surtout assailli et malmené par la culture ado et le porno qui font effraction dans le monde de l'enfance.

• Pour vendre toujours plus, les professionnels du marketing font croire qu'« il n'y a plus d'enfants », qu'ils deviennent adolescents dès l'âge de 8 ans : lignes de cosmétiques, mode Lolita, boîtes de nuit pour enfants (voir chapitre 13 *Il a un look pas possible*)... De leur côté, certains parents sont fiers d'avoir des enfants toujours « en avance », revivent leur jeunesse par procuration, sans les conflits propres à l'adolescence – la vraie.

• La sexualité s'exhibe partout et n'est plus refoulée. Les images à caractère érotique et pornographique sont omniprésentes, non seulement dans les films, mais aussi dans la publicité et les magazines. Les émissions de télé-réalité tournent beaucoup autour de la question : qui aura des relations sexuelles avec qui ? Cela stimule la curiosité des enfants, mais ne les laisse pas à leur place (voir chapitre 55 *Et s'il tombait sur des images porno ?*).

– Parallèlement, il est fan de Titeuf, le héros de bande dessinée qui fait un

malheur chez les enfants de son âge, notamment parce qu'il aborde la sexualité de façon crue, mais dédramatisée. « Avec Titeuf, les enfants exorcisent, par le rire, la gêne qu'ils peuvent ressentir face à l'éveil de la sexualité », affirme Luis Véra, psychothérapeute pour enfants. Cependant, si Titeuf est truffé de barbarismes étonnants (des « momosexuels » au « clitouriste ») et de mots bien « savants » pour des enfants (ménopause, tampax, rectum, sadomaso), la BD ne leur en donne pas toujours la définition, hormis dans le *Guide du zizi sexuel*[1] – et encore, pas pour tous les mots. D'où les questions posées de façon abrupte aux parents.
– Il vous a peut-être surpris en train de faire l'amour, en vous entendant à travers la cloison ou en vous espionnant par le trou de la serrure.

## Comment réagir ?

### ☐ Ne tombez pas dans le piège qui consiste à parler de votre sexualité à votre enfant

La sexualité des parents renvoie à ce que Sigmund Freud a appelé la « scène primitive », c'est-à-dire la scène durant laquelle l'enfant a été conçu. Or la sexualité des parents doit rester de l'ordre du fantasme, de l'imaginaire. Il est souhaitable que l'enfant sache que ses parents ont besoin de se retrouver à deux, sans lui. Mais il n'a pas à en savoir davantage sur le sujet. Vous n'avez pas à évoquer votre plaisir sexuel avec lui. Aborder son intimité avec son enfant peut être traumatisant. Il y a quelque chose d'incestueux – symboliquement, s'entend – à mêler son enfant à sa vie sexuelle. Cela peut être lourd de conséquences. L'enfant peut réagir de différentes façons : soit par un manque de curiosité à apprendre, sa pensée étant trop « envahie » par ces informations qui auraient dû rester de l'ordre de l'imaginaire, soit, à l'inverse, en se jetant dans le monde de la connaissance de façon trop intellectualisée pour son âge, soit encore en étant tenté de passer à l'acte de façon trop précoce. Quelles qu'en soient les conséquences, l'enfant n'est pas laissé à sa place d'enfant. À l'adolescence et à l'âge adulte, il risque de connaître des inquiétudes quant à son propre épanouissement sexuel. Quand il vous pose une question intime, refusez d'y répondre. Répondez : « Je ne souhaite pas répondre à cette question, c'est mon intimité, ça ne te regarde pas. »

### ☐ Mais ne le laissez pas dans l'ignorance si sa question traduit une méconnaissance des relations sexuelles

– Dites : « Il me semble que tu connais déjà beaucoup de choses sur ce qui peut se passer entre un homme et une femme, mais ta question prouve que tu ne sais pas tout et que parfois tu te trompes. » Expliquez-lui pourquoi, en par-

1. Zep et Hélène Bruller, Glénat, 2001.

lant toujours de la relation amoureuse entre un homme et une femme et non de celle de votre conjoint et vous. Si sa question prouve qu'il en sait déjà long, n'hésitez pas à lui donner la définition des mots qu'il emploie. Exemple : il vous demande si « c'est vrai que certaines femmes sucent le zizi des hommes » ? Répondez : « Oui, ce genre de caresses entre un homme et une femme qui se sont choisis peut exister, et cela s'appelle une fellation et dans le langage argotique une pipe. » S'il prend un air dégoûté, renvoyez-le à son statut d'enfant sans rendre taboues les notions de désir et de plaisir. Dites : « Il est normal que tu réagisses comme ça. À ton âge, ton corps n'est pas prêt pour imaginer que cela puisse faire partie de l'amour, procurer du plaisir. Tu as bien le temps pour le découvrir. » Si votre enfant est un garçon et que son père est là, renvoyez-le plutôt à ce dernier pour aborder ces questions.

– Il vous pose des questions sur l'homosexualité ? Replongez-vous dans le chapitre 18 de *Petits tracas et gros soucis de 1 à 7 ans.*

– Il emploie le mot « partouze » devant vous ? Interrogez-le : « Est-ce que tu sais au moins ce que ça veut dire ? » Puis dites : « Il s'agit de relations sexuelles à plusieurs, mais cela n'a rien à voir avec la relation d'intimité qui existe entre un homme et une femme qui se sont choisis. » Ajoutez : « J'espère que tu ne te laisseras jamais entraîner, un jour, dans une partouze. » Si c'est un garçon, ajoutez : « Ni que tu y entraîneras une fille. » Expliquez-lui : « Cela rabaisse la sexualité au rang d'un exploit technique, sans sentiment, comme dans les films porno. Or, la sexualité, la vraie, est un don de soi, un échange avec l'autre. » Profitez-en pour rappeler que le viol (et les fameuses « tournantes ») est interdit par la loi et très sévèrement puni. Vous vous demandez pourquoi aborder tous ces sujets ? La plupart du temps, l'échangisme représente une contrainte et une manipulation pour les femmes. Comprenez bien : il ne s'agit pas de devancer les questions de votre enfant, mais s'il emploie différentes expressions, c'est qu'il en a entendu parler, sans forcément accéder à des informations sérieuses et fiables. Mieux vaut alors lui dire ce que vous en pensez. Reportez-vous aussi au chapitre 55 *Et s'il tombait sur des images porno ?* En outre, pour un enfant, imaginer qu'il est peut-être le produit d'une simple conjonction d'organes est destructeur. Il est trop jeune pour imaginer la sexualité dénuée de sentiments. Plus tard, après l'adolescence, il découvrira, comme la plupart des gens, les expériences sexuelles sans lendemain.

## Il mime une scène sexuelle – à grand renfort de gestes et bruits obscènes – devant vous ?

Il fait de la provocation et cherche à vous montrer qu'il en sait plus que vous ne l'imaginiez. Sans vous énerver, restez ferme. Dites : « Écoute. Non. Je n'accepte pas de te voir dans cet état-là. Je n'accepte pas que tu te moques des adultes comme ça. » Ajoutez sur le ton de l'humour : « On a compris que tu sais beaucoup de choses pour ton âge, mais maintenant ça va ! Tu arrêtes. » Puis, faites diversion, en parlant de votre enfance : « C'est vrai que les enfants de maintenant sont beaucoup plus informés que ceux de mon époque. »

### Il vous pose toujours plus de questions ?

Renvoyez-le à ses encyclopédies d'anatomie. Dites : « Quand tu étais petit, nous les lisions ensemble, mais maintenant tu peux les consulter tout seul. » C'est vraiment à son âge qu'il peut s'approprier sa propre intimité et développer un jugement autonome.

### Et s'il vous surprend en train de faire l'amour ?

Dédramatisez. Sa vie psychique et sexuelle future n'est pas fichue pour toujours. Sur le moment, ne cédez pas à la panique… Avant tout, rhabillez-vous et concertez-vous rapidement avec votre conjoint sur la réaction que vous allez adopter. Puis, dites : « Peut-être que tout à l'heure, quand tu t'es levé, tu nous as vus ou entendus ? Cela n'aurait pas dû arriver, nous sommes désolés. Nous n'avions sans doute pas pris assez de précautions. C'était un moment d'amour et de passion entre ton père et moi. Cela se passe toujours comme ça quand un homme et femme s'aiment très fort. » Mais inutile d'encombrer votre enfant d'explications anatomiques. Le message à faire passer : c'est un acte d'amour, ce n'est pas interdit, entre un homme et une femme qui se respectent. Par la suite, évitez quand même que cela ne se reproduise. Régulièrement, cela peut être néfaste pour l'enfant (voir le chapitre 99 de *Petits tracas et gros soucis de 1 à 7 ans*.)

#### Pour en savoir plus

**Pour les enfants**

*Max et Lili veulent tout savoir sur les bébés*, Dominique de Saint Mars et Serge Bloch, Calligram.

*Génial, mes parents s'aiment*, Anne de Butler, Fleurus, 2002.

**Dès 10-11 ans**

*L'amour, la Sexualité et toi*, Magali Clausener-Petit, Les Essentiels Milan Junior Pratique.

**Dès 12 ans**

*Qu'est-ce qu'aimer ?* Anissa Castel, coll. Brins de philo, éd. Louis Audibert, 2002.

# 84

# Il ne veut plus se montrer nu

*Avant, vous bataillliez pour qu'il cesse de courir les fesses à l'air dans tout l'appartement. Maintenant, c'est lui qui claque violemment la porte quand il entre dans la salle de bain...*

## Pourquoi cette pudeur soudaine ?

– Entre 7 et 12 ans, passée l'intense curiosité sexuelle de la petite enfance (voir *Petits tracas et gros soucis de 1 à 7 ans*), arrive la « période de latence ». Selon la théorie psychanalytique, cette période est caractérisée par l'apparition de sentiments de pudeur et de dégoût ainsi que d'aspirations morales et esthétiques. Selon la théorie psychanalytique, cette période suit la résolution du complexe d'Œdipe, quand l'enfant se détache de ses parents comme objets sexuels. Chaque enfant vit cette période selon sa personnalité. Certains se réfugieront dans un conformisme excessif, d'autres dans la provocation exhibitionniste.
– Il vous fait comprendre qu'il ne souhaite plus être regardé comme un petit enfant. Il vous montre qu'il a intériorisé les règles de la société où l'on ne se balade pas tout nu pour un oui ou pour un non, il a compris qu'il y avait des endroits pour cela, notamment la salle de bain ou sa chambre.
– Il cherche peut-être aussi – plus ou moins consciemment – à vous faire savoir qu'il ne veut plus vous voir nus, son père et vous. Plus l'enfant grandit, plus il a besoin de se séparer – symboliquement, s'entend – de ses parents, ce qui passe aussi par une mise à distance des corps.

## Comment réagir ?

– Ne le raillez surtout pas devant vos amis ou les siens, ni même en famille.

À cet âge, l'enfant est très susceptible (voir chapitre 10 *Il n'est pas à prendre avec des pincettes*). Souvenez-vous…

– Respectez la pudeur de votre enfant en adoptant, vous-même, si ce n'est déjà fait, de nouveaux réflexes. Sans faire de votre nudité un tabou complet, évitez de vous montrer nue devant votre enfant. Réservez votre nudité à la toilette. Françoise Dolto disait : « L'enfant doit être considéré par ses parents comme un hôte de marque. » Bien sûr, s'il déboule dans votre chambre, alors que vous êtes en petite culotte, inutile de pousser des cris d'orfraie. Rappelez-lui plutôt qu'il doit frapper avant et attendre d'être invité à entrer. Et ce, même s'il a oublié de faire signer son carnet… À lui d'anticiper.

– Laissez-le gérer sa toilette tout seul. Vous craignez pour son hygiène ? Dites-lui fermement : « À partir de maintenant, tu prends ta douche tout seul. Mais je compte sur toi pour que tu te laves sérieusement » (voir chapitre 19 *Il déteste se laver*). Et laissez un peu filer…

– Autorisez-le à s'enfermer dans la salle de bain. Saisissez cette occasion, avec son père, pour lui signifier de nouvelles règles. Dites-lui que vous avez compris son nouveau désir d'intimité et que vous allez le respecter. Engagez-vous aussi à faire passer le message à son frère et à la baby-sitter. Profitez-en pour lui demander d'adopter aussi un comportement plus responsable : rincer sa baignoire, ranger sa serviette, penser à laisser de l'eau chaude pour les autres si vous avez un ballon… (voir chapitre 61 *Il ne fait rien dans la maison*).

## Pour en savoir plus

**Dès 10-11 ans**

*L'amour, la Sexualité et toi*, Magali Clausener-Petit, Les Essentiels Milan Junior Pratique.

*Comment survivre quand on est une fille*, Emmanuelle Rigon et Bernadette Costa-Prades, Albin Michel Jeunesse.

*Comment survivre quand on est un garçon*, Jacques Arènes et Bernadette Costa-Prades, Albin Michel Jeunesse.

# 85

# Son corps va se transformer, comment lui en parler ?

*« Mais c'est devenu une vraie jeune fille ! » s'exclame votre oncle en louchant sur la poitrine de votre enfant rougissante…*

## Pourquoi faut-il lui en parler ?

– À cet âge, il est évident que votre enfant sait déjà beaucoup de choses. Vous avez dû aborder la question de la procréation, faire de la prévention contre les attouchements… (voir *Petits tracas et gros soucis de 1 à 7 ans* et chapitre 65 *Lui apprendre à se protéger des pédophiles*).

– Votre enfant vit dans une société où il est beaucoup question de sexe. À la télévision, dans la publicité, sur Internet, le corps nu (de femmes, mais désormais aussi d'hommes) est très exhibé. Vous trouvez peut-être cela excessif, mais c'est ainsi : vous ne pouvez empêcher votre enfant d'être soumis à ces images (voir chapitre 55 *Et s'il tombait sur des images porno ?).*

– Si vous percevez que votre enfant est sur le point de vivre des transformations corporelles, celles-ci lui procurent sans doute de nouvelles sensations : il est indispensable d'en parler pour éviter qu'il ne ressente honte et malaise.

## Comment lui parler de son corps bientôt en mutation ?

– Efforcez-vous de trouver un juste milieu entre information et intrusion. Informer l'enfant, ce n'est pas le noyer sous un flot d'informations trop techniques et trop élaborées pour lui. D'autant plus à cet âge où sa pudeur se développe naturellement (voir chapitre précédent). Vous devez à la fois le renseigner et lui faire comprendre que vous n'avez pas accès à son intimité corporelle et sexuelle. Tout comme il n'a pas accès à la vôtre. Cela étant, ces sujets ne doivent pas être tabous. Parler, en famille, de la puberté pour les filles et les garçons, en général, sans se lancer dans un cours magistral, est un bon moyen pour l'enfant d'obtenir des informations précises, sans avoir le sentiment qu'on viole son intimité. De même, il doit savoir que faire l'amour, ce n'est pas uniquement pour faire des enfants, mais aussi un mode de communication entre deux personnes qui se sont choisies et éprouvent du désir l'une pour l'autre et du plaisir ensemble. Attention, toutefois, à ne pas le mettre mal à l'aise. Vous pouvez aussi dire à votre enfant que des encyclopédies sont à sa disposition dans la bibliothèque. Après chaque discussion en famille, vous pouvez ajouter : « Si un jour tu as un souci en particulier, tu sais que tu peux toujours nous en parler. ».

– Profitez d'une visite chez le pédiatre, pour lui demander discrètement s'il pense que le moment est venu de parler à votre enfant de la puberté. Si c'est le cas, attendez le retour à la maison pour entamer la discussion. Attention : veillez à parler à votre fille, tandis que votre conjoint parlera avec votre fils. Il est préférable que ce soit le parent du même sexe qui renseigne l'enfant. Pourquoi ? Pour ménager sa pudeur qui se développe naturellement (voir chapitre 84 *Il ne veut plus se montrer nu*), pour lui apprendre la discrétion et lui faire comprendre que son intimité ne vous regarde pas, si c'est un garçon, et ne regarde pas son père, si c'est une fille. Cela permet aussi un rapprochement entre le garçon et son père, entre la fille et sa mère. Cela aide l'enfant à se sentir reconnu dans son identité, à se poser dans la société comme sujet masculin ou féminin. Votre fils pose des questions précises ? Répondez-lui : « Moi ta mère, j'ai un corps de femme, je ne peux pas répondre à toutes tes questions. Je te conseille d'aller parler de tout ça à ton père. » Votre enfant n'a pas la possibilité d'en parler à son père ? Invitez-le à s'informer auprès d'un autre homme de la famille, pédiatre ou médecin généraliste. Après 12-13 ans, c'est à lui de chercher seul des explications plus élaborées.

– Ce que vous pouvez dire à votre fille :

Son corps va se transformer et cela va durer plusieurs années avant qu'elle n'ait un corps de femme.

• *La pilosité.* Son développement précède souvent celui des seins. Ces quelques poils qui surviennent sur le pubis et les aisselles peuvent la gêner : elle ne reconnaît plus son corps de petite fille. Dites-lui que ces changements sont absolument normaux, mais que vous comprenez son sentiment de gêne. De même, expliquez-lui comment lutter contre la transpiration en lui offrant un déodorant (voir chapitre 19 *Il déteste se laver*) et si des boutons d'acné apparaissent, reportez-vous au chapitre 24 *Il a des complexes*.

• *Les seins.* Leur croissance peut la faire souffrir et la troubler. Ils ne poussent pas toujours en même temps. Leur asymétrie – temporaire – peut être gênante. Encore plus si l'entourage en rajoute par des sous-entendus et des blagues… Proposez-lui, le moment venu, de l'emmener choisir un soutien-gorge avec elle. Après ce premier achat, elle regardera peut-être ses seins différemment. Choisissez un magasin calme où on s'occupera d'elle discrètement. Laissez-la choisir le modèle qu'elle aime, sans porter de jugement. Elle flashe sur un modèle ampliforme trop sexy à vos yeux ? Ne la rabaissez pas avec des formules du genre : « Tu n'y penses pas, ma petite ! » Expliquez-lui plutôt, gentiment, que pour permettre à ses seins de grandir correctement, il est préférable de choisir un modèle en coton et sans armatures. Renvoyez-la à son statut d'enfant (voir chapitre 13 *Il a un look pas possible*) et allez fouiller dans les petites tailles (75-80 bonnet A) des marques Etam, Dim, Princesse Tam-Tam... Et inutile de tenir tout le quartier au courant de cet achat. Demandez aussi à son père d'observer la plus grande discrétion. Elle se sent gênée parce qu'elle est la seule de sa classe à avoir de la poitrine ? Expliquez-lui : « Je te comprends, mais tu sais, c'est une question de temps. Quand tu seras en 5^e^, presque toutes les filles auront de la poitrine. » Depuis quelque temps, vous trouvez qu'elle se tient de façon voûtée ? C'est sans doute pour essayer – plus ou moins consciemment – de cacher sa poitrine. Parlez-en avec elle. Dites-lui qu'elle va s'habituer, même si cela prendra du temps. Autorisez-la à porter des vêtements amples. Interdisez à l'entourage de faire des réflexions sur ses transformations corporelles et permettez-lui, le cas échéant, de rétorquer : « Fiche moi la paix ! », « Laisse-moi tranquille tu veux bien ! » Si elle n'ose pas, tolérez ses mouvements d'humeur et sa mine renfrognée ou boudeuse (voir chapitre 10 *Il n'est pas à prendre avec des pincettes*).

• *Les règles*. Elles peuvent arriver dès l'âge de 10-11 ans, même si l'âge moyen des premières règles est toujours de 13,1 ans[1]. Prévenez- la : « Un jour tu vas avoir tes règles. Cela voudra dire que tu grandis normalement et que tu es en train de devenir une jeune fille. C'est, entre autres, le signe que tu pourras avoir des enfants, plus tard, si tu le souhaites. » Expliquez-lui qu'elle aura besoin d'avoir de petites serviettes hygiéniques sur elle et donnez-lui en une ou deux à mettre dans son sac. Rassurez-la : « Cela ne vient jamais comme un grand jet, mais plutôt comme une trace colorée, brunâtre dans ta culotte. Le jour où cela t'arrivera, si tu es en classe, je t'autorise à rentrer à la maison et à m'appeler au bureau. » Bien sûr, expliquez-lui aussi que cela revient tous les mois, même si, dans les premiers temps, c'est irrégulier. Une fois qu'elle a ses règles, elle s'en plaint ? Réfléchissez au message que vous pouvez lui transmettre plus ou moins consciemment. Si vous-même ne cessez de râler à ce propos, il n'est pas étonnant qu'elle reprenne à son compte le discours maternel... Si elle souffre, consultez une gynécologue. Elle trouve injuste que seules les filles aient ce souci ? Rétorquez-lui que les garçons, eux, devront se raser la barbe. Elle s'inquiète parce qu'elle n'a toujours pas ses règles ? Rassurez-la : les médecins considèrent qu'il n'y a pas lieu de s'en soucier avant l'âge de 17 ans.

1. Ined, *Population* n° 6, p. 933, 1999.

– Ce que votre conjoint peut dire à son fils. Son corps va se transformer et cela va durer plusieurs années avant qu'il n'ait un corps d'homme.

• Les testicules doublent ou triplent de volume entre l'âge de 10 et 12 ans. La peau des bourses se plisse et devient plus foncée. Les érections spontanées se multiplient, avec un maximum de fréquence entre 13 et 15 ans.

• La pilosité du pubis apparaît vers 12 ans, parfois un peu avant. Deux ans plus tard, les poils apparaissent sous les aisselles et, chez certains garçons, sur le reste du corps. S'il commence à transpirer, offrez-lui un déodorant (voir chapitre 19 *Il déteste se laver*). Prévenez-le aussi qu'il va beaucoup grandir en taille et que sa voix va muer. À quel âge ? Les statistiques parlent de 14,8 ans pour la voix et de 16 ans pour le pic de croissance[1], mais cela peut arriver beaucoup plus tôt.

• Le pénis grandit pour atteindre sa taille adulte vers l'âge de 15 ans. Il trouve le sien trop petit ? C'est classique. À son père de lui expliquer qu'il ne sert à rien de comparer son sexe avec celui des hommes adultes, que le sien a encore plusieurs années pour grandir et atteindre sa taille définitive, vers 17-18 ans. Qu'il ajoute que la taille n'a rien à voir avec les performances sexuelles, ni avec le fait d'être un homme, quoi que puissent laisser croire les images porno (voir chapitre 55 *Et s'il tombait sur des images porno ?*). Faire l'amour n'est pas une compétition sportive, mais une rencontre et un échange entre deux personnes qui se sont choisies et éprouvent un désir très fort l'une pour l'autre.

• La première éjaculation survient environ un an après que le pénis a commencé sa croissance, soit vers 13-14 ans. Mais il arrive que ce soit plus tôt. Elle arrive souvent la nuit. À son père de lui expliquer pourquoi cela arrive et de quelle manière, afin qu'il comprenne que c'est tout à fait normal et n'en ressente pas de honte.

1. Ined, *Population* n° 6, p. 933, 1999.

## Pour en savoir plus

**Dès 8 ans**

*Max et Lili veulent tout savoir sur les bébés*, Dominique de Saint Mars et Serge Bloch, Calligram.

*Le Guide du zizi sexuel*, Zep et Hélène Bruller, Glénat.

**Dès 10 ans**

*Comment survivre quand on est un garçon*, Jacques Arènes et Bernadette Costa-Prades, Albin Michel Jeunesse.

*Comment survivre quand on est une fille*, Emmanuelle Rigon et Bernadette Costa-Prades, Albin Michel Jeunesse.

**Dès 11 ans**

*L'amour, la Sexualité et toi*, Magali Clausener-Petit, Les Essentiels Milan Junior Pratique.

*Papa, c'est quoi le zizi, maman c'est quoi l'amour ?*, 100 questions que se posent les enfants sur la sexualité, Pierre Chavot, Alias etc.

**Pour les parents**

*Ados, amour et sexualité, version garçon*, Dr Sylvain Mimoun et Rica Etienne, Albin Michel, 2001.

*Ados, amour et sexualité, version fille*, Dr Irène Borten-Krivine et Dr Diane Winaver, Albin Michel, 2001.

# 86

# Il est amoureux

*L'affaire a commencé pendant les vacances. Depuis, il ne cesse de vous réclamer des timbres et d'occuper votre téléphone… À ce rythme-là, la prochaine étape sera la présentation aux parents !*

## C'est quoi l'amour à cet âge ?

– Cela dépend beaucoup de l'enfant, de son âge, de sa maturité affective, de son développement corporel. Certains éprouvent réellement des sentiments amoureux, alors que d'autres s'en défendent, affirmant : « Je préfère le foot ! »
– À cet âge, il semble avéré que filles et garçons jouent moins ensemble, hormis, lors des boums, dans des jeux que l'on pourrait qualifier de séduction, comme le quart d'heure américain (voir chapitre 45 *Il veut faire une boum*). Cela signifie qu'ils acquièrent pleinement leur identité sexuelle et sont sur le chemin de l'adolescence.
– Alors que pour l'adulte, amour et sexualité sont intimement liés, ce n'est pas le cas pour l'enfant. Les amours de l'enfant n'obéissent pas aux mêmes lois. Au primaire, certains se contentent de « smacker » (embrasser sur la bouche), d'autres vont jusqu'à « emballer » (embrasser avec la langue). Mais avant 12-13 ans, cela va rarement plus loin, même s'il existe toujours des enfants très en avance, qui commencent à se frotter d'un peu plus près…
– Cependant, l'enfant connaît réellement l'état amoureux et tous ses à-côtés : penser à l'autre, avoir envie d'être avec lui, le cœur qui bat…
– En même temps, dans la cour de récréation, les histoires d'amour vont et viennent. Dans la même année, Laura peut être l'amoureuse de Léopold, puis d'Alexandre et encore d'Émile, pour revenir à Léopold ! « Certaines filles se mettent avec toi uniquement pour avoir un mec », explique, fataliste, Thomas, 11 ans. Quand on lui demande si cela fait souffrir, il rétorque : « Oui, quand

même », sans pour autant avoir l'air traumatisé. Certains garçons n'hésitent pas à « piquer la copine » de leur meilleur copain. « Une fois, on peut le comprendre, raconte Clément, mais trois fois, ça commence à bien faire ! » Preuve qu'à cet âge, la jalousie existe déjà… Pour « casser », les enfants n'osent pas toujours se le dire en face, ils envoient alors des lettres de rupture ou des messagers.

## Il est amoureux, comment réagir ?

– Interrogez-vous sur ce que vous ressentez. Vous éprouvez peut-être, comme beaucoup de parents, une sorte d'ambivalence : vous êtes, à la fois, fière de le voir grandir, mais aussi mal à l'aise. C'est le signe que votre enfant commence à vous échapper, qu'il va bientôt devenir adolescent, avoir un jour des relations sexuelles et que, pour vous aussi, les années passent… Prendre conscience de tout cela vous aidera à adopter une attitude ni trop coercitive ni trop complaisante.
– S'il ne vous en parle pas, inutile de chercher à lui tirer les vers du nez. Si vous le voyez écrire des lettres d'amour, faites semblant de ne rien voir. Ne lui proposez pas de l'aider à rédiger, c'est beaucoup trop intrusif. Et bien sûr, interdisez-vous de lire son courrier intime. C'est votre enfant lui-même qui le souhaite ? Interrogez-vous. C'est sûrement parce qu'il sent que cela vous ferait plaisir, à vous. Quoi qu'il en soit, refusez. Dites-lui que c'est sa vie privée, son intimité, et que cela ne vous regarde pas.
– Évitez de poser des questions et/ou de donner votre avis, même s'il est positif sur l'heureux(se) élu(e), ainsi que de faire des remarques humoristiques, voire sarcastiques, surtout devant les autres.
– Ne tenez pas tout le quartier au courant des affaires de cœur de votre enfant. N'annoncez pas la nouvelle à vos amis et aux grands-parents. Votre enfant ne souhaite qu'une chose : la discrétion.
– Gardez-vous d'officialiser la situation. Cela ne laisse pas l'enfant à sa place d'enfant. C'est assez malsain de la part des parents : cela revient à utiliser son enfant, dans le but inconscient d'éprouver des émois par procuration… Cela empêche l'enfant d'être libre de ses sentiments, d'apprécier lui-même où il en est. Enfin, comme on l'a vu, les amourettes de cet âge ne sont pas de longue durée, la plupart du temps. Si vous vous en êtes trop mêlée, le jour où il est lassé, votre enfant n'osera peut-être pas « casser ».
– Soyez aimable, polie, accueillante, comme vous le seriez pour un copain du même sexe que votre enfant. Ni plus ni moins.

## Il ou elle est trop sans gêne ?

Vous pouvez vous autoriser à faire une remarque en tête à tête à votre enfant. Dites : « Je ne suis pas opposée à ce que tu aies un(e) petit copain (petite copine), mais je te demande de respecter les règles de la maison. Ton amoureux n'est pas chez lui et, en aucun cas, je ne tolérerai qu'il se serve dans le frigo ou téléphone sans demander l'autorisation. De même, il n'a pas à t'appeler à tout bout de champ, sans respecter les horaires de la maison et ton temps d'étude pour faire tes devoirs. »

## Ils sont dans la chambre, vous vous demandez s'ils flirtent vraiment ?

C'est légitime que vous vous posiez cette question qui, en réalité, en cache une autre : à quel âge aura-t-il son premier rapport sexuel ? Sur ce point, rassurez-vous : on a beau entendre qu'il n'y a plus d'enfant, que l'adolescence commence de plus en plus tôt, en France, le premier rapport sexuel reste fixé en moyenne à 17 ans. Demandez-vous quand même si votre conjoint et vous-même avez bien donné à votre enfant tous les éléments d'information sur la contraception et la prévention contre les maladies sexuellement transmissibles (MST). Sans entrer dans les détails, il est important que l'enfant sache assez tôt que le préservatif est indispensable et qu'on peut s'en procurer dans les pharmacies, les grands magasins ou des distributeurs spécifiques présents, parfois, dans les lycées. Mais vous devez aussi lui expliquer qu'à l'âge de 12 ans, le corps n'est pas prêt pour l'acte sexuel. À vous d'informer votre fille, à votre conjoint d'informer votre fils. Dites : « Si un jour tu es débordé par ton élan, sache tout de même qu'il existe une pilule du lendemain et qu'il est inadmissible pour une fille d'être enceinte si jeune. Tu pourras toujours nous en parler ou en parler à l'infirmière de ton collège. »

## Vous les surprenez en train de flirter ?

Tout dépend du contexte dans lequel cela se produit. Si c'est dans la rue et que vous n'êtes pas censée passer par là, faites comme si de rien n'était. Si c'est dans sa chambre, vous n'aviez qu'à frapper. Si c'est au beau milieu de votre salon, faites diversion par un : « Bonjour, vous avez goûté ? » Ainsi, ils seront amenés à changer de position. Puis, avec votre conjoint, revenez sur l'incident en différé. Dites à votre enfant : « Tu peux voir ton amoureuse dans ta chambre, mais dans le salon, pas question. Il y a un minimum de discrétion à observer. »

## POUR EN SAVOIR PLUS

**Dès 8 ans**

*Max a une amoureuse*, Dominique de Saint Mars et Serge Bloch, Calligram.
*Lili est amoureuse*, Dominique de Saint Mars et Serge Bloch, Calligram.
*Questions d'amour* (8-11 ans ou 11-14 ans), Virginie Dumont, Nathan.

**Dès 10 ans**

*L'Amour, la Sexualité et toi*, Magali Clausener-Petit, Les Essentiels Milan Junior Pratique.

**Dès 12 ans**

*Qu'est-ce qu'aimer ?*, coll. Brins de philo, éd. Louis Audibert.

**Pour les parents**

*Parent de fille, parent de garçon, les élève-t-on de la même facon ?*, Hélène Montardre, Les Essentiels Milan, Du côté des parents.

# XI.

# QUESTIONS DÉLICATES OU GRAVES (SECRETS DE FAMILLE, CHÔMAGE, MORT, MALADIE…)

# 87

# Vous avez un secret de famille

*Adoption, fécondation* in vitro, *fausse-couche, homosexualité d'un proche, mais aussi oncle en prison ou tante alcoolique, grand-père collaborateur pendant la deuxième guerre mondiale ou grand-mère morte dans les camps... À quoi bon mêler l'enfant à tout cela ?*

## Qu'est-ce qu'un secret de famille ?

Chaque famille abrite en son sein ses secrets. La plupart du temps, il s'agit de « protéger » l'enfant du qu'en-dira-t-on ou de la honte. Mais l'existence silencieuse des secrets de famille agit forcément sur les relations familiales et peut avoir des conséquences graves sur plusieurs générations.

## Pourquoi dit-on que les secrets de famille sont néfastes ?

### □ Ce n'est pas forcément le secret en lui-même qui est néfaste, mais la façon dont on le vit, qui peut l'être

Les efforts fournis par les adultes pour cacher le secret à l'enfant peuvent entraver plus ou moins son évolution psychologique. Sous prétexte de le « protéger », on le fait vivre dans une situation non naturelle qu'il perçoit très bien. On ne sait exactement ni pourquoi, ni comment, mais on le sait. Le secret peut conduire à des situations absurdes. Exemple : comme un enfant est né par FIV (fécondation in vitro), ses parents ne vont pas lui parler de la procréation, de peur qu'il ne pose des questions sur sa naissance à lui. Le secret est un piège : il engendre forcément d'autres secrets.

☐ **On cherche à protéger l'enfant, mais en réalité, c'est soi-même que l'on protège**

Résultat ? les relations, au sein de la famille et à l'extérieur, vont être altérées. La famille se replie sur son secret. Ses membres ne conversent entre eux que de façon superficielle, puisqu'il est impensable d'aborder le seul sujet qui compte...

☐ **L'enfant « sait » les choses, il les sent et les devine sans pouvoir mettre des mots dessus**

L'enfant pressent l'existence d'un secret par une multitude de petits indices, des comportements, des intonations, des attitudes... « Le secret suinte alors que son existence même est niée », résume Serge Tisseron[1].

☐ **Certains secrets réapparaissent – sous une forme détournée – à la troisième génération**

À la seconde génération, l'enfant peut connaître des troubles spécifiques de l'apprentissage, mais sans perturbations graves de la personnalité. C'est à la troisième génération que les conséquences les plus graves peuvent apparaître. Le secret devient alors « impensable ». En effet, cette génération n'est pas en mesure de pressentir le secret, alors même que son entourage est perturbé par son existence. D'après Serge Tisseron, des troubles de la personnalité, des formes de débilité, de délinquance ou de toxicomanie, peuvent alors apparaître.

## Tous les secrets sont-ils bons à dire ?

Non. Il existe différents types de secrets de famille. Tous ne sont pas à placer au même niveau.

☐ **Ceux qui concernent les origines de l'enfant : adoption, mais aussi FIV, IAD...**

De tels secrets touchent trop à l'identité de l'enfant pour être révélés de façon abrupte. En principe, il aurait mieux valu que l'enfant connaisse son histoire depuis sa naissance. Mais si ce n'était pas le cas, ce serait une vraie brutalité, voire une maltraitance d'assener la vérité à l'enfant, sans précaution, du jour

1. Serge Tisseron est psychiatre, psychanalyste et docteur en psychologie. Il a publié de nombreux ouvrages consacrés à la fois aux secrets de famille et aux relations que nous entretenons avec les diverses formes d'images. Il s'est fait connaître par son ouvrage *Tintin chez le psychanalyste* (Aubier, 1985), dans lequel il découvre l'existence d'un secret dans la famille de Hergé à partir de la seule lecture de ses albums, plusieurs années avant que les biographes de celui-ci ne le confirment. Il est aussi l'auteur de *Secrets de famille, mode d'emploi*, Ramsay, 1999.

au lendemain. Pour entendre la vérité, l'enfant a besoin d'un temps de maturation. Il vaut mieux que vous demandiez conseil à un professionnel qui saura vous guider dans le cas de votre enfant en particulier (Voir chapitre 93 *Dans quels cas consulter un psy et comment ça se passe ?*). D'ici là, si vous êtes surpris par une question de votre enfant, utilisez le principe de la réponse en différé. Dites : « C'est une question très importante. Tu as l'intuition de quelque chose, mais j'ai besoin de réfléchir pour te répondre calmement et au plus juste. »

**□ Ceux qui concernent la famille proche : son père est hospitalisé pour un cancer, sa grand-mère vient de mourir, vous vous retrouvez au chômage...**

Tous ces gros soucis de la vie ne doivent pas être cachés. Reportez-vous aux chapitres concernés pour trouver les mots. De même, si, avant sa naissance, son père a déjà été marié ou si vous avez perdu un enfant, il vaut mieux que les choses soient dites (d'autant qu'il en existe des traces dans les livrets de famille), mais naturellement, sans en faire forcément un cérémonial. Faut-il parler d'une fausse-couche qu'on a faite ? Si celle-ci est intervenue au tout début de la grossesse, avant même que celle-ci soit connue de l'enfant, ce n'est pas nécessaire. En revanche, si l'enfant était au courant de votre état, dites : « Le bébé était en train de se construire, il n'était pas fini, cela s'appelle un fœtus et ce fœtus n'a pas eu la force de se développer en bébé. Personne n'y peut rien. » Pourquoi donner cette explication ? Pour éviter que l'enfant ne se croie – inconsciemment – responsable (en raison de ses désirs mortifères) ou n'imagine que c'est de la faute d'un autre membre de la famille.

**□ Ceux qui concernent un membre de la famille élargie : suicide, alcoolisme, drogue, emprisonnement, etc.**

Tout ce qui touche la famille élargie ne doit pas être tabou. Cela permet à l'enfant de comprendre que chaque famille a ses histoires, ses drames, d'avoir un regard éclairé sur la sienne. En le tenant au courant, vous lui témoignez votre confiance. De toute façon, rassurez-vous, il est à un âge où il sait qu'il existe des sujets dont on parle entre nous et qu'on ne divulgue pas, n'importe comment, à l'extérieur. Comment parler de ces sujets ? Inutile de faire de grands cérémonials. Essayez de trouver un juste milieu entre la banalisation et l'annonce d'une grande nouvelle. Profitez de ces moments volés (lors d'un repas qui s'éternise, par exemple) où l'enfant pose des questions, avide d'explications (voir chapitre 64 *Faut-il dîner avec lui tous les soirs ?*). Saisissez l'occasion d'un fait d'actualité ou d'un fait rapporté par votre enfant sur un copain d'école pour embrayer : « Dans notre famille aussi, il s'est passé une histoire comme celle-là. » Ne laissez pas passer les questions détournées des enfants. S'il marmonne : « C'est un vrai alcoolique celui-là ! », c'est peut-être qu'il cherche à vous interroger sur l'alcoolisme d'un membre de la famille. Félicitez-vous que votre enfant ose ainsi, plus ou moins consciemment, interroger le non-dit.

**☐ Ceux qui concernent la vie privée des parents (liaisons extra-conjugales, avortement, bisexualité…)**

Ces secrets ne regardent absolument pas l'enfant. Mais attention à vos gestes et à vos paroles. Observez la plus grande discrétion. Si votre enfant découvre votre secret (en fouillant dans vos affaires, en écoutant votre messagerie de téléphone portable…), demandez conseil à un professionnel (voir chapitre 93 *Quand consulter un psy et comment ça se passe ?*). En effet, ce genre de secret entre un parent et un enfant, dont est exclu l'autre parent, peut produire un conflit de loyauté. L'enfant qui détient ce secret se sent déloyal vis-à-vis du parent qui en est exclu, mais s'il le révèle, il craint de trahir son autre parent. Un tel conflit de loyauté peut être lourd de conséquences pour l'enfant.

### POUR EN SAVOIR PLUS

**Pour les enfants**

Sur l'holocauste (dès 8 ans) : *Otto*, Tomi Ungerer, L'École des Loisirs.
Sur l'adoption : *Nina a été adoptée*, Dominique de Saint Mars et Serge Bloch, Calligram.
Sur la toxicomanie : *Le cousin de Max et Lili se drogue*, Dominique de Saint Mars et Serge Bloch, Calligram.
Sur la maltraitance : *Jérémy est maltraité*, Dominique de Saint Mars et Serge Bloch, Calligram.

**Pour les parents**

*Secrets de famille, mode d'emploi*, Serge Tisseron, Marabout.
*Le Poids des secrets de famille*, Evan Imber-Black, Robert Laffont, 1999.
*Il y a un secret dans le placard*, Claude Nachin, Fleurus, 1999.

# 88

# Vous vous retrouvez au chômage

*La décision est tombée comme un couperet : vous êtes dans la prochaine charrette de licenciement de votre entreprise. Vous allez devoir vous inscrire à l'ANPE et rechercher un autre emploi. Vous passerez aussi plus de temps à la maison.*

## Faut-il absolument lui en parler ?

Oui. C'est un bouleversement grave dans votre vie. Il vaut mieux apprendre une vérité douloureuse qu'être confronté à un mensonge. L'enfant a besoin de sincérité et de confiance pour se construire. Mais être sincère avec son enfant, cela ne signifie pas tout lui dire et le noyer sous des explications trop élaborées pour lui.

## Quand lui en parler ?

Dès que la décision est prise. Ainsi, votre enfant aura tout le temps du préavis pour s'habituer à l'idée de ce changement. Durant cette période où vous continuerez à travailler, il sera nécessaire d'en reparler avec lui.

## Comment lui en parler ?

– Évitez les formules du style : « J'ai perdu mon travail, je vais devenir chômeur, on n'a plus besoin de moi »... et tout ce vocabulaire un peu dramatique et pessimiste, qui culpabilise l'enfant et risque de l'inquiéter à l'excès. Essayez plutôt : « Écoute. Dans quelque temps, je ne vais plus avoir mon travail comme avant. L'entreprise dans laquelle je suis ne correspond plus à mes goûts, à mes aspirations (c'est plus neutre et moins dévalorisant qu'"on n'a plus besoin de moi"). Il faut que je trouve un autre travail. » Et rassurez-le : « Avec mon patron, nous avons trouvé un arrangement, j'ai du temps pour trouver un autre travail. Je serai à la maison plus souvent qu'avant mais j'aurai aussi beaucoup de rendez-vous. » Ainsi, vous lui montrez que vous ne vous retrouverez pas sans ressources du jour au lendemain et que vous ne resterez pas inactive.

– Vous allez devoir réduire votre train de vie ? Évitez de dire immédiatement à votre enfant : « Comme je suis au chômage (variante : comme ton père est au chômage), il n'y aura plus de vacances au ski. » Mais ne cherchez pas non plus à vous sacrifier pour continuer à le couvrir de vêtements de marque. Les difficultés se partagent en famille (voir chapitre 14 *Il est accro aux marques* et *Petits tracas et gros soucis de 1 à 7 ans*, chapitre 22 *Faut-il vraiment lui parler d'argent ?*). Déculpabilisez : votre enfant s'adaptera d'autant mieux à cette situation que vous saurez l'expliquer progressivement et avec nuance. De toute façon, il est beaucoup plus sensible à votre tranquillité intérieure qu'a votre situation matérielle.

## Dans les temps qui suivent, vous êtes angoissée, désemparée ?

– Évitez de craquer devant votre enfant, même si vous avez l'impression qu'il peut très bien comprendre la situation et votre désarroi. Selon son âge et sa maturité, il pourrait s'imaginer que son parent va devenir comme les SDF qu'il peut croiser dans la rue (voir *Petits tracas et gros soucis de 1 à 7 ans*, chapitre 100 *Il est bouleversé par les SDF*). Ne tombez pas dans le piège de le prendre pour confident, même s'il vous offre une écoute attentive et bienveillante. Tout enfant qui voit son parent en difficulté est naturellement enclin à le secourir, ce qu'il ne doit et ne peut assumer, même s'il prend des airs d'adolescent qui comprend tout. Voir son parent « défaillant » altère sa sécurité intérieure. Trouvez, si nécessaire, une autre épaule pour vous épancher et une autre personne à qui parler. Au besoin, le temps de traverser cette période difficile, demandez de l'aide à un psychothérapeute ou à un coach (si vous bénéficiez des services d'un cabinet d'outplacement, qui vous aide à retrouver du travail).

– Même si vous vous efforcez de n'en rien montrer, il ressent forcément votre peur et votre tristesse. Il est donc préférable – si possible avec votre conjoint – de lui dire quelques mots de votre inquiétude : « C'est un moment difficile pour moi mais j'ai des projets, je prends des contacts, j'ai des rendez-vous. » Vos paroles rassurantes le tranquilliseront.

– Évitez que votre enfant ne vous sente dévaluée brutalement et complètement déstabilisée par cette nouvelle. Au besoin, demandez à votre conjoint de prononcer des paroles rassurantes sur vous devant votre enfant : « J'aime ta mère, j'ai choisi de vivre, de fonder une famille avec elle parce que c'est ma femme et non parce qu'elle occupe le poste de... » Ainsi, il comprendra que la valeur d'une personne ne se résume pas à son métier. Dans la vie quotidienne, gardez un rythme le plus actif possible. Le matin, conservez vos horaires de lever. Dans la journée, déployez toute votre imagination pour vous occuper. Et répétez-lui : « Tu n'es pour rien dans cette situation. »

### Pour en savoir plus

**Dès 8 ans**

*Le père de Max et Lili est au chômage*, Dominique de Saint Mars et Serge Bloch, Calligram.

*Le Rire et les Larmes*, Brigitte Labbé et Michel Puech, Les Goûters philo, Milan.

*Le Bonheur et le Malheur*, Brigitte Labbé et Michel Puech, Les Goûters philo, Milan.

**Pour les parents**

*L'Estime de soi, Mieux s'aimer pour mieux vivre*, 1999, et *La Force des émotions*, 2001, Christophe André et François Lelord, Odile Jacob.

*Surmonter le chômage en famille, Comment rebondir ?*, Ginette Lespine et Sophie Guillou, coll. « C'est la vie aussi », Albin Michel, 2004.

# 89

# Répondre à ses questions sur la mort

*« On va où quand on est mort ? », « Le corps, il devient quoi, après ? »... Sa litanie n'en finit pas, les réponses vous manquent et vous êtes désarmée*[1].

## Quelle perception votre enfant a-t-il de la mort ?

– Vers 8-9 ans, l'enfant réalise que la mort est universelle. Il accède alors à la même compréhension que celle de l'adulte : la mort est irréversible et inéluctable, c'est la destinée de tout un chacun, sans qu'elle soit nécessairement due à une cause extérieure. C'est un âge pivot, car l'enfant réalise que ses parents vont mourir et il s'interroge sur sa propre mort. Il intériorise l'idée que notre sort sur terre est limité par la mort. C'est une limite très dure et angoissante, à un âge où il n'a pas encore renoncé complètement à la « toute-puissance » de l'enfance.
– Quand il perd un être cher (son grand-père par exemple), cela réactive son angoisse de perdre ses parents. Il faut alors l'aider à faire son deuil (voir chapitre 92 *Son grand-père est mort*) et répondre aux questions qu'il se pose sur la mort.

## Faut-il vraiment parler de la mort à l'enfant ?

Oui et ce, même en l'absence de deuil dans la famille. Il vaut d'ailleurs mieux avoir abordé ces questions avant de se retrouver confronté à un deuil.

---

1. Chapitre réalisé avec l'aimable collaboration de Marie-Frédérique Bacqué, maître de conférences à l'université de Lille, psychothérapeute et auteur d'*Apprivoiser la mort*, Odile Jacob, 2003 ; *Le Deuil* (avec M. Hanus), PUF, 2000 ; *Deuil et santé*, Odile Jacob, 1997 ; *Mourir aujourd'hui*, Odile Jacob, 1997.

Entre 8 et 12 ans, l'enfant est à un âge où il a beaucoup besoin d'en parler. En effet, la mort est omniprésente autour de lui, à travers les guerres, les catastrophes et les accidents relatés par les médias. Devant toutes ces nouvelles négatives, vous devez vous efforcer de le rassurer. Sinon, il risque de développer une angoisse sans réponse. C'est aussi pour cette raison qu'il faut rester près de lui, le plus souvent possible, quand il écoute des informations et regarde des images violentes à la télévision (voir chapitre 55 *Il est accro à la télévision*).

## Pourquoi cela vous met-il si mal à l'aise ?

Parce que, vous aussi, vous sentez démunie devant ces images et la mort qui les sous-tend. Le dilemme est le même pour tous les parents : comment faire pour offrir à son enfant une position juste par rapport à la réalité (cela n'arrive pas qu'aux autres) sans angoisser l'enfant à l'excès (il n'y a pas de raison que ça nous arrive). C'est ce qui s'est passé lors des attentats du 11 septembre 2001, à New York. Beaucoup d'enfants attendaient un discours de parents qui sonne vrai et les rassure. Ils se sont retrouvés très angoissés devant cette situation sans issue, qui a consisté pour les gens à préférer sauter par la fenêtre, plutôt qu'à être brûlés. Les parents ont été, eux-mêmes, tellement sidérés qu'ils n'ont pas toujours su calmer l'angoisse de leurs enfants.

## Comment réagir à ses interrogations ?

– Quelle que soit la question, ne l'éludez pas. Il pourrait s'imaginer que parler de la mort vous met en danger. Il doit, au contraire, se sentir autorisé à aborder le sujet avec vous sans crainte de vous faire mourir pour autant (symboliquement, s'entend). N'attendez pas un deuil dans la famille pour aborder ce sujet. Il vaut toujours mieux en parler dans des moments tranquilles, quand les émotions ne sont pas trop vives. Ses questions vous genent, vous embarrassent et vous effraient ? Il vous prend au dépourvu ? N'hésitez pas à lui dire : « Tes questions sont très pertinentes, tu as raison de te les poser, mais c'est difficile pour moi de tout t'expliquer maintenant. Plus tard, je veux bien en reparler avec toi. » Puis tenez parole et essayez de répondre avec des mots simples. Les deux principes qui doivent vous guider : l'authenticité et l'aveu de votre ignorance, quand c'est le cas. Dites tout simplement : « Je ne sais pas. » Faites référence à l'Histoire en montrant sur des cartes, des lieux, des pays où des guerres se sont déroulées autrefois ou se déroulent maintenant, en en expliquant les causes et l'issue. Mettez ces événements en relation avec l'histoire de votre famille.

– Distinguez la culture de la croyance. L'enfant comprend très bien qu'on n'a pas tous la même foi religieuse et que chacun a une étiquette culturelle, qui lui vient de sa famille, dont il se démarque ou non. D'autant plus qu'à l'école, il a entendu parler des différentes civilisations. C'est à vous de dire à votre enfant où votre famille se situe religieusement, et ce, même si, en tant qu'individu, vous vous êtes détachée du modèle familial. Essayez d'enseigner à votre enfant l'histoire des religions (voir bibliographie en fin de chapitre).

## Il demande…

☐ **« Il paraît qu'il y a une vie après la mort ? Est-ce que c'est vrai ? »**
Évitez de lui répondre si vous n'avez aucune foi : « Je n'y crois pas, mais j'aimerais bien y croire. » Ne lui dites pas non plus : « On est peu de chose, on n'est rien sur terre, tu n'es rien du tout… » Ces formules négatives malmènent la propre estime de l'enfant et le rendent plus vulnérable. Dites-lui plutôt : « C'est vrai, il y a des personnes qui croient à une vie après la mort. Mais moi, je ne sais pas. Aujourd'hui, je pense comme ça, mais demain cela peut changer. Quant à toi, plus tard, quand tu seras grand, tu pourras t'informer, chercher par toi-même comment répondre à toutes ces questions. » Pourquoi dire cela ? Pour ne pas laisser l'enfant sans recours. Même dans les milieux laïcs, croire en Dieu peut aider l'enfant à apprivoiser l'idée de la mort, à se sentir plus en sécurité, moins démuni. Et puis, pourquoi ne pas laisser l'enfant se faire du bien en imaginant que les défunts deviennent des étoiles, ou autres ?

☐ **« Grand-mère est vieille, elle va bientôt mourir ? »**
Répondez calmement : « Oui, bien sûr, elle mourra un jour, mais quand elle aura fini sa vie. Et pour l'instant, il lui reste beaucoup de choses à faire dans sa vie. » De même, si son grand-père vient de mourir et qu'il s'angoisse sur votre propre mort, répondez dans ce sens. Ne parlez pas d'un « long voyage », ni d'une absence pour quelque temps. C'est un leurre qui empêche l'enfant de faire son deuil (voir chapitre 92 *Son grand-père est mort*).

☐ **« Et toi quand est-ce que tu auras fini ta vie ? »**
Répondez : « Je ne sais pas. Personne ne sait quand il aura fini sa vie. C'est le propre de l'être humain de ne pas savoir, mais de pouvoir y penser et en parler, contrairement aux animaux. C'est un sujet important, tu peux m'en parler quand tu veux. En ce qui me concerne, j'ai encore des tas de choses à faire pour accomplir ma vie. »

☐ **« On va où quand on est mort ? »**
La réponse peut être nuancée, selon qu'avec son père, vous êtes croyants ou non.
– Vous êtes croyante : expliquez votre foi. Mais précisez bien qu'il s'agit de votre croyance et que toutes les religions ne fournissent pas la même

réponse. Ajoutez que la nature donne une autre explication. Et sachez anticiper sur les interrogations de votre enfant, lorsqu'en avion, il vous demandera s'il y a le téléphone au ciel… Attention, aussi aux paroles comme « il est monté au ciel », anodines en apparence…

– Vous êtes non-croyante. Voici ce que vous pouvez dire à votre enfant : « Tu sais, on n'existe pas seulement dans son corps, on existe aussi dans le cœur des autres, de ceux qui nous aiment. C'est pourquoi les personnes qui meurent continuent à exister tant que leur famille, leurs amis, ceux qui les connaissaient pensent à elles. Les morts continuent à exister par le souvenir. C'est un bonheur formidable par rapport aux animaux qui n'ont pas de souvenir (voir chapitre 90 *Son hamster vient de mourir*). Seuls les êtres humains, comme nous, peuvent ainsi garder le souvenir des morts, continuer à penser à eux et à parler d'eux. C'est en te souvenant des bons moments passés avec ceux qui sont morts, en te rappelant les sentiments que tu as éprouvés pour eux, que tu les gardes vivants en toi. »

☐ **« Le corps, il devient comment quand on est mort ? »**

– Répondez simplement : « Le corps devient immobile pour toujours. » Sachez que cette question, fréquemment posée par les enfants sur le ton de la provocation, trahit l'appréhension des mystères de la vie. Pour nous adultes, la représentation du cadavre est particulièrement cruelle. Le clivage que nous opérons entre la personne chérie et sa « dépouille », son enveloppe charnelle, correspond à ce besoin de séparation qui prépare le travail du deuil. Chez l'enfant, la compréhension d'une différence entre le mort et le vivant est encore en cours de constitution. Il n'est donc pas surprenant que, dans son esprit, un statut intermédiaire se dessine, celui du mort-vivant. Ne vous étonnez pas, donc, si votre enfant fait des réflexions un peu morbides sur les fantômes et s'il est fasciné par les vampires… Rappelez-lui que, dans la vraie vie, cela n'existe pas, mais qu'en Afrique, le « mort vivant » correspond à la mémoire du mort qui survit tant qu'un membre du groupe qui l'a côtoyé est encore en vie. Puis, s'il veut en savoir plus, distinguez vos explications selon qu'il s'agit d'une inhumation ou d'une crémation.

– En cas d'*inhumation*.

Expliquez-lui les cycles de la nature. Si, avant 8 ans, le processus de décomposition déclenche une angoisse importante, c'est beaucoup moins le cas à son âge. Dites-lui : « Quand on est mort, c'est un peu comme une pomme entamée qui pourrit. Le lendemain, elle est toute marron. » Les enfants sont souvent passionnés par ces phénomènes biochimiques, qui leur permettent d'éviter les émotions tristes. Vous pouvez aussi lui dire : « C'est comme les molécules, le corps se dissout en petites miettes, qui vont nourrir de petits animaux. Ça sert de nourriture et ça permet de reformer de nouveaux êtres vivants. » L'enfant apprécie ce genre d'explication qui lui montre que tout est utile à tout et le laisse croire qu'une vie en autarcie est possible. De plus, cela lui fait comprendre que la mort est un processus dynamique, qui crée la vie. Même si vous la trouvez dure, cette explication peut apaiser son angoisse. Enfin, expliquez-lui qu'ensuite, le corps devient squelette. C'est plus facile, car les enfants sont friands des squelettes, qui dégagent une impression de jovialité et de clownerie grâce à ce physique étrange, à la fois rigide et fort (la charpente osseuse), gracile et fragile (le vent passe au travers). Les enfants ne sont pas horrifiés à l'idée que les morts soient transformés en squelette, au contraire, ils apprécient le côté propre, purifié, du cadavre et sont sensibles à l'aspect égalitaire de cette transformation.

– En cas de *crémation*.

C'est plus difficile à expliquer car la crémation c'est « brûler le corps », il n'y a pas d'autres mots pour le dire. On ne peut dire cela que lorsque l'enfant a acquis la conviction que le corps mort est insensible, ce qui est le cas, en principe, à 8 ans. Évitez de parler d'incinération, car cela renvoie à l'incinération des ordures. L'enfant préfère entendre le mot « crémation », dans lequel il y a « crème »… S'il est effrayé par la violence de l'opération, essayez de dédramatiser ce genre de funérailles. Dites : « Cela s'est toujours fait chez les Anciens. Ce sont les Romains qui ont apporté l'enterrement chez nous. » Faites référence à d'autres civilisations où l'on brûle les corps. Dites-lui qu'en Grande-Bretagne, qui est juste à côté de chez nous, cela se fait beaucoup. Informez-le aussi sur le fait qu'en France, la crémation se développe de plus en plus et devient un véritable phénomène de société[1].

□ **« Si on meurt tous, pourquoi tu m'as fait naître alors ? »**

Répondez : « Je t'ai fait naître parce qu'avec ton père, j'ai souhaité donner la vie. Nous avons voulu fonder une famille et tu es né, tu es l'enfant que nous voulions. Je t'ai fait naître pour que tu accomplisses ta vie, c'est formidable d'essayer de faire quelque chose de sa vie. » Pour illustrer votre propos, parlez-lui des peintres, sculpteurs, musiciens, poètes… qui, même après leur mort, laissent des œuvres qui peuvent continuer à se voir, à s'entendre ou à se lire. Dites-lui : « Dans la vie, tout le monde ne devient pas Van Gogh, Rodin, Mozart ou Baudelaire. Mais chacun a un talent pour accomplir sa vie. Et je te l'ai déjà dit, même quand on ne laisse rien de visible après sa mort, on laisse toujours des souvenirs à ceux qui nous ont aimés et que l'on a aimés. »

---

1. Alors qu'au début des années 1980, seulement 1 % des Français choisissaient la crémation, aujourd'hui, ils sont près de 20 %. Dans certaines grandes villes, elle concerne déjà 50 % des funérailles. Parmi les raisons : évolution des mentalités, quête de pureté, multiplication des infrastructures, manque de place dans les cimetières, explosion démographique des familles, pratiques religieuses en baisse… Étude du CREDOC, 2002.

☐ « C'est quoi un suicide ? »
Répondez : « Quelqu'un qui s'est suicidé, c'est quelqu'un qui ne pouvait plus supporter sa vie, qui ne voulait plus exister, qui n'a pas pu faire autrement que de mourir. C'est une personne qui n'avait peut-être pas trouvé quelqu'un à qui elle pouvait parler de ses soucis. C'est une personne à laquelle, peut-être, on n'avait pas suffisamment expliqué ce que c'était d'accomplir sa vie. »

## D'une manière générale

– Plus vous oserez aborder ces sujets délicats, moins vous les éviterez, plus vous entendrez votre enfant sur ces questions subtiles, moins il vivra anxieux.
– Plus votre enfant aura conscience de sa propre valeur, moins il sera angoissé par la mort et plus il comprendra le sens de sa vie. Plus vous l'aiderez à se construire avec une solide estime de soi, plus vous renforcerez sa confiance en lui, plus vous lui donnerez un antidote pour affronter cette angoisse.

### Pour en savoir plus

**Dès 8-9 ans**

*Dieu et les Dieux*, Brigitte Labbé et Michel Puech, Les goûters philo, Milan.
*La Vie et la Mort*, Brigitte Labbé et Michel Puech, Les goûters philo, Milan.

**Dès 10 ans**

*Les Religions d'hier et d'aujourd'hui*, Sylvie Baussier, Les Essentiels Milan Junior, Histoire.
*Pourquoi on meurt ? La question de la mort*, Autrement Junior Société.

**Dès 11-12 ans**

*Faut-il avoir peur de la mort ?*, Christian Delacampagne, coll. Brins de philo, éd. Louis Audibert, 2002.
*Pourquoi la guerre ? Les conflits d'hier et d'aujourd'hui*, Frédéric Bernard, Les Essentiels Milan Junior Société.

**Pour les parents**

*Apprivoiser la mort*, Marie-Frédérique Bacqué, Odile Jacob, 2003.
*Le Deuil*, M.-F. Bacqué et M. Hanus, PUF, 2000.
*Deuil et santé*, Marie-Frédérique Bacqué, Odile Jacob, 1997.
*Mourir aujourd'hui*, Marie-Frédérique Bacqué, Odile Jacob, 1997.
*La Mort pour de faux, la mort pour de vrai*, Dana Castro, Albin Michel, 2000.

# 90

# Son hamster vient de mourir

*Croquis, le hamster de votre enfant, est mort. Certes, ce n'est pas une surprise – il était malade depuis quelques semaines – mais c'est une triste nouvelle. Vous ne savez comment l'annoncer à votre enfant, ni comment régler les détails pratiques des funérailles*[1].

## Que signifie la perte d'un animal pour l'enfant ?

C'est souvent la première expérience de la mort qui le touche de près. Il voit le corps inanimé, sans vie, immobile. Il peut passer par plusieurs phases normales : le déni (« Ce n'est pas possible, il va se réveiller »), la sidération (il se réfugie dans le mutisme), la colère... Il souffre, se sent triste et peut devenir agressif.

## Ce que vous pouvez lui dire

Il est très important de dire quelque chose de la mort, de la maladie qui a précédé la mort, pour que l'enfant ne pense pas que c'est de sa faute. Dites : « Ton animal était malade, il était vieux, il n'avait plus de forces, il ne bougeait plus beaucoup, il était fatigué. Maintenant il est mort. Je comprends que tu aies du chagrin et que tu trouves cela injuste. Mais personne n'y est pour rien. »

---

1. Chapitre réalisé avec l'aimable collaboration de Marie-Frédérique Bacqué, maître de conférences à l'université de Lille, psychothérapeute et auteur d'*Apprivoiser la mort*, Odile Jacob, 2003 ; *Le Deuil* (avec M. Hanus), PUF, 2000 ; *Deuil et santé*, Odile Jacob, 1997 ; *Mourir aujourd'hui*, Odile Jacob, 1997.

## Ce que vous pouvez faire

– Ne le jetez pas à la poubelle, encore moins au vide-ordures. S'il s'agit d'un chien ou d'un chat, ne cédez pas, si possible, aux propositions du vétérinaire d'envoyer le corps à l'équarrissage. Certains enfants prennent tout cela très mal, se révoltent et en veulent à leurs parents, même s'ils n'assistent pas à la scène. Le traumatisme ainsi subi les empêche, ensuite, de faire leur deuil.
– Proposez-lui plutôt de l'enterrer, si possible, dans le jardin d'une grand-mère ou d'un oncle auquel il rend souvent visite. Sinon, trouvez un petit coin dans une forêt ou un parc.
– Aidez l'enfant à faire ses adieux à l'animal en l'incitant à fabriquer un dessin ou un petit ex-voto avec des perles, des coquillages ou des brindilles, comme le font les enfants d'autres civilisations. Il le placera à l'endroit où son hamster est enterré.
– Il vous dit : « Mais alors, c'est fini ? » Répondez-lui : « Oui, c'est fini. Mais toi, tu es un être humain, tu peux donc te souvenir de ton hamster quand il était vivant. Ainsi, en te rappelant les bons moments que tu as passés avec lui, en parlant de lui, il continuera à être présent pour toi. » Rappelez-lui ce que vous lui avez peut-être déjà expliqué à d'autres occasions : « La perte d'un animal, ce n'est pas la même chose que la perte d'un être humain : l'homme a des sentiments, une pensée, une intelligence. L'animal a un instinct. L'animal n'a pas d'histoire, pas de souvenirs. Il ne sait jamais qui est son père géniteur. » Il vous rétorque : « Moi, je sais qu'il comprenait tout ce que je lui disais. » Répondez tendrement : « Oui, bien sûr, mais tu n'étais ni son père, ni sa mère, tu l'avais bien dressé et tu t'en occupais tous les jours. »
– Il vous demande ce que va devenir son hamster après son enterrement ? Inutile de lui raconter des fables sur sa montée au ciel, les anges qui vont venir le chercher, etc., il serait tenté d'aller vérifier. Parlez-lui plutôt des cycles de la nature (voir chapitre précédent). Dites-lui : « Par la suite, d'autres petits animaux – des vers de terre ou des scarabées – vont venir en prendre un petit morceau pour le porter aux fourmis. » Votre enfant se sentira rassuré par cette explication qui laisse croire que tout est utile à tout et qui le renvoie au fantasme infantile qu'une vie en autarcie est possible.

## Par la suite

Puisque vous aviez déjà accepté l'expérience, n'excluez pas de procurer à votre enfant un autre animal. C'est encore le meilleur moyen de l'aider à faire son deuil.

### Pour en savoir plus

**Pour les enfants**

*Le Rire et les Larmes*, Brigitte Labbé et Michel Puech, les Goûters philo, Milan.

*Le Bonheur et le Malheur*, Brigitte Labbé et Michel Puech, Les Goûters philo, Milan.

# 91

# Sa grand-mère a une maladie grave

*Jusqu'ici, votre belle-mère prenait votre fille tous les mardis soir à dormir et la gardait avec elle le lendemain toute la journée. Mais aujourd'hui, le diagnostic est tombé : elle est très malade et doit se soigner*[1].

## Faut-il en parler à l'enfant ?

Même si l'enfant n'est pas habitué à voir sa grand-mère toutes les semaines, il a forcément perçu le changement d'atmosphère dans la famille depuis le terrible diagnostic. De plus, il a certainement glané des bribes de conversations téléphoniques ou autres dans lesquelles vous relatiez la situation. L'enfant ressent vos angoisses. Il faut donc lui dire quelques mots d'une situation qu'il sait probablement déjà. D'une manière générale, il vaut beaucoup mieux, pour l'enfant, une vérité commune dans la famille, plutôt que certaines explications dites aux uns et non aux autres.

## Comment lui annoncer ?

Adressez-vous à lui dans un moment de calme. Entourez-le de tendresse et d'affection. Captez son regard et dites-lui : « Écoute, voilà : je suis triste parce que grand-mère a une maladie. Elle a vu des médecins qui s'occupent bien d'elle et qui vont essayer de tout faire pour la guérir. Ce sera long peut-être. » Si sa grand-mère avait l'habitude de le prendre régulièrement, ajoutez : « Elle

1. Chapitre réalisé avec l'aimable collaboration de Marie-Frédérique Bacqué, maître de conférences à l'université de Lille, psychothérapeute et auteur d'*Apprivoiser la mort*, Odile Jacob, 2003 ; *Le Deuil* (avec M. Hanus), PUF, 2000 ; *Deuil et santé*, Odile Jacob, 1997 ; *Mourir aujourd'hui*, Odile Jacob, 1997.

ne pourra plus s'occuper de toi comme avant, il faut attendre qu'elle soit moins fatiguée... »

## Il vous demande...

☐ « Elle a quoi exactement ? »
– S'il s'agit d'un problème cardiaque, expliquez-lui que la maladie de sa grand-mère est liée à son cœur qui vieillit. Dites-lui que cela arrive souvent quand on avance en âge et que cela s'inscrit dans le cadre de la longévité naturelle de l'être humain. Expliquez-lui qu'on va l'opérer, si tel est le cas, et qu'ensuite, elle aura un traitement et devra faire plus attention à elle.
– S'il s'agit d'un cancer. Il est important de nommer le mot « cancer » et, si l'enfant le demande, de dire quel organe est touché, mais sans trop entrer dans des détails traumatisants (inutile, par exemple, de parler d'ablation du sein...). Expliquez ce qu'est un cancer : « Ce sont des cellules malades et anormales qui grossissent, envahissent des territoires qui ne leur appartiennent pas et ne permettent plus au corps de fonctionner normalement. » On peut soigner et guérir le cancer avec des interventions chirurgicales et aussi des traitements longs et douloureux qu'on appelle radiothérapie et chimiothérapie.

☐ « Elle va mourir ? »
Répondez : « Je ne sais pas, pour le moment, on la soigne et on fait tout pour qu'elle guérisse. »

☐ « Elle a très mal ? »
Répondez : « Oui, elle a sûrement mal au ventre (à la tête...). Mais on lui donne des médicaments pour qu'elle souffre moins. Comme toi quand tu es malade. »

## Cette maladie n'en finit pas et vous n'en pouvez plus ?

Depuis l'annonce de la maladie, plusieurs années se sont écoulées, entrecoupées de périodes de rémissions de moins en moins longues. Il est normal que vous éprouviez des sentiments ambivalents : à la fois vous souhaitez la guérison de votre parent et, en même temps, vous n'y croyez plus ; vous souffrez de le voir souffrir et êtes épuisée de l'assister dans ses opérations et traitements à répétition. Il vous arrive de craquer. Inconsciemment, il n'est pas impossible que vous éprouviez parfois des souhaits de mort, même si, consciemment, vous les rejetez absolument. Votre enfant, lui, ressent cela. Il se retrouve, en quelque sorte, placé entre son parent et son grand-parent. Comme il est à l'âge des grandes complicités avec ses aïeux, et des désirs d'émancipation par rapport à ses parents, il n'est pas exclu qu'il se montre agressif avec vous. Le mieux est encore d'en parler ensemble, en essayant de limiter les dégâts émotionnels. Dites : « Grand-mère est très âgée et très dépendante, elle a besoin de soins et aujourd'hui la société est moins adaptée qu'autrefois pour s'aider les uns et les autres en famille. Avant, toutes les générations vivaient sous le même toit, maintenant ce n'est plus le cas. C'est donc plus difficile. » Et consolez-vous : parler de cela en famille aide l'enfant à grandir psychiquement.

## Sa grand-mère est à l'hôpital, diminuée, c'est la fin, faut-il l'emmener la voir ?

Si vous avez bien expliqué en amont les points précédents, si votre enfant a été tenu au courant de la situation, il l'assumera plus facilement. Selon le contexte, vous pouvez – si la grand-mère accepte d'être vue dans cet état, à ce moment-là – proposer à votre enfant : « Elle est très malade… elle va bientôt mourir. Est-ce que tu as des choses importantes à lui dire ? Veux-tu plutôt lui faire un dessin ou lui écrire une lettre ? » Ensuite, respectez la décision de votre enfant de rendre visite ou non à sa grand-mère et surtout ne le culpabilisez pas s'il n'a pas envie d'y aller.

### Pour en savoir plus

**Dès 8 ans**

*Le Rire et les Larmes*, Brigitte Labbé et Michel Puech, Les Goûters philo, Milan.

*Le Bonheur et le Malheur*, Brigitte Labbé et Michel Puech, Les Goûters philo, Milan.

**Pour les parents**

*Vivre ensemble la maladie d'un proche*, Christophe Fauré, Albin Michel, 2002.

*Vivre le deuil au jour le jour*, Christophe Fauré, Albin Michel, 1994.

*Ça va pas fort à la maison, L'enfant et les soucis des grands*, Dana Castro, Albin Michel, 2005.

# 92

# Son grand-père est mort

*Depuis le drame, les questions se bousculent : comment lui annoncer ? À quel moment ? Faut-il l'éloigner pour le protéger ? L'emmener aux funérailles*[1] *?...*

## À quel moment lui annoncer ?

– Si le décès est précédé d'une maladie : il ne faut pas hésiter, lors de la maladie, à en dire quelque chose à l'enfant (voir chapitre 91 *Sa grand-mère a une maladie grave*).
– Lorsque survient le décès, inutile d'attendre pour le dire à l'enfant. De toute façon, il sait déjà. Votre inquiétude, votre tristesse, votre chagrin n'ont pu lui échapper. Ne rien lui dire ne fait qu'ajouter à son désarroi et à sa culpabilité. Si cela est plus facile pour vous, vous pouvez toutefois différer l'annonce de quelques jours, notamment si votre enfant est loin de vous (en colonie, en vacances chez un copain...) quand la nouvelle tombe. Mais c'est à vous, avec son père, de le lui dire.

## Comment lui annoncer ?

– Dans un moment de tendresse et de calme. Asseyez-vous près de lui, efforcez-vous de capter son regard. Prenez-le par l'épaule et adressez-vous à lui : « Grand-père est mort, il a fini sa vie. » **Il est important de prononcer le mot « mort », qui seul permet à l'enfant de faire l'épreuve de la réalité.** Toutes

---

1. Chapitre réalisé avec l'aimable collaboration de Marie-Frédérique Bacqué, maître de conférences à l'université de Lille, psychothérapeute et auteur d'*Apprivoiser la mort*, Odile Jacob, 2003 ; *Le Deuil* (avec M. Hanus), PUF, 2000 ; *Deuil et santé*, Odile Jacob, 1997 ; *Mourir aujourd'hui*, Odile Jacob, 1997.

les métaphores comme : « Il est monté au ciel », « Il dort pour toujours », « Il est parti pour un très long voyage »... sont un leurre et laissent espérer qu'un retour du grand-père est possible. Quant aux mots politiquement corrects, tels que « décédé », l'enfant ne les apprécie pas du tout... Après l'annonce, demandez à votre enfant s'il a des questions à poser : ainsi, il sentira que le sujet n'est pas tabou pour vous et s'autorisera à en reparler.

– Si la mort a été précédée d'une maladie, n'hésitez pas à ajouter : « Grand-père était trop fatigué et malade pour continuer à vivre. Son corps n'a pas pu guérir, il sera immobile pour toujours. » S'il s'agit d'une mort violente, inutile d'énoncer les détails de la mort. Dans ce cas, utilisez le principe de la réponse différée : « C'est très difficile pour moi de t'expliquer tout ça pour le moment. On peut dire que c'est un genre d'accident. Je te promets que je t'en reparlerai plus tard. » Puis, demandez de l'aide à un psychothérapeute qui vous aidera à trouver les mots adaptés, en fonction de la réalité des circonstances du décès, de l'âge et de la maturité de votre enfant. Enfin, prévenez l'entourage : il n'est pas question que l'enfant apprenne cette vérité par quelqu'un d'autre que par vous-même.

– Il est triste, en colère, révolté ? Autorisez votre enfant à exprimer ses sentiments de colère et de tristesse. Dites-lui : « Peut-être que tu es triste, que tu trouves cela injuste, mais tu sais, tu peux pleurer et tu pourras continuer à parler de grand-père, tu pourras penser à lui, te souvenir des bons moments passés avec lui. Ainsi, tu le garderas toujours vivant en toi. » Et entourez-le de toute votre affection afin qu'il sente, malgré la précipitation des événements, l'intimité, l'affection et la tendresse qui existent entre lui, vous et son père.

## Vous êtes très triste ?

– Ne soyez pas tentée pour autant d'éloigner votre enfant, même quelques jours. Cela lui donnerait un sentiment d'exclusion, d'abandon et rendrait plus difficile son travail de deuil.

– Parlez-lui plutôt de vos propres sentiments de tristesse. Dites-lui : « Je pleure parce que je suis émue et triste, parce que mon père (ma mère) que j'aimais beaucoup est mort(e). » Mais ajoutez aussitôt : « Toi, tu n'es pas responsable de ce qui arrive. Tu n'y es pour rien. »

– Profitez-en pour expliquer à votre enfant que son grand-père n'a pas toujours été un vieux monsieur. Dites-lui qu'avant sa mort, il a eu une très longue vie. Au besoin, aidez-vous des albums de photos. Mais, pour le moment, évitez les films vidéo : le défunt y apparaît sous une apparence trop réelle, ce qui réactive trop d'émotions. Dites à votre enfant : « On est tous tristes parce que l'on sait que grand-père ne reviendra pas. Mais par les photos, par les souvenirs que l'on a de lui et que l'on gardera, il continuera toujours à être présent pour nous. Tu peux y penser quand tu veux et lui parler dans ton cœur. »

## Proposez-lui de voir le corps

– Si le corps de son grand-père est présentable, proposez-lui d'aller le voir : « Est-ce que tu voudrais aller faire tes adieux à grand-père ? Tu sais que ton grand-père était très heureux de te connaître, de te voir en vie. » Cela vous étonnera peut-être, mais il est fort possible que votre enfant réponde de façon positive à cette question. Dans ce cas, inutile de paniquer : au lieu de vous angoisser, la présence de votre enfant (bien vivant) près du corps de son grand-père sera sûrement un réconfort pour vous. Prévenez-le tout de même avant en dédramatisant : « Ne t'inquiète pas, il est complètement immobile, il est un peu pâle, on lui a mis ses lunettes et son beau costume. »
– Mais s'il n'a pas envie – certains enfants ont une pudeur qui les empêche de voir le corps –, n'insistez pas, dites simplement : « Tu n'es pas prêt, je ne t'oblige pas, c'est toi qui décides. » L'essentiel est de proposer cette démarche, afin que l'enfant ne se sente pas mis à l'écart, sans comprendre pourquoi. Il est important qu'il participe aux rituels du deuil, au moins en partie.

## Proposez-lui de faire un cadeau d'adieu

Quel que soit son désir de voir ou non son grand-père une dernière fois, incitez votre enfant à donner une photo de lui ou à confectionner un cadeau d'adieu – un dessin, un petit collier, une petite croix (ou autre) en carton… – que le défunt emportera avec lui dans son cercueil. Il aura le sentiment de participer aux préparatifs de l'enterrement et se sentira gratifié. S'il a refusé de voir le corps, dites-lui que vous vous chargerez de déposer vous-même son cadeau près du défunt. Il vous demande pourquoi préparer un cadeau alors que c'est fini ? Répondez : « C'est pour entourer ton grand-père une dernière fois et participer avec nous aux préparatifs d'adieu. » Ainsi, votre enfant comprendra que les funérailles sont un moment d'échange entre la vie et la mort : l'enfant par son geste laisse quelque chose du vivant chez le mort. À Paris, il existe une entreprise de Pompes funèbres, appelée L'Autre rive, qui propose aux familles qui le souhaitent de décorer le cercueil. « C'est une activité commune entre adultes et enfants, qui peut vraiment débloquer la parole, explique Raphaël Confino, le responsable. La mort d'un proche provoque une angoisse énorme, on réalise qu'on ne pourra plus jamais lui parler, décorer son cercueil est alors une forme de dernière communion. »

## Au moment de voir le corps

Dites à votre enfant : « Voilà ton grand-père, tu vois, il est reposé, il est tranquille, apaisé. » Il vous demande s'il peut l'embrasser ou lui toucher la main une dernière fois ? Laissez-le faire : c'est le moment des adieux et lui aussi a besoin de dire au revoir. Mais prévenez-le avant : « Quand on est mort, on est tout froid. » Mais s'il n'en parle pas lui-même, ne lui demandez pas d'embrasser le mort. C'est aussi le moment qu'il dépose, éventuellement, près du corps son cadeau d'adieu.

## Associez-le à la cérémonie religieuse et/ou aux funérailles

Si vous avez plusieurs enfants très rapprochés en âge, emmenez-les tous, même les petits (voir *Petits tracas et gros soucis de 1 à 7 ans*). Si l'un d'entre eux refuse d'y aller, respectez son choix, mais assurez-vous qu'il soit entouré et gardé chez des amis, si possible avec un autre enfant qu'il connaît. Et si votre enfant est unique, faites en sorte qu'il y ait d'autres enfants (des cousins ou des enfants amis) présents pendant les rituels. S'ils sentent leurs parents sereins par rapport à leur venue, les enfants sont souvent prêts à assister aux funérailles.

□ Avant la cérémonie

– Vous craignez de ne pouvoir assumer la présence de votre enfant pendant la cérémonie ? Prévoyez une personne en qui vous avez confiance (sœur, baby-sitter, amie…) pour l'entourer pendant la cérémonie (ou une partie). Cela vaudra beaucoup mieux que de l'éloigner, quelques jours, sous prétexte de le protéger.

– Vous craignez qu'il ne vous voie pleurer ? Dédramatisez, ne vous cachez pas systématiquement : vous n'êtes pas un robot. Si vous restez discrète et pudique, ce n'est pas traumatisant. L'important est de ne pas trop laisser votre enfant vous consoler, ce qu'il cherchera à faire spontanément. En effet, il ne peut pas tenir ce rôle. Dites-lui : « On se console tous ensemble, la vie continue. » Attention aussi à laisser votre enfant s'exprimer : souvent, pour ne pas ajouter à la douleur de ses parents, l'enfant s'interdit d'exprimer sa souffrance. Au besoin, répétez-lui : « Tu peux pleurer. Tu peux m'en parler quand tu veux. »

– Prévenez votre enfant : « Ton grand-père sera dans un cercueil en bois, c'est comme ça pour tout le monde. Même si cela pourra te paraître bizarre ou triste de le savoir enfermé. » En effet, à cet âge, un tel enfermement émeut l'enfant car ça le renvoie à la contrainte, à l'emprisonnement, à un âge où il aime se dépenser physiquement. Dites-lui ce qui va se passer : « On va faire un bout de chemin avec lui, au ralenti, il y aura de la musique, c'est vraiment important qu'on l'accompagne jusqu'au bout et puis ça va t'aider toi aussi. »

– Proposez-lui de faire quelque chose durant la cérémonie : réciter un poème, lire un texte qu'il aura préparé avec ou sans vous, aider à ramasser les fleurs en sortant de l'église, allumer un photophore sur le cercueil, lancer des pétales de roses dans le caveau…

□ Durant la cérémonie

À cet âge, il est possible que votre enfant pleure beaucoup, mais ce n'est pas une raison pour ne pas l'emmener. Les pleurs font partie du deuil. Il est possible aussi qu'il se montre agité, surtout s'il est jeune, en courant dans les allées du cimetière avec d'autres enfants. C'est normal : les enfants peuvent décharger leurs émotions à travers le jeu. Ainsi, ils se protègent de l'angoisse et de la tristesse.

En cas de crémation, ne laissez pas l'enfant assister à l'introduction du cercueil dans l'appareil, encore moins rester jusqu'à la fin. Proposez-lui d'emporter une fleur qu'il fera sécher ou l'un des photophores qui décoraient le cercueil, qu'il rallumera éventuellement à l'anniversaire de la mort de son grand-père. Puis, emmenez-le prendre un pot à la cafétéria ou faire un petit tour, mais rassurez-le : « Grand-père n'est pas tout seul, oncle untel est resté ». Ainsi votre enfant ne vous en voudra pas et ne se sentira pas coupable de ne pas avoir accompagné le défunt jusqu'au bout. Les professionnels du deuil des enfants conseillent de ne pas récupérer les cendres le jour même, mais plutôt de repasser plus tard et de les remettre au cimetière, dans un lieu collectif, social, où la mort a plus sa place que dans un espace privé. Cela permet d'expliquer à l'enfant où se trouve son grand-père et de retourner, éventuellement, s'y recueillir avec lui.

□ Après la cérémonie

– Il pleure ? Ne l'en empêchez pas. Au contraire, dites-lui : « Tu pleures parce que tu es triste, ça fait du bien de pleurer quand on a un chagrin. » Il vous demande : « C'est bien (ou c'est mal) de pleurer ? », répondez : « Ce n'est ni bien ni mal, c'est normal et ça soulage. » Rassurez-le aussi : « Tu vois, on est tous ensemble, on reste ensemble. »

– Il ne manifeste rien ? Ne pensez pas qu'il est insensible et qu'il n'a pas de cœur. Il ressent certainement quantité d'émotions intérieures qu'il ne parvient pas à exprimer de façon apparente. Proposez-lui de dessiner, lisez-lui des histoires sur la mort du grand-père (voir notre liste). Et soyez attentive à son évolution. Vérifiez qu'il ne se sente pas coupable de son absence d'émotion.

## Par la suite

– Surveillez les changements dans sa vie : pipi au lit, réveils nocturnes, repli sur soi, difficultés de concentration en classe… Et si cela ne rentre pas dans

l'ordre au bout de quelques semaines, n'hésitez pas à consulter (voir chapitre 93 *Dans quel cas consulter un psy et comment ça se passe ?*).
– Parlez-lui de la personne décédée, évoquez son souvenir. Ainsi, l'enfant s'autorisera à en reparler, à poser des questions. Il pourra accomplir son travail de deuil, sans se sentir coupable, sans se sentir obligé de vous protéger en restant mutique.

## En cas de décès d'un parent, d'un frère ou d'une sœur

La situation plonge l'enfant et sa famille dans un tel désarroi que le deuil est beaucoup plus difficile à vivre. Ces morts n'étant pas dans l'ordre des choses, les repères sont bouleversés. Des situations de régression familiale (par exemple : les enfants qui consolent leurs parents, les grands-parents qui dorment avec leurs petits-enfants…) sont compréhensibles, à condition, bien sûr, qu'elles ne s'installent pas dans la durée. Le mieux est de vous adresser à un psychothérapeute ou à une association qui vous aidera à trouver les mots, dans votre cas et dans celui de votre enfant en particulier.

### Pour en savoir plus

**Dès 8 ans**

*Grand-père est mort*, Dominique de Saint Mars et Serge Bloch, Calligram.
*Le Rire et les Larmes*, Brigitte Labbé et Michel Puech, Les Goûters philo, Milan.
*Le Bonheur et le Malheur*, Brigitte Labbé et Michel Puech, Les Goûters philo, Milan.

**Dès 9 ans**

*Les Petits Cailloux*, Cathy Ribeiro, Actes Sud Junior, cadet.

**Pour les parents**

*La Mort pour de vrai et la mort pour de faux*, Dana Castro, Albin Michel, 2000.
*L'enfant face à la mort d'un proche, En parler, l'écouter, le soutenir*, Dr Patrick Bensoussan et Isabelle Gravillon, coll. « C'est la vie aussi », Albin Michel, 2006.

◪ Voir la bibliographie du chapitre 89.

Association Vivre son deuil, Tél. : 01 42 08 11 16.
L'autre Rive, Tél. : 01 46 34 45 26.

# 93

# Dans quel cas consulter un psy et comment ça se passe ?

*Entre cette amie qui ne jure que par les psys – et y conduit sa fille au moindre petit souci – et votre famille qui claironne : « Ces gens-là sont tous des charlatans », « Et d'abord on n'est pas fou ! », vous êtes perplexe.*

## Dans quels cas consulter ?

☒ Dans les périodes de crise de la vie familiale

Lorsque certaines situations perturbent les relations parents-enfants de façon prolongée et exagérée : séparation, divorce, chômage, maladie grave, accident, deuil…

☐ Dans différentes situations inquiétantes

Situations que vous pouvez ressentir vous-même ou que les personnes proches de l'enfant – pédiatre, animateurs de centre aéré, enseignants, baby-sitter, famille, amis… – peuvent vous faire remarquer. Quelle que soit la façon, plus ou moins claire, par laquelle on tente d'attirer votre attention, il est important d'entendre, même si ce n'est pas toujours facile.

Ainsi, dans les cas suivants :

– Certains apprentissages ne se mettent pas en place à l'âge normal. L'enfant prend du retard dans son développement psychomoteur, intellectuel ou affectif. Il est peu épanoui, trop placide ou trop agressif, voire violent. Voici quelques exemples de manifestations qui peuvent attirer l'attention :

- il se plaint tout le temps, il a « mal au ventre pour un oui et pour un non », est constamment stressé ou sous pression ;
- il est trop agité ou agressif ;
- il a trop de difficultés à s'endormir ou fait trop de cauchemars ;
- il continue à faire pipi au lit ;

• il n'a pas d'amis, se fait systématiquement tabasser par ses camarades et/ou suscite trop souvent l'agacement de ses pairs et des adultes (y compris les enseignants)…
Bref, il est un peu « trop » ou « pas assez » et se retrouve en décalage par rapport aux autres enfants du même âge que lui.
– L'enfant souffre d'un déséquilibre dans son évolution. Par exemple, il a de très bons résultats scolaires – hormis en gymnastique –, mais physiquement, il est très timoré, un peu balourd, ne prend aucune initiative et ne vous semble pas suffisamment autonome. Ou bien, il ne sait pas prendre de risques sans se mettre en danger, il se blesse trop souvent… Vous le sentez mal à l'aise dans son corps et ses gestes.
– Plus ou moins brutalement, l'attitude, le comportement et/ou l'humeur de l'enfant se mettent à changer de façon notable et persistante. Voici quelques exemples de changement qui méritent une attention particulière :
• bouleversement des habitudes de l'enfant : son sommeil et/ou son alimentation deviennent perturbés et source de trop grand conflit ; il se remet à faire pipi au lit ou se met soudain à bégayer ;
• changement dans son humeur générale : l'enfant devient irritable, colérique, susceptible, boudeur, renfrogné, triste. Il vous insulte, claque les portes, répète que c'est injuste… pour un rien, sans raison valable reconnue. Ou bien, au contraire, il n'a plus confiance en lui, se replie sur lui-même ;
• modification de son comportement à la maison et/ou en classe : agitation, provocation, manque de participation ou d'attention (par exemple : il est sans cesse dans la lune), baisse des résultats scolaires (par exemple : il chute durablement dans des matières où il n'avait pas de problème), il perd ses moyens à chaque contrôle. Ou bien il se met à intervenir à tout bout de champ en classe, au point d'exaspérer le prof.

**☐ Vous vous dites : « Il en verra d'autres », « Il va surmonter tout seul ces désagréments », « Cela finira bien par lui passer », « C'est peut-être sa nature mais, de toute façon, on n'est pas fou » ?**

– La situation que votre enfant est en train de vivre est plus ou moins difficile, mais elle est réelle. Certes, l'énurésie infantile, par exemple, disparaît souvent en grandissant, certes, les coups bas de cour de récréation font partie de l'apprentissage de la vie en société… Mais pourquoi décider d'imposer un tel effort à l'enfant alors que, souvent, quelques séances chez un psy peuvent le soulager (voir plus bas) ? Peut-être, vous et son père, craignez-vous – plus ou moins consciemment – d'être remis en question dans votre rôle de parent ? Rassurez-vous : le psy n'est pas là pour vous juger, ni critiquer la manière dont vous élevez votre enfant. Le fait de vous être mobilisés pour votre enfant en souffrance, de chercher des solutions pour l'aider à surmonter désarrois et conflits, c'est cela le plus important.

– L'enfance est une période particulièrement vulnérable : laisser l'enfant avec son problème, c'est comme lui imposer de marcher avec une épine, un caillou dans sa chaussure... Conduire l'enfant chez le psy, c'est au contraire l'autoriser à aller mieux, à mettre fin à une situation qui fait souffrir. L'apaisement passera peut-être par certaines prises de conscience : ce n'est pas pour autant qu'avec votre conjoint, vous serez déjugés comme parents et devrez tout changer dans votre vie.
– Bien sûr, ne jurer que par les psys, les appeler au secours pour le moindre tracas de la vie quotidienne, n'est pas non plus une solution : le coup de téléphone ou la visite n'est pas un cachet d'aspirine. Ne vous déchargez pas de votre rôle de parent sur les psys. Avant d'y conduire votre enfant, essayez d'analyser et de comprendre vous-même ce qui ne va pas : soyez sûrs de vous, faites-vous confiance, vous êtes le père, la mère, fiez-vous aussi à votre intuition. Consultez lorsque le trouble persiste, lorsque vous vous sentez démunis, incapables d'aider vous-même votre enfant : un regard extérieur, l'avis, le conseil d'un professionnel vous permettront de trouver une issue.

## C'est l'école qui vous suggère de « le montrer » ?

Oui, certains enseignants sont parfois un peu « pousse-au-psy », mais l'avis des pédagogues, ainsi que celui de l'assistante sociale ou du psychologue scolaire, mérite d'être entendu et pris en considération – qu'il vous semble fondé ou non. Cependant, « entendre » n'est pas synonyme, ensuite, de rendre compte. Ce n'est pas parce que vous conduirez votre enfant chez le psy que vous serez dans l'obligation d'informer la maîtresse des développements ultérieurs.

## À qui s'adresser ?

Non, tous les psys ne sont pas des charlatans. Vous pouvez consulter :

☐ En secteur public

– À l'école auprès du psychologue scolaire. Les psychologues scolaires ont en charge plusieurs établissements et leurs permanences tournent. Attention : le psychologue scolaire n'a pas la même formation que le psychologue clinicien. Dans le cadre scolaire, il ne peut que faire passer des tests d'aptitude intellectuelle et de connaissances.
– À l'hôpital, dans un service de pédopsychiatrie.
– Dans un dispensaire, centre médico-psycho-pédagogique (CMPP), centre d'adaptation psychopédagogique (CAPP, uniquement à Paris), centre de guidance infantile ou centre de protection maternelle et infantile (PMI).

– Demandez conseil à votre pédiatre, au psychologue scolaire ou au service social de la mairie pour que l'on vous indique une adresse.

☐ En secteur privé

– Auprès d'un psychothérapeute, qui peut proposer une « thérapie analytique », « cognitivo-comportementale » ou « systémique » (familiale). Il peut être :

• pédopsychiatre, docteur en médecine ;

• psychologue clinicien, diplômé de l'université (cinq ans d'études minimum après le baccalauréat) ;

• psychanalyste, ayant accompli lui-même, pendant plusieurs années, une analyse et exerçant son métier sous le contrôle de certains de ses pairs ;

• psychomotricien, diplômé d'État en psychomotricité (trois ans d'études après le baccalauréat, à l'université de médecine) ; il ne propose pas de « thérapie » à proprement parler, on parle plutôt de « rééducation ».

– Demandez une adresse à votre pédiatre ou à quelqu'un en qui vous avez confiance. Évitez de choisir au hasard : cela vous protégera des apprentis sorciers.

– Gardez votre libre-arbitre : si la personne recommandée ne vous convient pas, inspire des réactions de rejet à votre enfant, prenez le temps de trouver une autre adresse. Avoir recours à un psy a pour but d'aider votre enfant, de vous soulager, de vous permettre, à terme, d'éprouver apaisement et bien-être, non de vous soumettre à la torture. Mais ne vous lancez pas non plus dans un casting de psy en en changeant sans arrêt. Multiplier les premiers rendez-vous est souvent un moyen de ne mener aucune démarche à son terme…

## Comment ça se passe ?

☐ En secteur public

En principe, comme dans toute consultation publique, vous aurez une garantie de compétence et pourrez obtenir un remboursement des consultations par la Sécurité sociale. Vous connaîtrez peut-être des délais pour obtenir un premier rendez-vous, l'attente et/ou la multiplicité des intervenants.

☐ En secteur privé

En vous adressant à un psy du secteur privé, vous connaîtrez la liberté de choix : du professionnel et des modalités de l'aide envisagée. Les honoraires engagés ne sont pas souvent remboursés (sauf, éventuellement, médecin psychiatre), la plupart des psychothérapeutes considèrent que le paiement fait partie du traitement, « Il y a un certain prix à payer pour aller mieux », disent certains… C'est juste, mais dans des proportions raisonnables : 80 euros pour dix minutes, non merci ! Fiez-vous à votre intuition, votre bon sens.

## Est-on forcément embarqué dans une thérapie dès le premier rendez-vous ?

Non, absolument pas. Consulter un psy aujourd'hui n'entraîne pas automatiquement un travail long, pénible et coûteux. Plusieurs situations sont possibles :
– Parfois, un seul rendez-vous, même sans l'enfant, suffit pour dénouer une situation de tension, une difficulté liée à l'autorité par exemple. Parler tout simplement de la difficulté avec un psy permet au parent de dédramatiser et d'y voir plus clair. À l'issue de cet entretien, sa confiance en tant que parent se trouve restaurée. Il sait qu'il peut revenir si nécessaire.
– Une ou deux consultations avec l'enfant, si possible en présence du père, peuvent aider à dénouer une situation critique, à dépasser une angoisse ou un conflit. La difficulté est simplement nommée devant l'enfant par son père et/ou sa mère. L'enfant sent que ses parents se sont mobilisés pour l'aider à surmonter sa difficulté. Cela suffit pour constater, dans les temps qui suivent, une amélioration. Dans d'autres cas, il sera utile d'envisager plusieurs entretiens rapprochés, voire réguliers, pour aider l'enfant (voir plus bas).
– Mais l'aide peut aussi être ponctuelle :
• On consulte un psy, à la carte, le temps de sortir d'une situation de crise, la séparation des parents par exemple. Cela permet à chacun de dépassionner les conflits, construire de nouvelles relations, réaménager sa vie.
• On consulte aussi pour un bilan psychologique : l'enfant passera des tests en vue d'évaluer son rendement intellectuel et scolaire et de cerner son évolution de personnalité. Un tel bilan est parfois nécessaire, dans une étape diagnostique, en vue de déterminer l'aide thérapeutique à apporter.
• De même, vous pouvez éventuellement aborder les difficultés de votre enfant sur le plan psychomoteur (problèmes de coordination, de latéralisation entre la gauche et la droite, agitation...) en demandant l'avis d'un psychomotricien (voir plus haut) effectuant un bilan psychomoteur, suivi d'une rééducation psychomotrice et/ou de séances de relaxation.
– Enfin, lorsque l'enfant est installé dans ses difficultés, il peut être utile de mettre en place une psychothérapie : une série d'entretiens auxquels il participe à intervalles réguliers, pendant une certaine durée, et qui se déroulent avec ou sans les parents. L'aide apportée passe alors par la parole, mais aussi par le dessin, le modelage, le jeu. Plus l'enfant grandit, plus la parole prime.

## Comment se passe le premier entretien ?

☐ Avant l'entretien

– À vous de décider si vous souhaitez consulter, la première fois, avec ou sans votre enfant. Selon la gravité du problème, selon votre propre capacité à en parler librement devant votre enfant, réfléchissez.

– Avant de l'emmener la première fois, prévenez votre enfant : « Avec ton père, nous allons t'emmener voir une (un) psychologue (psychanalyste…), dont le métier est d'aider les enfants. Nous y allons pour comprendre et chercher des solutions à ton problème de copains (variantes : sommeil, pipi au lit…). » Cette simple annonce améliorera déjà peut-être la situation. En tout cas, elle soulagera l'enfant. Il ressentira que vous prenez sa difficulté en considération, que vous vous mobilisez et que vous l'accompagnez.

☐ **Lors de l'entretien**

– Si l'enfant n'est pas là. Vous expliquez votre difficulté, le psy vous pose des questions sur vous et sur l'enfant. Un échange a lieu. Selon sa personnalité, selon sa formation (analytique ou cognitivo-comportementale, par exemple) et la conception qu'il a de son métier, le psy s'exprime plus ou moins, apparaît plus ou moins distant, vous consacre plus ou moins de temps. À vous de poser toutes les questions qui vous paraissent importantes et de choisir ce qui vous convient, selon la qualité d'écoute que vous ressentez.

– Si l'enfant est présent. Les parents sont invités à exprimer les difficultés de l'enfant devant lui. L'enfant est invité à donner son point de vue. Le psy pose des questions, invite chacun à participer à l'entretien. L'enfant y répond à sa manière. Selon l'intensité de sa douleur, il peut piquer une colère, bouder ou fondre en larmes : il cherche alors à signifier sa souffrance et son besoin d'aide. Le psy peut aussi vous faire sortir pour parler à votre enfant en tête-à-tête.

## Par la suite

– Ne vous sentez pas obligée d'informer les grands-parents et l'école de cette démarche. Il s'agit de la vie privée de votre enfant, c'est à lui de décider s'il a envie d'en parler ou non. Inutile de l'inscrire dans le dossier médical que l'on vous demande de remplir à l'école. Ce n'est pas obligatoire.

– Si une psychothérapie est décidée, ne vous inquiétez pas. À cet âge, c'est plus fréquent que lorsque l'enfant était tout petit. Dans ce cas, ne cherchez pas à obtenir auprès de votre enfant un compte rendu précis et détaillé des entretiens. C'est son affaire, assurez-le de votre discrétion. En revanche, témoignez-lui votre considération et votre respect, et accompagnez-le, si possible, à ses séances. Vous devez montrer à votre enfant que vous ne le déposez pas comme un paquet. Bien sûr le « travail » qu'il effectue avec le psy est son affaire, mais votre enfant doit sentir que vous le soutenez dans cette démarche, et ce, même si votre rôle consiste uniquement à faire le taxi et à l'attendre dans la salle d'attente. Pour le thérapeute aussi, une telle attitude est signe de respect. Le psy peut demander de temps en temps à vous voir avec l'enfant. Et si vous-même en éprouvez le besoin, il vous recevra bien sûr pour faire le point. Avec votre enfant ou bien seule, avec ou sans le père : c'est absolument légitime. Votre enfant rechigne pour aller à ses séances ou vous demande d'arrêter ? Interrogez-vous sur ce que vous pouvez lui transmettre – plus ou moins consciemment – de cette démarche : si, pour vous, ces rendez-vous ne tombent jamais bien, sont « la barbe » ou se trouvent trop loin, cela peut être contagieux. Il a aussi ses propres résistances. Bien sûr, il faut tenir compte de son avis, mais l'arrêt d'une psychothérapie ne peut se faire qu'après une durée minimum (variable selon chacun) et en concertation avec le psy. Une chose est sûre : il n'est jamais bon d'arrêter au moment des vacances d'été car cela revient à calquer le travail psy sur le temps scolaire. Or le « travail » psy s'inscrit dans une trajectoire différente de celle des apprentissages scolaires. Cela touche à l'intimité de chacun, à la dynamique familiale, qui sont distinctes des enseignements de l'Éducation nationale. L'enfant ne doit pas faire un amalgame entre ses apprentissages scolaires et son développement personnel et affectif. Pour vous, il n'est pas seulement un élève et la psychothérapie n'est pas du soutien scolaire.

## Pour en savoir plus

**Dès 8 ans**

*Lili va chez la psy*, Dominique de Saint Mars et Serge Bloch, Calligram.

**Dès 10-11 ans**

*Papa, maman, pourquoi je dois aller chez le psy ?*, 100 questions que se posent les enfants sur les psys, Fanny Cohen Herlem, Alias etc.

**Pour les parents**

*Vous devriez l'emmener chez le psy*, Geneviève de Taisne, coll. Le Métier de parents, Fleurus, 1997.

*Le Guide de l'aide psychologique de l'enfant, de la naissance à l'adolescence*, Dr Michel David et Jocelyne Rémy, Odile Jacob, 1999.

*Psy ou pas psy ?, Quand et qui consulter,* Dr Patrick Delaroche, Albin Michel, 2004.

# Numéros de téléphone utiles

Inter Service Parents : 01 44 93 44 93

Jeunes Violences Écoute : 0 800 20 22 23

SOS Violences : 0 801 55 55 00

Fil Santé Jeunes : 0 800 235 236

Allô Enfance maltraitée : 119 ou 0 800 05 41 41

Enfance et Partage : 0 800 05 12 34

L'Enfant bleu : 01 56 56 62 62

La Voix de l'enfant : 01 40 22 04 22

Enfance majuscule : 01 46 21 47 09

L'École des parents et des éducateurs : 01 47 53 62 70

L'École des grands-parents : 01 45 44 34 93

Enfance maltraitée pour déficients auditifs : 0 800 559 557

# Bibliographie

ANCELIN SCHUTZENBERGER Anne, *Aïe mes aïeux,* La Méridienne Desclée de Brouwer, 1998.

ANDRÉ Christophe, *Vivre heureux*, Odile Jacob, 2003.

ANDRÉ Christophe et LEGERON Patrick, *La Peur des autres*, Odile Jacob, 2000.

ANDRÉ Christophe et LELORD François, *L'Estime de soi, Mieux s'aimer pour mieux vivre,* Odile Jacob, 1999.

ANGEL Sylvie, *Ah, quelle famille*, Robert Laffont, 2003.

ARENDT Hannah, *La Crise de la culture*, Folio essais, Gallimard, 1997.

AVRANE Patrick, *Un enfant chez le psychanalyste*, Audibert, 2003.

BACQUÉ Marie-Frédérique, *Le Deuil à vivre*, Odile Jacob, 1992, 1995.

BACQUÉ Marie-Frédérique, *Deuil et Santé*, Odile Jacob, 1997.

BACQUET M. et GUERITTE Bernadette, *Le Nombre et la Numération, Pratique de rééducation*, Papyrus, 1997.

BARUK Stella, *L'Âge du capitaine, De l'erreur en mathématiques*, Le Seuil, 1985.

BARUK Stella, *Échec et maths*, Le Seuil, 1988.

BARUK Stella, *Dictionnaire des mathématiques élémentaires*, Le Seuil, 1995.

BRAZELTON T. Berry, *Écoutez votre enfant*, Petite Bibliothèque Payot, 1992.

BRACONNIER Alain, MARCELLI Daniel, *L'Adolescence aux mille visages*, Odile Jacob, 1998.

CASTRO Dana, *Ça va pas fort à la maison, L'enfant et les soucis des grands*, Albin Michel, 2005.

CRAMER Bertrand, *Secrets de femmes*, Calmann-Lévy, 1996.

CYRULNIK Boris, *Le Murmure des fantômes*, Odile Jacob, 2003.

CYRULNIK Boris, *Les Vilains Petits Canards*, Odile Jacob, 2001.

CYRULNIK Boris, *Un merveilleux malheur*, Odile Jacob, 1999.

CYRULNIK Boris, *Sous le signe du lien*, Hachette 1989.

CYRULNIK Boris, *Mémoire de singe et Paroles d'homme*, Pluriel Hachette, 1983.

DAHAN Jocelyne, *La Médiation familiale*, Morisset 1996.

DOLTO Françoise, *La Cause des enfants*, Laffont 1985.

DOLTO Françoise et DOLTO-TOLITCH Catherine, *Paroles pour adolescents – Le complexe du homard*, Hatier, 1989.

DOLTO Françoise, *Les Chemins de l'éducation*, Folio essais, Gallimard, 1994.

DOLTO Françoise, *Les Étapes majeures de l'enfance*, Folio essais, Gallimard, 1994.

DOLTO Françoise, *Tout est langage*, Gallimard, 1995.

DOLTO Françoise, *Parler de la mort*, Mercure de France, 2001.

ELIACHEF Caroline et Nathalie HEINICH, *Mères-filles, Une relation à trois*, Albin Michel, 2002.

FAURE Christophe, *Vivre le deuil au jour le jour*, Albin Michel, 1995.

FAURE Christophe, *Le Couple brisé*, Albin Michel, 2002.

FAURE Christophe, *Vivre ensemble la maladie d'un proche*, Albin Michel, 2002.

FERENCZI Sandor, « Confusion de langue entre les adultes et l'enfant » in *Psychanalyse* (tome IV), Payot, 1982.

FREUD Anna, *Le Normal et le Pathologique chez l'enfant*, Gallimard, 1968.

FREUD Sigmund, *Cinq Psychanalyses*, P.U.F., 1954.

FREUD Sigmund, *Trois Essais sur la théorie de la sexualité*, Gallimard, 1962.

GELBERT Gisèle, *Lire, c'est vivre*, Odile Jacob, 1994.

GELBERT Gisèle, *Lire, c'est aussi écrire*, Odile Jacob, 1998.

GELBERT Gisèle, *Un alphabet dans la tête*, Odile Jacob, 2001.

GORDON Thomas, *Parents efficaces au quotidien*, Marabout, 1996.

GRUYER Frédérique, FADER-NISSE Martine et SABOURIN Pierre, *La Violence impensable*, Nathan, 1991.

HALMOS Claude, *Parler c'est vivre*, Nil éditions, 1997.

HÉRITIER Françoise, CYRULNIK Boris, NAOURI Aldo, *De l'inceste*, Odile Jacob.

HUERRE Patrice Dr, HUART Françoise, *Voyage au pays des adolescents*, Calmann-Lévy, 1999.

HURSTEL Françoise, *La Déchirure paternelle*, PUF, 1997.

LA GARANDERIE Antoine (de) et TINGRY Élisabeth, *On peut toujours réussir, un projet pour chacun*, Bayard Éditions, 1991.

LA GARANDERIE Antoine (de), *Comprendre et imaginer*, Bayard Éditions Centurion, 1987.

LA GARANDERIE Antoine (de), « Comprendre les chemins de la connaissance, Une pédagogie du sens », Chronique sociale, 2002.

LEBOVICI Serge et SOULE Michel, *La Connaissance de l'enfant par la psychanalyse*, P.U.F., 1970.

LELORD François et ANDRÉ Christophe, *La Force des émotions*, Odile Jacob, 2001.

LELORD François et ANDRÉ Christophe, *Comment gérer les personnalités difficiles*, O. Jacob, 2000.

LEWIS Roy, *Pourquoi j'ai mangé mon père*, Actes Sud, 1990.

LOO Henri – CUCHE Henry, *Je suis déprimé mais je me soigne*, J'ai lu.

M'UZAN de Michel, *La Bouche de l'Inconscient*, Gallimard, 1994.

MARCELLI Daniel, *L'Enfant, chef de la famille, L'autorité de l'infantile*, Albin Michel, 2003.

MARCELLI Daniel et BRACONNIER Alain, *Psychopathologie de l'adolescent*, Masson, 1988.

MAZET Philippe et HOUZEL Didier, *Psychiatrie de l'enfant et de l'adolescent* (vol . 1 et 2), 2e édition Maloine, 1978-1979.

MOUREN SIMEONI Marie-Christine, VILA Gilbert et VERA Luis, *Troubles anxieux de l'enfant et de l'adolescent*, Maloine, 1993.

MILLER, Alice, *C'est pour ton bien, Racines de la violence dans l'éducation*, Aubier, 1984.

MEDA Dominique, *Le Temps des femmes*, Champs-Flammarion, 2001.

MELJAC Claire, *Décrire, Agir, Compter, L'enfant et le dénombrement spontané*, P.U.F., 1979.

NAOURI Aldo, *Une place pour le père*, Seuil, 1985.

NEUBERGER Robert, *Le Mythe familial*, E.S.F, 1995.

NEUBERGER Robert, *Nouveaux couples*, Odile Jacob 1997.

ORTIGUES Edmond et Marie-Cécile, *Comment se décide une psychothérapie d'enfant*, Denoël, 1993.

PIAGET Jean, *La Naissance de l'intelligence chez l'enfant*, Delachaux et Niestlé (Suisse), 1968.

PIAGET Jean, *Le Jugement et le Raisonnement chez l'enfant*, Delachaux et Niestlé (Suisse), 1967.

RAPOPORT Danielle et ROUBERGUE-SCHLUMBERGER Anne, *Blanche-Neige, les sept nains et autres maltraitances – la croissance empêchée*, Belin, 2003.

RIMBAULT Ginette, ELIACHEFF Caroline, *Les Indomptables : figures de l'anorexie*, Odile Jacob, 1996.

ROUSTANG François, *La Fin de la plainte*, Odile Jacob, 2000.

ROUSTANG François, *Influence*, Éditions de Minuit, 1990.

SERRURIER Catherine, *Ces femmes qui en font trop*, La Martinière, 2002.

SULLEROT Évelyne, *Quels pères ? Quels fils ?*, Fayard, 1992.

SULLEROT Évelyne, *Le Grand Remue-ménage*, Fayard, 1997.

THERY Irène, *Le Démariage*, Odile Jacob, 1996.

TISSERON Serge, *Y a-t-il un pilote dans l'image ?*, Aubier, 1998.

TISSERON Serge, *Nos secrets de famille, histoires, mode d'emploi*, Ramsay, 1999.

TISSERON Serge, *Enfants sous influence, les écrans rendent-ils les jeunes violents ?*, Armand Colin, 2001.

TISSERON Serge, *L'Intimité surexposée*, Ramsay, 2001.

TISSERON Serge, *Les Bienfaits des images*, Odile Jacob, 2002.

VACQUIN Monette, *Main basse sur les vivants*, Fayard, 2000.

VERA Luis, *Mon enfant est triste, Comprendre et aimer l'enfant déprimé*, Odile Jacob, 1999.

VERA Luis et LEVEAU Jacques, *Thérapies cognitivo-comportementales en psychiatrie infanto-juvénile*, Masson, 1990.

WATZLAWICK Paul, *Faites votre malheur vous-même*, Seuil, 1984.

WINNICOTT D.W., *De la pédiatrie à la psychanalyse*, Payot, 1990.

WINNICOTT D.W., *L'Enfant et sa famille, Les premières relations*, Payot, 1971.

WINNICOTT D.W., *L'Enfant et le monde extérieur, Le développement des relations*, Payot, 1972.

WINNICOTT D.W., *La Crainte de l'effondrement et autres situations cliniques*, Gallimard, 2000.

WINTER Jean-Pierre, *Il n'est jamais trop tard pour choisir la psychanalyse*, La Martinière, 2001.

WINTER Jean-Pierre, *Les Images, les Mots, le Corps, Entretiens avec Françoise Dolto*, Gallimard, 2002.

## Revues

*Top Famille magazine*, de sa création à septembre 2003.

*L'École des Parents*, « La sexualité pendant les années collège », hors série n° 1, mars 2002, et « La Médiation », hors série n° 2, septembre 2002.

*Empan* n° 50, « Parents et enfants, un nouveau malaise », in *Jeunesse et génération(s), jeunesse et transmission*, Érès, 2003.

*Dialogue*, n° 107, « Pères et société, à quel saint se vouer ? », 1990 ; n° 108, « Liens et séparation », 1990 ; n° 125, « A quoi nous servent nos enfants ? », 1994 ; n° 126, « Construire la parenté », 1994 ; n° 134, « Couples et secrets de famille », 1994.

*Le Groupe Familial* n° 153, « Colloque entre grands-parents et petits-enfants : la force du lien », 1997.

*Psychanalystes* n° 11, « La psychanalyse bonne à tout dire ? », avril 1984 (revue du Collège de psychanalystes – Centre national des lettres).

# Remerciements

Je remercie infiniment Anne Levallois pour son écoute, sa disponibilité, son accueil et l'authenticité de sa parole.

J'exprime toute ma reconnaissance et mes remerciements à tous les parents, les enfants, les familles qui ont osé parler de leur histoire, exposer leurs difficultés et leurs conflits, qui m'ont fait confiance et ont été pour moi source d'un profond enrichissement.

J'exprime toute ma gratitude à mes confrères amis pour leur précieuse collaboration, leurs encouragements et leurs savoirs. Ils ont contribué à développer mon expérience et ma pratique. Ils m'ont permis de participer à des groupes de travail, des séminaires, des congrès, des exposés, des réunions ; je remercie vivement mes amis : orthophonistes, pédagogues, pédiatres, psychanalystes, psychiatres, psychologues, psychomotriciens, tous ceux que j'ai eu la chance de rencontrer et qui font que l'on n'est jamais totalement seul et isolé dans son cabinet en libéral. C. B.

Je remercie Marie-Pascale Chevance-Bertin pour son écoute et sa parole si précieuses. A-C. S.

Ensemble nous remercions

Christophe André, psychiatre, spécialiste, entre autres, des phobies sociales et de l'estime de soi

Marie-Frédérique Bacqué, maître de conférence à l'université de Lille, psychothérapeute et auteur de nombreux ouvrages sur la mort et le deuil cités plus haut

Dominique Belhomme, brigadier major de la direction de la police urbaine de proximité de la police de Paris, qui mène des actions de prévention contre le racket et la drogue, dans les établissements scolaires depuis plus de vingt ans

Dominique-Adèle Cassuto, pédiatre-nutritionniste

Béatrice Culmann-Penciolelli, institutrice à Paris

Stanislas Dehaene, directeur de recherche à l'Inserm

Gilles Klein, journaliste spécialiste multimédia du magazine *Elle*

Armelle Le Bigot-Macaux, directrice et fondatrice d'ABC+, institut d'études spécialisé sur le public des 0-25 ans

Jean-Claude Matysiak, psychiatre et chef de service d'une consultation d'addictologie en région parisienne

Catherine Oliveres-Ghouti, dermatologue et membre de la Société française de dermatologie

Boris Seguin, professeur de français au collège Jean-Jaurès de Pantin, en Seine-Saint-Denis (93)

Serge Tisseron, psychiatre, psychanalyste, docteur en psychologie, spécialiste, entre autres, de la relation des enfants avec les images et des secrets de famille

La librairie Ars Una, Paris 17e

L'Institut Sécodip, auteur de l'étude Conso Junior 2002

Les services de documentation du groupe Hachette Filipacchi Associés.

# Table


I. AUTORITÉ, DISCIPLINE, LIMITES

1. Vous n'arrivez pas à lui dire non ........ 19
2. Faut-il encore le punir? ........ 25
3. Vous lui avez donné une claque, vous en êtes malade ........ 30
4. Vous n'arrivez pas à vous faire obéir sans crier ........ 33
5. Il veut partir de la maison ........ 36
6. Il vous a tellement énervée que vous l'avez planté là ........ 40
7. Il ment sans arrêt ........ 42
8. Il a volé un CD dans un magasin ........ 47

II. PRINCIPES D'ÉDUCATION, ARGENT DE POCHE, VÊTEMENTS

9. Il ne dit jamais bonjour, merci, s'il te plaît ........ 53
10. Il n'est pas à prendre avec des pincettes ........ 56
11. Il dit qu'il vous déteste ........ 59
12. Il parle n'importe comment ........ 61
13. Il a un look pas possible ........ 66
14. Il est accro aux marques ........ 71
15. Il veut toujours plus d'argent de poche ........ 75
16. Il se sert dans votre placard ........ 79
17. Il veut un téléphone portable ........ 81
18. Il veut un chien, pas vous ........ 84

III. HYGIÈNE, NOURRITURE, SOMMEIL, SANTÉ, COMPLEXES

19. Il déteste se laver ..... 89
20. Il ne veut plus prendre de petit-déjeuner ..... 92
21. Il n'aime que la « junk-food » ..... 94
22. Vous le trouvez trop gros ..... 99
23. Il se trouve trop gros ..... 103
24. Il a des complexes ..... 106
25. Il a fumé sa première cigarette ..... 111
26. Lui parler – utilement – de la drogue et de l'alcool ..... 115
27. Il a du mal à s'endormir ..... 121
28. Il fait toujours pipi au lit ..... 124

IV. ÉCOLE, COLLÈGE

29. Gérer la galère des devoirs ..... 131
30. Le courant ne passe pas entre son prof et lui ..... 140
31. Son bulletin n'est pas bon ..... 145
32. Il n'a pas la bosse des maths ..... 150
33. Il est fâché avec le français ..... 156
34. Il redouble ..... 163
35. Il est victime de violences dans la cour de récréation ..... 167
36. Lui apprendre à se protéger du racket ..... 173
37. Réussir le grand saut école-collège ..... 176

V. COPAINS, VIE SOCIALE

38. Ses copains envahissent la maison ..... 185
39. Il n'a pas d'amis ..... 188
40. Il se fâche sans arrêt avec ses copains ..... 192
41. Vous ne supportez pas certains de ses copains ..... 194
42. Il a honte de vous ..... 198
43. Il passe sa vie au téléphone ..... 200
44. Il veut aller au cinéma avec des copains ..... 203
45. Il veut faire une boum ..... 206

VI. INDÉPENDANCE, AUTONOMIE, SENS DU DANGER

46. Il perd ou oublie toutes ses affaires ..... 211
47. Il ne veut plus rester à la cantine ..... 214

48. Il veut rentrer seul de l'école ... 217
49. Vous sortez le soir, jusqu'à quand prendre une baby-sitter ? ... 220
50. Il veut faire du roller sans protections ... 224
51. Lui apprendre à se débrouiller dans les transports en commun ... 227
52. Il rentre de colonie, ça s'est mal passé ... 230
53. Lui apprendre à se protéger des pédophiles ... 233

VII. SPORTS, LOISIRS, TÉLÉVISION, JEUX VIDÉO, INTERNET

54. Il est accro à la télévision ... 239
55. Et s'il tombait sur des images porno ? ... 246
56. Il est fou de jeux vidéo ... 249
57. Lui apprendre à se protéger sur Internet ... 254
58. Il veut arrêter son activité ... 257
59. Sa radio, sa musique, vous horripile ... 260

VIII. VIE DE FAMILLE, FRÈRES ET SŒURS, GRANDS-PARENTS

60. Sa chambre est un vrai bazar ... 265
61. Il ne fait rien dans la maison ... 269
62. Ils se disputent sans arrêt ... 273
63. Faut-il dîner tous les soirs avec lui ? ... 276
64. Ses grands-parents lui passent tout ... 279
65. Ses grands-parents sont trop sévères ... 281
66. Vous déménagez ... 283

IX. DIVORCE, FAMILLE RECOMPOSÉE

67. Vous attendez qu'il grandisse pour vous quitter ... 289
68. Vous vous séparez pour faire le point ... 293
69. Vous divorcez, comment lui dire ? ... 298
70. Réussir votre divorce ... 304
71. Faut-il opter pour une garde alternée ? ... 309
72. Gérer les transitions quand il va chez son père ... 313
73. Gérer les différences de vie et d'éducation entre son père et vous ... 317
74. Entre votre ex-conjoint et vous, tout devient trop conflictuel ... 320
75. Gérer un père défaillant ... 323
76. Parent célibataire, comment vous comporter avec votre enfant ? ... 327
77. Pourquoi est-ce une bonne chose pour votre enfant de refaire votre vie ? ... 329

78. Lui faire accepter son beau-père ..... 331
79. Ça ne se passe pas bien avec sa belle-mère ..... 337
80. Il ne veut plus aller dormir chez son père ..... 341
81. Il veut aller vivre chez son père ..... 344
82. Il va avoir un demi-frère ou une demi-sœur ..... 347

X. SEXUALITÉ, NUDITÉ, AMOUR

83. Il vous interroge sur votre sexualité ..... 353
84. Il ne veut plus se montrer nu ..... 357
85. Son corps va se transformer, comment lui en parler ? ..... 359
86. Il est amoureux ..... 364

XI. QUESTIONS DÉLICATES OU GRAVES
(SECRETS DE FAMILLE, CHÔMAGE, MORT, MALADIE…)

87. Vous avez un secret de famille ..... 371
88. Vous vous retrouvez au chômage ..... 375
89. Répondre à ses questions sur la mort ..... 378
90. Son hamster vient de mourir ..... 384
91. Sa grand-mère a une maladie grave ..... 387
92. Son grand-père est mort ..... 390
93. Dans quel cas consulter un psy et comment ça se passe ? ..... 396

Numéros de téléphone utiles ..... 403
Bibliographie ..... 404
Remerciements ..... 409

Achevé d'imprimer
à Noyelles sous Lens
pour le compte de France Loisirs,
123, bd de Grenelle
75015 PARIS

*Imprimé en France*
Dépôt légal : juillet 2007
N° d'édition : 49811